国家领土主权与海洋权益协同创新中心

武汉大学边界与海洋问题研究丛书

国际河流争端成案研究

Cases Concerning the Use and Protection of
 International Rivers

孔令杰　张　帆　编著

社会科学文献出版社
SOCIAL SCIENCES ACADEMIC PRESS (CHINA)

　　本书系国家重点研发计划项目"跨境水资源科学调控与利益共享研究"中第四课题"跨境流域水资源利益共享及权益保障机制"（项目号：2016YFZ0601604）的阶段性研究成果。

总　序

　　"武汉大学边界与海洋问题研究丛书"（以下简称"丛书"）终于与读者见面了。作为筹划和推动丛书编辑出版工作的总负责人，本人深感欣慰，也想借此机会向读者介绍开展这项工作的缘由以及我们在边界与海洋问题研究上的一些想法和建议。

　　边界与海洋问题关系国家的领土和主权，属于国家的核心利益。早在1907年，曾任英国外务大臣与上议院领袖的寇松勋爵（Lord Curzon of Kedleston）就指出："边界就如同剃须刀的刀锋，对各国而言，它涉及战争与和平、生与死等当代问题。"时至今日，边界与海洋问题仍然具有高度的政治敏感性，边海疆域的稳定与发展也是备受各国关注的战略性问题。此外，随着时代的变迁，在21世纪，边海问题的重心也由传统的勘界、划界、边界维护等逐步转向边界地区的治理、管理、共同开发与可持续发展。就陆地边界而言，中国已经同12个邻国签订了边界条约或协定，基本解决了边界的勘界与划界问题。但中印、中不边界划界问题尚未解决，已划界的边界地区的治理、管理与发展等对中国仍是一个长期的、艰巨的工作和任务。就海洋问题而言，中国尚未与有关国家解决东海和南海专属经济区和大陆架的划界问题。而且随着中国向海洋大国、海洋强国迈进，海洋资源的开发、海洋的环境保护、海上安全等也成为中国制定与实施海洋战略过程中必须加强研究的问题。此外，还要加强外国边海问题研究，以借鉴外国的经验为我所用。总之，中国边海问题研究任重而道远，是一项长期的科研任务。

　　为了服务于中国的边界与海洋外交事务，武汉大学在相关部门的支持

1

下，于 2007 年 4 月成立了中国边界与海洋研究院（简称"边海院"，原称"中国边界研究院"），集武汉大学法学、历史、经济、政治、公共管理等人文社会科学，测绘遥感、地理信息、制图、资源环境、水利水电等理工学科，组成了跨文理、多学科、综合性的边界与海洋问题研究平台。经过几年的探索，边海院将研究的重点定为"中外边界与海洋政策研究""东海南海研究""陆地边界争端与边疆治理研究""跨界水资源的管理与开发研究"等国家亟须全面和深入研究的课题。在上述各领域，边海院的老师和研究生们正在扎扎实实地开展研究工作，并取得了一些成果。

为了能够与国内外学界同行及时分享边海院的研究成果，我们决定出版"武汉大学边界与海洋问题研究丛书"，并期望借助这一平台陆续推出一批高质量的具有理论和现实意义的专著、译著、研究报告与论文集等。应该说，编辑出版本丛书绝非一时之举，我们旨在着眼长远，积少成多，力争通过长期悉心经营，把丛书打造成国内外关于边海问题研究的品牌，通过丛书出版培育研究边海问题的专门人才。我相信，丛书的陆续问世，必能提升中国边海问题研究的学术水平，也能更好地服务中国的边界与海洋外交事务。

丛书的特色，关键在于其关注的问题及研究的视角和方法。考虑到边海问题的跨学科性，相关著作也多将透过多学科的视野，运用交叉学科的研究方法，发挥跨学科研究的优势，形成自身的特色。

丛书的质量，关键在于学术创新。为了保证质量，我们坚持优中选精的原则，将学术创新放在第一位，对入选的著作要求作者精雕细琢，努力打磨学术精品。

丛书的顺利出版离不开社会科学文献出版社的大力支持，离不开相关部门的指导和支持，离不开学界同行的支持和帮助，也离不开广大读者的阅评和指点。在此一并致谢！

胡德坤

2011 年 5 月于武汉大学珞珈山

目 录
CONTENTS

第三部分　国际河流航行争端成案

第五部分　关于国际河流其他事项争端的成案

绪　论[*]

一　引言

（一）编写和出版本书的缘由

2009 年初，水利部国际经济技术合作交流中心的田向荣博士来电，邀请我参加他们主持的国家"十一五"科技支撑计划项目中关于国际水法的研究专题。我欣然接受中心的邀请，并在项目的"逼迫"下踏上了国际水法的研究征程。在做该课题期间，我不仅研究了 1997 年联合国《国际水道非航行使用法公约》（简称"联合国国际水道法公约"）、1992 年联合国欧经委《关于跨境水道和国际湖泊保护和利用的公约》（简称"联合国欧经委水公约"）及国际法协会 1966 年的《赫尔辛基规则》、2004 年的《柏林水规则》等国际公约和软法文件，还重点研究了国际法庭审判的关于跨境水资源利用和保护等主题事项的案件。2011 年底在项目支持下出版的《国际涉水条法研究》一书收录了奥德河案（River Oder Case）、默兹河案（Meuse Case）、拉努湖仲裁案（Lake Lanoux Arbitration）、多瑙河案（Gabčíkovo-Nagymaros Project Case）、乌拉圭河纸浆厂案（Pulp Mills Case）等重要典型案件。[①] 这算是我个人关于国际河流争端成案研究的一个阶段性的总结。

此后，在国家社科基金、教育部"新世纪优秀人才支持计划"、水利

---

[*]　本绪论第三部分关于国际判例的主要内容已发表于《边界与海洋研究》2020 年第 2 期。

[①]　孔令杰、田向荣：《国际涉水条法研究》，中国水利水电出版社，2011，第 137~200 页。

部国际经济技术合作交流中心委托专项等课题的支持下，我和张帆博士及跨界水合作研究团队的其他成员，一直在研究国际水法和国际河流争端解决问题，不仅密切关注联合国国际水道法公约生效和联合国欧经委水公约全球开放等新动向①，还研究了国际法庭审理的其他案件。我们注意到，这些案件涉及国际河流相关国际法的方方面面，既有关于国家领土主权、河流边界划界和领土取得等传统的国际公法问题，关于国际河流航行和非航行利用的国际水法核心问题，关于国际河流生态环境保护的国际环境法问题，也有关于国际法庭管辖权、证据和事实认定、条约法、国际不法行为、国家责任及救济和赔偿等一般性的国际公法问题。它们涉及众多国际法基本原则和规则的解释和适用，如国家主权和领土完整、禁止使用武力或以武力相威胁、和平解决争端、睦邻友好、诚信合作、约定必须遵守、条约解释之通则、沿岸国利益和权利共同体、公平合理利用、不造成重大跨境损害，等等。它们关涉一系列复杂的国际争端和具体的国际法问题，如某河流是否构成国际水道，水道国对国际水道所享有的开发利用权利，水道国须担负的不造成重大损害及保护生态环境的义务，规划国对可能造成重大影响的活动须担负的通报、环评和磋商等程序义务，水道国违反国际义务须担负的救济和赔偿责任，国际流域组织的国际法地位，等等。这些发现使我们意识到非常有必要将我们关于国际河流争端成案的研究成果结集出版。

2016 年，云南大学牵头，联合清华大学、武汉大学、中国水科院、南京水科院等单位，获批了国家重点研发计划项目"跨境水资源科学调控与利益共享研究"。根据项目首席专家何大明教授的安排，我担任课题四"跨境流域水资源利益共享及权益保障机制"的负责人，与水利部国际经济技术合作交流中心的同事们一道研究跨境流域水资源利益共享所涉的国际法律、政策和机制等问题。鉴于研究好国际河流争端成案对跨境水资源

---

① 随着越南于 2014 年 5 月 21 日加入公约，《国际水道非航行使用法公约》于 2014 年 8 月 17 日正式生效，截至 2022 年 8 月，现有缔约方 37 个。随着哈萨克斯坦、比利时和乌克兰于 2015 年批准了公约第 25 条和第 26 条的修正案，《关于跨境水道和国际湖泊保护和利用的公约》于 2016 年 3 月 1 日正式对欧经委之外的国家开放，其后乍得、塞内加尔、加纳、几内亚比绍和多哥先后加入公约，截至 2022 年 8 月，公约现有缔约方 46 个。

利益共享规则、制度和机制的建构至关重要，我们将案例研究列为一项重要的研究任务，并将出版《国际河流争端成案研究》纳入课题的实施方案。为此，在前期研究的基础上，我们全面收集、认真整理、系统研究了国际法庭审判的涉及国际河流和跨境水资源的国际司法和仲裁案件，并从中选取了 15 个案件加以重点研究。如今，关于这些案子的研究成果已经结集成册，它既是项目取得的标志性成果之一，也是对我们多年来关于国际河流争端成案研究的一个很好的总结。

作为课题的主持人及本书的主编和主要撰稿人，我除了需要交代编著本书的缘由，本书的结构、体例、内容及编著者的分工和文责等情况，也很有必要借此机会阐述我们关于国际河流争端解决尤其是法律解决及相关国际判例的认识和看法。我们不妨从关于国际河流争端成案研究的"Why""What""How"三个方面来展开。

（二）本书的研究对象及国际河流争端成案的相关概念

首先，在讨论这些问题之前，我们显然需要先界定本书的研究对象——国际河流争端成案。你可能已经注意到本书的标题中有"国际河流"的字眼，也可能注意到前文使用了国际流域、国际水道、跨境水道、跨境水资源、跨界水等用语。在讨论完全位于一国境内的淡水资源之外的其他淡水资源时，学界和实务界往往将这些用语视为内涵和外延相同或相似的概念，交替使用，不加严格区分。

跨境水资源的内涵和外延在国际法上经历了一个不断扩大的发展过程，已经涵盖了非完全位于一国境内的各种类型的淡水资源，既包括地表水，也包括地下水，既包括与地表水存在联系的地下水，也包括封闭的地下水，既包括构成国家边界的水资源，也包括位于或跨越国家边界的水资源，既包括河流、湖泊、地下水，也包括地表和地下水系统中其他形态的淡水资源。基于这种认识，我们在本书中采用了大家更容易理解的"国际河流"这一用语，但它囊括了上述各种形态的跨境水资源。本书中所收录的成案也涉及边界河流、跨境河流、国际河流、边境湖泊、跨境地下水。

其次，本书研究的国际河流争端成案均关涉主权国家之间的争议，争端的主题事项涉及边界河流划界、界河中岛礁的主权归属、国际河流和边界河流的航行权及航行的管制和管理、边界和国际河流的非航行利用、国际河流和跨洲河流的分水、边界和国际河流的生态环境保护，等等。这些争端均属于国际公法调整的范畴。

最后，本书研究的国际河流争端成案皆为国际法庭审判的案件，包括常设国际法院、国际法院、常设仲裁法院及其他临时仲裁庭受理、裁判、审结的案件，也包括在审的案件。

二 为何要研究国际河流争端成案

现在我们进入正题，讨论为何须研究国际河流争端成案，这算是关于"Why"的问题。对国际法尤其是国际公法的业内人员而言，这似乎是一个无须回答的问题，因为他们从一开始接触国际法，便从老师、教科书、《国际法院规约》等渠道明白地了解到：司法判决是国际法的重要辅助渊源之一[1]；除非确有必要，国际法院在后续的判案中不会偏离或背离它在先前判决中提出和确认的判例；案件和国际判例是"活生生"的国际法，在国际法规范的解释、适用和发展上均有独特的重要作用；案例也是学习和研究国际法必须参考的资料。

除了要从国际公法的一般方法来审视这一问题，我们更有必要聚焦国际河流及国际河流争端，全面考虑研究国际河流争端成案的理论价值和现实意义。对此，我们有如下三点基本认识。

（一）国际河流争端关系国际和平安全，跨界水合作事关全球可持续发展

全球共有 280 多个国际流域，已查明的跨界含水层约有 600 个。[2] 这些河流、湖泊、含水层构成、位于或跨越 153 个国家的边界，跨境流域的面积超过地球陆地面积的一半，约占全球淡水总量的 60%，居住着约 40%

---

① Robert Jennings and Arthur Watts, *Oppenheim's International Law*, vol. 1, 9th edition, OUP, 2008, Statue of the International Court of Justice, Article 38.

② UNESCO and IHP, Transboundary Water Resources of the World, 2017.

的世界人口。① 这些共享的水资源时空分布不均，加之各国工业化和城镇化的加速发展及全球气候变化的影响，流域国面临的水短缺、水污染、洪涝等自然灾害及流域生态环境保护问题日益突出。由于这些水资源跨越国家间的边界，构成流域国共享的自然资源，加之各国在水资源上利益诉求、政策和做法各异，往往会引发相关的争端、对抗和冲突。

联合国大会在 1959 年第 1401（XIV）号决议中就曾指出，有必要着手初步研究与国际河流水资源利用相关的法律问题。1963 年，联合国秘书长提交了关于国际河流水资源利用相关法律问题的首份报告，② 对相关的法律文本和条约条款进行了汇编。③ 联大在 1970 年第 2669（XXV）号决议中指出，不断增长的人类用水需求与有限的淡水资源之间的矛盾导致各国在跨境水资源上的冲突加剧，然而除少数规制航行和水电开发的国际公约外，国际河流和湖泊的利用主要受一般法律原则和习惯国际法约束。为此，联大建议国际法委员会着手研究国际水道非航行使用法，按照其预定工作方案在适当时候采取相关的行动，以期逐渐发展和编纂相关的国际法。④

联合国在 2000 年通过了《千年发展目标》，呼吁各国共同解决水问题。时任联合国秘书长科菲·安南在 2001 年指出："关于淡水的激烈争夺很可能成为未来冲突和战争的来源。" 2006 年，他在世界水日发表的讲话中强调："我们必须证明水资源不需要成为冲突的来源。相反，它可以成为合作的催化剂。" 2015 年，联合国大会通过《2030 年可持续发展议程》（UNSDGs），其中，可持续发展指标 6.5.2 要求促进跨界水合作。联合国教科文组织、欧洲经济委员会等国际机构在 2018 年发布了关于各国落实该指标的首份报告——《跨界水合作进展》，呼吁各国继续加强跨界水合作，避免、管理及和平解决争端。⑤ 显然，国际河流争端关系国际和平与安全，

---

① UNECE and UNESCO, Progress on Transboundary Water Cooperation: Global Baseline for SDG Indicator 6.5.2, ECE/MP. WAT/57, 2018, p. 9.

② UN, Legal Problems Relating to the Utilization and Use of International Rivers, A/5409, 15 April 1963.

③ UN, Legislative Texts and Treaty Provisions Concerning the Utilization of International Rivers for other Purposes than Navigation, United Nations Publication, Sales No. 63. V. 4, New York, 1963.

④ UNGA, Resolution 2669 (XXV), 8 December 1970.

⑤ UNECE and UNESCO, Progress on Transboundary Water Cooperation: Global Baseline for SDG indicator 6.5.2, ECE/MP. WAT/57, 2018.

跨界水合作事关全球可持续发展。

（二）法律是解决河流争端的重要方式，国际判例是国际水法的重要渊源

司法和仲裁是国际河流争端重要的第三方解决方式。与谈判、磋商、斡旋、调停和调解等政治解决方式不同，国际法院和仲裁庭不仅须确认自身对案件及有关争端具有管辖权，相关诉求具有可受理性，还须基于应适用的法律，结合认定的相关事实，处理当事国提出的诉求，既要做到裁判确有根据，还要述明裁断理由。虽然法律手段绝非解决国际河流争端的主要方式，各国主要通过直接谈判磋商或流域委员会来避免、管理和解决有关分歧和争议，但国际法庭不仅成功解决了数十起国际河流争端，更为重要的是，其在判决和裁决中提出、确认和形成了若干有关国际河流划界、航行和非航行使用及生态环境保护的国际判例。

这些司法判决、裁决等国际判例是国际水法重要的辅助性渊源，也对国际水法的编纂和逐渐发展及水道国的国家实践产生了重大而深远的影响。例如，国际法委员会在起草国际水道法公约案文过程中，联合国大会在审议案文及通过公约过程中，均参考了常设国际法院、国际法院和仲裁庭在过往案件中提出和确认的重要国际判例，如公平合理利用原则、诚信合作原则、不造成重大损害的义务，等等。

（三）国际河流争端成案对我国妥善处理相关问题有非常重要的指导意义

我国在东北、西北和西南等地区拥有丰富的跨境水资源，主要的国际河流有 80 多条，除中国以外，涉及的国家共有 17 个，其中包括 14 个接壤国和 3 个邻国。新中国成立以来，我国依照国际法上的基本原则及通行惯例，同周边国家签订了众多有关或涉及跨境水划界、航运、水电开发、环境保护和管理等问题的条约、协定、临时协定、议定书和谅解备忘录。随着我国稳步推进跨境水资源的开发、利用、保护和管理工作，与上述相关国家之间有关跨境水资源的交涉日益增多。如何依照国际法上的相关原则和规则同这些国家公平合理地分水、用水、护水和治水，不仅关涉我国边

疆地区的稳定和发展，更关系我国的水安全及周边的和平稳定。

党的十八大以来，我国提出了建设"一带一路"、周边命运共同体、人类命运共同体等倡议，积极推动落实联合国《2030 年可持续发展议程》，且正在着力推动澜湄水合作与中哈跨界河流分水谈判等工作。在这种背景下，我们不仅要处理本国与有关国家间的跨境水问题，还需要关注周边、"一带一路"共建国家及全球的跨境水合作问题。可以说，我们比历史上任何时期都更加迫切地需要研究好、掌握好、利用好国际法来处理这些问题。

国际河流争端成案是国与国处理跨境水资源问题的鲜活案例。有关当事国往往是在通过其他途径和方式无法解决争端的情况下，才协议将有关争端提交国际法庭来解决的。每个案件本身，尤其是国际法庭提出的具有普遍指导意义的国际判例和司法实践，对我国保障本国在跨境水资源上的权利和利益、解决与有关国家间分歧和争端、促进跨境水领域的务实合作均具有重要的指导意义和参考价值。

三　国际水道法的相关国际判例

赫希·劳特派特曾在《国际法院对国际法的发展》一书中指出，国际法院"必须适用法律，而且必须适用有效的法律"；同时，法院"实际上塑造甚至改变了法律"，它们这么做时"受现有法律的指引"，"谨记稳定性和确定性是法律和正义共同的本质要求"，而且最为重要的是"谨慎行事"。[①] 他关于国际法庭在国际法适用和发展上的这些认识同样适用于国际水道法，即规制国际水道利用、保护和管理的国际法分支。在讨论国际水道法的相关判例之前，我们显然需要简述国际水道法和国际水道争端法律解决的基本情况，澄清和限定有待讨论的具体问题，说明下文的思路、结构和重点。

---

① Sir Hersch Lauterpacht, *The Development of International Law by the International Court* (Cambridge: Cambridge University Press, 1982), p. 75.

（一）国际水道争端的法律解决与相关国际判例

1. 国际水道法的发展、编纂及现状

国际水道法的起源可追溯至古代，[①] 但该法在近代国际法意义上的逐渐发展和编纂直到 20 世纪初才被提上日程。国际法学会和国际法协会等国际法学术机构成为这项工作的开拓者和先行者，它们拟定了一系列不具有法律拘束力的决议、宣言和规则。联合国大会随后注意到该问题，在 1959 年即请求联合国秘书长准备有关国际河流利用法律问题的初步研究报告，[②] 并在 1970 年通过的第 2669（XXV）号决议中指出："由于人口的增长及人类不断增大的多方面的需要和需求，水资源成为全人类日益关注的问题。世界上可获取的淡水资源有限，保全和保护这些资源对各国皆具有至关重要的意义。"[③] 为此，它动议联合国国际法委员会将国际水道非航行利用和保护法的编纂和发展列入工作计划。国际法委员会在 1971 年正式启动该工作，于 1994 年二读通过了《国际水道非航行使用法条款草案》。[④] 联大随后成立工作组讨论了公约的案文，[⑤] 并于 1997 年 5 月投票表决通过了《国际水道非航行使用法公约》。[⑥] 公约于 2014 年 8 月正式生效。[⑦]

联合国欧洲经济委员会直到 1989 年才决定制定关于跨境水资源保护和利用的框架公约。然而，它设立的水工作组仅用时两年便完成了公约案文

---

① Stephen McCaffrey, *The Law of International Watercourses* (Oxford: Oxford University Press, 2nd edn, 2007), p. 58.

② UNGA, Resolution 1401 (XIV), 1959.

③ UNGA, Resolution 2669 (XXV), 1970.

④ UNILC, Draft Articles on the Law of the Non-Navigational Uses of International Watercourses with Commentaries, *Yearbook of the International Law Commission*, vol. II (2), 1994.

⑤ 会议记录可见 http://legal. un. org/avl/pdf/ha/clnuiw/summary-records. pdf? OpenElement, 2019 年 5 月 16 日访问。

⑥ UNGA, Official Records of the 99th Plenary Meeting of the 51st Session, A/51/PV. 99, 1997. Convention on the Law of the Non-Navigational Uses of International Watercourses, 36 ILM 700 (1997).

⑦ 公约的缔约方等情况可见 https://treaties. un. org/Pages/ViewDetails. aspx? src = TREAT Y&mtdsg_no = XXVII – 12&chapter = 27&lang = en, http://legal. un. org/avl/pdf/ha/clnuiw/ summary-records. pdf? OpenElement, 2019 年 5 月 16 日访问。

的起草工作。① 《关于跨境水道和国际湖泊保护和利用的公约》在 1992 年
获得通过，1996 年即告生效。2003 年，公约缔约方会议通过关于公约第
25 条和第 26 条的修正案，允许并鼓励欧经委之外的国家加入公约。② 2016
年，该修正案生效。2018 年，乍得和塞内加尔加入公约。欧经委水公约在
全球开放的道路上稳步前进。

不论这两部公约是否、在哪些方面以及在何种程度上互相补充、可以
协调或存在冲突，③ 它们是唯有的两部规制国际水道利用和保护的现行国
际公约。然而，我们不应忽视其框架公约的基本性质，也不能忘记它们的
缔约方及调整的国际流域的数量仍非常有限。流域国之间缔结的大量的流
域协定仍然是国际水道法最主要的渊源，它们也构成规制有关水道国之间
关系的特别法。

2. 国际水道争端的法律解决

根据《联合国宪章》，各国应以和平方式解决国际争端。为此，有关
争端当事国可自主选择通过谈判、调查、斡旋、调解、仲裁和司法等途径
来解决争端。④ 值得注意的是，相较于国际流域和流域国庞大的数量，仅
有一小部分国际水道争端是通过法律途径解决的，大多数争端要么得以避
免或有效管控，要么通过仲裁和司法之外的其他途径得到解决。自奥德河
案于 1920 年被提交至常设国际法院以来，约有 20 起此类争端是通过司法

① Alistaire Rieu-Clarke, "Remarks on the Drafting History of the Convention", in Attila Tanzi *et al.* (eds.), *The UNECE Convention on the Protection and Use of Transboundary Watercourses and International Lakes: Its Contribution to International Water Cooperation* (Leiden/Boston: Brill/Nijhoff, 2015), pp. 3 - 2.

② Convention on the Protection and Use of Transboundary Watercourses and International Lakes, 31 ILM 1312 (1992); UNECE, Amendments to Articles 25 and 26 of the Convention on the Protection and Use of Transboundary Watercourses and International Lakes, ECE/MP. WAT/14 (2003).

③ Attila Tanzi, "The Economic Commission for Europe Water Convention and the United Nations Watercourses Convention: An Analysis of Their Harmonized Contribution to International Water Law", ECE/M. P/WAT/42 (2015); Stephen McCaffrey, "The 1997 UN Convention: Compatibility and Complementarity", in Attila Tanzi *et al.* (eds.), *The UNECE Convention on the Protection and Use of Transboundary Watercourses and International Lakes: Its Contribution to International Water Cooperation* (Leiden/Boston: Brill/Nijhoff, 2015), pp. 51 - 59.

④ Article 2 (2) and Article 33 of the UN Charter.

和仲裁方式解决的。在这些案件中，十起由常设国际法院和国际法院裁判，[①] 其余的则被提交至常设或临时仲裁庭。[②] 所涉的水道有多瑙河、莱茵河、奥德河、默兹河等国际河流，乌拉圭河和圣胡安河等边界河流，也有诸如锡拉拉水之类的国际性质存在争议的河流。[③]

有关争端所涉的主题事项几乎涵盖了国际水道法的方方面面，关涉国际水道的航行和非航行利用、保护、管制和管理等。在阿根廷—智利边界案（Argentine-Chile Frontier Case）[④] 和卡西基利/塞杜杜岛案（Kasikili/Sedudu Island Case）[⑤] 等涉及河流边界的案件中，争议的问题有河流主航道及其中心线或中间线的确定、河中岛屿的主权归属等。在奥德河案[⑥]、航行及相关权利争端案（Dispute Regarding Navigational and Related Rights）[⑦] 等案件中，争议的焦点是国际水道上的自由航行权及其地域范围、用于商业目的的航行及航行的管制和管理等与国际水道航行相关的其他事项。

国际水道非航行使用的争端往往与关涉水道环境保护或跨境损害的争端交织在一起。在拉努湖仲裁案[⑧]、多瑙河案[⑨]、印度河仲裁案[⑩] 等案件中，有关争端源自当事国单方面或共同开发水资源，对于有关工程的环境担忧及其跨境影响成为另一方反对或挑战工程建设和运营的主要依据。在

---

① 这些案件包括默兹河案、多瑙河案、卡西基利/塞杜杜岛案、航行及相关权利争端案、乌拉圭河纸浆厂案、尼加拉瓜在边境地区实施的特定活动案、哥斯达黎加沿圣胡安河筑路案、锡拉拉水案。

② 这些案件包括法伯尔案、拉努湖仲裁案、阿根廷—智利边界案、古特水坝案、莱茵河仲裁案与印度河仲裁案。

③ *Dispute over the Status and Use of the Waters of the Silala* (Chile v. Bolivia), I. C. J., 2016.

④ *Argentine-Chile Frontier Case*, 16 R. I. A. A. (1966).

⑤ *Kasikili/Sedudu Island* (Botswana/Namibia), Judgment, I. C. J. Report 1999.

⑥ *Case relating to the Territorial Jurisdiction of the International Commission of the River Oder*, 1929 P. C. I. J. (ser. A), No. 23.

⑦ *Dispute regarding Navigational and Related Rights* (Costa Rica v. Nicaragua), Judgment, I. C. J. Reports 2009.

⑧ *Lake Lanoux Arbitration* (France/Spain), 12 R. I. A. A. (1957).

⑨ *Gabčíkovo-Nagymaros Project* (Hungary/Slovakia), Judgment, I. C. J. Reports 1997.

⑩ *The Indus Waters Kishenganga Arbitration* (Pakistan and India), Partial Award and Final Award, 2013.

乌拉圭河纸浆厂案①、哥斯达黎加/尼加拉瓜案②中，有关争端因一方计划和实施某些与国际水道相关的活动而起，另一方诉称这些活动可能造成或实际造成了重大的跨境损害。

关于适用的法律，在绝大多数案件中，当事方缔结有专约或水道协定。如常设国际法院在默兹河案中的做法，国际法庭必须仅依据有关条约断案；或者，如常设国际法院在奥德河案、仲裁庭在拉努湖案、国际法院在多瑙河案和乌拉圭河纸浆厂案中的做法，国际法庭需要依据一般国际法来解释这些条约。对于这些条约未规定或不能据之妥善解决的事项，如国家责任和生态环保义务等，国际法庭则需要诉诸或直接适用一般国际法上的原则和规则。有些案件，如哥斯达黎加/尼加拉瓜案和锡拉拉水案，并不存在可直接适用的条约，国际法院只得依据一般国际法或习惯国际法来判案。此外，《拉姆萨尔公约》《生物多样性公约》《埃斯波公约》等国际公约被当事国作为有关诉求的法律依据时，国际法院也解释和适用了它们的有关条款。

必须指出的是，水道国之间的争端属典型的主权国家之间的国际争端。这些争端的法律解决须依循关于争端法律解决的国际公法制度。除了条约解释和其他条约法问题及国家责任等国际公法上的共性问题，国际法庭还应遵守有关良好司法的相关原则和规则，尤其是管辖权和诉求的可受理性、证据和事实及诉求的处理等。总体而言，这些案件和争端均得以成功解决，判决和裁决也为有关当事国所接受和执行。然而，国际法庭的管辖权和职责均来自且受制于当事国之间的协议。它们仅得受理当事国提交的案件，处理自身具有管辖权的争端或其某些方面，裁判当事国提交的可受理的诉求，回答当事国的诉求、主张和抗辩意见涉及的或法庭依职权认为需要回答的法律问题，并做到裁判在法律和事实上皆确有根据。作为事后性的争端解决方式，国际法庭的任务主要是对当事国过往行为的合法性和适当性做出裁判，仅得在必要和适当的情形下对其未来的行为谨慎提出

---

①　*Pulp Mills on the River Uruguay*（Argentina v. Uruguay），Judgment, I. C. J. Reports 2010.

②　*Certain Activities Carried Out by Nicaragua in the Border Area*（Costa Rica v. Nicaragua）and *Construction of a Road in Costa Rica along the San Juan River*（Nicaragua v. Costa Rica），Judgment, I. C. J. Reports 2015.

意见和建议。这也使得国际法庭在审判国际水道争端案件过程中无法处理与争端本身或国际水道法相关的所有问题。

3. 国际水道法的相关国际判例

如上所述，国际法庭在断案中处理了国际水道法上的众多问题。其中，对于河流边界及河中岛屿的主权归属争端而言，应适用的法律，即关于国际边界、领土取得及争端解决的国际法，与规制国际水道利用和保护的国际法存在明显的区别。因此，对于这类问题及条约解释等国际公法上的共性问题，本文仅在它们与讨论的主题相关且必要的情形下才会触及。为方便讨论，本文把国际水道案件涉及的问题归为五组。

（1）国际水道在国际法上的定义、范围和属性。国际法庭裁判了某条河流是否属于国际水道、某国际水道制度的地域适用范围以及国际水道在国际法上的性质和特征等问题。它们必须回答什么是国际水道，如何区分国际水道和国内水道，国际水道自身、其水资源及其利用产生的利益在国际法上是什么等具体问题。绪论第二部分将讨论关于国际水道法上这些根本问题的判例。

（2）国际水道法的若干基本原则。为了处理关于国际水道利用和保护的争端，国际法庭提出、确认、解释和适用了多个概念、理念和原则，包括沿岸国利益和权利共同体、公平合理利用、不造成重大损害、可持续发展、诚信合作等。这些原则多被直接写入国际框架公约之中，或可通过对其有关条款进行解释纳入其中。为此，我们显然有必要研究国际法庭为何提出这些原则，如何理解这些原则，以及更为重要的，如何将这些抽象的原则转化为具体的规则来处理关于当事国特定权利、利益和义务的诉求、主张和抗辩意见。绪论第三部分将讨论关于这些基本原则的地位、内涵和适用的国际判例。

（3）水道国享有的主权和相关权利。国际法庭在多个案件中承认水道国的主权，确认水道国对国际水道享有公平合理利用的基本权利。计划采取措施的水道国在实施有关计划前无须事先征得其他水道国的同意，但应尊重其在法律上对等的权利，照顾其合理的利益诉求。绪论第四部分将讨论关于这些事项的国际判例。

（4）水道国须担负的相关义务。对于涉及在国际水道上、中或与其相关的地区计划采取或已经采取有关措施的案件，国际法庭裁判了关于这些措施可能造成重大跨境损害风险及造成实质损害的争端。它们回答了一系列非常困难的国际法问题：在批准和实施计划采取的措施之前，一国是否须履行通知义务，是否须先实施环境影响评价，是否须提供必要的信息以便有关国家能够评估可能造成的影响，是否须与这些国家就可能造成的损害及避免和减轻损害的措施等事项进行磋商；在有关国家未能达成协议的情况下，该国是否有权单方面实施该计划，须担负什么风险及可能产生的责任；如果该国须履行这些程序和实质义务，如何断定它是否违反了有关义务；等等。绪论第五部分将讨论与上述问题相关的国际判例。

（5）水道国对其国际不法行为须承担的国家责任。若国际法庭裁定有关当事国违反了某些程序或实质义务，往往还需要裁判不法行为国须担负的救济和赔偿责任。它们诉诸了关于该共性国际法问题的一般原则、规则和既有判例。同时，它们也处理了环境损害赔偿关涉的一些新问题，如环境损害是否具有可赔偿性，它包含哪些内容，如何对生态产品和服务的损害和丧失进行估值，如何确定此种损害或丧失及生态修复的赔偿金额，等等。绪论第六部分将讨论国际法院在处理这些问题时所适用的原则和规则及采用的方式和方法。

上述五组中的有些问题明显存在关联，部分问题甚至存在交叉或重叠之处。正如国际法院在多起案件中所指出和重申的，虽然国际法院须依循判决的既判力原则，除非存在特定的理由，法院将不会背离自己确立的判例。① 因此，从这个意义上而言，国际判例系国际水道法极为重要的组成部分。然而，如罗伯特·詹宁斯所警告的，我们不得对法院的判决做过分或过度的解读，因为"任何利用诉讼案件来对国际法发展做一般性讨论的做法往往注定是徒劳的"。②

---

① *Application of the Convention on the Prevention and Punishment of the Crime of Genocide* (Croatia *v.* Serbia), Preliminary Objections, Judgment, I. C. J. Reports 2010, p. 428, para. 53.

② Sir Robert Jennings, "The Judicial Function and the Rule of Law", in F. G. Jacobs and S. Roberts (eds.), *International Law at the Time of Its Codification: Essays in Honour of Robert Ago*, vol. Ⅲ (Milan: Dott. A. Giuffrè Editore, 1987), p. 143.

（二）国际水道的定义、范围和属性

什么是国际水道，如何区分国际水道和国内水道，国际水道自身、其水资源及其利用和相关利益在国际法上是什么，都是国际水道法上的基本问题。国际框架公约、水道协定或其他国际文件往往会在用语或适用范围部分界定这些事项。关于这些问题的国际判例仍相对较为有限。在绝大多数国际水道案件中，当事方一致同意有关河流属于国际水道或边界河流，且订有专约或水道协定。然而，在某些案件中，国际法庭必须确定有关河流是否属于国际水道，或者国际水道的某些组成部分是否受制于整条水道所适用的法律制度。此外，国际法庭在判案中注意到或反复强调有关水道分割或穿越两个及以上国家的领土，或者水道的各个部分构成一个整体单元。同时，国际水道还被明确地认定为一种共享自然资源。这些判例不仅有助于国际法庭处理涉及水道国际性质、组成部分或地域范围的具体争端，也影响法庭如何审视与该共享自然资源的利用、保护、管理相关的问题及在个案中处理关于当事国权利、利益和义务的具体诉求。

1. 国际水道的定义与水道国际性的确定

（1）锡拉拉水案与关于水道国际性的争端

2016 年 6 月，智利将其与玻利维亚之间关于锡拉拉水的法律地位及双方在该河水资源利用和保护上的权利和义务的相关争端提交国际法院裁判。[①] 智利请求法院判定并宣布：①锡拉拉水系统，包括该系统的地下组成部分，是一条国际水道，其利用受制于习惯国际法；②依据相关习惯国际法，智利对该河的水资源享有公平合理利用的权利，尤其是本国的现有利用应受到保护；③作为水道国，玻利维亚须采取一切适当的措施来避免和控制污染及对智利造成的其他形式的损害；④玻利维亚须与智利合作，及时向其通报计划采取的措施，若它们可能对共享水资源造成负面影响，须交换资料和信息，并在适当的情形下实施环境影响评价。[②]

显然，智利的第一项诉求构成该国其他诉求的基础和前提。除非法院

---

① *Dispute over the Status and Use of the Waters of the Silala*（Chile v. Bolivia），I. C. J.，2016.

② *Dispute over the Status and Use of the Waters of the Silala*（Chile v. Bolivia），Application of Chile，2016，p. 11，para. 50.

对该问题给出一个明确的答案，它将无法处理其他诉求。因此，法院必须首先确定锡拉拉水系统是否构成一条国际水道。本案仍在审理中，在这个阶段预测法院的最终判决显然是不适当的。然而，鉴于这将是国际法院和其他法庭首次依据习惯国际法来处理这一难题，讨论相关的国际法问题，尤其是国际水道的定义和水道国际性质的认定问题，显然是必要和适时的。

首先，本案的当事国智利和玻利维亚并未缔结关于锡拉拉水利用和保护的条约或协定，它们也不是联合国国际水道法公约和欧经委水公约的缔约方。在没有可直接适用的一般或特别条约的情况下，国际法院将必须依据习惯国际法或一般国际法来裁判有关争端和问题。

其次，智利主张联合国国际水道法公约、国际判例和国家实践反映了习惯国际法原则。① 它尚未对此做出详细说明，仅辩称"依据一般国际法，跨越两个或多个国家的水道应被视为'国际水道'"。② 它还直接援引联合国国际水道法公约第 2 条，并称该条"反映了习惯国际法"。③

最后，在事实根据方面，智利称锡拉拉水跨越两国间的国际边界，这一事实本身便足以支持法院得出该河属于国际水道的结论。④ 它还称玻利维亚在过去 93 年中一直承认该河是国际水道，⑤ 该国只是自 1997 年起才突然改变该一贯立场，开始主张"锡拉拉水是泉水，其水资源完全位于玻利维亚的领土之上"。⑥

无论如何，法院显然无法单凭肉眼观察便可轻易认定锡拉拉水的国际性质，它将必须依据相关的法律和事实来断案。为此，它需要确定有关国际水道定义及其国际性质认定的一般规则，对如何区分国际水道和国内水道给出一般性或特定的意见，并将它们适用于查明的相关事实。⑦ 法院很可能不会直接宣布联合国国际水道法公约，或者该公约第 2 条本身，属于

---

① *Dispute over the Status and Use of the Waters of the Silala* (Chile v. Bolivia), Application of Chile, 2016, p. 9, para. 42.

② *Id.*, p. 10, para. 43.

③ *Id.*, p. 10, para. 43.

④ *Id.*, p. 10, para. 44.

⑤ *Id.*, p. 10, para. 45.

⑥ *Id.*, p. 5, para. 22.

⑦ *Pulp Mills on the River Uruguay* (Argentina v. Uruguay), Judgment, I. C. J. Reports 2010, p. 72, para. 168.

或反映了习惯国际法。在认定习惯国际法过程中，法院可能会参考该公约、其他国际公约和软法文件、国家实践以及国际判决、裁决和判例，以获得关于习惯规则是否存在及其内容的权威指引。法院也可能认为无须细致考察和分析上述法律渊源，并直接提出本案判案所需的某些基本规则和一般方法。

（2）国际水道在国际法上的定义

在国际法上，国际河流、国际水道、国际流域、跨境水等术语往往交替使用，详述这些概念之间的区别和联系显然需要由一篇单独的文章来完成。这里，我们仅需回顾这些概念在国际法上的发展，查明并强调有关国际公约、文件和判例规定或暗含的可用来区分国际水道和国内水道的共性的条件、标准、因素和方法，以便我们可以更好地讨论锡拉拉水案所涉的相关国际法问题。

总体而言，随着水道国和国际社会对国际水道的认知、利用、保护和管理水平的逐步提升和不断发展，国际水道在国际法上的定义日趋精细和准确，它所涵盖的水和其他要素的范围不断扩大，对于水道的地理、水文、水文地理、地质、生态和其他自然特征及其各个组成部分存在特定联系的要求也越来越明确。

毫无疑问，认定国际水道的基本标准是水道作为一个整体具有国际性或跨界性，即该水道构成、位于、跨越国家间的边界，或其组成部分位于两个及以上主权国家的领土之内。这一标准同样适用于边界河流和纵向国际河流，也同样适用于国际水道的航行和非航行利用及生态环境保护等。

与陆地上的其他自然地形一样，河流和湖泊是国家间天然的边疆和边界。① 对可航河流而言，沿岸国可选择其主航道的中心线作为国际边界，对不可航河流而言则选择河流的中间线。然而，国际法上并无关于河流边界划界的强制性规范。② 由于历史等原因，沿岸国可能约定以位于某国领

---

① See Salman M. A. Salman, "International Rivers as Boundaries: The Dispute over Kasikili/Sedudu Island and the Decision of the International Court of Justice", 25 *Water International* (2000), pp. 580 – 585.

② *Kasikili/Sedudu Island* (Botswana/Namibia), Judgment, I. C. J. Report, 1999; *Argentine-Chile Frontier Case*, 16 R. I. A. A. (1966).

土一侧的河岸为界，另一国对整条河流享有完整和排他的主权。① 有关国家也可能选择以各自一侧的河岸为界，并同意共享该河的有关资源。② 沿岸国可能会因河道变化、特定河段的边界位置或河中岛屿的主权归属等问题产生争端，但区分边界河流与其他河流的基本标准是该河自身构成沿岸国之间的国际边界。③

就国际水道的航行利用而言，除了水道分割、跨越、穿过不同国家领土的要求之外，成文和习惯国际法上确立的标准还包括水道的自然适航性和为两个及以上的国家提供入海通道等具体要求。1815 年《维也纳会议最后议定书》宣布莱茵河等分隔或跨越多个缔约国的"可航行河流"，自其可航行的点起至河口的"整条水道"，完全适用自由航行和自由贸易制度。④ 一战后，协约国于 1919 年缔结《凡尔赛和约》，将多瑙河等欧洲的国际河流彻底国际化，面向沿岸国和非沿岸国同等开放。该和约使用了"国际河流""可航水道""河流系统"等用语，强调"河流系统中可航行的所有组成部分，它们的自然状况可以为一个以上的国家提供入海通道"。⑤ 1921 年的《国际性可航水道制度公约及规约》直接使用了"国际性可航水道"的用语，并将其定义为"一切分隔或流经几个不同国家的通海天然可航水道，以及与分隔或流经不同国家的天然可航水道相连的其他天然可航的通海水道"，强调水道的"天然可航"及"分隔或流经不同国家"。⑥

常设国际法院在奥德河案中使用了"国际河流""国际河流系统""国际水道""河流的整条水道"等用语。法院依据国际河流法上的一般原

---

① *Dispute regarding Navigational and Related Rights*（Costa Rica v. Nicaragua），Judgment, I. C. J. Reports 2009.

② 如中国和朝鲜的界河鸭绿江。

③ 在国际法上，边界河流与纵向国际河流的航行和非航行利用和保护适用同样的原则和规则。UNILC, Draft Articles on the Law of the Non-Navigational Uses of International Watercourses with Commentaries, *Yearbook of the International Law Commission*, vol. II（2），1994, p. 98, para. 11.

④ Final Act of the Congress of Vienna, 1815, Article CVIII and Article CIX.

⑤ Treaty of Versailles, 1919, Part XII. Ports, Waterways and Railways, Article 331.

⑥ Convention and Statute on the Régime of Navigable Waterways of International Concern, 1921; Statute of the Régime of Navigable Waterways of international Concerns, 1921, Article 1.

则解释了《凡尔赛和约》第331条,[1] 提出沿岸国利益共同体理念,[2] 并据此判定各国所享有的自由航行的共同法律权利适用于包括有关支流在内的整条水道。[3]

就国际水道的非航行利用和保护而言,国际框架公约、流域协定和其他法律文件使用了"国际河流""国际流域""国际水道""跨境水""跨界含水层"等用语。其文本的通常含义显示,有关水资源必须构成、位于或跨越国家间的边界:"水道的组成部分位于不同的国家",水资源"标识、跨越或位于两个或多个国家间的边界",流域"拓展至两个或多个国家","含水层或含水层系统的组成部分位于不同的国家"。

显然,我们必须把这些用语与水道、流域、水、含水层或含水层系统等"母概念"结合起来解读。由此可以看出,对区分国际和国内水道具有决定性意义的因素就不是"国际"、"边界"或"跨界",因为它们通常可以通过肉眼观察得知;具有决定性意义的显然是这些"母概念"的定义和范畴,尤其是它们的具体组成部分及各个部分之间的物理、水文、地质等内在联系是否足以支持将它们视为一个单一且不可分割的整体单元。

既然智利诉诸联合国国际水道法公约,并称其第2条"反映了习惯国际法",我们不妨先讨论该公约的有关情况。

联合国国际水道法公约第2条规定:

(a)"水道"是指地面水和地下水的系统,由于它们之间的自然关系,构成一个整体单元,并且通常流入共同的终点;

(b)"国际水道"是指其组成部分位于不同国家的水道。

从字面意义上看,"水道"被定义为一个"系统"或"整体单元"(unitary whole),它包括地表水和地下水,但不包括与地表水不存在联系

---

[1] *Case relating to the Territorial Jurisdiction of the International Commission of the River Oder*, 1929 P. C. I. J. (ser. A), No. 23, p. 26.

[2] *Id.*, p. 27.

[3] *Id.*, pp. 27 – 28.

的封闭地下水。① 如国际法委员会在关于该条的评论中所指出的，水道的"这些组成部分包括河流、湖泊、含水层、冰川、水库和运河。只要这些组成部分相互联系，它们便构成该水道的组成部分"，或者如该条所规定的"由于它们之间的自然关系，构成一个整体单元"。② 公约关于水道各个部分构成一个"系统"或"整体单元"的要求显然是出于这样一种内在考虑，即"人类对该系统中某个点的干预可能影响该系统中的其他地方"。③

事实上，在公约案文的起草、磋商和出台过程中，公约在国际水道上的有关用语及其定义一直备受争议。早在 1976 年，理查德·切尼（Richard Kearney），国际法委员会指任的该专题的首位特别报告人，便认识到有关方面在这一基本问题上存在重大分歧。他提议关于国际水道概念的分歧不应阻碍委员会的案文起草工作，④ 在对国际水道进行定义时应当聚焦有关水资源的非航行利用问题。⑤

斯蒂芬·施伟伯（Stephen Schwebel），该专题的第二任特别报告人，在 1980 年提交的第二份报告中，对该问题做出了如下说明："水道系统是由河流、湖泊、运河、冰川、地下水等水文地理组成部分构成的，它们因物理联系构成一个整体单元；因此，影响该系统某一部分的利用均可能影响其他部分的水。"⑥ 他还进一步解释道："使用该系统中的水相互影响，该系统在此种程度上具有国际性，但它仅在该程度上具有国际性；因此，水道不存在绝对的国际性，该属性只是相对的。"⑦ 上述说明不仅列明了水道的典型组成部分，从自然角度强调各个部分之间的内在联系和水道的整体性，还从实际利用及其影响角度指明了应基于各个部分的利用之间可能存在的交互影响来客观判断水道相对的国际性。这些中肯、客观和可行的

---

① UNILC, Resolution on Confined Transboundary Groundwater, *Yearbook of the International Law Commission*, vol. II（2）, 1994, p. 135.

② UNILC, Draft Articles on the Law of the Non-Navigational Uses of International Watercourses with Commentaries, *Yearbook of the International Law Commission*, vol. II（2）, 1994, p. 90, para. 4.

③ *Ibid.*

④ *Id.*, p. 185, para. 13.

⑤ *Id.*, p. 185, para. 14.

⑥ Stephen M. Schwebel, "Second Report on the Law of the Non-Navigational Uses of International Watercourses", *Yearbook of the International Law Commission*, vol. II（1）, 1980, p. 68, para. 7.

⑦ *Ibid.*

意见被国际法委员会采纳。①

经第四任特别报告人斯蒂芬·麦卡弗里（Stephen McCaffrey）建议，国际法委员会在 1987 年决定暂缓起草关于用语的条款。② 到了 1991 年，条款草案核心条款的起草工作已基本完成，麦卡弗里在第七次报告中，认真研究了与条款草案的用语特别是国际水道的定义相关的问题，并提出了两种替代性的建议案文。案文 A 采用了"国际水道系统"（international watercourse system），案文 B 使用了"国际水道"（international watercourse），但二者对"水道"和"水道系统"给出了完全相同的定义：

> 由水文地理组成部分构成的一个系统，包括河流、湖泊、地下水和运河，由于它们之间的自然关系，构成一个整体单元。③

麦卡弗里个人倾向于选择案文 A，因为它强调了"国际水道构成一个系统的事实"，"有助于强化关于水道所有组成部分存在相互联系这一事实重要性的认识"，也凸显了需要考虑"某个水道国的活动对整个水道系统的状况的影响"。④

上述建议案文被作为第 2 条（b）款纳入国际法委员会在 1991 年一读通过的条款草案之中：

> "水道"是指地面水和地下水的系统，由于它们之间的自然关系，构成一个整体单元，并且流入共同的终点。⑤

该款用"地面水和地下水"来泛指麦卡弗里建议案文中所列的组成部分，并且增加了一项新的要求，即"流入共同的终点"。对此，国际法委

---

① Stephen M. Schwebel, "Second Report on the Law of the Non-Navigational Uses of International Watercourses", *Yearbook of the International Law Commission*, vol. II (1), 1980, p. 68, para. 90.

② *Id.*, footnote 83.

③ Stephen McCaffrey, "Second Report on the Law of the Non-Navigational Uses of International Watercourses", *Yearbook of the International Law Commission*, vol. I (1), 1991, p. 64.

④ *Ibid.*

⑤ *Id.*, p. 70.

员会给出了如下解释："增加这一要求是为了进一步限定条款的地理范围。因此，例如，两个不同的流域被一条运河连接，不得基于该事实将它们视为本条款意义上的一个单一的'水道'"。①

与该款相比，1994 年二读案文的第 2 条（b）款只是将"自然联系"改成"物理联系"，并在"流入共同的终点"前增加了"通常"一词。对于为何需要用"通常"一词来限定该表述，国际法委员会给出了如下解释：

> 这代表了一种妥协，目的不是扩大条款草案的地理范围，而是弥合以下两种分歧：一方面，某些人主张彻底删除"共同终点"这一短语，并称这在水文地理上是错误的、存在误导性且会排除某些重要的水资源；另一方面，某些人主张保留共同终点的要求，以明确本条款草案地理范围的某些限制。②

在联大组织召开的案文磋商会议上，除了应当包含或排除地下水的问题之外，水道和国际水道的用语和定义均未得到各国代表的广泛讨论。③二读草案第 2 条（b）款被原文纳入公约之中，成为其第 2 条（a）款。

联合国国际水道法公约第 2 条的文本解读和缔约史回顾表明，①虽然提议的用语数量众多，出于技术和法律准确性等因素的考虑，公约最终选择了"水道"和"国际水道"；②水道被定义为一个系统，包括地表水和地下水等水文地理组成部分，各个部分因其物理联系而构成一个整体单元；③公约强调了水道的系统性和整体性，明确要求水道各组成部分之间存在物理和水文联系；④公约并未明文规定确定上述联系的依据、标准和方法，原则上应基于个案的具体情况，综合考虑相关的自然和社会等因素，加以客观判断；⑤水道的国际性是相对的而非绝对的，这取决于水道

---

① Stephen McCaffrey, "Second Report on the Law of the Non-Navigational Uses of International Watercourses", *Yearbook of the International Law Commission*, vol. I（1）, 1991, p. 70.

② UNILC, Draft Articles on the Law of the Non-Navigational Uses of International Watercourses with Commentaries, *Yearbook of the International Law Commission*, vol. II（2）, 1994, p. 90, para. 6.

③ Summary Record of the 58th Meeting of the Working Group of the Whole on the Elaboration of a Framework Convention on the Law of the Non-Navigational Uses of International Watercourses, A/C. 6/51/SR. 58, 1997, p. 2, para. 2.

组成部分之间的内在联系及对特定水道的利用可能对其他部分造成的影响；⑥与地表水不存在任何联系的封闭含水层被明确排除在公约的适用范围之外；⑦人工运河属于典型的水道组成部分，但国际法委员会注意到有观点认为水道必须是"一个自然现象"，并质疑将运河纳入其中的合理性；⑧水道作为一个整体可能流入共同的终点，也可能不流入共同的终点。

国际法院显然可以从联合国国际水道法公约的文本和缔约史等材料中得到有用的指引，但它在锡拉拉水案中并不能直接适用该公约。因此，除了该公约之外，法院在确定习惯规则的过程中还需要利用其他相关的法律渊源。

虽然欧经委水公约和其他文件采用了不同的用语且给它们界定了或大或小的范围，关于国际水道的有关要求及其内在的原因与联合国国际水道法公约基本上是一致的。更为重要的是，调查这些术语的定义和范围有助于法院更好地回答如何认定水道组成部分存在联系等关键问题。

1966年《赫尔辛基规则》同时适用于"国际河流流域"的航行和非航行利用，将它定义为"跨越两国或多国的地理区域，该区域以包括流入共同终点的地表水和地下水系统的分水岭为界"。① 国际法协会指出，"流域是一个不可分割的水文单位，这要求全面考虑，以实现对其水资源任何部分的最大利用和开发"。② 为了调和多功能开发之间潜在或既有的冲突，以及为了各个流域国的共同利益而保障该共同资源的最佳和理性开发，必须采用全流域的整体方式和方法。③ 2004年《柏林水规则》沿用了流域整体方法，将"河流流域"定义为"由相互关联的水资源系统的地理界限决定的一个区域，其中的地表水通常流入共同的终点"。④ 对于如何认定流域组成部分之间的关联，国际法协会提出：

> 从水文地理角度而言，界定流域或汇水区域的关键是水应当是相互联系的，即它们的排水相互连接。对地表水而言，这种联系通常的

---

① ILA, The Helsinki Rules on the Uses of the Waters of International Rivers, 1966, Article II.

② ILA, Commentary to the Helsinki Rules on the Uses of the Waters of International Rivers, 1966, Article II, general comment.

③ *Ibid.*

④ ILA, The Berlin Rules on Water Resources, 2004, Article 3 (5).

判断标准是它们注入海洋或它们的排水到达某个共同的终点……类似地，地表水道或几个含水层可能被相对密封的含水层分开，这使得它们向不同的方向流动、渗透或渗漏。深井可能会穿过密封的含水层，以这种方式混合的水资源，除非作为一个整体，便无法得到理性的管理。最后，地表水道或相互联系的含水层有时会流向不同的流域，且皆有各自不同的终点。是否必须将这些水也视为一个单位进行管理则取决于有关的具体情况。①

显然，除了水文、地理、地质联系，国际法协会还强调了水资源整体理性管理的必要性。

在欧经委水公约中，"跨境水"被定义为"任何标识、跨越或位于两个及两个以上国家边界的地表和地下水；如跨境水资源直接流入海洋，这些跨境水资源止于其各自的河口与其河岸低潮线各点之间相连的那条直线"。②该定义的关键词显然是跨界、地表水和地下水。③只要它们标识、跨越或位于两个及两个以上国家的边界，地表水以及封闭和非封闭的含水层皆属于公约调整的对象。④更为重要的是，与《柏林水规则》一样，公约的适用范围还拓展至整个汇水区域："由地表水水体或含水层补给区构成的整个汇水区域应被理解为从雨水或融雪接收水的一个区域，这些水从山上渗流（在地表上或经可渗透及不可渗透的地下区域）至某个地表水体，或通过土壤渗流至含水层。"⑤

公约指南从水文地理角度进一步解释了该区域的范围："汇水区域同样适用于水渗流到的河流的组成部分……或水渗流到整个河流的区域（即河流汇入海洋或封闭湖泊或沙漠的点上游的区域）。"⑥该区域包括与跨界

①　ILA, Commentary to the Berlin Rules on Water Resources, 2004, p. 11.
②　Convention on the Protection and Use of Transboundary Watercourses and International Lakes, 31 ILM 1312（1992）, Article 1（1）.
③　UNECE, Guide to Implementing The Water Convention, ECE/MP. WAT/39, 2013, p. 14, para. 71.
④　*Id.*, para. 73.
⑤　*Id.*, para. 74.
⑥　*Id.*, para. 75.

水存在联系的其他因素，包括空气、土壤、植物、动物等。① 因此，该公约不仅适用于跨界水本身，还适用于与它存在联系的生态环境中的其他要素。

在国际法委员会 2008 年二读通过的《跨界含水层法条款草案》中，"含水层"和"含水层系统"被分别定义为"位于透水性较弱的地层之上的渗透性含水地质构造以及该地质构造饱和带所含之水"，"水力上相连的两个或两个以上含水层"，不仅适用于与地表水存在联系的地下水及封闭的地下水，还适用于含水层的补给区和排泄区。② 虽然联大最终决定不以条款草案为基础制定一部国际公约，③ 条款草案关于跨界含水层的宽泛定义及其采用的一体化综合管理模式无疑会指引相关国家实践及国际法的发展。

（3）锡拉拉水国际地位的认定

基于以上讨论，我们认为，为了认定锡拉拉水是否属于国际水道，国际法院需要确定其组成部分，考察这些组成部分之间的关系，尤其是地表水和地下水之间的联系，在该系统中某个点的利用是否会对其他部分造成影响，认定它们是否构成一个单一的整体单元，并查明这些组成部分是否位于双方当事国境内。

第一，锡拉拉水的自然状况显然是处理该问题的出发点，也是决定性的因素，因为若其组成部分不构成单一的整体单元，或者其组成部分仅位于一国境内，它便不属于国际水道。第二，法院必须考察并确定锡拉拉水的地理、水文、水文地理、地质和生态等自然特征，尤其是它的源头、供水、水流过程和终点，该河有哪些主要的组成部分，它们是地表水还是地下水，有关地下水是封闭的、半封闭的还是与地表水存在联系，它们之间存在何种物理和水文地理上的联系，是否足以构成单一的整体单元，尤其是当事国在某个部分的利用是否及如何对其他部分造成潜在或实际的影

---

① UNECE, Guide to Implementing The Water Convention, ECE/MP. WAT/39, 2013, p. 14, para. 76.

② UNILC, Draft Articles on the Law of Transboundary Aquifers, *Yearbook of the International Law Commission*, vol. II (2), 2008, Article 2 (a), (b), (c).

③ UNGA, Resolution 68/118, A/RES/68/118, 2013.

响，各个部分的地理位置及是否位于两国境内，等等。第三，由于双方都提及锡拉拉水的地下组成部分，在考察和界定有关联系时，法院显然需要着重考虑地表水和地下水之间的水文联系以及地下水的补给区和排泄区的情况。第四，法院应当考虑双方对于锡拉拉水的既有利用情况，这有助于确定一方对水道某些部分的利用是否会对其他组成部分造成实际的影响。第五，法院还应考虑双方在锡拉拉水国际地位上的一贯立场和态度，若玻利维亚如智利所主张的一贯承认锡拉拉水属于国际水道，那么法院就必须给予该事实相应的重视。总之，法院需要综合考虑以上因素、事实和情况，依据相关的原则、标准和方法，从整体上客观认定该河的国际性质。

2. 国际水道地域范围的确定

在奥德河案中，常设国际法院必须裁定奥德河国际委员会的管辖权是否及于该河位于波兰境内的两条支流。① 法院首先明确了应当适用的法律："既然（《凡尔赛和约》）第341条没有界定该管辖权的地域界限，就必须诉诸第331条，该条规定了奥德河系统国际化的界限"。② 法院注意到，第331条的实际用语表明："河流的国际化取决于两个条件：水道必须是可航行的，而且必须天然地为一个以上的国家提供入海通道。这两个特征……对于回答如何区分所谓国际河流与国内河流的问题具有不可或缺的重要作用。"③

法院认识到双方对相关事实并不存在分歧，即案件所涉的两条支流均是可航行的，且分割和跨越不同国家的领土。④ 因此，法院必须确定第331条中的有关用语的意思，即"这些河流系统中可航行的所有组成部分，它们的自然状况可以为一个以上的国家提供入海通道"，指的是其中的支流和二级支流，且如果这些支流满足上述条件便属于上述定义整体的一部分，抑或在此种支流和二级支流为一个以上的国家提供入海通道的情况下，它们自其自然可航行水道的最后边界起上游的部分并未被国际化。⑤

鉴于上述用语的通常含义及缔约方的意图并不清楚，法院决定"诉诸

---

① *Case relating to the Territorial Jurisdiction of the International Commission of the River Oder*, 1929 P. C. I. J. (ser. A), No. 23, p. 16.

② *Id.*, p. 25.

③ *Ibid.*

④ *Ibid.*

⑤ *Id.*, pp. 25 – 26.

规制国际河流法律的一般原则，并考虑《凡尔赛和约》在这些原则上采取了什么立场"。① 在这种情况下，法院提出了"沿岸国利益共同体理念"，基于该理念推导出各国在国际水道的自由航行上享有共同的法律权利，并判定该共同的法律权利适用于整条水道，且不只由水道国享有。②

显然，在该案中，法院并非旨在明确国际法上区分国际可航水道与国内水道的一般规则，而只是将国际河流法上的"沿岸国利益共同体理念"和沿岸国在航行上所享有的共同的法律权利作为条约解释的辅助手段，以厘清第331条的含义和缔约方的真实合意。然而，法院在提出该理念过程中注意到"一条单一的水道跨越或分割一个以上国家领土"、"满足正义的要求"及"效益的考虑"等事实和因素，而且认为该共同法律权利的基本特征是"所有沿岸国完全平等"，适用于"河流的整条水道"。可以说，上述事实、因素和考虑同样适用于国际水道的非航行利用和保护，有关判例和理由也可被用来认定水道在非航行利用意义上的国际性质。

3. 国际水道的共享自然资源属性

施伟伯认识到"国际水道的水资源属于典型的共享自然资源"，③ 在向国际法委员会提交的第二次报告中提出了"作为共享自然资源的水"的一般原则，并为此草拟了专门的案文："水道系统国应将国际水道的水资源作为一种共享自然资源来对待"。④ 他认为，"共享自然资源的概念及其合作利用暗含于广泛的国家实践，根植于国际法和国际关系的历史之中"。⑤ 基于对国际社会关于此概念态度的调查，他总结道："虽然国家实践在很长时期以来已经接受共享自然资源的事实，且从中发展出合作处理该自然资源的义务，但是，它尚未成为国际法上的一项原则。直到近十年，共享自然资源的概念才开始出现。"⑥

---

① *Case relating to the Territorial Jurisdiction of the International Commission of the River Oder*, 1929 P. C. I. J. (ser. A), No. 23, p. 26.

② *Id.*, pp. 27 – 28.

③ Stephen M. Schwebel, "Second Report on the Law of the Non-Navigational Uses of International Watercourses", *Yearbook of the International Law Commission*, vol. II (1), 1980, p. 180, para. 141.

④ *Id.*, p. 181, para. 142.

⑤ *Id.*, p. 180, para. 140.

⑥ *Id.*, p. 181, para. 143.

联合国国际水道法公约等框架公约并未明确规定该原则。2002 年，国际法委员会将跨界含水层法的编纂和发展列入其在"共享自然资源"下的一项工作，这在一定程度上反映了国际社会关于跨境水资源属于共享自然资源的共识。[①]

国际法庭在多个案件中澄清了国际水道在国际法上的性质和特征。其注意到有关河流是边界河流和或国际水道，强调以整体、综合和一体化方式处理有关问题的重要性和必要性，并明确地将国际水道认定为一种共享自然资源。

拉努湖仲裁案所涉的拉努湖完全位于法国领土之上，湖水靠源自法国且仅流经法国境内的若干河流供给，部分湖水经丰蒂维乌河流入位于法国和西班牙之间的卡洛河。[②] 仲裁庭认识到法国计划实施的调水和发电工程完全位于法国境内，强调"若其影响不全部发生在法国境内，其最重要的影响将仅限于法国境内的领土"。[③] 针对西班牙提出的法国在征得其同意之前不得改变水的自然流动的抗辩意见，仲裁庭强调了流域系统的整体性：

> 从物理和地理的角度看，任何一条河流都构成一个系统，但这并不意味着西班牙可主张法国在未经其同意的情况下不得改变河流的自然流动。流域系统并非仅着眼于自然，它更要满足人类的现实需求。[④]

在多瑙河案中，国际法院注意到"多瑙河不仅是一条共享的国际水道，还是一条国际边界河流"；[⑤] 判定"捷克斯洛伐克单方面控制共享资源，剥夺了匈牙利公平合理地分享多瑙河自然资源的权利"，[⑥] 并要求"双方恢复在多瑙河共享水资源利用上的合作"。[⑦] 显然，法院在处理双方的有

---

① UNGA, Resolution 57/21, A/RES/57/21, 2003.

② *Lake Lanoux Arbitration* (France/Spain), Award, 12 R. I. A. A. 281 (1957).

③ *Id.*, p. 300, para. 1.

④ *Id.*, p. 304, para. 8.

⑤ *Gabčíkovo-Nagymaros Project* (Hungary/Slovakia), Judgment, I. C. J. Reports 1997, p. 54, para. 78.

⑥ *Id.*, p. 56, para. 85.

⑦ *Id*, p. 80, para. 150.

关诉求时均考虑了多瑙河共享自然资源的基本属性。

国际法院在乌拉圭河纸浆厂案中再次确认国际水道属共享自然资源。它在 2006 年做出的临时措施命令中便指出，"乌拉圭河的有关部分为两国共享，且构成它们共同的边界"。^① 在 2010 年的实体判决中，国际法院强调："若没有考虑其他流域国对该共享资源的利益及其环境保护，此种利用就不能被视为公平合理的"。^② 基于一般国际法上关于共享自然资源的环境影响评价义务，法院也将国际水道视为一种典型的共享自然资源。^③

在哥斯达黎加/尼加拉瓜案中，对于圣胡安河，国际法院一方面承认尼加拉瓜依据有关条约对该河享有完整和排他的主权，^④ 另一方面指出尼加拉瓜实施的疏浚工程及哥斯达黎加实施的筑路活动均发生在"共享环境条件的区域和地区"（areas or regions of shared environmental conditions），且双方总体上同意应对在此种区域内实施的有关活动实施环境影响评价。^⑤

因此，国际法庭虽然没有明确提出共享自然资源是国际水道法上的一项原则，但却明确地将国际水道视为共享自然资源。这一理念不仅对国际法庭关于国际水道利用和保护问题的基本认识产生了根本性的影响，也影响到它们对国际水道法上基本原则的解读以及对当事国具体诉求的处理。

（三）国际水道法的若干基本原则

如上所述，在涉及国际水道的绝大多数案件中，当事国订有专约或水道协定，国际法庭必须仅适用这些特别条约来断案。应当事国请求或依职权，国际法庭依据国际水道法的基本原则解释了上述条约的有关条款。此外，对于上述条约和协定未规定的事项，或者在不存在特别条约的情况

---

① *Pulp Mills on the River Uruguay* (Argentina v. Uruguay), Judgment, I. C. J. Reports 2010, pp. 113 – 114, para. 4.

② *Id.*, p. 75, para. 177.

③ *Id.*, p. 83, para. 204.

④ *Dispute regarding Navigational and Related Rights* (Costa Rica v. Nicaragua), Judgment, I. C. J. Reports 2009, p. 234, para. 37.

⑤ *Certain Activities Carried Out by Nicaragua in the Border Area* (Costa Rica v. Nicaragua) and *Construction of a Road in Costa Rica along the San Juan River* (Nicaragua v. Costa Rica), Judgment, I. C. J. Reports 2015, p. 705, para. 101.

下，国际法庭则需要直接依据习惯国际法或一般国际法来断案。国际法庭在判案中诉诸的基本原则有沿岸国利益和权利共同体、公平合理利用、不造成重大损害、可持续发展和诚信合作。这些概念、理念、原则、基本规则、一般义务也被全部或部分、直接或间接地纳入关于国际水道利用和保护的框架公约、流域协定或其他软法文件之中。国际法庭在这些原则的内涵、实质、要求、实现方式等问题上形成的相关判例有助于解释和适用成文或习惯国际法上的这些原则。

1. 沿岸国利益和权利共同体原则

（1）奥德河案与沿岸国利益共同体理念的提出和适用

在奥德河案中，常设国际法院首次提出了沿岸国利益共同体理念：

> 考虑到国家如何看待因如下事实所产生的具体情形，即某一条水道跨越或分割一个以上国家之间的领土，考虑到实现正义要求的可能性，考虑到这一事实对解决方法"功效"的影响，我们很快就会发现各国并未基于保护上游国通行权的理念来寻求解决该问题的方案，而是一直基于沿岸国利益共同体的理念来寻找答案。[1]

法院基于该理念提出了沿岸国所享有的共同法律权利，强调了该权利的平等性和对等性：

> 关于某可航行的河流的利益共同体成为某项共同法律权利的根基，该共同法律权利的重要特征包括所有沿岸国在利用该河的整个河道上的地位完全平等，排除任何一个沿岸国在与其他沿岸国的关系中享有任何优先性的特权。[2]

更为重要的是，法院强调，毫无疑问，"利益共同体理念构成国际河流法的法律基础"，它经 1815 年《维也纳会议最后议定书》创设，并在后

---

[1] *Case relating to the Territorial Jurisdiction of the International Commission of the River Oder*, 1929 P. C. I. J. (ser. A), No. 23, p. 27.

[2] *Ibid.*

续的条约中得以适用和发展。① 对于利益共同体理念为何构成有关国际河流航行的法律基础，法院未做进一步的说明，仅全文引用了《最后议定书》第108条和第109条，这两个条款规定国际河流的全部适航河道皆适用航行和贸易自由制度。

由此，法院明确了该共同法律权利的适用范围："既然该共同法律权利以分割或跨越多国边界的可航行水道为基础，很显然，该共同法律权利适用于该河流所有可航行的部分，而不在最后一个边界停止。"② 法院强调，沿岸国和非沿岸国在这些国际河流上享有的航行自由是双向的，因为"所有国家在双向的航行自由上均具有利益"。③

沿岸国利益共同体被法院视为国际河流法上一项一般原则。法院在提出该理念时注意到水道各个组成部分构成一个整体单元、跨越国家边界、正义的要求及解决实际问题的现实需要，并强调基于该理念得出的共同法律权利适用于整个水道，且各国享有在法律上完全平等的地位。这些因素同样适用于国际水道的非航行利用和保护。然而，应当注意的是，"所有沿岸国在利用该河的整个河道上的地位完全平等"之于航行利用与非航行利用存在一定的区别。如仲裁庭在拉努湖仲裁案中所强调的，有关条约"仅创设一个法律上的平等，而非事实上的平等"。④ 根据联合国国际水道法公约，水道国在本国领土内享有公平合理利用国际水道水资源的权利及以公平合理方式参与国际水道利用、开发和保护的权利。⑤ 这些权利显然并非各国在航行上所享有的共同且完全平等的权利，而只是在法律上平等和对等的权利。事实上，各国的权利和义务在现实中并非完全平等，更不是均等的。

（2）多瑙河案与沿岸国利益共同体原则的确认和适用

国际法院在本案中直接引用常设国际法院在奥德河案中提出的沿岸国

---

① *Case relating to the Territorial Jurisdiction of the International Commission of the River Oder*, 1929 P. C. I. J. (ser. A), No. 23, p. 27.

② *Id.*, pp. 27 – 28.

③ *Id.*, p. 28.

④ *Lake Lanoux Arbitration* (France/Spain), 12 R. I. A. A. (1957), p. 305, para. 9.

⑤ Convention on the Law of the Non-Navigational Uses of International Watercourses, 36 ILM 700 (1997), Article 5.

利益共同体理念，基于联合国国际水道法公约的通过，将该理念确立为国际水道法上的一项基本原则，并据之提出水道国对国际水道享有不可非法剥夺的公平合理利用和参与的权利。

在判定捷克斯洛伐克单方面实施变通方案 C 构成国际不法行为后，法院处理了斯洛伐克提出的一项抗辩意见，即该行为是其针对匈牙利违约行为采取的合法的应对措施。① 为判定该措施的合法性，法院澄清了其需要满足的条件，并强调"应对措施的效果必须与前不法行为造成的损害相称"。② 因此，法院需要回答捷克斯洛伐克实施的不法行为是否与其造成的损害相称。为此，法院援引了奥德河案，③ 并进一步指出：

> 当代国际法的发展已经为国际水道的非航行使用同样强化了这一原则（沿岸国利益共同体），联合国大会于 1997 年 5 月 21 日通过《国际水道非航行使用法公约》即是最好的证明。④

法院据此判定，"捷克斯洛伐克单方面控制共享资源，剥夺了匈牙利公平合理地分享多瑙河自然资源的权利，且河水改道也将给斯日格科茨沿岸地区的生态造成持续的影响，这不符合国际法要求的相称原则"。⑤

在本案中法院处理的并非有关国际河流航行问题的争端，而是因多瑙河水电开发而产生的争端，这是法院需要将常设国际法院在奥德河案中提出的沿岸国利益共同体理念拓展至国际河流非航行利用和保护领域的原因。法院称当代国际法的发展已经在国际水道非航行使用上强化了该原则，并将联合国国际水道法公约获得通过这一事实视为国际法发展的直接和充分的证据。法院没有给出任何其他解释和说明。法院应当清楚地知道，该公约在判决做出时刚刚获得通过，且仅被极少数国家签署。从公约第二部分所规定的一般原则来看，法院似乎认为公约规定了这一原则，或

---

① *Gabčíkovo-Nagymaros Project* (Hungary/Slovakia), Judgment, I. C. J. Reports 1997, p. 55, para. 82.
② *Id.*, pp. 55 – 57, paras. 83 – 86.
③ *Id.*, p. 56, para. 85.
④ *Ibid.*
⑤ *Ibid.*

其规定的原则可反映该原则，或者无论如何，公约获得通过本身便足以表明该原则同样适用于国际水道的非航行使用。

（3）乌拉圭河纸浆厂案与沿岸国利益和权利共同体原则的提出和适用

在处理完双方关于乌拉圭是否违反相关程序和实质义务的诉求后，国际法院对两国关于乌拉圭河未来的合作提出了如下意见：

> 法院注意到双方具有通过乌拉圭河委员会进行长期有效合作与协调的传统。通过乌拉圭河委员会来开展联合行动，双方已经在乌拉圭河管理及其环境保护上创设了一个真正的利益和权利共同体。①

值得注意的是，与奥德河案和多瑙河案相比，除了"利益"一词，国际法院在此段判决中还添加了"权利"，使之成为"利益和权利共同体"。法院还强调双方在 1975 年条约项下的合作义务，呼吁两国通过乌拉圭河委员会来协调各自的行动，在条约框架下找到解决它们之间的分歧的适当办法。② 从这个意义上而言，添加"义务"一词显然也是必要和适当的。事实上，不论是否订有水道协定，基于一般国际法，各水道国均须尽力协调各自的权利、利益和义务，平衡水道的利用和保护，努力构建水道国利益、权利、义务的命运共同体。

2. 公平合理利用原则

如国际法委员会所指出的，公平合理利用原则是公认的有关国际水道利用和保护的基本原则，它规定了水道国的基本权利和义务。③ 联合国国际水道法公约第 5 条明确规定了该原则，第 6 条列明了认定某使用是否符合第 5 条规定的公平合理利用原则要求的若干相关因素。第 6 条要求应根据某因素与其他相关因素相对的重要性来确定每项因素的权重，且应同时考虑所有的相关因素，在整体基础上做出结论。除此之外，公约没有就如

---

① *Pulp Mills on the River Uruguay*（Argentina v. Uruguay），Judgment，I. C. J. Reports 2010，p. 105，para. 281.

② *Id.*，pp. 105 – 106，para. 281.

③ UNILC，Draft Articles on the Law of the Non-Navigational Uses of International Watercourses with Commentaries，*Yearbook of the International Law Commission*，vol. II（2），1994，pp. 96 – 97.

何判定某使用是否符合公平合理利用原则的要求提供任何其他指引。

国际法庭在有关案件中解释和适用了水道协定中规定的类似原则或目标，或诉诸一般国际法上的该原则，明确指出公平合理利用是国际水道法上的一项基本原则，水道国对国际水道享有公平合理利用和参与的权利。遗憾的是，国际法庭尚无机会直接解释和适用联合国国际水道法公约第 5 和第 6 条，也没有就如何在个案中认定某使用是否符合公平合理利用原则的要求发表任何一般性的意见。因此，公约第 5 条和第 6 条及该原则的内涵和具体适用仍然存在不明确和不清晰之处。

（1）默兹河案与错失的解释和适用公平合理利用原则的机会

在本案中，荷兰与比利时缔结有专约，相互指责对方兴建新的运河违反了该条约，且均在书面和开庭审理过程中援引了有关河流的一般国际法规则。在处理该案所涉的国际水道取水争端过程中，常设国际法院似乎有机会阐明国际法上关于国际河流非航行使用的一般规则，或至少有机会在解释条约过程中参照此种规则。然而，关于本案应适用的法律，常设国际法院认为："当事方在本案中向法院提出的诉求并未赋予法院超越 1863 年条约所涵盖范围的权力。有关争议事项必须仅基于关于该条约的解释和适用加以裁断。"[①] 因此，正如法院所明确指出的，它在本案中仅依据条约解释之通则，通过解释和适用 1863 年条约裁断了双方的诉求，并未诉诸有关国际河流非航行使用的一般国际法。

值得注意的是，荷兰在第一项诉求中请求法院裁定，比利时兴建的工程导致该国可能在马斯特里赫特之外的其他地点给位于马斯特里赫特下游的运河从默兹河取水，这违反了 1863 年条约。法院认为，"荷兰主张的是一种特殊的权利，这种权利超出荷兰基于引水渠位于本国领土之内这一事实可主张的监督权力"。[②] 荷兰的上述主张必然暗示 "1863 年条约旨在通过赋予荷兰一项比利时无法主张的权利，从而将两国置于法律上的不平等地位"。[③] 法院认为，1863 年条约的条款并未明确地表明该条约给缔约国

---

① *The Diversion of Water from the Meuse* (Netherland v. Belgium), P. C. I. J. (ser. A/B) No. 70, June 28, 1937, p. 16.

② *Id.*, p. 18.

③ *Id.*, p. 19.

创设了此种不平等的地位。①

在本案中，法院并未直接适用公平合理利用原则来处理双方在默兹河取水问题上的争议，而只是基于条约解释之通则，尤其是关于缔约方地位平等的原则，认定荷兰所主张的不是对发生在本国领土上的活动的控制权，而是对从默兹河取水并向 1863 年条约所指的运河系统供水的控制权，并判定这与条约不符。不过，法院的判案依据、理由、结果无疑反映了公平合理利用原则的精神，即水道国在国际水道的利用上地位平等，各国均享有公平合理利用和参与的权利，任何国家不得主张另一国不可主张的特权，并最终导致它们在法律上处于不平等的地位。

（2）拉努湖仲裁案与公平合理利用原则的相关问题

在应适用的法律问题上，仲裁庭在本案中遇到了与常设国际法院在默兹河案中面临的非常类似的情况。除了 1866 年条约及其议定书之外，双方均诉诸了其他习惯和一般国际法。仲裁庭援引了默兹河案在该问题上的判决，认为它应主要适用 1866 年条约及其附属协定来断案，但仲裁庭可在双方明确援引其他规则或明确同意变更上述条约和协定的情况下适用其他规则。② 这些其他规则显然就是习惯国际法或一般国际法上的规则，这也使得仲裁庭有机会就有关跨境水资源非航行利用的一般国际法发表意见。

本案中，双方争议的一个焦点问题是法国单方面从拉努湖调水用于发电是否须经西班牙事先同意。这显然涉及水道国对跨境水资源的权利和利益的协调，也恰恰正是公平合理利用原则调整的一个重要事项。仲裁庭界定了西班牙该项主张在国际法上的性质："由于他国的反对，原本享有权利的国家实际上丧失了单独行动的权利。这意味着，若承认'同意权'和'否决权'，一国可基于此类权利限制、禁止他国实施属地管辖权。"③ 仲裁庭认为，"承认一国仅得在与另一国达成协定的条件下行使对特定事项的管辖权，是对该国主权施加的一项严格的限制，仅得在存在明显证据的情况下才能认可

---

① *The Diversion of Water from the Meuse* (Netherland v. Belgium), P. C. I. J. (ser. A/B) No. 70, June 28, 1937, p. 20.

② *Lake Lanoux Arbitration* (France/Spain), 12 R. I. A. A. (1957), p. 301, para. 2.

③ *Id.*, p. 306, para. 11.

此类限制"。① 显然，仲裁庭认为本案中并不存在此类明显的证据。

更为重要的是，仲裁庭还诉诸了习惯国际法，并明确指出：

> 国际实践表明，相关当事国有义务进行诚信沟通，并在权衡各方利益及互利互惠的基础上努力达成协议。然而，现行的国际实践并不足以证明国际法上存在这样一项习惯规则或一般法律原则，即流域国只有在征得他国同意的前提下方可开发利用国际河流的水电资源。②

因此，一方面，仲裁庭否定国际法上有要求事先征得他国同意的习惯规则或一般法律原则，保护水道国公平合理利用国际水道的权利；另一方面，仲裁庭认为现有规则仅要求水道国在权衡各方利益及互利互惠的基础上努力达成协议。这显然正是公平合理利用原则的精髓，即平衡和协调水道国在国际水道上不同的权利和利益诉求。可以说，虽然仲裁庭未直接使用"公平合理"的用语，它有关法国开发权利及保障西班牙合理利益的裁判正是公平合理利用原则的内在要求。

（3）多瑙河案与水道国公平合理利用和参与的权利

在本案中，国际法院首次处理有关国际河流水电开发的争端，须裁定捷克斯洛伐克单方面规划和实施变通方案 C 是否违反两国缔结的条约，是否构成针对匈牙利违约行为采取的合法的应对措施。

法院区分了匈牙利的违约行为与它对多瑙河所享有的权利：

> 签署1977年条约表明，匈牙利同意拦截多瑙河，将水改道至旁道运河；但匈牙利仅在项目联合运营与平等获益的条件下，才做出了同意的意思表示。匈牙利中止继而撤销上述同意的行为构成违约，这具体表现为匈牙利拒绝按原计划共同建设和运营项目，但这并不意味着匈牙利放弃了它公平合理地分享某国际水道水资源的基本权利。③

---

① *Lake Lanoux Arbitration* (France/Spain), 12 R. I. A. A. (1957), p. 306, para. 11.
② *Id.*, p. 308, para. 13.
③ *Gabčíkovo-Nagymaros Project* (Hungary/Slovakia), Judgment, I. C. J. Reports 1997, p. 54, para. 78.

换言之，在法院看来，1977 年条约是双方达成的有关多瑙河公平合理利用的协议，双方共同出资，合作修建，联合运营，平等获益，确保了双方公平合理地分享工程带来的发电、防洪等收益和效益。匈牙利可基于条约主张相关权利，匈牙利单方面违约并不等于该国放弃了它对该国际水道水资源享有的公平合理利用的权利。很明显，法院在这里更多的是在一般国际法意义上讨论匈牙利作为多瑙河的一个水道国对该国际河流所享有的权利，而不是它在 1977 年条约项下的权利。

对于斯洛伐克单方面实施变通工程方案，法院指出："捷克斯洛伐克单方面控制共享资源，剥夺了匈牙利公平合理地分享多瑙河自然资源的权利，且河水改道也将给斯日格科茨沿岸地区的生态造成持续的影响，这不符合国际法要求的相称原则。"①

必须再次强调的是，国际法院并非在一般意义上讨论捷克斯洛伐克作为一个水道国是否有权单方面控制和开发多瑙河位于本国境内的部分，而是裁判该国的此种行为与其给匈牙利造成的损害是否相称，是否构成该国针对匈牙利先前的违约行为而采取的合法应对措施。法院关注的是捷克斯洛伐克此种行为造成的后果，尤其是它给对方造成的损害及其对国际水道本身造成的负面影响。无论如何，法院在判决中强调匈牙利对多瑙河共享自然资源享有公平合理利用的权利，该权利是不得非法剥夺的，且判定斯洛伐克单方面控制该共享资源剥夺了匈牙利享有的此种权利。

对于双方未来的合作，国际法院再次强调了公平合理原则的重要性：

> 如果双方恢复其在多瑙河共享水资源利用上的合作，如果该多功能的项目以公平合理方式得以执行，该项目采取了协调性的单一单位形式，涉及该水道的利用、开发和保护，可最大程度地消除双方的不法行为造成的后果。②

需要注意的是，法院在该段判决中所指的"公平合理方式"显然就是

---

① *Gabčíkovo-Nagymaros Project* (Hungary/Slovakia), Judgment, I. C. J. Reports 1997, p. 56, para. 85.

② *Id.*, p. 80, para. 150.

它在判决第 132 段所指的双方须要依循的"国际水道法"的基本原则：
"两国的权利和义务还应适用两国间的其他条约以及国际法上的一般原则
和规则，前者如两国间 1976 年的界水管理条约，后者如国家责任法与国际
水道法。"①

　　法院还呼吁双方继续进行诚信磋商，以重新建立有关该项目的法律体
系，这"也符合 1997 年《国际水道非航行使用法公约》的规定，因为该
公约第 5 条第 2 款要求：'水道国公平合理地参与国际水道的使用开发和
保护，这种参与包括本公约所规定的利用水道的权利与合作保护及开发水
道的义务'"。②

　　该段判决直接引用了联合国国际水道法公约第 5 条，表明法院将该条
所规定的公平合理利用原则，尤其是公平合理参与的权利及合作保护及开
发水道的义务，视为国际水道法上的一般原则。

　　综上，国际法院在本案中确认公平合理利用是国际水道法上的一项基
本原则，裁定斯洛伐克单方面控制多瑙河剥夺了匈牙利公平合理地分享该
共享资源的权利，呼吁双方公平合理地参与该国际水道的利用和保护。然
而，法院并未澄清公平合理利用原则的内涵，仅基于相称性原则裁定捷克
斯洛伐克的单方控制行为剥夺了匈牙利公平合理利用的权利，也没有在一
般意义上讨论如何判断某行为是否符合该原则的要求。

　　（4）乌拉圭河纸浆厂案与公平合理利用原则的适用

　　由于阿根廷和乌拉圭缔结的 1975 年《乌拉圭河条约》第 1 条规定了
最佳和理性利用的目标，且双方就乌拉圭是否违反该条及其所反映的公平
合理利用原则项下的义务提出了对抗性的主张，国际法院似乎有机会就它
在多瑙河案中没有触及的问题做进一步的讨论。然而，法院却以该条并未
给缔约方创设具体的权利和义务为由直接驳回了阿根廷提出的有关诉求。
不过，法院在本案中对该目标在 1975 年条约中的地位、作用、实现方式及
其与环保和可持续发展原则之间的关系发表了一般性的意见。

　　1975 年《乌拉圭河条约》第 1 条规定，"缔约双方在本条约下同意创

---

① *Gabčíkovo- Nagymaros Project*（Hungary/Slovakia），Judgment，I. C. J. Reports 1997，p. 76，
　　para. 132.

② *Id.*，p. 80，para. 147.

设必要的联合机制","以实现乌拉圭河的最佳和理性利用"。① 阿根廷据此主张,由于未能与阿根廷合作采取必要措施来避免对乌拉圭河造成生态变化和污染,乌拉圭违反了该条规定的促进乌拉圭河最佳和理性利用的义务。阿根廷还提出,在根据公平合理原则解释 1975 年条约的相关条款时,应充分考虑当事国对该河既有的合法利用。② 乌拉圭称,1975 年条约旨在保障乌拉圭河得到公平和可持续的利用,并保护该河的生态资源;乌拉圭并未违反条约确立的公平合理原则,且根据该原则,既有利用相对于新的利用并不具有优先性。③

联合国国际水道法公约第 5 条要求水道国对国际水道的利用和开发应着眼于实现"最佳和可持续利用和最大效益",④ 1975 年条约第 1 条显然反映了该条规定的公平合理利用原则的要求。该条的内容及双方的抗辩意见给了国际法院一个解释和适用公平合理利用原则的机会。双方均不反对1975 年条约确立了公平合理利用原则,双方的抗辩意见还涉及既有利用与未来利用的关系,它正是联合国国际水道法公约第 6 条列明的判定公平合理利用时需要考虑的一种因素。⑤

对于为何决定不处理该项诉求,国际法院做出了如下解释:"第 1 条明确了 1975 年条约的目的,有助于解释条约规定的其他实质义务,但它自身并未给双方规定具体的权利和义务。"⑥ 然而,法院并不认为该条毫无意义,因为"最佳和理性利用可被视为 1975 年条约所确立的合作体系及其设立的执行该合作的联合机制的基石"。⑦ 法院认为该目标"要通过遵守1975 年条约规定的关于该共享资源环境保护及联合管理的义务来实现"。⑧

---

① *Pulp Mills on the River Uruguay* (Argentina v. Uruguay), Judgment, I. C. J. Reports 2010, pp. 43 – 44, para. 59.

② *Id.* , p. 73, para. 170.

③ *Id.* , p. 73, para. 171.

④ Convention on the Law of the Non-Navigational Uses of International Watercourses, 36 ILM 700 (1997), Article 5.

⑤ *Id.* , Article 6.

⑥ *Pulp Mills on the River Uruguay* (Argentina v. Uruguay), Judgment, I. C. J. Reports 2010, p. 73, para. 173.

⑦ *Id.* , p. 74, para. 174.

⑧ *Id.* , pp. 73 – 74, para. 173.

法院接着讨论了与实现最佳和理性利用相关的 1975 年条约的具体条款："实现最佳与合理利用要求平衡如下两个方面，一是双方为了经济和商业活动而利用该河流的权利和需要，二是保护河流免受此类活动可能造成的环境损害的义务。1975 年条约第 27、36 和 41 条等条款为缔约方创设的权利和义务反映了这种平衡的必要性。"① 由此，法院认为它仅需要依据 1975 年条约的这些条款及其所规定的权利和义务，来评估乌拉圭批准、建设和运营俄里翁（Orion）纸浆厂的行为。②

对于阿根廷指控乌拉圭违反 1975 年条约第 27 条规定的生态环保义务，法院明确指出："此种利用不能被视为是公平合理的，如果没有考虑另一个沿岸国在共享资源上的利益以及对后者的环境保护。"③ 法院在这段判决中没有说明何谓公平合理利用，仅指出了何种利用不能被视为公平合理，即 "没有考虑另一个沿岸国在共享资源上的利益以及对后者的环境保护"。同时，法院还澄清了公平合理利用、不造成重大损害、可持续发展等原则之间的关系，认为该原则旨在平衡共享资源的公平合理利用、经济发展与生态保护。

法院当然有权基于充分和适当的理由决定不处理当事国提出的某些诉求。在本案中，法院决定不处理关于乌拉圭是否违反第 1 条规定的最佳和理性利用义务的问题，或者说不直接处理双方围绕该条提出的对抗性的主张，显然是在综合考虑案件有关情况的基础上谨慎给出的结论。

首先，法院须基于对 1975 年条约第 1 条的解释来处理该问题。法院关于该条并未给双方创设具体义务的结论显然忠实于该条自身的通常含义及其在 1975 年条约中的地位。

其次，法院注意到双方关于该条的分歧聚焦于乌拉圭是否违反了条约项下的生态环保义务，包括 1975 年条约第 35、36、41 条项下的实质义务及第 7~12 条规定的程序义务。第 1 条所反映的公平合理利用原则与乌拉圭的这些具体义务均密切相关。若法院决定处理该诉求，法院将难以分别

---

① *Pulp Mills on the River Uruguay*（Argentina v. Uruguay），Judgment, I. C. J. Reports 2010，p. 74，para. 175.

② *Ibid.*

③ *Id.*，p. 75，para. 177.

处理关于乌拉圭违反程序义务和实质义务的诉求。① 尤其是，从法院的最终判决来看，乌拉圭违反了某些程序义务，却没有违反任何实质义务,② 若法院选择直接处理阿根廷基于第 1 条提出的诉求，它显然会把自己置于一个非常尴尬的两难境地。

最后，法院直接驳回了阿根廷提出的该项诉求,③ 但这并不意味着法院在本案中未考虑第 1 条规定的最佳和理性利用的目标或公平合理利用原则，因为如法院所指出的，该目标有助于解释条约规定的其他具体义务。同样，法院在本案中的做法并不意味着公平合理利用原则在任何情形下均不能创设具体义务，或法院不能直接依据该原则来判案。

总之，法院关于最佳和理性利用目标在 1975 年条约中的地位、作用、实现方式及该目标与环保义务和可持续发展的关系的一般性意见，对澄清公平合理利用的内涵、要求和具体适用均具有十分重要的意义。在水道协定中的条款给缔约方规定具体权利和义务的情况下，不论它是否明确规定了公平合理利用原则，该原则显然有助于解释和适用这些条款；在没有水道协定的情况下，若须依据一般国际法断案，国际法庭就可能需要参照这些意见来解释和适用公平合理利用原则。

3. 不造成重大损害原则

不造成重大损害原则、无害规则或不造成重大损害的一般义务的国际法根基在于 "使用自己的财产或行使权利不得伤害邻人或妨碍其享受的财产或权利" (*sic utere tuo ut alienum non laedas*)。④ 联合国国际法水道法公约第 7 条规定了该一般义务：

> 1. 水道国在自己的领土内利用国际水道时，应采取一切适当措施，防止对其他水道国造成重大损害。
>
> 2. 如对另一个水道国造成重大损害，而又没有关于这种使用的协

① *Pulp Mills on the River Uruguay* (Argentina v. Uruguay), Judgment, I. C. J. Reports 2010, p. 49, para. 79.

② *Id.* , p. 106, para. 282.

③ *Ibid.*

④ Report of the United Nations Conference on the Human Environment, Stockholm, 1972, Part one, Chap. I.

定，其使用造成损害的国家应同受到影响的国家协商，适当考虑到第5条和第6条规定，采取一切适当措施，消除或减轻这种损害，并在适当的情况下，讨论赔偿的问题。

在该条的案文起草和审议过程中，各方对于其内容、措辞及其与第5条的关系等存在很大的分歧，有些要求给水道的利用施加更加严格的限制，有些则主张删除该条，明文确立第5条的指导地位，或至少规定更为宽松的限制。①

国际法委员会在评论中指出，该条规定了"一个过程，它旨在最大限度地避免重大损害，同时在每个具体案件中达成公平的结果"；它为水道国规定了谨慎义务，要求它们以不对其他水道国造成重大损害的方式利用国际水道；"它是一种行为义务，而并非结果义务"；"它不旨在确保在利用国际水道过程中不会发生任何重大损害"；"该义务要求，只有在一国故意或因过失造成了本可以避免的事件，或有意使得或因过失未能避免他人在本国领土内造成此种事件，或不去减轻损害，且造成了重大损害的情况下，该国才应被视为违反了该谨慎义务"；这是一个"客观的标准"；"公平合理利用原则仍然是平衡相关利益的指导标准"。② 除此之外，公约并未明文规定认定一国违反该义务的具体标准或方法，尤其是启动该义务的"重大损害"标准的判断方法。

国际法院在包括国际水道争端在内的涉及跨境损害的案件中反复确认不造成重大损害是一般国际法上的一项义务，澄清了该义务的有关要求，并结合个案情况，谨慎地认定有关活动是否实际造成伤害或损害，造成了哪些特定的实质损害，是否有充分的证据明确地显示这些损害与活动之间存在确定的因果关系，以及有关当事国是否违反了该义务。

（1）拉努湖仲裁案与错失的适用不造成重大损害原则的机会

在本案中，西班牙诉诸一般国际法，主张上游国在开发利用跨境河流

---

① UNGA, Summary Record of the 15th Meeting, A/C. 6/51/SR. 17, 1996.

② UNILC, Draft Articles on the Law of the Non-Navigational Uses of International Watercourses with Commentaries, *Yearbook of the International Law Commission*, vol. II（2）（1994）, pp. 103 – 104.

过程中对水体的改变不得给下游国造成严重损害，该诉求的法律根据显然正是不造成重大损害原则。由于仲裁庭已判定法国的工程方案不会改变卡洛河的水体，仲裁庭认为，即便存在这样一项国际法原则，该原则也不适用于本案。[①] 换言之，仲裁庭基于查明的事实回避了不造成重大损害是否构成习惯国际法上的义务的问题。

针对法国是否违反了本国应担负的条约义务，仲裁庭强调，由于法国的工程方案将向卡洛河补偿从拉努湖调出的全部水量，两国境内水资源使用者利用水资源的利益均不会受到损害。在这种情况下，仲裁庭仍然提出了西班牙可能提出的质疑上述结论的理由：工程将给卡洛河造成污染，从阿烈日河调回卡洛河的水的化学成分、水文和其他特征将损害西班牙的利益；鉴于其技术特征，由于监测设备或调水工程设备存在缺陷，法国计划实施的工程将无法实际确保从拉努湖向卡洛河调回与自然流量相当的水量。然而，仲裁庭注意到西班牙并未提出上述主张，也未证明相关的事实。[②] 在这种情况下，仲裁庭显然无须诉诸不造成重大损害原则。仲裁庭提出的上述理由是不造成重大损害原则在国际水道争端的适用中可能涉及的主要损害，既包括污染，对水道的成分、水温和其他特征的改变，也包括对有关水道国造成的其他实质损害。

仲裁庭接着考察了附属协定第12条。该条规定，下游国接收的水应自上游自然流淌而下，包括水体携带的物质，不应受人为因素的影响。基于该条，西班牙认为水力发电属对水体施加的额外的物理因素，它将改变河流的自然状况，法国未经其同意不得做出此种改变。仲裁庭承认，从物理和地理的角度看，任何一条河流都构成一个系统，但这并不意味着西班牙可主张法国在未经其同意的情况下不得改变河流的自然流动。[③] 法国的调水和补偿方案并不会改变两国之间的用水安排。此外，当前的水力发电技术要求所储蓄的水位越来越高，调动的距离越来越远，有时甚至需要将其改道至位于本国或他国的另一个流域。在这种情况下，从技术上看，强行

---

① *Lake Lanoux Arbitration* (France/Spain), 12 R. I. A. A. (1957), p. 308, para. 13.

② *Id.*, p. 303, para. 6.

③ *Id.*, p. 304, para. 8.

要求保持或恢复发电用水的自然属性就显得越来越不合理。①

仲裁庭关于附属协定第 12 条的灵活解释表明，不造成重大损害义务的触发标准是"重大损害"，水道国基于睦邻友好原则，有义务容忍非重大的损害。这似乎也表明，在仲裁庭看来，不造成重大损害原则应从属于公平合理原则，不能只考虑损害，而要基于包括损害在内的全部相关因素，综合判断某利用是否符合公平合理利用原则的要求。

此外，仲裁庭还区分了开发跨境水资源可能造成的影响与可能造成的实质损害。西班牙主张工程方案将增强法方单方面调控跨境水资源的能力。仲裁庭认为，虽然它无权探究西班牙做出该主张的动机及其所基于的经验，但工程除了旨在满足法国的发电利益外，并不旨在创造一种可损害西班牙利益的武器。② 换言之，不造成重大损害针对的是可证实的实质损害，它不能是抽象的利益，更不能是无端的推测。

（2）多瑙河案与关于重大迫近环境危险的认定

在该案中，匈牙利并未明确主张斯洛伐克单方面实施变通方案给多瑙河及本国造成了重大损害，仅辩称它导致该国在 1989 年面临环境危急情况，且匈牙利可以据此在不承担任何国际责任的情况下，暂停或放弃它根据 1977 年条约等承担的工程建设义务。

法院指出，"危急情况是习惯国际法认可的可用于排除某不符合国际义务行为的不法性的根据"；然而，"排除不法性的这种根据仅得在例外情形下得以适用"；"仅得在全部满足特定的严格限定的条件的情况下"适用；"有关国家不是判断这些条件是否得以满足的唯一裁断者"。③

法院认为习惯国际法上的下列条件与本案有关："一国必须为了其'根本利益'实施违反其承担的国际义务的行为；国家利益必须受到'严重和紧急'危险的威胁；受到质疑的行为必须是维护这一利益的'唯一方式'；这一行为不能'严重损害'履行这项义务的对象国的'根本利益'；

---

① *Lake Lanoux Arbitration*（France/Spain），12 R. I. A. A.（1957），p. 304，para. 7.

② *Id.*，p. 305，para. 9.

③ *Gabčíkovo-Nagymaros Project*（Hungary/Slovakia），Judgment，I. C. J. Reports 1997，p. 40，para. 51.

做出这一行为的国家不能'促成危急情况的发生'。"①

法院承认,匈牙利对工程环境影响的担忧与其根本利益有关,但双方提交的证据并未表明存在匈牙利所主张的危险,而且该危险也不紧急;匈牙利在当时除了中止和放弃工程外,还有其他手段应付已知的危险。法院还指出,即便已经证实 1989 年出现了与履行 1977 年条约相关的危急情况,匈牙利也不得以此为据不履行其条约义务,因为它通过作为或不作为促成了这一状况的出现。②

同样,如上所述,针对斯洛伐克单方面实施变通方案是否构成针对匈牙利违约的合法应对措施,法院强调河水改道造成了持续的生态影响,这不符合国际法上相称原则的要求。③ 此外,对于双方未来的合作,国际法院也要求双方重新评估加布奇科沃发电站运营对环境造成的影响。

总之,在该案中,国际法院仅在上述情形下考虑了大坝建设及捷克斯洛伐克单方面实施变通方案可能造成的生态环境影响,并未直接解释或适用不造成重大损害原则。然而,法院却结合本案的有关情况评估了项目环境危险的可能性、确定性、紧迫性,这对认定有关活动是否存在造成重大跨境影响的风险及造成实际损害均具有参考价值。

(3)乌拉圭河纸浆厂案与不造成重大损害原则的适用

国际法院在本案中适用该原则处理了阿根廷提出的乌拉圭违反了相关程序和实质义务的诉求。

针对乌拉圭是否履行了向乌拉圭河委员会通知的义务,法院指出:"预防原则是一项习惯国际法规则,它源自一国在本国内开展活动时应遵守的审慎义务。"④ 法院援引了它在科孚海峡案(Corfu Channel Case)中明确提出的国际判例:"每个国家皆有义务不在知情的情况下允许本国领土被用于有损他国权利的行为"。⑤ 法院指出:"国家有义务利用一切可能的

---

① *Gabčíkovo-Nagymaros Project* (Hungary/Slovakia), Judgment, I. C. J. Reports 1997, pp. 40 – 41, para. 52.

② *Id.*, pp. 41 – 46, paras. 53 – 58.

③ *Id.*, p. 56, para. 85.

④ *Pulp Mills on the River Uruguay* (Argentina v. Uruguay), Judgment, I. C. J. Reports 2010, p. 55, para. 101.

⑤ *Corfu Channel* (United Kingdom v. Albania), Merits, Judgment, I. C. J. Reports 1949, p. 22.

手段来避免发生在本国领土内的行为或本国管辖下的行为给另一国的环境造成重大损害。"① 法院援引了它在威胁或使用核武器合法性咨询案（Legality of the Threat or Use of Nuclear Weapons）中发表的咨询意见，强调国际法院已经明确该义务"构成有关环境的国际法的组成部分"。② 关于环评责任，法院指出："如果工程对河流制度或其水资源的水质造成影响，而计划实施该工程的国家没有对其可能造成的潜在影响进行环境影响评价，那么，它就没有履行行为义务及其所暗含的警惕和预防责任。"③ 显然，法院在以上判决中强调的是国家预防和避免造成重大损害的义务。

法院还基于对相关事实的认定，最终判定乌拉圭建设和运营纸浆厂并未对乌拉圭河的水质、生物多样性等造成实质损害。法院尤其关注有关行为与损害之间是否存在因果关系。譬如，法院经分析乌拉圭河水中溶氧量、磷、酚类物质、壬基苯酚的出现、二噁英/呋喃的指标与纸浆厂运营之间的关联，裁决上述指标的变化与纸浆厂并无关联，没有违反条约规定或乌拉圭河委员会制定的标准。④ 同样，根据双方提供的证据，法院无法确定河中某种鱼体内的二噁英含量及河蚌的减重与俄里翁纸浆厂的排污有明确的因果关系，并据此裁定乌拉圭并未违反保护乌拉圭河中动植物的义务。⑤

法院在后续的案件中延续了这种谨慎的做法，要求相关的证据清晰地表明有关行为实际造成了具体的实质损害，且二者之间存在确定的因果关系。

（4）印度河仲裁案与依据习惯国际法上的不造成重大损害原则解释条约

在本案中，巴基斯坦称印度建设 KHEP 工程违反了它在《印度河条约》第 6 条第（6）款项下的义务，该款要求双方尽力保持河流的自然水

---

① *Pulp Mills on the River Uruguay*（Argentina v. Uruguay），Judgment, I. C. J. Reports 2010, p. 56, para. 101.

② *Legality of the Threat or Use of Nuclear Weapons*, *Advisory Opinion*, I. C. J. Reports 1996（I）, p. 242, para. 2.

③ *Pulp Mills on the River Uruguay*（Argentina v. Uruguay），Judgment, I. C. J. Reports 2010, p. 83, para. 204.

④ *Id.*, pp. 93 – 99, paras. 238 – 258.

⑤ *Id.*, pp. 99 – 100, para. 260.

道，避免阻碍这些水道的水流，并因此给对方造成实质伤害。巴基斯坦提出，印度建设 KHEP 工程导致控制线下游的自然栖息地、生物群和生态系统功能大量丧失，鱼群种类减少，下游社会经济条件发生重要变化，且影响农作物灌溉。①

结合该款的用语，仲裁庭指出，该款并不要求避免所有类型的河道退化，而仅明确地避免"可能对另一方造成实质损害的任何对这些水道水流的阻碍"。② 虽然 KHEP 可能是导致河道退化的一种因素，但巴基斯坦并未充分说明该工程的建设和运营将对基申甘加河下游水流造成特定的阻碍。③ 仲裁庭并未对此做出进一步的解释。

对于印度确保最低水流的责任，仲裁庭诉诸习惯国际法上禁止对他国造成重大损害的原则，来解释和适用《印度河条约》的有关条款，明确指出印度须履行该责任。仲裁庭首先援引了特莱尔冶炼厂仲裁案（Trail Smelter Arbitration）："任何国家均不得以此种方式使用或允许使用其领土，若这通过烟雾在另一个领土之内或对领土或领土内的财产或个人造成伤害，造成严重后果，且可得到明确和令人信服的证据的证实。"④

它接着引用 1972 年《斯德哥尔摩宣言》中的第 21 项原则，即国家在开发自然资源时，必须"保证在它们管辖或控制之内的活动不损害其他国家或在国家管辖范围以外地区的环境"，⑤ 并认为该原则涵盖了更广泛意义上的避免造成跨境损害的责任。⑥ 基于相关的公约、声明及国际判例，仲裁庭指出："毫无疑问，根据当代习惯国际法，国家在规划和实施可能对邻国造成伤害的工程项目时须将环保纳入考虑。"⑦

仲裁庭裁定，基于习惯国际法上的不造成重大损害原则来解释《印度

① *The Indus Waters Kishenganga Arbitration*（Pakistan and India），Partial Award，2013，p. 91，para. 257.

② *Id.*，p. 139，para. 374.

③ *Id.*，pp. 139 – 140，374.

④ *Trail Smelter Arbitration*，13 R. I. A. A.（1905），p. 1965.

⑤ Stockholm Declaration of the United Nations Conference on the Human Environment，UN Doc. A/CONF. 48/14/Rev，1972.

⑥ *The Indus Waters Kishenganga Arbitration*（Pakistan and India），Partial Award，2013，p. 169，para. 448.

⑦ *Id.*，p. 169，para. 449.

河条约》，印度也须担负保持最低水流的责任。鉴于资料和信息的不足，仲裁庭将该问题推迟到最终裁决，并确定了最低流量。

因此，在本案中，仲裁庭经考察相关的法律渊源，依据相关的国际判例，确认了国家在习惯国际法上须担负不造成重大损害的义务，且经过评估有关证据，决定支持或不支持巴基斯坦提出的有关请求。

（5）哥斯达黎加/尼加拉瓜案与一般国际法上的不造成重大损害原则

在并案审判的哥斯达黎加/尼加拉瓜案中，两国都请求国际法院判定对方的有关活动违反了习惯国际法上的不造成重大损害义务，法院完全依据一般国际法处理了这些诉求，再次基于审慎和预防原则，确认国家有义务避免给他国造成重大的跨境损害，并谨慎地判定双方均未违反该实质义务。

其中，哥斯达黎加诉称，尼加拉瓜在下圣胡安河的疏浚工程对哥斯达黎加在圣胡安河右岸的领土以及科罗拉多河造成了跨境影响，违反了尼加拉瓜在习惯国际法上的义务。① 法院首先援引乌拉圭河纸浆厂案，重申了"不造成重大跨境损害"规则在习惯国际法上的地位，并澄清了该规则的内涵："国家有义务采取其可支配的一切手段来预防在其领土上或其管辖范围之内的活动对其他国家的环境造成重大损害。"② "可支配"和"预防"表明，在法院看来，该义务属行为义务。

法院注意到，据尼加拉瓜估算，疏浚工程对科罗拉多河水量的影响不到该河总流入水量的2%，且它委任的首席专家承认没有证据显示疏浚工程对科罗拉多河的水流造成了重大影响。不管科罗拉多河水流是否因疏浚工程而减少，这种影响都远不至于严重影响科罗拉多河的适航性，或对哥斯达黎加的湿地等造成其他损害。③

尼加拉瓜诉称，哥斯达黎加沿圣胡安河的筑路活动导致大量泥沙沉积

---

① *Certain Activities Carried Out by Nicaragua in the Border Area* (Costa Rica v. Nicaragua) and *Construction of a Road in Costa Rica along the San Juan River* (Nicaragua v. Costa Rica), Judgment, I. C. J. Reports 2015, p. 48, para. 114.

② *Pulp Mills on the River Uruguay* (Argentina v. Uruguay), Judgment, I. C. J. Reports 2010, p. 56, para. 101; see also *Legality of the Threat or Use of Nuclear Weapons*, Advisory Opinion, I. C. J. Reports 1996 (I), pp. 241 – 242, para. 29.

③ *Certain Activities Carried Out by Nicaragua in the Border Area* (Costa Rica v. Nicaragua) and *Construction of a Road in Costa Rica along the San Juan River* (Nicaragua v. Costa Rica), Judgment, I. C. J. Reports 2015, p. 50, para. 119.

物进入圣胡安河，特别是因为哥斯达黎加忽略基本的工程原则，造成了严重的水土流失。[①] 同样，基于相关的证据，法院判定哥斯达黎加筑路造成的沉积物并未对尼加拉瓜造成重大跨境损害，包括含沙量增加导致的损害，对圣胡安河形态、航运和尼加拉瓜疏浚工程、圣胡安河水质和水域生态系统的损害及对沿河居民社区的健康状况造成的负面影响等。

法院没有对不造成重大损害义务的触发标准做一般性的阐释，但它在处理有关诉求过程中，针对当事国声称的具体的活动所造成的损害，要求有充分的证据明确证明有关活动确实造成了实质的损害。可以说，法院在本案中依循了它在乌拉圭河纸浆厂案中提出的有关事实查明和法律适用的基本方法："法院有责任在仔细考虑双方提交的全部证据后，决定哪些事实必须被视为相关的，评估它们的证明价值，并从它们得出适当的结论。所以，与国际法院的一贯做法保持一致，本案法庭将基于提交的证据自行确定事实，然后将针对它认定存在的那些事实适用相关的国际法规则。"[②]

相信，国际法庭在将来处理涉及国际河流的环境等损害争端时，仍会依循这些判例，即水道国须尽力避免、减轻和消除重大跨境损害，且法庭会谨慎地查明有关事实，要求有关事实清楚地表明行为和损害之间存在明确的因果关系，并综合考虑个案的相关具体情况，来判定有关当事国是否违反了该义务。

4. 可持续发展原则

维拉曼特法官在对多瑙河案发表的单独意见中指出，"可持续发展原则构成当代国际法不可分割的组成部分"。[③] 该原则旨在平衡国际水道的开发利用与环境保护，保障国际水道的可持续发展。

联合国国际水道法公约在序言中写道："框架公约将保证国际水道的利用、开发、养护、管理和保护，并促进为今世后代对其进行最佳和可持

---

① *Certain Activities Carried Out by Nicaragua in the Border Area* (Costa Rica v. Nicaragua) and *Construction of a Road in Costa Rica along the San Juan River* (Nicaragua v. Costa Rica), Judgment, I. C. J. Reports 2015, p. 63, para. 177.

② *Id.*, p. 63, para. 176. *Pulp Mills on the River Uruguay* (Argentina v. Uruguay), Judgment, I. C. J. Reports 2010, p. 72, para. 168.

③ *Gabčíkovo-Nagymaros Project* (Hungary/Slovakia), Judgment, I. C. J. Reports 1997, Separate opinion of Vice-President Weeramantry, p. 89.

续的利用。"① 规定公平合理利用原则的公约第 5 条也要求水道国努力实现国际水道及其水资源的 "最佳和可持续利用和最大效益"。②

依据 1992 年联合国环境发展大会通过的《21 世纪议程》，国际法委员会在关于该条的评注中强调了可持续发展原则的重要性："水资源开发和管理要以综合方式来计划，考虑长期和较窄范畴内的规划需要，即它们应基于可持续能力的原则把环境、经济和社会的考虑结合进去；要考虑所有用户单位以及负责水害防控的部门的需要；要成为社会、经济发展规划过程的组成部分。"③

国际法庭在某些国际河流案件中提出和确认了可持续发展理念和原则，讨论了其内涵、实质、要求和实现方式。

（1）多瑙河案与可持续发展概念的提出

在该案中，对于双方未来的环境保护义务，法院认为，项目的环境影响在将来对双方都是一个关键问题。1977 年条约第 15 和 19 条不仅给双方施加了环保义务，还要求双方持续地履行保护多瑙河水质和自然的义务。

法院做出该判断是基于如下基本认识："在环境保护领域，警惕和预防是必要的，因为环境损害具有不可逆转性，而且对这类损害的修复机制本身也存在局限性。"④ 法院接着提出了可持续发展理念：

> 一直以来，人类出于经济目的或其他原因不断干扰自然。过去，人类经常忽略对环境造成的影响。在过去 20 年中，随着科学认识水平及对人类——今世和后代——造成风险的意识不断得到迅速提高，新的规范和标准已经得以发展，并被纳入众多文件之中。在国家规划新活动或继续实施过去启动的活动时，均必须考虑这些新的规范，而且

---

① Convention on the Law of the Non-Navigational Uses of International Watercourses, adopted by the General Assembly of the United Nations on 21 May 1997, 36 ILM 700, 1997, Preface.

② Id., Article 5.

③ Report of the United Nations Conference on Environment and Development, A/CONF.151/26/Rev.1 (Vol. I, Vol. I/Corr.1, Vol. II, Vol. III and Vol. III/Corr.1), Vol. I: Resolutions adopted by the Conference, resolution 1, annex II, Agenda 21, 1992, para. 18, 16.

④ *Gabčíkovo-Nagymaros Project* (Hungary/Slovakia), Judgment, I.C.J. Reports 1997, p. 78, para. 140.

需要给予它们适当的分量。可持续发展的理念巧妙地表达了协调经济发展与环境保护的必要性。①

由于法院明确提及"新的规范和标准",并要求"考虑这些新的规范",法院在该段中所指的"可持续发展理念"显然就属于此种新的国际法规范。法院提出该理念的法律依据是审慎和预防原则,指出该理念可巧妙地平衡经济发展与生态环境保护。法院还基于该理念要求双方重新评估加布奇科沃发电站运营对环境造成的影响。上述判决对国际水道法和国际环境法的发展均产生了重要影响。

（2）乌拉圭河纸浆厂案与可持续发展原则的确认

国际法院在 2006 年做出的关于临时措施的命令中便指出:"本案凸显了确保共享自然资源环境保护及允许可持续经济发展的重要性;必须谨记当事国在生活和经济发展上依赖于乌拉圭河的水质;从这一点来看,必须考虑保障该河环境养护与沿岸国的经济发展权利的需要。"② 法院在判决中讨论水道国应担负的程序义务与实质义务之间的关系时,重申了该段所指的可持续发展原则:"此种利用应当允许可持续发展,它考虑了'保障该河环境持续养护及沿岸国经济发展的权利'。"③

法院还援引了它在多瑙河案中提出的可持续发展理念,④ 并且提出了落实该原则的基本方式和方法:"只有通过合作,有关国家才能共同管理一方或另一方计划采取的措施可能造成的环境损害的风险,以便能够通过履行 1975 年条约规定的程序和实质义务来避免有关损害。"⑤

此外,对于阿根廷诉称乌拉圭违反了 1975 年条约第 27 条项下的环保义务,法院指出了可持续发展原则的本质内容:"第 27 条建立了共享资源

---

① *Gabčíkovo-Nagymaros Project* (Hungary/Slovakia), Judgment, I. C. J. Reports 1997, p. 78, para. 140.

② *Pulp Mills on the River Uruguay* (Argentina v. Uruguay), Provisional Measures, Order of 13 July 2006, I. C. J. Reports 2006, p. 133, para. 80.

③ *Pulp Mills on the River Uruguay* (Argentina v. Uruguay), Judgment, I. C. J. Reports 2010, p. 48, para. 75.

④ *Id.*, p. 48, para. 76.

⑤ *Id.*, p. 49, para. 77.

的公平与合理利用与经济发展和生态保护的平衡之间的关联，该平衡也是可持续发展的本质。"

关于本案应适用的法律，阿根廷主张，本案应主要适用 1975 年条约，但条约的解释和适用应参照它所援引的习惯国际法，为了保证 1975 年条约得到与时俱进的动态解释，在解释和适用条约过程中应依循规制双方关系的所有相关国际法准则，如国际水道法上的公平合理利用与不造成重大损害原则以及国际环境法上的可持续发展、事先预防等。[①] 乌拉圭也认为，法院应依照一般国际法解释该条约，如国际水道法和国际环境法上的一般法律原则。[②] 因此，双方在可持续发展属于可用来解释 1975 年条约的一般法律原则这一点上并不存在分歧。

虽然国际法院在上述判决中没有使用"可持续发展原则"的用语，法院显然将它视为习惯国际法上的一项法律原则，明确了该原则的本质是平衡水道国对共享资源的公平合理利用和经济发展与生态环境保护，强调该原则的实现有赖于水道国之间的合作及诚信履行相关的程序和实质义务。

（3）印度河仲裁案与习惯国际法上的可持续发展原则

在该案中，仲裁庭认为："依据习惯国际法解释条约（印度河条约）也可得出印度有义务确保最低水流到达巴基斯坦。"[③] 仲裁庭明确指出："在规划和开发可能给邻国造成伤害的工程时，毫无疑问，依据当代习惯国际法，国家应将环境保护纳入考虑。自特莱尔冶炼厂仲裁案以来，相关国际公约、宣言及司法和仲裁判决、裁决已经讨论了以可持续方式管理自然资源的必要性。"[④]

仲裁庭特别提及国际法院在多瑙河案中澄清了"可持续发展"原则，[⑤] 对于大规模的建设工程，可持续发展原则在国际法院关于乌拉圭河纸浆厂

[①] *Pulp Mills on the River Uruguay* (Argentina v. Uruguay), Judgment, I. C. J. Reports 2010, p. 42, para. 55.

[②] *Id.*, p. 43, para. 57.

[③] *The Indus Waters Kishenganga Arbitration* (Pakistan and India), Partial Award, 2013, p. 168, para. 447.

[④] *Id.*, pp. 169 – 170, para. 449.

[⑤] *Id.*, p. 170, para. 449.

案的判决中被转化为一般国际法上关于实施环境影响评价的要求。① 此外，仲裁庭还注意到双方均承认，必须基于环境可持续性的考虑，来规划、建设和运营水电开发项目。②

因此，仲裁庭不仅经考察相关的法律渊源，明确提出可持续发展原则是习惯国际法上的一项原则，还要求双方据此规划、建设和运营水电开发项目，以可持续方式管理共享自然资源，预防和避免跨境环境损害，确保印度河的最低水流。

5. 诚信合作原则

联合国国际水道法公约的序言"重申该领域国际合作和睦邻友好的重要性"，第 8 条要求水道国"在主权平等、领土完整、互利和诚意的基础上进行合作，以便实现国际水道的最佳利用和充分保护"，且可"考虑设立联合机制或委员会"。③ 国际法委员会认为该义务对实现国际水道的公平合理利用至关重要，也构成公约规定的其他程序和实质义务的基础。④ 国际法庭在多起案件中直接处理了涉及一般合作义务的争端，针对双方未来的合作提出了建议，或强调诚信合作对实现国际水道的公平合理利用、充分保护及可持续发展的重要性。

奥德河案就涉及根据《凡尔赛和约》设立的管理该河航行事务的国际委员会的地域范围问题。常设国际法院虽然并未直接依据合作原则判案，但它指出沿岸国"一直基于沿岸国利益共同体的理念来寻找答案"，认为该理念构成"国际河流法的法律基础"，各国在国际河流航行上享有共同的、平等的法律权利。⑤ 显然，基于该理念，各沿岸国亦应通过合作方式来管理国际河流的航行事宜。

在拉努湖仲裁案中，针对西班牙提起的法国须征得本国事先同意的诉

---

① *The Indus Waters Kishenganga Arbitration* (Pakistan and India), Partial Award, 2013, p. 170, para. 450.

② *Id.*, p. 170, para. 454.

③ Convention on the Law of the Non-Navigational Uses of International Watercourses, 36 ILM 700 (1997), Article 8.

④ UNILC, Draft Articles on the Law of the Non-Navigational Uses of International Watercourses with Commentaries, *Yearbook of the International Law Commission*, vol. II (2), 1994, p. 107.

⑤ *Case relating to the Territorial Jurisdiction of the International Commission of the River Oder*, 1929 P. C. I. J. (ser. A), No. 23, p. 27.

求，仲裁庭强调，"各国已充分认识到国际河流的工业开发所牵涉的相关当事国之间重大的利益冲突以及通过妥协的方式协调该冲突的必要性，在越来越广泛的利益协调的基础上达成协议是协调这种利益冲突的唯一途径"。① 同时，仲裁庭也指出，国际实践表明，相关当事国有义务进行诚信沟通，并在权衡各方利益及互利互惠的基础上努力达成协议。仲裁庭还指出，"根据诚信原则，上游国应考虑所有相关的利益，在与追求本国利益不冲突的情况下尽量满足这些利益，以便显示它对其他流域国与本国的利益进行了真诚的协调"。②

在多瑙河案中，对于双方未来的谈判，法院强调："法院无权决定双方谈判的最终结果，双方应尽力达成可接受的解决方案，考虑 1977 年条约的目标，必须以联合和统一的方式实现这些目标，且应考虑国际环境法的规范与国际水道法的原则。"③ 法院强调了约定必须遵守原则，并要求双方依照 1977 年条约通过合作达成双方可接受的解决方案。④ 法院一再确认，1977 年条约不仅规定了联合项目，它还为两国公平合理地使用跨界水资源创设了一个法律体系，这包括项目系统归双方共有，项目作为一个整体系统由双方共同出资、建设、管理和运营，项目的利益由双方均等分享。⑤

在乌拉圭河纸浆厂案中，国际法院根据 1975 年条约第 50 条澄清了乌拉圭河委员会的国际法地位："乌拉圭河委员会被赋予了法律人格，'以便行使其职权'，而且 1975 年条约的缔约方承诺向它提供'对其运行至关重要的必要的资源及全部的信息和便利。'因此，乌拉圭河委员会绝不单单是缔约方之间的一个信息传送机制，它自身具有永久的存在性，并行使权利和履行职责，以执行 1975 年条约赋予它的职能。"⑥ 法院还阐明了乌拉圭河委员会的权限："与其他具备法律人格的国际组织一样，乌拉圭河委员会有权依据 1975 年条约的授权行使职权，这些职权对实现条约的目的和

---

① *Lake Lanoux Arbitration* (France/Spain), 12 R. I. A. A. (1957), p. 308, para. 13.

② *Id.*, pp. 314 – 315, para. 22.

③ *Gabčíkovo-Nagymaros Project* (Hungary/Slovakia), Judgment, I. C. J. Reports 1997, p. 78, para. 141.

④ *Id.*, p. 78, para. 142.

⑤ *Id.*, p. 79, para. 144.

⑥ *Id.*, p. 53, para. 87.

宗旨是必要的。"①

法院进一步分析了乌拉圭河委员会的重要作用："通过创设乌拉圭河委员会并向它提供运行所需的全部资源，缔约双方已经选择了为它们合作确保'乌拉圭河最佳和理性利用'的共同愿望提供尽可能好的稳定性、连续性和有效性保障。"②

对双方未来的合作，法院提出了如下意见："1975 年条约给双方创设了相互合作的义务，以确保实现其目的和宗旨。合作义务涵盖了对诸如俄里翁纸浆厂之类的工业设施进行持续的监测。在这方面，法院注意到双方具有通过乌拉圭河委员会进行长期有效合作与协调的传统。"③

法院强调了乌拉圭河委员会在双方合作中发挥着至关重要的作用：双方通过乌拉圭河委员会协调了各自的行动，在该框架下找到了解决它们之间的分歧的适当办法，而且直到阿根廷将本争端提交国际法院，双方还没有感到有必要诉诸 1975 年条约第 60 条规定的司法争端解决机制。④

虽然国际法院的上述判决皆以水道协定为依据，但它针对流域委员会地位、职权、作用及双方合作义务的判决具有普遍适用性。各水道国才是国际水道命运的主人，它们既享有公平合理利用的权利，也担负共同保护和养护国际水道、保障水道可持续的义务，而不论是行使权利，履行义务，或者避免和解决争端，最终均有赖于水道国之间务实有效的诚信合作。

以上讨论表明，国际法庭在多个案件中确认了国际水道法上的相关基本原则，并在部分案件中澄清了其内涵、实质、重要性及实施方式。更为重要的是，国际法庭基于这些抽象的原则推导出规制水道国具体权利和义务的规则，并据之来解释有关条约或直接断案。根据这些原则，水道国有权以公平合理方式在本国境内利用国际水道的水资源，有权以公平合理方式参与国际水道的利用、保护和管理；须担负不造成重大跨境损害的谨慎义务；须平衡水道的经济开发与环境保护，保障国际水道的可持续发展；

---

① *Gabčíkovo-Nagymaros Project* (Hungary/Slovakia), Judgment, I. C. J. Reports 1997, p. 53, para. 89.
② *Id.*, pp. 53 – 54, para. 90.
③ *Id.*, p. 105, para. 281.
④ *Id.*, pp. 105 – 106, para. 281.

须开展诚信合作，通过直接或设立联合机构等方式开展务实合作；需要尊重对方的权利，切实照顾彼此合理的利益和关切，共商共建水道国间的利益、权利、义务和命运共同体。

（四）水道国所享有的主权和相关权利

水道国的主权无疑及于位于本国领土内的国际水道部分。然而，由于国际水道自身天然的整体性、政治上的跨境性及法律上的共享性，除非另有协议，水道国不得对这些部分或整个水道主张和行使绝对的主权。与海洋法上的领海制度类似，① 水道国行使该主权也必须受制于相关的国际法。如胡伯法官在帕尔马斯岛仲裁案（Island of Palmas Case）中所指出的，国家所享有的排他性的领土主权伴随着相对应的责任。② 水道国所享有的此种最高权威被转化为国际法上的具体权利和义务。

1. 水道国所享有的主权及其限制

联合国国际水道法公约并未明确规定水道国的主权和领土主权、国家对自然资源的永久主权③等原则，公约其他部分也没有特别提及这些国际法上的基本原则。④ 依据公约第5条，"水道国应在各自领土内公平合理地利用国际水道"。对此，国际法委员会指出，"该权利是各国所享有的主权的一个特征，这些国家的领土被一条国际水道穿越或分割。事实上，依据国家主权平等原则，每个水道国皆有权以在性质上对等及可与其他水道国的权利相协调的方式利用该水道"。⑤

这可能是对水道国在国际法上享有的主权和权利给出的一种最为合理的解释。几乎"所有国际关系所依"的主权和领土主权，⑥ 均构成关于水道国权利和义务的根本依据。在若干国际水道案件中，国际法庭不仅明确

---

① Article 2 of the 1982 United Nations Convention on the Law of the Sea.

② *Island of Palmas* Case（United States vs. Netherlands），11 R. I. A. A. 839（1928）.

③ UNGA, Resolution 1803（XVII）on the "Permanent Sovereignty over Natural Resources", 1962.

④ 联合国国际水道法公约第8条规定："水道国应在主权平等、领土完整、互利和诚意的基础上进行合作，以便实现国际水道的最佳利用和充分保护。"

⑤ UNILC, Draft Articles on the Law of the Non-Navigational Uses of International Watercourses with Commentaries, *Yearbook of the International Law Commission*, vol. II（2）（1994），p. 98, para. 8.

⑥ *Island of Palmas* Case（United States vs. Netherlands），11 R. I. A. A. 839（1928）.

承认这些基本原则，还据之来解释有关条约或处理当事国之间的争议。

（1）默兹河案与水道国地位平等

在该案中，针对荷兰提出的 1863 年条约赋予了该国控制默兹河取水的特权，常设国际法院认为荷兰主张的是一种特殊权利，超出它基于引水渠位于本国领土之内这一事实可主张的监督权力。① 在法院看来，"毫无疑问，引水渠位于荷兰领土之内，国家对引水渠的监督权源自这一事实，荷兰作为领土主权者对其享有监督的权利，比利时则不能享有该权利"。② 换言之，荷兰所主张的不只是对发生在本国领土上的活动的控制权，而是对从默兹河取水并向 1863 年条约所指的运河系统供水的控制权。③

因此，在本案中，常设国际法院正是基于领土主权原则，认定荷兰作为主权者对位于本国境内的引水渠享有监督权，但它并非对整个运河系统供水的控制权，该控制权的影响不限于荷兰本国，须受制于双方缔结的条约，且允许荷兰享有该特权将导致缔约方地位不平等。④

（2）拉努湖仲裁案与水道国的主权和利用权

对于西班牙提出的事先同意主张，仲裁庭首先界定了其性质："由于他国的反对，原本享有权利的国家实际上丧失了单独行动的权利。这意味着，若承认'同意权'和'否决权'，一国可基于此类权利限制、禁止他国实施属地管辖权。"基于国家领土主权原则，仲裁庭进一步指出，"承认一国在与另一国达成协定的条件下方可行使对特定事项的管辖权，是对该国主权施加的一项严格的限制，仅得在存在明显证据的情况下才能认可此类限制"。⑤

更为重要的是，仲裁庭经考察相关法律渊源，明确指出，"现行的国际实践并不足以证明国际法上存在这样一项习惯规则或一般法律原则"。⑥ 仲裁庭认为，1923 年《关于涉及多国开发水电的日内瓦公约》的制订过程及其相关条款便是最好的证明。公约最初的草案要求流域国在开发国际水

---

① *The Diversion of Water from the Meuse*（Netherland v. Belgium），P. C. I. J.（ser. A/B）No. 70，1937，p. 18.

② *Id.*，p. 18.

③ *Ibid.*

④ *Id.*，p. 20.

⑤ *Lake Lanoux Arbitration*（France/Spain），12 R. I. A. A.（1957），p. 306，para. 11.

⑥ *Id.*，p. 308，para. 13.

道的水电资源过程中必须达成协议，但公约的最终文本抛弃了这一案文，公约第 1 条规定："（本公约）不限制任何国家依据国际法在其境内实施水电开发的自由，相关缔约国仅有责任就开发项目展开联合研究。" 由此，仲裁庭得出如下结论：习惯国际法也不要求对 1866 年条约及其附属协定做出要求征得他国事先同意的解释，同时国际法上也不存在类似的一般法律原则或国际习惯。①

当然，仲裁庭并没有说此种主权和权利是绝对的或不受任何限制的。相反，仲裁庭认为国家的领土主权"须受制于所有国际义务，不论它们的依据是什么，但仅应受制于此种义务"。② 此外，仲裁庭还决定给予 1886 年条约第 11 条中所规定的"利益"宽泛的解释，③ 并裁定法国有权行使其权利，但不得忽视西班牙的利益，西班牙有权要求法国尊重其权利，并考虑其利益。④

仲裁庭认为，法国的工程方案将从卡洛河调出的水全部输送回阿烈日河，它实施该工程"只是在行使本国的权利。拉努湖开发工程完全位于法国领土之上，法国承担了项目的资金和责任，法国是在其领土上实施的该公共工程的唯一的最后决定者"。⑤ 相反，"西班牙无权坚持主张拉努湖开发应以西班牙的农业需要为基础。事实上，如果法国放弃实施位于本国领土之上的工程，西班牙根本不能要求法国实施那些符合本国愿望的部分"。⑥

在条约和国际法框架下平衡和协调法国与西班牙的权利和利益是仲裁庭裁决和说理所围绕的中心。法国的领土主权是仲裁庭处理事先同意及法国是否保障了西班牙的正当利益等诉求的出发点和基本依据。仲裁庭明确指出法国享有开发位于本国境内的水资源的权利，且行使该权利不以西班牙的事先同意为前提。仲裁庭关于法国应保障西班牙利益的裁决也反映了领土主权原则，因为法国才是该工程的唯一的决策者。虽然仲裁庭要求法国在权利之外的更广泛的意义上保障西班牙的利益，但它同时强调这些利益必须是正当的、合理的。西班牙有权要求法国尊重其权利，考虑其正当

---

①　*Lake Lanoux Arbitration*（France/Spain），12 R. I. A. A.（1957），p. 308，para. 13.

②　*Id.*，pp. 300 – 301，para. 1.

③　*Id.*，p. 135，para. 22.

④　*Id.*，p. 136，para. 23.

⑤　*Id.*，p. 136，para. 24.

⑥　*Ibid.*

利益，但它除此之外不得提出其他不合理的要求。

（3）多瑙河案与区分计划采取措施的准备和实施

国际法院注意到，在1991年11月至1992年10月间，捷克斯洛伐克仅在本国境内开展实施变通方案C的准备工作。只要多瑙河未被单方面拦截，变通方案C就没有被投入实际应用。① 法院最终判定，捷克斯洛伐克有权在1991年11月着手准备"变通方案C"，但无权自1992年10月实施该方案，这种区分遭到了时任院长施伟伯等法官的反对或质疑。②

需要指出的是，法院只是在1977年条约框架下讨论捷克斯洛伐克是否有权计划和实施变通方案，并非在一般意义上讨论其单方面开发利用多瑙河的权利及其应担负的义务。区分计划采取的措施的准备阶段和实际实施对于判定当事国何时违约显然是有意义的。在不存在共同开发协议的情况下，此种区分对于判定计划采取措施的国家在谈判失败后是否有权单方面实施该计划也是有意义的。

（4）乌拉圭河纸浆厂案与谈判结束后计划采取措施的实施

在本案中，国际法院就处理了此种争端。根据1975年条约第12条，双方应将相关争议提交国际法院解决。双方关于该条意思分歧的焦点是乌拉圭在谈判失败至国际法院做出最终判决之前是否负有"不建设的责任"。法院指出1975年条约并未明确规定这一义务，而且也无法通过解释其条款得出该义务："若双方在谈判结束后仍对计划活动存在争议，1975年条约并未规定有关国家可将该事项提交国际法院，并由法院来决定是否批准有关活动……1975年条约虽然赋予法院管辖权，来解决有关其解释和适用的任何争端，它并未赋予法院最终决定是否批准计划活动的角色。"③

法院对第12条做了进一步的解释："第12条也没有给缔约方规定将某事项提交国际法院的义务，而只是给予了它们在谈判结束后这么做的一种可能。因此，在法院做出终局判决之前，第12条不能对当事方的权利和义

---

① *Gabčíkovo-Nagymaros Project* (Hungary/Slovakia), Judgment, I. C. J. Reports 1997, p. 54, para. 79.

② *Id.*, p. 82, para. 155.

③ *Pulp Mills on the River Uruguay* (Argentina v. Uruguay), Judgment, I. C. J. Reports 2010, p. 69, para. 154.

务做出任何改变。由于谈判期限已经结束，这些权利包括实施项目的权利，实施项目的当事方应自行承担全部责任。"① 由此，法院认为，"在谈判结束后，启动计划的国家可以继续进行建设，并自行担负相应的风险"。② 法院没有指明"风险"，但它显然是启动计划的国家在实施项目时违反相关义务及因此而需要承担相关国际责任的可能。

奥哈苏奈（Al-Khasawneh）法官和希玛（Simma）法官在其共同发表的反对意见中认为法院错失了以前瞻性的方式处理环境争端的宝贵机会。在他们看来，1975 年条约赋予了国际法院双重角色：传统的事后解决争端与事前介入磋商程序。③ 根据条约第 12 条，"法院的功能不能被限缩为事后裁断某违法行为是否已经发生及什么构成该违法行为的适当救济，相反，双方选择由法院在项目的计划过程中便帮助它们"。④ 因此，"第 12 条规定的程序暗示法院必须采取一种前瞻性的方法介入风险评估，采用预防而非赔偿的逻辑来确定该风险可能带来的后果"。⑤ 他们还呼吁法院在处理环境污染和生态破坏风险时应当注意到传统的事后司法途径及其赔偿逻辑存在缺陷和不足。⑥

从环境保护所要求的事先预防原则和审慎方式角度而言，他们的观点和理由显然是非常充分且具有说服力的。然而，除非当事国明确地一致同意冻结它们关于环境风险的分歧，并将其提交国际法院来裁断，否则，国际法院作为联合国的主要司法机关不得介入双方的磋商和谈判。如国际法院在多瑙河案中强调的，"不应由法院而应由当事国自身来寻求关于此种争议的可接受的解决方案"。⑦ 当然，1975 年条约第 12 条是否具有阿根廷或两位法官所称的特殊含义，必须基于条约解释通则来探明缔约国的真实合意。至少从其

① *Pulp Mills on the River Uruguay* (Argentina v. Uruguay)，Judgment，I. C. J. Reports 2010，pp. 69 – 70，para. 155.

② *Id.* ，p. 69，para. 154.

③ *Pulp Mills on the River Uruguay* (Argentina v. Uruguay)，Judgment，I. C. J. Reports 2010，Dissenting Opinions of Judges Al-Khasawneh and Simma，pp. 117 – 118，paras. 20 – 21.

④ *Id.* ，p. 118，para. 21.

⑤ *Id.* ，p. 118，para. 22.

⑥ *Id.* ，p. 119，para. 24.

⑦ *Gabčíkovo-Nagymaros Project* (Hungary/Slovakia)，Judgment，I. C. J. Reports 1997，p. 78，para. 141.

用语的通常含义及上下文来看，第 12 条仅给法院提供了受理当事国提交的有关争端的管辖根据，而当事国将争端提交法院也只是一种可能。

2. 水道国的权利平等和对等

如上所述，在奥德河案中，常设国际法院就强调了各国在国际河流航行上享有共同和平等的法律权利："关于某可航行的河流的利益共同体成为某共同法律权利的根基，该共同法律权利的重要特征包括所有沿岸国在利用该河的整个河道上的地位完全平等，排除任何一个沿岸国在其与其他沿岸国的关系中享有任何优先性的特权。"[①]

同样地，在默兹河取水案中，常设国际法院认为，若认可荷兰主张的取水控制权，"1863 年条约旨在通过赋予荷兰一项比利时无法主张的权利，从而将两国置于法律上的不平等地位"。[②] 法院强调："（1863 年）条约是两国在平等基础上自由缔结的协议，它旨在通过协调双方的现实利益来改善现有的状况，而不是用来解决关于相互对抗的权利的法律争端。"[③]

在拉努湖仲裁案中，仲裁庭指出，"基于互利互惠原则达成的《巴约讷条约》仅旨在确保两国在法律上的平等而非事实上的平等"。[④]

在多瑙河案中，国际法院强调两国的水道开发项目采取了一体化的联合项目形式，双方在工程出资、建设、运营和管理上平等参与和共同受益。法院认为，匈牙利同意最初的多瑙河改道工程方案不得被理解为匈牙利已经授权捷克斯洛伐克可以不经本国同意实施大规模的单方面改道工程。[⑤] 法院还要求双方依据联合国国际水道法公约第 5 条保障双方公平参与的权利。

国际法庭的上述裁判，不论是基于相关条约，还是基于一般国际法，均表明国际法保障水道国平等利用国际水道的权利，该平等是法律意义上的，而不是事实上的，它更不意味着各水道国应均等分享有关利益或收益。

---

① *Case relating to the Territorial Jurisdiction of the International Commission of the River Oder*, 1929 P. C. I. J. (ser. A), No. 23, p. 27.

② *The Diversion of Water from the Meuse* (Netherland v. Belgium), P. C. I. J. (ser. A/B) No. 70, 1937, p. 19.

③ *Id.*, p. 20.

④ *Lake Lanoux Arbitration* (France/Spain), 12 R. I. A. A. (1957), p. 305, para. 9.

⑤ *Gabčíkovo-Nagymaros Project* (Hungary/Slovakia), Judgment, I. C. J. Reports 1997, p. 56, para. 86.

3. 水道国的公平合理利用权

前文已经讨论了关于公平合理利用原则的国际判例。基于该原则，各水道国对国际水道享有公平合理利用和参与的权利，同时担负不造成重大损害等一般和具体义务，须共同保护国际水道的生态环境，保障国际水道的可持续发展。关于水道国的主权和权利，我们可以得出如下结论。

第一，主权、领土主权、自然资源永久主权构成水道国对国际水道主张具体权利和利益的基础、前提和根本国际法依据。

第二，鉴于国际水道的整体性、跨境性和共享性，水道国对位于本国境内水道部分所享有的主权并非绝对的，其行使须受制于相关国际法。

第三，水道国有权以公平合理方式在本国境内利用国际水道的水资源，参与国际水道的利用和保护，但应尊重其他水道国所享有的对等的权利，考虑其合理的利益诉求。

第四，各水道国所享有的权利在法律上是平等、对等的，国际水道法的目的是协调和平衡水道国之间的权利和利益。

第五，水道国有权自行计划和实施有关工程和项目，无须事先征得其他水道国的同意或与之达成协议。

第六，对于可能造成重大跨境损害的项目，水道国须履行相关的国际义务，以避免、控制、减轻有关损害。

（五）水道国须担负的相关义务

除了不造成重大损害的一般义务，针对水道国计划采取的措施，联合国国际水道法公约第三部分明确规定了通知、提供信息、磋商等义务。国际法庭在多起案件中处理了关于这些程序和实质义务的诉求，澄清了程序义务和实质义务之间的关系及处理两类诉求的方式方法，确认有关义务在一般国际法上的地位，明确了有关义务的启动标准及其认定方法，并就如何判定当事国是否违反有关义务及其救济方式等给出了一般性的意见和结论。

1. 程序义务和实质义务之间的关系

在乌拉圭河纸浆厂案中，国际法院首次明确了程序义务和实质义务之间的联系和区别及处理有关诉求的方式方法。阿根廷主张两类义务密不可分，乌拉圭违反程序义务将自动导致它违反实质义务。① 乌拉圭承认二者之间存在联系，但强调不可将其混为一谈，法院必须逐一判定本国是否违反了有关义务。②

法院注意到 1975 年条约的所有条款均旨在实现该河的最佳和理性利用，需要双方同时遵守条约项下的程序义务和实质义务。③ 法院注意到二者的区别和互补性："该条约体系既包括用语较为宽泛的实质义务，也包括用语更为具体和特定的程序义务，两者相辅相成、相互促进，共同保障双方在条约框架下通过持续的协商来实现条约第 1 条规定的目标。"④

然而，法院仍需要回答应如何处理双方关于两类义务诉求的对抗性主张。法院认为："1975 年条约中没有条款显示一方可以单凭遵守程序义务来履行实质义务，或者违反程序义务自动导致违反实质义务。同样，缔约方遵守实质义务也并不意味着已经事实上遵守了程序义务，或者有理由不这样做。"⑤

奥哈苏奈法官和希玛法官在共同反对意见中指出，程序义务具有非常重要的作用，它们为在个案中认定是否违反了有关实质义务提供了重要的指示。由此，不应轻易地接受这样一种假定，即未履行相关的程序义务对实质义务最终是否得以履行没有任何影响。⑥ 然而，如法院所承认的，两类义务在预防损害上确实存在"功能性的联系"，但"该联系并不能阻止要求当事国分别回答有关这些义务的问题"。⑦

基于以上理由，法院分别处理了有关两类义务的诉求，并最终判定乌拉圭违反了某些程序义务，但并未违反任何实质义务。虽然法院是在 1975 年条约框架下讨论两类义务的关系及如何处理有关诉求的问题，但法院给出的意见和理由同样适用于不存在类似特别条约的情形。在哥斯达黎加/

---

① *Pulp Mills on the River Uruguay* (Argentina v. Uruguay), Judgment, I. C. J. Reports 2010, p. 48, para. 72.

② *Id.*, p. 48, para. 73.

③ *Id.*, pp. 48 – 49, paras. 76 – 77.

④ *Id.*, p. 49, para. 77.

⑤ *Id.*, p. 49, para. 78.

⑥ *Pulp Mills on the River Uruguay* (Argentina v. Uruguay), Judgment, I. C. J. Reports 2010, Dissenting Opinions of Judges Al-Khasawneh and Simma, p. 120, para. 26.

⑦ *Pulp Mills on the River Uruguay* (Argentina v. Uruguay), Judgment, I. C. J. Reports 2010, p. 49, para. 79.

尼加拉瓜案中，法院沿用这种方式，分别处理双方提出的关于两类义务的有关诉求，并最终判定它们各自违反了其中的某些义务。① 相信国际法院和法庭在未来仍会依循分别和逐一处理关于两类义务的诉求的做法。

2. 通知和磋商义务

在实施可能对国际水道及其他水道国造成重大影响的项目之前，水道国须向可能受影响的国家通知该项目，对项目进行环境影响评价，向其提交必要的信息，并与该国就项目可能造成的影响及控制影响的措施等事项展开磋商，且在合理的期限内尽量保持自我克制，不单方面启动项目。联合国国际水道法公约第三部分明确规定了这些程序义务及履行它们的时限等要求。②

（1）拉努湖仲裁案与特别条约项下的通知和磋商义务

仲裁庭注意到，对于可能改变纵向水道或其流量的工程，法国和西班牙依据条约需要担负"双重义务"，即通知义务和保障有关利益的义务。③ 仲裁庭认为前者的唯一目的是更好地履行后者。④ 注意到双方对法国履行了通知义务并不存在分歧，仲裁庭没有进一步澄清启动该义务的标准，即"可能对水道和水量产生影响"。然而，仲裁庭仍对如何判定当事国是否履行了通知义务给出了一般性的意见：

> 无论如何，在任何情形下，计划实施该工程的国家均不得单独判定第 11 条所指的对水道和水量的影响；法国政府所主张的工程方案不会对西班牙境内的水利用者的利益造成任何损害，并不足以解除法国根据第 11 条所应承担的各项义务。可能受工程影响的国家是唯一可以断定其相关利益的当事方，即使工程方案尚未实施，该国仍具有要求对方进行通知的权利。⑤

---

① *Pulp Mills on the River Uruguay* (Argentina v. Uruguay), Judgment, I. C. J. Reports 2010, pp. 76 – 77, para. 229.

② Convention on the Law of the Non-Navigational Uses of International Watercourses, 36 ILM 700 (1997), Part III Planned Measures, Articles 11 – 19.

③ *Lake Lanoux Arbitration* (France/Spain), 12 R. I. A. A. (1957), p. 314, para. 21.

④ *Ibid.*

⑤ *Ibid.*

对于第二项义务，仲裁庭认为它"更难界定，且涉及两个问题：一是应保障的利益有哪些，二是应如何保障这些利益"。① 该义务显然主要是指磋商义务。

对于应予保障的利益，仲裁庭认为须做宽泛的解释，因为"如果对第11条做严格的字面解释，那么其所指的利益仅包括与流域国权利相关的利益。但是，考虑到仲裁庭对前面相关问题的裁定，应采取更加灵活的解释方法。第11条所指的利益应包括所有的相关利益，不论其性质，只要它们可能受到工程的影响，即使它们不与某项法定权利相关"。②

对于保障这些利益的方式方法，仲裁庭给出了一般性的意见："对于利益保障措施和机制，若它们涉及通知，通知的义务不得仅限于形式要求，如记录下游国的控诉、抗议和意见。根据诚信原则，上游国应考虑所有相关的利益，在与追求本国利益不冲突的情况下尽量满足这些利益，以便显示它对其他流域国与本国的利益进行了真诚的协调。"③

毫无疑问，仲裁庭给出的上述意见和理由均旨在解释1866年条约附属协定第11条。然而，仲裁庭关于如何履行通知和磋商义务的意见具有普遍适用性，对判定当事国是否履行了一般国际法上的此种义务具有重要的参考价值。

（2）乌拉圭河纸浆厂案与条约项下的通知和磋商义务及谈判终止后的相关义务

在本案中，国际法院裁判了双方关于乌拉圭是否履行了1975年条约项下的向乌拉圭河委员会和阿根廷通知的义务。基于预防原则，法院认为通知义务构成"双方合作的开端，对履行预防义务至关重要"，④ 但该义务并不适用于仅在本国领土内造成损害的活动。⑤ 法院注意到："根据第7条第1段，在程序的初始阶段，向乌拉圭河委员会提供的信息必须能够使它迅

---

① *Lake Lanoux Arbitration*（France/Spain），12 R. I. A. A.（1957），pp. 314 – 315, para. 22.

② *Ibid.*

③ *Ibid.*

④ *Pulp Mills on the River Uruguay*（Argentina v. Uruguay），Judgment, I. C. J. Reports 2010, p. 56, para. 102.

⑤ *Ibid.*

速地初步确定该计划是否可能对另一方造成重大损害。对乌拉圭河委员会而言，在这一阶段，它的任务在于决定项目是否应适用条约规定的合作程序，而并非断定项目对乌拉圭河及其水质造成的实际影响。"① 无论如何，一国在收到初步环境批准的申请后且在批准项目之前，应通知乌拉圭河委员会。② 结合本案的具体情况，法院认为，从通知的内容、时间和方式来看，乌拉圭均未履行 1975 年条约第 7 条第 1 段规定的通知义务。③

对于乌拉圭是否履行了向阿根廷通知纸浆厂建设规划的义务，法院再次强调："通知义务旨在为缔约方之间的成功合作创造条件，使它们能够基于尽可能全面的信息来评估计划对河流的影响，并在必要时，就调整计划进行谈判，以避免它可能造成的损害。"④ 对于通知与磋商义务的关系，法院认为："通知义务构成引导缔约方磋商过程的重要组成部分，双方须通过磋商来评估计划的风险，就可能做出的调整进行谈判，以消除风险或减少它们的影响。"⑤ 关于通知的时间，法院指出："有关国家就计划的环境承载能力做出决定之前必须进行通知，该国（被通知国）在做出决定时须考虑充分对方提交的环境影响评价。"⑥ 法院注意到乌拉圭并未通过乌拉圭河委员会向阿根廷通知有关 CMB 和俄里翁项目的环评结果，而且通知的时间也在乌拉圭依据本国法做出初步环境批准之后。⑦ 因此，法院判定乌拉圭违反了 1975 年条约第 7 条第 2 段和第 3 段规定的通知义务。⑧

1975 年条约的通知义务规定与联合国国际水道法公约的有关规定极为类似。法院发表的关于该义务的重要性、作用及履行方式的意见有助于解释和适用公约的有关条款或一般国际法上的相关规则。

（3）哥斯达黎加/尼加拉瓜案与一般国际法上的通知和磋商义务

在两起案件中，双方一致同意一般国际法上存在通知和磋商义务，并

---

① *Pulp Mills on the River Uruguay* (Argentina v. Uruguay), Judgment, I. C. J. Reports 2010, p. 56, para. 104.
② *Id.*, p. 57, para. 105.
③ *Id.*, p. 58, para. 111.
④ *Id.*, p. 58, para. 113.
⑤ *Id.*, p. 59, para. 115.
⑥ *Id.*, p. 60, para. 120.
⑦ *Id.*, p. 60, para. 121.
⑧ *Id.*, p. 60, para. 122.

诉称对方违反了习惯国际法和有关公约上的此种义务。

在处理双方关于环境影响评价义务的问题时，法院在判决第104段确认了一般国际法上存在通知和磋商的义务：

> 如果环境影响评价确认某项活动存在造成重大跨境损害的风险，计划开展该项活动的国家为履行其预防重大跨境损害的谨慎义务，应当通知可能受影响的国家，并在必要时与其进行诚意磋商，以确定防止或减轻风险的适当措施。[1]

法院还认定尼加拉瓜在2006年计划实施的疏浚项目不存在造成重大跨境损害的风险。[2] 因此，法院认为没有必要再回答尼加拉瓜是否违反了通知义务的问题。这意味着通报义务的启动标准并未满足，乌拉圭并不担负该义务，法院也就无须再判定它是否违反了该义务。

关于哥斯达黎加沿圣胡安河建设道路是否违反了通知和磋商义务，[3]双方对该义务的启动标准是否得以满足存在分歧。法院回顾了它在第104段中给出的意见，并在第168段中指出："法院在本案中无须考察通知和磋商义务，因为法院已经确定哥斯达黎加并未遵守在建设该道路之前实施环境影响评价这一一般国际法上的义务"。[4]

法院的上述判决引发了关于一般国际法上的通报和磋商义务的争论。关于判决第104段，多诺霍法官对法院给出的关于一般国际法上两种义务的总结提出了质疑。她认为并不能从"当事国的立场或国家实践及法律确信中"明确得出此种一般性的结论。[5] 她首先提及双方对该义务的具体内

---

[1] *Certain Activities Carried Out by Nicaragua in the Border Area* (Costa Rica v. Nicaragua) and *Construction of a Road in Costa Rica along the San Juan River* (Nicaragua v. Costa Rica), Judgment, I. C. J. Reports 2015, p. 707, para. 104.

[2] *Id.*, p. 707, para. 105.

[3] *Id.*, p. 724, para. 165.

[4] *Id.*, p. 724, para. 168.

[5] *Certain Activities Carried Out by Nicaragua in the Border Area* (Costa Rica v. Nicaragua) and *Construction of a Road in Costa Rica along the San Juan River* (Nicaragua v. Costa Rica), Judgment, I. C. J. Reports 2015, Separate Opinion of Judge Donoghue, p. 4, para. 17.

容并不存在完全一致的意见。① 当事国和法院也没有调查相关的国家实践和法律确信。② 她注意到法院关于该义务的总结与国际法委员会2001年通过的《关于避免危险活动跨界损害的条款草案》第8条和第9条极为相似。她认为法院不得夸大这两个条款在评估国家实践和法律确信上的地位和作用，并警告法院借助区域性的条约或解释此种条约的司法判决来直接得出关于习惯国际法内容的一般性结论时必须保持谨慎。③

当然，多诺霍法官认为国家在习惯国际法上担负通报和磋商的义务，她只是不能接受法院关于该义务的归纳和总结。④ 法院在特定情形下确实会选择直接宣布某规则是习惯国际法，并不会去考察相关的国家实践或法律确信。然而，在认定某规则构成习惯国际法规则，尤其是在澄清该规则的内容和具体要求时，法院无论如何应保持谨慎，认真考虑关于习惯法规则内容的权威指引，因为它将形成相关的判例，且其影响不限于案件本身。

关于判决第168段，多诺霍法官也表达了自己的担心，因为它"可能被解读为项目规划国仅在一种情形下才应通知可能受影响的国家，即项目规划国实施的环境影响评价确认它存在造成重大跨境损害的风险"。他认为审慎义务要求该国在整个过程的不同时段均应向可能受影响的国家进行通报，⑤ 而且磋商的事项不限于避免或减轻重大跨境损害风险的措施。⑥

如多诺霍法官所指出的，国际法院的上述判决确实不应被解读为国家仅得在本国实施的环境影响评价确认存在有关风险的情况下才负有通知的义务。否则，虽然项目确实存在造成重大损害的风险，且有关国家须担负实施环评的义务，它便可因为违反了实施环评的义务而无须履行通知或磋商义务。事实上，通知和磋商义务的启动标准是否得以满足，及履行该义务的时间、内容、形式等具体要求均应基于个案的相关情况来确定。⑦

---

① *Certain Activities Carried Out by Nicaragua in the Border Area* (Costa Rica v. Nicaragua) and *Construction of a Road in Costa Rica along the San Juan River* (Nicaragua v. Costa Rica), Judgment, I. C. J. Reports 2015, Separate Opinion of Judge Donoghue, p. 4, para. 17.

② *Id.*, p. 5, para. 18.

③ *Id.*, p. 5, para. 19.

④ *Id.*, p. 5, para. 20.

⑤ *Id.*, p. 5, para. 21.

⑥ *Id.*, p. 6, para. 23.

⑦ *Id.*, p. 6, para. 24.

通知、提供信息、环评和磋商等程序义务确实存在明显的功能性联系，该密切联系也要求有关国家以某种次序或顺序来逐一履行有关义务。然而，各项义务皆有其各自的目的和特定的要求，有关国家在实际操作中往往也不会刻意加以区分。同时，我们也注意到这些程序义务似乎有共同或相似的启动标准，即规划的活动存在造成重大跨境损害的风险。若双方对此标准是否得以满足存在分歧，解决有关问题的过程必然也要求有关国家进行通知、提供信息、环评和磋商。一方未履行某一项义务并不意味着它无须担负其他的义务。譬如，项目规划国未履行通知义务并不意味着它无须履行磋商和环评义务，或者未履行环评的义务并不意味着它不再担负通知和磋商义务。无论如何，如仲裁庭在拉努湖仲裁案中强调的，项目规划国不得以本国单方面的立场为由，坚称项目不存在造成重大跨境损害的风险，并据此主张本国无须担负相关的程序义务。有关当事国须就风险是否存在、可能造成的影响、范围及预防和减轻措施等进行谈判，否则，预防原则的目的将被彻底挫败。

3. 实施环境影响评价的义务

如上所述，对于可能造成重大跨境负面影响的计划措施，实施环境影响评价的义务往往与通知和磋商义务相伴。联合国国际水道法公约第 12 条将环评结果列为需要在通知过程中向被通知国提交的一种特定的技术资料和信息。在国际水道及其他案件中，国际法院不仅明确地指出实施环评构成一项一般国际法上的义务，还澄清了启动该义务的标准，环评的内容和具体实施，以及判定当事国是否违反了该义务的原则和方法。

（1）多瑙河案与评估和持续监测工程环境影响的义务

国际法院在本案中强调了重新评估与持续监测有关工程环境影响的重要性："自（1977 年）条约签署以来，关于应当在连续的基础上评估环境脆弱性的认识与环境风险的认可变得越来越强。"[1] 法院注意到双方对于该联合工程应采取的预防性措施的后果存在根本分歧，并建议它们借助第三方的帮助来寻求解决方案。[2] 法院还要求双方重新评估发电站运营造成的

---

[1] *Gabčíkovo-Nagymaros Project* (Hungary/Slovakia), Judgment, I. C. J. Reports 1997, p. 68, para. 112.

[2] *Id.*, p. 69, para. 113.

环境影响。①

维拉曼特法官在关于本案判决的特别意见中指出，环境影响评价在本案中扮演了重要的角色，判决将环境因素纳入 1977 年条约第 15 条和第 19 条之中，意味着环评原则已经被置入该条约之中。② 他还认为，作为审慎这一更大的一般原则的具体适用，环评蕴含了要求保持持续警惕和可预期性的义务。③ 只要具有一定规模的某工程在运行中，就必须持续进行环评，因为此类工程可能造成不可预见的后果，且审慎原则要求进行连续的监测。④ 他指出，环评原则正获得越来越广泛的支持和国际认可，并达到了一般认可的水平，国际法院应当注意到这一点。⑤

（2）乌拉圭河纸浆厂案与一般国际法上的环境影响评价义务

在本案中，维拉曼特法官发出的上述呼吁得到了国际法院的回应，法院明确提出环评是一般国际法上的一项要求：

> 1975 年条约第 41 条（a）段规定的保护和保全义务也应依据一种实践进行解释，该实践在近年来得到了如此多国家的接纳，可将它视为一般国际法上的一种要求，即在某计划采取的工业活动可能在跨境环境下造成重大负面影响时，特别是对共享资源而言，应当进行环境影响评价。⑥

显然，法院是在依据一般国际法动态解释 1975 年条约，提出了一般国际法上的该项义务。如国际法院在判决第 204 段所明确指出的，"如果工程对河流制度或其水资源的水质造成影响，计划实施该工程的国家没有对其可能造成的潜在影响进行环境影响评价，那么，它就没有履行行为义务

---

① *Gabčíkovo-Nagymaros Project*（Hungary/Slovakia），Judgment, I. C. J. Reports 1997, p. 78, para. 140.

② *Gabčíkovo-Nagymaros Project*（Hungary/Slovakia），Judgment, I. C. J. Reports 1997, Separate opinion of Vice-President Weeramantry, p. 111.

③ *Id.*, p. 113.

④ *Id.*, p. 111.

⑤ *Ibid.*

⑥ *Pulp Mills on the River Uruguay*（Argentina v. Uruguay），Judgment, I. C. J. Reports 2010, p. 83, para. 204.

及其所暗示的警惕和预防责任。"①

只要启动该义务的标准得以满足，即"计划的工业活动存在造成重大跨境负面影响的风险"，计划实施该活动国家就必须履行一般国际法上的环评义务。法院仅提及这种要求在近年来"已经得到众多国家的接受"，这表明法院考虑了广泛的国家实践和法律确信。法院没有进一步解释启动该义务的标准，而是将环评义务视为履行审慎义务及预防和谨慎原则的具体方式。法院除了提及对河流水质造成潜在的负面影响，还提及河流制度（regime of the river），这似乎表明，在法院看来，潜在的影响不仅包括环境和生态影响及对水道国的实质损害，还包括对河流法律制度的影响。

然而，1975 年条约和一般国际法均未明确环评的范围和内容，双方并非《埃斯波公约》的缔约国，且 1987 年《环评目标与原则》不具有法律约束力，仅属于第 41 条要求双方在制定国内法律和措施时需参考的国际组织的指南。由此，法院指出："应由各国依据本国的国内立法或项目批准程序根据个案的具体情况来确定环境影响评价的具体内容，并考虑计划开发项目的性质和规模、可能对环境造成的负面影响及在实施评价过程中需要履行审慎义务的必要。"② 法院还强调了持续监测的重要性，要求在必要情况下，在项目的整个运行过程中进行持续的监测和评价。③

法院依据上述法律处理了双方争议的两个焦点问题，即乌拉圭实施的环评是否应考虑俄里翁纸浆厂的替代场址及其是否妥善征求了可能受项目影响的沿岸居民的意见。法院指出，IFC 在 2003 年曾选择了四个场址，经考察其各自的环境影响，最终选定了 Fray Bentos，乌拉圭在环评过程中适当履行了谨慎义务。在考察 Fray Bentos 河段及其河水的特征后，法院最终裁定俄里翁纸浆厂的选址适当。双方均同意环评过程中应征求可能受项目影响的居民的意见，但两国在应征求意见的居民的范围上存在较大分歧。法院最终判定，乌拉圭在对俄里翁项目实施环评过程中切实征求了可能受

---

① *Pulp Mills on the River Uruguay* (Argentina v. Uruguay), Judgment, I. C. J. Reports 2010 , p. 83 , para. 204.

② *Id.* , p. 83 , para. 205.

③ *Id.* , pp. 83 – 84 , para. 205.

项目影响的居民的意见。

因此，国际法院不仅在解释和适用 1975 年条约时明确提出跨境环评是一项一般国际法上的义务，指明了该义务的触发标准，还澄清了实施环评的依据、内容和程序等问题，这些判例和做法也为法院在后续的案件中所依循。

（3）哥斯达黎加/尼加拉瓜案与一般国际法上的环评义务

两国一致认为一般国际法上存在实施环评的义务，① 并诉称对方开展相关活动违反了该义务。法院引用了其在乌拉圭河纸浆厂案判决中的相关段落，并指出，"虽然法院在乌拉圭河纸浆厂案判决中指的是工业活动，其所依据的原则同样一般性地适用于计划进行的可能造成重大负面跨境影响的活动。因此，为了履行其担负的在避免重大跨境环境损害上的谨慎义务，一国在实施对另一国的环境具有潜在负面影响的活动之前，必须确定它是否存在造成重大跨境损害的风险，这将启动关于实施环境影响评价的要求"。②

法院使用了与乌拉圭河纸浆厂案判决中稍有差别的用语，但却明确地确认了一般国际法上的这项义务，并将其适用范围从工业活动拓展至任何可能造成重大跨境损害的活动。法院援引乌拉圭河纸浆厂案第 205 段判决并重申环评的内容应根据个案的具体情况来确定。法院查明尼加拉瓜 2006 年计划采取的疏浚活动不会造成重大跨境损害，并据此裁定尼加拉瓜并不需要履行环评义务。③

对于哥斯达黎加在开展筑路活动前是否需要履行环评义务，法院回顾了它在第 104 段中给出的结论，并进一步指出应由计划该活动的国家担负该义务。在本案中，应由哥斯达黎加而不是尼加拉瓜在启动道路建设之前评估其是否存在造成重大跨境损害的风险，且它需要"基于关于所有相关的情况的客观评估"来做出判断。④

由此，法院便进入该案所涉的具体证据和细节，来进行"基于关于所

---

① *Certain Activities Carried Out by Nicaragua in the Border Area* (Costa Rica v. Nicaragua) and *Construction of a Road in Costa Rica along the San Juan River* (Nicaragua v. Costa Rica)，Judgment, I. C. J. Reports 2015, p. 705, para. 101.

② *Id.*，pp. 706 – 707, para. 104.

③ *Id.*，p. 707, para. 105.

④ *Id.*，p. 720, para. 153.

有相关情况的客观评估"。法院考虑了该工程的性质、规模及实施环境，^①包括其规模、位置、所涉流域的地理和生态环境。尤其是，法院认为，《拉姆萨尔公约》保护地的出现增大了发生重大损害的风险，因为相关的环境极为敏感。最主要的损害将来自道路的大量渗漏物，这导致河流生态、水质和形态发生变化。^② 法院认定道路建设确实存在此种风险，且启动环评义务的标准也得以满足。^③

综上，依据一般国际法，在计划采取的措施或活动可能造成重大跨境损害的情况下，计划采取该措施或活动的国家必须履行实施环评的义务。应综合考虑个案中的相关因素，尤其是有关活动的性质、规模、位置、技术方法、相关区域生态环境的脆弱性和敏感性，客观判定有关措施或活动是否存在此种风险。该义务应由项目规划或活动所在国或管辖国在实施该项目或活动前实施。在不存在直接适用的国际法时，该国应依据本国的法律规定、参照通行的国际做法来实施环评。有关当事国应通过谈判等方式解决关于环评的分歧。

（六）水道国对国际不法行为须承担的国家责任

在某些国际水道案件中，国际法院基于既有的国际判例，依据关于国家责任、救济和赔偿的一般原则和规则处理了关于水道国违反国际义务而引发的相关争端。法院还在尼加拉瓜在边境地区实施的特定活动案的赔偿部分首次处理了与环境损害赔偿相关问题，包括环境损害的可赔偿性、其范围及估值方法及生态系统产品和服务损害的自然恢复和人工修复等。

1. 国家责任、救济和赔偿的一般规则

（1）多瑙河案与水道国违约的救济和赔偿

在多瑙河案中，法院判定匈牙利未能履行 1977 年条约项下的某些义务，斯洛伐克实施了国际不法行为。法院必须依据该条约及"关于国家责

---

① *Certain Activities Carried Out by Nicaragua in the Border Area* (Costa Rica v. Nicaragua) and *Construction of a Road in Costa Rica along the San Juan River* (Nicaragua v. Costa Rica), Judgment, I. C. J. Reports 2015, pp. 720 – 721, para. 155.

② *Ibid.*

③ *Id.* , p. 721, para. 156.

任的一般国际法上的规则"① 来确定"双方未来的行为"及"双方的权利和义务",② 或者更确切地说,确定它们各自实施的国际不法行为的法律后果。③

对于应适用的法律,法院援引了关于国际不法行为救济的一般规则,即常设国际法院在霍茹夫工厂案(Case concerning the Factory at Chorzów)中明确提出的,"救济必须尽可能地消除非法行为造成的全部后果,将状况恢复到该行为没有发生前的状态"。④ 法院认为,"救济必须'尽可能地'消除非法行为造成的全部后果。在本案中,如果双方恢复其在多瑙河共享水资源利用上的合作,如果该多功能项目以实现水道的利用、开发和保护为目的、采取协调性的单一单位形式并以公平合理方式得以执行,便可最大程度地消除双方的不法行为造成的后果"。⑤

在评估"尽可能地"和"全部后果"时,法院应当考虑到了:①双方的关系应主要由继续有效的 1977 年条约规制;⑥ ②除非当事国另有协议,双方应尽力恢复该条约所确立的联合法律框架;⑦ ③该项目是一个单一的整体,匈牙利未按约定建设特定的工程,斯洛伐克违反条约建设并运行了特定工程;④变通方案 C 可以在协调双方在水电开发和环境担忧的基础上,被妥善纳入联合运营体系。⑧

然而,法院并未判定恢复原状。双方不需要甚至无法将多瑙河完全恢复到先前的状态。相反,它们需要考虑现实情况,积极开展有意义的磋商,依据条约确立的基本框架,参照新的环境规范,寻求可共同接受的解决方案。对这样一个由两国共同设计、合作建设、联合运行、成本分摊、效益共享的系统工程而言,法院似乎难以找到其他更好的解决办法。

---

① *Gabčíkovo-Nagymaros Project* (Hungary/Slovakia), Judgment, I. C. J. Reports 1997, p. 76, para. 132.

② *Id.*, pp. 75 – 76, para. 131.

③ *Id.*, p. 80, para. 148.

④ *Case Concerning the Factory at Chorzów*, PCIJ Series A No. 17, 1928, p. 47.

⑤ *Gabčíkovo-Nagymaros Project* (Hungary/Slovakia), Judgment, I. C. J. Reports 1997, p. 80, para. 150.

⑥ *Id.*, p. 76, para. 132.

⑦ *Id.*, p. 79, para. 144.

⑧ *Id.*, p. 80, para. 146.

关于赔偿，法院回顾，"受害国有权向实施国际不法行为且造成损害的国家主张赔偿，这是一项确定的国际法规则"。① 然而，双方在本案中并不请求法院确定具体的赔偿金额。② 鉴于双方均实施了国际不法行为，且这些行为都给对方造成了损害，匈牙利和斯洛伐克都有赔偿义务，也都有权主张赔偿。法院提出，如果双方能够放弃或抵消所有赔偿，赔偿问题可以整体得到圆满解决。③ 由于双方的不法行为存在交互性，双方均放弃索偿，不论两方应担负的赔偿金额是否完全相同，这不失为一种方便的解决方案。无论如何，赔偿问题应由当事国自行协商解决。

（2）乌拉圭河纸浆厂案与违反程序义务的救济

在本案中，法院判定乌拉圭违反了某些程序义务，法院必须确定乌拉圭因这些国际不法行为须担负的国际责任。④ 阿根廷请求法院命令乌拉圭停止这些国际不法行为。法院认为，"判定乌拉圭在行为义务上存在不法行为自身便构成满足阿根廷诉求的措施"，因为"乌拉圭违反程序义务的行为发生在过去且已经终结，没有理由再命令它停止这些行为"。⑤

当然，乌拉圭违反1975年条约第7～12条项下的某些程序义务的行为已经是过去式。法院甚至不会命令乌拉圭在未来遵守这些义务，因为它不得推定国家存在恶意。⑥ 法院做出这种判决的意义可能会受到质疑，但这种判决当然是有意义的，因为它至少为两国未来的关系在国际法上提供了必要的明确性和可预期性，以便双方在未来均善意履行这些义务。无论如何，法院的判决不得被理解为暗示程序义务不重要，或不如实质义务重要。

对于救济手段，阿根廷主张恢复原状;⑦ 乌拉圭则辩称，对违反程序义务而言，恢复原状并非适当的救济形式。⑧ 法院诉诸了关于救济和恢复

---

① *Gabčíkovo-Nagymaros Project* (Hungary/Slovakia), Judgment, I. C. J. Reports 1997, p. 81, para. 152.

② *Ibid.*

③ *Id.*, p. 81, para. 153.

④ *Pulp Mills on the River Uruguay* (Argentina v. Uruguay), Judgment, I. C. J. Reports 2010, p. 102, para. 267.

⑤ *Id.*, p. 102, para. 269.

⑥ *Id.*, p. 104, para. 276.

⑦ *Id.*, p. 102, para. 270.

⑧ *Id.*, p. 103, para. 271.

原状的习惯国际法和既有判例："恢复原状是损害救济的一种形式，它要求重建不法行为发生之前的状态……在恢复原状实际上不可能或牵涉的责任与其产生的利益完全不相称时，救济可采用赔偿或宣告违法的形式，或同时采取两种形式。"① 法院强调，"与其他的救济形式一样，恢复原状对遭受的损害而言必须是适当的，且需要考虑造成损害的不法行为的性质"。②

法院考虑了本案的具体情况，尤其是不法行为及其造成损害的性质、范围和严重性，乌拉圭没有违反任何实质义务，且在违反程序义务后并不担负不得建设纸浆厂的义务。③ 由此，它判定拆除纸浆厂并非适当的救济形式，对于违反程序义务而言，宣告该行为违法便构成充分的救济。

奥哈苏奈法官和希玛法官在其联合反对意见中对此提出了批评。他们认为"这并非充分顾及程序和实体联系的适当方式"。④ 他们没有说明什么才是此种适当方式，显然，他们希望法院在判决中给阿根廷提供宣告之外的更多的救济。然而，正如法院在后续案件中所确认的，对于违反程序义务，法院往往会认定宣告有关行为违法本身便构成充分的救济，也可以满足当事国的诉求。

（3）哥斯达黎加/尼加拉瓜案与违反程序义务的救济

法院判定哥斯达黎加违反了环评义务。对于救济，法院认为此种不法行为"并未对尼加拉瓜的权利在当前造成任何负面影响，未来也不太可能进一步影响它们"，宣告哥斯达黎加违反该义务本身便可构成满足尼加拉瓜的适当措施。⑤ 法院重申恢复原状和赔偿是对实际损害的救济形式，但它们并非对单单违反程序义务的适当的救济。⑥ 可以预见，在违反程序义务的救济上，国际法院和其他法庭将不会背离上述确定的国际判例，且要

---

① *Pulp Mills on the River Uruguay*（Argentina v. Uruguay），Judgment, I. C. J. Reports 2010, pp. 103 - 104, para. 273.

② *Id.*, p. 104, para. 274.

③ *Id.*, p. 104, para. 275.

④ *Pulp Mills on the River Uruguay*（Argentina v. Uruguay），Judgment, I. C. J. Reports 2010, Dissenting Opinions of Judges Al-Khasawneh and Simma, p. 120, para. 27.

⑤ *Certain Activities Carried Out by Nicaragua in the Border Area*（Costa Rica v. Nicaragua）and *Construction of a Road in Costa Rica along the San Juan River*（Nicaragua v. Costa Rica），Judgment, I. C. J. Reports 2015, pp. 738 - 739, paras. 224 and 225.

⑥ *Id.*, p. 739, para. 226.

求法院不这么做的特定理由也极为少见或难以证实。

2. 环境损害赔偿的原则和规则

在尼加拉瓜在边境地区实施的特定活动案的实体判决中,国际法院判定尼加拉瓜应对其在哥斯达黎加领土上实施的不法行为所造成的实质损害向哥斯达黎加做出赔偿。[①] 尼加拉瓜行为的不法性源于法院判定争议领土属于哥斯达黎加,尼加拉瓜从事的活动侵犯了该国的领土主权。法院需要裁定的并非关于跨境环境损害的赔偿,而是上述情形下的环境损害赔偿。无论如何,这都是法院首次判定环境损害的赔偿问题。

对于救济和赔偿的一般原则,法院回顾了相关的国际判例,并认为依据一般国际法和确定的国际判例,救济应当是充分的[②]、全面的[③],赔偿是救济的一种适当的形式。[④] 参照迪亚洛案,法院认为它需要逐一确定:①声称的实际损害是否存在及其范围,②它们是否不法行为造成的,③应当赔偿的具体金额。[⑤]

关于环境损害,法院注意到确定损害及其与行为之间的因果关系可能存在特殊的困难,因为损害可能可归于多个原因,或者关于认定不法行为和损害之间因果关系的科学手段不足以支持得出唯一确凿的结论。[⑥] 无论如何,法院认为必须基于案件的事实来回答这些问题。[⑦] 法院还援引了特莱尔冶炼厂仲裁案,[⑧] 强调在实际损害的范围上不存在充分的证据不应成为阻碍判决损害赔偿的理由。[⑨]

在回答了这些一般性的法律问题后,法院首先处理了环境损害的可赔偿

[①] *Certain Activities Carried Out by Nicaragua in the Border Area* (Costa Rica v. Nicaragua) and *Construction of a Road in Costa Rica along the San Juan River* (Nicaragua v. Costa Rica), Judgment, I. C. J. Reports 2015, p. 77, para. 229.

[②] *Certain Activities Carried Out by Nicaragua in the Border Area* (Costa Rica v. Nicaragua), Compensation Owned by Nicaragua to Costa Rica, Judgment of 2 February 2018, p. 12, para. 29.

[③] *Id.*, p. 12, para. 30.

[④] *Id.*, p. 12, para. 31.

[⑤] *Id.*, p. 12, para. 32.

[⑥] *Id.*, p. 13, para. 34.

[⑦] *Ibid.*

[⑧] *Trail Smelter Arbitration*, 13 R. I. A. A. (1905), p. 1920.

[⑨] *Certain Activities Carried Out by Nicaragua in the Border Area* (Costa Rica v. Nicaragua), Compensation Owned by Nicaragua to Costa Rica, Judgment of 2 February 2018, p. 13, para. 35.

性问题，并明确指出，"对环境造成的损害以及由此造成的环境提供产品和服务能力的损害或丧失，在国际法上均是可主张赔偿的"。① 法院对此做出了进一步的解释："对环境造成的损害自身以及受害国因此种损害而支付的费用均是可赔偿的，这与关于国际不法行为后果的国际法原则是相符的。"②

对于可主张赔偿的范围，法院认为，它可以包括关于"生态产品和服务在恢复期间的损害或损失的赔偿以及受损环境的修复费用"，③ 因为自然恢复可能无法将环境恢复到损害发生前的状态，需要采取更加积极的修复措施才能使它最大程度地恢复到之前的状态。④

法院面临的最大争议是生态损害的估值方法，且双方提议的方法存在重大的差异。对此，法院指出，"国际法上并未规定任何具体的生态损害赔偿的估值方法"，"必须考虑个案的具体情况和特征"。⑤ 法院决定不在当事国主张的方法中做出选择，仅在必要情况下考虑其中的特定因素。⑥

法院还决定采用整体评估方式来估算受损生态系统整体上遭受的各种生态损害，而不逐一评估和计算各类生态产品和服务遭受的损害及其修复费用。⑦ 采用这种方法可方便法院综合考虑最重大的损害与其他环境产品和服务之间的内在联系、各种生态产品和服务之间的关联及自然的再生能力。⑧

因此，在本案中，法院依循了国家责任、救济和赔偿的一般原则和规则。在这些原则和规则无法直接解决有关法律问题的情况下，法院基于本案的具体情况，采取了较为务实的灵活方式来处理环境损害赔偿的有关问题，尤其是生态产品和服务损害、丧失及修复的估值问题。虽然法院采用的整体评估和估算方法可能并不适用于其他案件，我们可从法院的判决和说理中得出如下结论。第一，根据一般国际法，受害国可对其遭受的环境损害主张赔偿。第二，环境损害的程度和范围等存在不确定性并不构成阻

---

① *Certain Activities Carried Out by Nicaragua in the Border Area*（Costa Rica v. Nicaragua），Compensation Owned by Nicaragua to Costa Rica，Judgment of 2 February 2018，p. 14，para. 42.

② *Id.*，p. 14，para. 41.

③ *Id.*，p. 14，para. 42.

④ *Id.*，p. 15，para. 43.

⑤ *Id.*，p. 17，para. 52.

⑥ *Ibid.*

⑦ *Id.*，p. 22，para. 78.

⑧ *Id.*，pp. 22 – 23，para. 79 – 81.

碍主张或判定损害赔偿的障碍。第三，确定损害赔偿应参照法院在本案中确认和采取的一般方法和步骤。第四，对环境损害可主张的赔偿包括受损生态系统产品和服务在自然恢复前的损害或丧失以及相关的修复费用。第五，国际法上并未规定一般性和强制性的环境损害赔偿估值方式和方法。第六，环境损害赔偿的估值应综合考虑个案的具体情况和特点，尤其是最重要损害与其他损害之间的关系，受损的不同类型的生态产品和服务之间的联系，生态系统的自然恢复能力、时间、影响因素，人工修复的必要性、可能性、可行性、最佳可及的技术手段及其成本，等等。

　　总之，在审判有关国际水道航行、非航行使用和保护等事项的案件过程中，国际法院和其他法庭处理了涉及国际水道法多个方面的众多国际法问题。它们界定了国际水道的地域范围及其在国际法上的性质和特征，明确地将国际水道认定为一种共享自然资源。国际法院在锡拉拉水案中还依据一般国际法来断定该河是否属于国际水道。此外，沿岸国利益和权利共同体、公平合理利用、不造成重大损害、可持续发展及诚信合作等被确认为国际水道法的基本原则。更为重要的是，国际法庭将这些抽象的基本原则转化为具体的规则和规范来处理有关当事国权利、利益和义务的诉求。在判决和说理中，它们处理了有关特定义务是否构成一般国际法上的义务、此种义务的启动标准、如何断定该标准在个案中是否得以满足、如何裁定国家是否违反了有关义务、国家违反有关义务须担负的救济和赔偿责任等众多困难的国际法问题，形成了相当丰富的国际判例。如国际法院反复确认的，除非存在特别的理由，法院不会背离它在先前判决中确立的判例。因此，国际法庭提出、确认和形成的上述判例构成国际水道法极为重要的组成部分。它们不仅为国际法庭在未来的判案中处理有关国际法问题提供了直接的依据，对国际框架公约、水道协定、习惯国际法的认定、解释和适用具有重要的指导意义，也会指引水道国的国家实践，推动相关国际法的逐渐发展。

四　如何研究国际河流争端成案

　　最后，让我们来谈谈"How"的问题。从上文关于国际判例的论述中，我们不难看出，国际河流争端的法律解决是一个系统工程，涉及国际争端司法解决的方方面面。这就要求我们在研究国际河流争端成案时努力做到"三个相结合"，即大公法与小领域研究相结合，实体法和程序法研究相结合，个案研究与专题研究相结合。

（一）大公法与小领域研究相结合

国际河流争端的法律解决是一个极为复杂的系统工程，只研究所谓的国际水法这样一个小领域，是难以解决好有关争端的。这首先要归因于国际河流争端自身的复杂性。

从争端所涉的主题事项及解决这些事项所要适用的法律来看，它们有的是传统国际法上的河流划界及界河中岛礁主权归属的争议，涉及众多复杂的国际公法问题，包括如何确定河流的主航道，如何确定主航道的中心线和中间线，如何确定当事国基于先占、割让、征服、时效、历史权源的巩固等权源对争议领土提出的主权主张，等等。处理此类问题需要诉诸条约法及有关河流边界和划界及领土取得和领土争端解决的一般国际法。本书收录的阿根廷—智利边界争端案和卡西基利岛/塞杜杜岛案就涉及这些复杂的国际公法问题。

它们有的是关于国际河流、边界河流的航行争议，涉及国际水道的定义及其地域范围、沿岸国和其他国家的航行自由权及其范围、沿岸国的航行管理和管制等问题，处理这些问题除了需要依据条约解释之通则外，还要诉诸关于国际河流航行权及其管理和管制的一般国际法。本书第二部分所收录的法伯尔案（Faber Case）、奥德河案、航行及相关权利争端案就涉及这些国际法问题。

它们有的是关于国际河流开发利用的争议，涉及水道国对本国境内水道部分的主权和利用的权利及其在开发利用过程中需要担负的相关义务，涉及水道国在实施开发项目时是否需要事先征得可能受影响国的同意，水道国是否需要进行通报、环评、磋商，是否需要以及如何照顾其他水道国的权利和利益，等等。处理这些问题除了需要适用条约法等国际公法上的一般原则和规则外，还要诉诸关于国际河流利用的国际法原则和规则。本书第三部分所收录的默兹河案、拉努湖仲裁案、多瑙河案、印度河仲裁案、美国—加拿大古特水坝索赔仲裁案等案件就涉及这些国际法问题。

它们有的是关于国际河流生态环境保护的争议，涉及水道国担负的不造成重大损害义务，避免、减轻、消除跨境影响和损害的义务，对实际造成的损害进行救济和赔偿的义务，等等。处理这些问题除了需要适用专约之外，还要诉诸相关的一般国际法。乌拉圭河纸浆厂案、尼加拉瓜在边境地区实施的特定活动及哥斯达黎加沿圣胡安河修建道路案、尼加拉瓜在边境地区实施的特定活动案及尼加拉瓜应向哥斯达黎加支付的赔偿等案件就涉及这些国际法问题。此外，锡拉拉水案、关于账目审计的莱茵河氯化物仲裁案（The Rhine Chlorides Arbitration concerning the Auditing of Accounts）等案件还涉及跨境水资源的认定、河流污染治理费用分摊等问题。

国际法庭在处理上述案件过程中，除了在应适用的法律上超越国际水法，还面临国际争端司法解决中的众多共性问题，如国际法院和仲裁庭的管辖权及其管辖权限，当事国的举证和证明责任，国际法庭认定事实的一般规则，国际法庭处理有关诉求的权限和方法，等等。

总之，研究国际河流争端成案绝不能限于国际水法本身，必须依赖国际公法的基本框架和一般方法。

（二）实体法和程序法研究相结合

如果可以对国际河流争端案件所涉的国际法问题做一个大致的分类的话，我们似乎可以将它们归结为实体法和程序法两类。在研究个案或进行专题研究过程中，我们需要努力将二者结合起来，因为国际法庭判案不仅要做到法律上确有依据，还要做到事实上确有根据，保障良好司法，维护国际法治。

我们不妨以乌拉圭河纸浆厂案为例对此做简要说明。在该案中，阿根廷请求法院判定乌拉圭违反了1975年条约规定的通报、环评、磋商等义务，还请求法院判定乌拉圭违反了该条约规定的生态环保等实体义务。法院要处理有关诉求，如环评问题，不仅需要诉诸1975年条约和一般国际法上关于环评义务的规则，解释触发环评义务的标准，即造成重大跨境损害的风险，还要基于双方提交的证据，认定有关事实，并将法律和事实相结合，通过适用法律来最终处理具体的争议。同样，对于实体义务的诉求，法院不仅要诉诸 1975 年条约及一般国际法上关于避免、减轻和消除损害的原则，还要基于双方提交的证据，认定事实，并据此来判定乌拉圭是否负有有关义务及是否违反了各具体的义务。此外，对于违反国际义务行为造成的后果的救济，法院也需要诉诸一般国际法上的原则和规则，并结合个案的情况，处理当事国提出的具体诉求。

（三）个案研究与专题研究相结合

从所涉事项、应适用的法律等方面来看，国际河流争端案件既有共性，也有个性。我们在研究这些案件过程中需要努力做到个案研究与专题研究相结合，顾此失彼将会导致我们只见树木不见森林或浮于问题的表面。

我们不妨以跨境环评问题为例加以说明。如上文所述及的，在多瑙河案中，国际法院便强调了持续评估和监测工程项目环境影响的必要性和重要性，基于警惕和预防原则及可持续发展原则，要求双方重新评估加布奇科沃发电站运营对环境造成的影响。虽然有法官在特别意见中呼吁法院更明确地指出环评和持续监测环境影响是一项一般国际法上的义务，法院在本案中并没有这么做。到了乌拉圭河纸浆厂案中，国际法院不仅明确指出这是一项"一般国际法上的一种要求"，明确了该义务的触发标准，指明了其法律基础，还指出了当事国实施环评的法律依据。再到后来的哥斯达黎加/尼加拉瓜案，国际法院依循、确认和发展了其在前案中提出的国际判例和做法，还在如何认定某工程是否可能造成重大损害上提供了可供后续案件参考的一般做法。显然，要研究好该义务，尤其是它的触发标准，我们只聚焦某个案件是不够的，需要把相关的案件结合起来加以研究，还需要诉诸相关的国际公约及各国的国家实践。

同时，在进行此类专题研究过程中，我们不能忽视关于个案的研究，尤其是案件自身在争端所涉事项、应适用的法律、当事国的诉求及其他方面的具体情况。例如，默兹河案、拉努湖仲裁案、多瑙河案、乌拉圭河纸浆厂案均涉及相关条约的解释和适用，但法院在有的案件中仅依据条约判案，在有的案件中则基于条约动态解释等诉诸一般国际法上的原则和规则。在哥斯达黎加/尼加拉瓜案、锡拉拉水案等案件中，国际法院在处理有关诉求时并无专约可以依循，需要完全依据习惯国际法或一般国际法来断案。因此，即便法院在不同的案件中处理的是相同或类似的情况，个案中应适用法律等方面的差异可能会导致法院给出不同的判决结果。

五　本书的结构、体例及有关说明

本书共收录和研究了15起案件，关于这些案件的个案研究也构成其主干部分。如果加上本绪论，本书算是对个案研究和专题研究做了初步的结合。我们依据案件所涉的主题事项，把这些案子分成了五组，它们也是本书的五个部分：第一部分"国际河流水资源开发利用争端成案"，第二部分"国际河流生态环境保护争端成案"，第三部分"国际河流航行争端成案"，第四部分"河流边界与岛屿主权争端成案"，第五部分"关于国际河流其他事项争端的成案"。需要说明的是，某些案子可能同时涉及两个或多个主题事项，我们依据有关争端的主要方面对其加以归类。

为方便读者阅读和使用本书，我们给每个案件的研究部分都设置了案件导读、关键词、案情简介等。其中，案件导读点明了案件所涉当事国、受理机构、争端主题、双方基本诉求和主张、法庭的判决及其依据、案件所涉的国际法问题及影响，等等。读者可借助关键词快速获取案件所涉的主要国际法问题，借助案情简介掌握案件的历史经纬等重要信息。

此外，为便于读者查实原文献，我们对判决、裁决及其他案件材料的重要段落做了标注，对重要的段落做了全文翻译。同时，在案件评论部分，我们讨论了案件所涉的重要国际法问题及案件的影响等。这种体例安排可以让我们不打乱判决和裁决的架构，且能够聚焦当事国之间的争议点，梳理各方的主张和依据，阐明法院的判决结果及其法律依据和事实根据。这种体例安排有助于读者更好地理解案件的内容，也方便他们根据个人的兴趣和发现对有关案件和相关国际法问题做进一步的研究。

本书是我带领的一个研究小组共同完成的。作为本书的主编和主要撰稿人，我本人除了独立或合作完成绝大多数案件的研究外，还对全书进行了审校与核改。张帆博士是本书的副主编和主要撰稿人之一，她除了独立完成或指导他人完成有关案件的研究工作外，还与我一道审读和修改了书稿的大部分内容。我指导的博士研究生赵雨晴及硕士研究生申斯、贺舒婷等几位同学完成了几个案子的初稿。本书各部分的署名及文责可见各章标注。

　　此书是国家重点研发计划项目"跨境水资源科学调控与利益共享研究"（项目号：2016YFA0601604）——课题四"跨境流域水资源利益共享及权益保障机制"的阶段性研究成果，有关研究和出版工作均得到本项目的资助。长期以来，我国外交部边界与海洋事务司、水利部国际科技合作司及国际经济技术合作交流中心在国家政策、外交等方面给予了我们宝贵的指导意见，本书的出版离不开他们的大力支持。此外，社会科学文献出版社与我院合作出版"武汉大学边界与海洋问题研究丛书"，并同意将本书纳入该丛书，国别区域分社总编辑高明秀及编辑许玉燕在本书的编辑、审校和出版过程中付出了巨大的努力和辛勤的劳动。我们在此一并致谢。

　　由于本书研究的案件数量较多，案情复杂，问题广泛，厘清案件的来龙去脉及相关的国际法问题要求研究者具备国际公法之外多个相关学科和领域的知识，而笔者及本书其他撰稿人多是国际公法背景，书中难免存在不当甚至错漏之处，望读者能予以指正。

孔令杰

武汉大学中国边界与海洋研究院

2019 年 5 月于武汉大学珞珈山

第一部分

国际河流水资源开发利用争端成案

案件一

默兹河取水案

孔令杰

【**案件导读**】本案是常设国际法院及国际法院处理的关于国际河流取水问题的第一案。默兹河是荷兰和比利时的边界和跨境河流，两国曾在 1863 年缔结条约规制从该河取水用于运河航运和灌溉等事宜。荷兰将默兹河取水争端提交常设国际法院，请求法院判定比利时在条约规定之外的其他地点取水，违背其承担的条约义务；比利时请求法院驳回荷兰诉求，并判定荷兰兴建的取水工程亦违反条约。法院将条约视为一个整体，牢牢把握条约的目的和宗旨，经解释和适用相关条款，判定双方均未违反 1863 年条约。法院强调，沿岸国对位于本国境内河段享有领土主权，这是沿岸国对跨境水资源主张相关权利的根基，但它们并非绝对的、不受限制的，必须受制于相关国际法；沿岸国对国际水道的取水不享有单方面控制的特权，否则沿岸国将处于法律上的不平等地位；国际水道的利用除了应考虑各方的法定权利之外，还应考虑事实上的公平。

【**关键词**】默兹河　取水　运河　条约解释　文本解释目的解释　领土主权　对等原则　衡平原则

一 默兹河取水争端的产生和发展

本案所涉默兹河发源于法国东北部马恩省的朗格勒高原，[①] 在日韦（也译"吉费特"）（Givet）流入比利时，形成比利时与荷兰的国界，在马斯特里赫特流入荷兰，在荷兰的伯尔哈伦（Borgharen）与韦瑟姆—马斯布拉赫特（Wessem-Maasbracht）之间的河段再次构成两国的边界。下游河段的两岸均位于荷兰境内，最终注入北海。默兹河全长 925 千米，是欧洲主要的国际河流之一。

默兹河在荷兰芬洛（Venlo）以上的河段水流湍急，水位较浅，河水靠降雨补给，水流与水量变化较大，自然条件不适合航行。然而，长期以来，默兹河流域的人们形成了利用水上交通的传统和习惯，修建了众多靠该河供水的人工运河。早在 17 世纪和拿破仑时期，人们就曾计划修建从安特卫普经芬洛通往莱茵河的运河，并实际建成了部分河段。1815 年维也纳会议后，威廉一世开始修建自马斯特里赫特至博伊斯勒杜克（Bois-le-Duc）的南威廉斯运河（Zuid-Willemsvaart）。该运河于 1826 年投入使用，通过位于马斯特里赫特的引水渠从默兹河取水。

1830 – 1839 年间，马斯特里赫特的驻军暂时截断了运河的供水。为此，当地居民在霍克（Hocht）兴建了一个新的引水渠，该引水渠在比利时独立后位于该国境内。1845 年，比利时与荷兰签订条约，兴建自烈日至马斯特里赫特的运河，以便将南威廉斯运河延伸至烈日。至此，南威廉斯运河的供水主要包括三条途径：一是烈日—马斯特里赫特运河，二是通过位于马斯特里赫特的引水渠从默兹河取水，三是通过位于霍克的引水渠从默兹河取水。

起初，两国并未因运河的供水问题产生争端。后来，比利时自运河位于比利时境内的北部终点往西修建了一系列新运河，如肯彭（Campine）运河、蒂伦豪特（Turnhout）运河、哈瑟尔特（Hasselt）运河，以

[①] *The Diversion of Water from the Meuse* (Netherland v. Belgium), P. C. I. J. (ser. A/B) No. 70, June 28 1937.

便通过斯特尔特河联通比利时北部的肯彭地区。由于肯彭地区的土壤透水性强，肯彭运河的用水量较大。为了将该地区变成农业区，比利时从南威廉斯运河大量取水用于灌溉，导致荷兰境内洪水频发，两国之间因此争议不断。

由于从位于霍克和马斯特里赫特的引水渠向南威廉斯运河的供水难以满足本国的用水需求，比利时在霍克一侧新建了一个平行的引水渠，以便可以从烈日—马斯特赫里特运河取水。这导致南威廉斯运河的部分河段因水流过急而不再适航。为解决这一问题，两国先后成立两个委员会来研究解决方案，并于1861年达成一项条约，但该条约因荷兰国会下议院反对而未得批准。

1863年，通过将默兹河取水与商业等双边问题相关联，两国在相互妥协和让步的基础上签署并批准了三个条约。其中，有关默兹河取水的条约主要旨在解决比利时过度取水而导致南威廉斯运河水流速度过快的问题，并规定了几项应对措施：一是提高运河的水位，二是在默兹河位于荷兰境内的上游河段兴建一个新的引水渠，三是在默兹河的共同区域扩建工程，以便两国在不影响航运的前提下可使用更多的默兹河水。

除了在1873年进行部分技术调整外，直到19世纪末，1863年条约规定的方案基本满足了两国的需求。然而，随着荷兰与比利时境内商业的迅猛发展，尤其是荷兰林堡省的煤炭开发，双方均需要运载能力更强的运河。

经荷兰政府建议，两国于1906年成立了联合委员会来研究如何提高默兹河的航运能力。1912年，委员会提出了在默兹河共同区域修建运河的建议方案。由于一战爆发，两国并未达成一致。1921年，荷兰政府向国会提议在默兹河右岸修建自马斯特赫里特至马斯布拉赫特的运河，即后来的伯尔哈伦拦河坝（Borgharen barrage）与朱丽安娜运河，工程全在荷兰境内实施，费用由荷兰担负。比利时认为这将影响两国默兹河共同区的航运，违反1863年条约，未经其同意不得实施。两国经协商于1925年签署了一项更为全面的条约，授权双方建设新的运河，但荷兰国会拒绝批准该条约。

随后，荷兰建成了朱丽安娜运河，更大型的船舶借此运河可到达马斯特赫里特，并与烈日—马斯特里赫特运河相连接。荷兰还于 1929 年建成了博斯谢维尔德（Bosscheveld）船闸，可通过南威廉斯运河从默兹河取水。1934 年，朱丽安娜运河正式启用。

与此同时，比利时自 1930 年开始兴建自烈日至安特卫普的阿尔伯特运河（Albert Canal）。比利时在蒙斯（Monsin）兴建拦河坝直接从默兹河向阿尔伯特运河供水。阿尔伯特运河沿烈日—马斯特里赫特运河行进 16 千米后，往西北穿越山区抵布里登（Briegden）。在布里登，阿尔伯特运河通过尼尔哈伦引水渠与南威廉斯运河交汇。从布里登到哈塞尔特（Hasselt）为新建河段，阿尔伯特运河自哈塞尔特进入已有的肯彭运河，该运河段将得到增宽和加深改造。阿尔伯特运河从魁德梅赫伦（Quaedmechelen）至维尔塞尔（Viersel）段也将沿肯彭运河前进，该段运河也得到了增宽和加深改造。最后，通过新建的维纳亨（Wyneghem）引水渠，将阿尔伯特运河与安特卫普水道贯通。

由于两国无法就阿尔伯特运河涉及的相关纠纷达成一致，荷兰于 1936 年向常设国际法院提起诉讼程序，请求法院判定比利时已经和正在兴建的阿尔伯特运河违反了 1863 年条约。比利时在应诉的同时提出反请求，请求法院判决荷兰兴建朱丽安娜运河与伯尔哈伦拦河坝也违反了该条约。

二　当事方的诉求和主张

（一）荷兰的诉求和主张

荷兰请求常设国际法院裁定：

（1）比利时兴建的工程导致该国可能在马斯特里赫特外的其他地点给位于马斯特里赫特下游的运河从默兹河取水，违反 1863 年条约；

（2）南威廉斯运河比利时段、肯彭运河及其哈塞尔特支流和通往比佛卢营（Beverloo Camp）的支流、蒂伦豪特运河，通过尼尔哈伦船闸在马斯特里赫特外的地点从默兹河取水，违反 1863 年条约；

（3）比利时工程方案中哈塞尔特运河的一部分河段在马斯特里赫特外的地点从默兹河取水，违反 1863 年条约；

（4）比利时工程方案中连接南威廉斯运河与斯特尔特河的运河段通过马斯特里赫特外的地点从默兹河取水，违反1863年条约。

为此，荷兰请求法院判决：

（1）比利时停止在马斯特里赫特下游修建的新运河，并将违反条约兴建的工程恢复到与该条约相符的状态；

（2）比利时停止任何违反条约的取水活动，且不得再开展此类活动。

（二）比利时的诉求和主张

比利时请求法院判决：

（1）由于不存在恶意，工程的使用存在与1863年条约宗旨不符的可能，但不得仅以此为据判定工程违反条约并须加以拆除；

（2）尼尔哈伦船闸虽然在运行中可将部分默兹河水调入运河，但其主要功能在于辅助船舶通行，并不违反1863年条约；

（3）阿尔伯特运河建成使用后，哈塞尔特的取水并不违反1863年条约；

（4）连接南威廉斯运河与斯特尔特河的阿尔伯特运河段的取水并不违反1863年条约。

同时，比利时提出了三项反请求：

（1）荷兰未经比利时事先同意修建伯尔哈伦拦河坝，单方面改变了默兹河在马斯特里赫特段的状况，违反1863年条约；

（2）荷兰的朱丽安娜运河属于条约第1条所指的运河，其供水与位于默兹河马斯特里赫特下游左岸的运河适用相同的规则；

（3）保留追诉荷兰违反条约责任的权利。

针对比利时的反请求，荷兰主张：

（1）伯尔哈伦拦河坝的建设与运行均未违反1863年条约，且未损害比利时的权利和利益；

（2）朱丽安娜运河的取水不应适用与南威廉斯运河及位于默兹河马斯特里赫特下游段左侧其他运河相同的规则；

（3）朱丽安娜运河的取水并未违反1863年条约，荷兰可能在该运河上以与条约规定不同的方式使用特定的船闸并不构成违反条约的行为。

三 法院判决的推理过程及其依据和说理

(一) 本案应适用的法律

法院首先确定了本案应适用的法律。法院注意到，双方在书面和开庭审理过程中均援引了有关河流的国际法一般规则（general rules of international law as regards rivers）。法院认为：

> 当事方在本案中向法院提出的诉求并未赋予法院走到 1863 年条约所涵盖范围之外的权利。有关争议事项必须仅基于关于该条约的解释和适用加以裁断。[1]

法院接着简要介绍了 1863 年条约中与本案相关的主要条款。第 1 条要求两国在默兹河位于马斯特里赫特下游的河段修建一个新的引水渠，所有位于该地下游的运河均应通过该引水渠从默兹河取水。第 2 条规定在南威廉斯运河上修建一新的船闸取代霍克船闸，它应位于霍克船闸和第 1 条所指的引水渠之间，应对新旧船闸间的运河段进行加宽和加深改造。第 3 条要求提高马斯特里赫特与博霍尔特之间运河的水位，以便第 4 和第 5 条确定的水量可以在不增加水流速度的前提下通过运河。第 4 条确定了默兹河处于高水位和低水位时两国最大的取水量。第 5 条明确了荷兰从第 4 条确定的总取水量中可通过新建的引水渠从默兹河调取的固定水量。在运河的水流速度不超过第 3 条确定的上限时，荷兰还有权在马斯特里赫特从默兹河增加取水量。第 9 条规定了双方在默兹河位于马斯特里赫特和芬洛之间的河床应准备和实施的工程，以及两国应担负的费用。

(二) 荷兰的第一项诉求

荷兰在第一项诉求中请求法院裁定，比利时兴建的工程导致该国可能

---

[1] Judgment, p. 16. 类似地，在拉努湖仲裁案中，西班牙和法国均诉诸与案件相关条约之外的国际法。仲裁庭全文援引了常设国际法院的上述判决，并主要依据对相关条约的解释做出裁断。*Lake Lanoux Arbitration* (France/Spain), 12 R. I. A. A. (1957), p. 301.

在马斯特里赫特之外的其他地点给位于马斯特里赫特下游的运河从默兹河取水，这违反了 1863 年条约。

荷兰的抗辩意见主要包括两点：

（1）比利时的工程导致该国可能在马斯特里赫特外的其他地点给位于马斯特里赫特下游的运河从默兹河取水，这损害了荷兰享有的通过在马斯特里赫特兴建的引水渠控制默兹河取水的特权（privilege of control）；

（2）比利时向位于马斯特里赫特下游的运河从默兹河的取水量超出 1863 年条约分配给该国的水量，违反条约规定的水量分配管理制度。

法院注意到荷兰未能明确界定第一种抗辩意见的性质，并对它做了进一步的限定：

> 荷兰主张的是一种特殊的权利，这种权利超出荷兰基于引水渠位于本国领土之内这一事实可主张的监督权力（power of supervision）。①

在法院看来：

> 毫无疑问，引水渠位于荷兰领土之内，国家对引水渠的监督权源自这一事实，荷兰作为领土主权者对其享有监督的权利，比利时则不能享有该权利。②

法院认为，显然，荷兰所主张的不只是对发生在本国领土上的活动的控制权，而是对从默兹河取水并向 1863 年条约所指的运河系统供水的控制权：

> 对荷兰而言，重要的事情不是监督马斯特里赫特供水系统的运行，而是确保从默兹河取出的并提供给位于马斯特里赫特下游的运河的水量在任何时候都不超过条约所确定的总水量。因此，为了对从默

---

① Judgment, p. 18.

② Judgment, p. 18.

兹河取水供给这些运河实施完全的控制，基于引水渠位于荷兰境内而产生的监督权必须由比利时所承担的尽力避免采取特定行为的义务加以补充，该义务是指比利时不得建设某些工程，若它可利用这些工程，除了从马斯特里赫特供水系统之外向位于该市下游的一个或多个运河供水。①

荷兰辩称，1863 年条约第 1 条在"引水渠"（intake）一词前使用了定冠词"the"，这表明马斯特里赫特引水渠是可用来从默兹河向该地区下游运河调水的唯一渠道。因此，比利时建设其他引水渠本身即构成违反条约的行为，不论该引水渠是否实际投入了使用。

法院认为，荷兰的上述主张必然暗示：

1863 年条约旨在通过赋予荷兰一项比利时无法主张的权利，从而将两国置于法律上的不平等地位。②

法院强调：

"（1863 年）条约是两国在平等基础上自由缔结的协议，它旨在通过协调双方的现实利益来改善现有的状况，而不是用来解决关于相互挑战的权利的法律争端。"

"不能将一种抗辩视为有根据的，如果该抗辩将改变 1863 年条约的特征，并严重扩大缔约者所使用的实际用语的范围。"③

"若（1863 年）条约的条款明确地表明该条约给缔约国创设了不平等的地位，仅得在这种情况下才能支持荷兰的抗辩意见；但条约第 1 条的文本并不足以支持这种解释。该条的文本是一般性的；它未提供证据表明该条对两缔约国做了任何区别对待。第 1 条对荷兰和比利

---

① Judgment, p. 18.
② Judgment, p. 19.
③ Judgment, p. 20.

时具有同等的拘束力。"①

基于以上分析，法院认为，荷兰从马斯特里赫特引水渠的地理位置推导出其对该引水渠的控制权，进而主张本国对默兹河取水享有控制权，这与条约不符，并据此驳回了荷兰的第一项诉求。因此，1863 年条约并未给荷兰创设其所主张的特权，比利时在马斯特里赫特之外的其他地点给位于该地下游的运河从默兹河取水并不违反该条约。

（三）荷兰的第二项诉求

荷兰的第二项诉求是：南威廉斯运河比利时段、肯彭运河及其哈塞尔特支流和通往比佛卢营的支流、蒂伦豪特运河，通过尼尔哈伦船闸在马斯特里赫特之外的地点从默兹河取水，违反 1863 年条约。

法院注意到荷兰并未指明比利时的上述做法违反了 1863 年条约的哪些具体条款。法院强调：

（1863 年）条约的全部条款共同创设了某特定的制度。它构成一个完整的整体，条约中的各个条款不可分割，不应孤立地进行考虑。②

作为一个整体，1863 年条约的各条款旨在创设规制从默兹河取水的法律体系。为此，它要求通过新建的马斯特里赫特引水渠给位于该地下游的运河供水，确定了向南威廉斯运河调水的总量，以便控制该运河的水流速度。因此，条约中所指的"马斯特里赫特下游的所有运河"包括南威廉斯运河、其支流及靠其供水的其他运河。很明显，使用霍克水闸以及马斯特里赫特引水渠之外任何其他的水闸从默兹河取水均与条约所确立的法律体系不符。

法院认为，应首先断定流经船闸的水流是否构成 1863 年条约所指的向运河供水。一般而言，船闸本身并非引水渠，它主要协助船舶在上下游之

---

① Judgment, p. 20.

② Judgment, p. 21.

间穿行。然而，流经船闸的水从一个河段到了另一个河段，这也构成一种为运河供水的方式，而且是常规方式。针对这一点，比利时认为，虽然条约第2条要求在新地点重建霍克船闸，条约仍希望其继续发挥航运辅助功能。在该船闸运行过程中，一定量的默兹河水经船闸流入南威廉斯运河，这些水并非经引水渠调取，因此不属于条约第1条禁止向运河供水的范畴。荷兰则主张，由于霍克船闸的水流量较小，条约并未加以考量，然而这并不意味着应对本案中的尼尔哈伦船闸适用相同的规则，因为其水流量比霍克船闸大很多，日均取水量相当于马斯特里赫特引水渠的1/10，应将其纳入条约第1条所禁止的范畴。

法院认为，两国的主张均有失偏颇。法院强调，1863年条约旨在解决马斯特里赫特下游运河的供水难题。在解释第1条时，必须考虑条约的这一目的，并结合所有其他相关条款进行通盘考虑。若按比利时的主张，所有用于航行的船闸及其在运行过程中调取的水量均不属于条约第1条的范畴，两国均会大量兴建此类工程并从默兹河任意取水，这将导致条约的宗旨和目的根本无法实现。若按荷兰的主张，不论其对运河水流速度及默兹河共同区航行的影响大小，经尼尔哈伦船闸流向南威廉斯运河的水均违反条约第1条，这也与条约的宗旨和目的不符。因此，判定霍克船闸与尼尔哈伦船闸区别的标准不是其规模和水流量，而是它们的运行给运河及默兹河造成的影响。法院并未发现任何证据证明尼尔哈伦船闸的运行已经造成南威廉斯运河水流过速，或导致默兹河水量减少并影响其航运能力。①

法院还特别提及了荷兰境内的博斯谢维尔德船闸，它在尼尔哈伦船闸完工前即投入使用，而且规模更大。同样，法院也未收到任何证据证明该船闸因对南威廉斯运河与默兹河造成影响而与条约的目的不符。对此，荷兰在口头答辩过程中曾以条约第5条进行辩解，认为该条赋予了荷兰通过马斯特里赫特引水渠之外的其他渠道从默兹河取水的特权，且荷兰依据该条第2款有权调取额外的水供本国使用。法院基于对条约第5条的解释并结合博斯谢维尔德船闸的现实情况驳回了荷兰这一主张。

此外，法院还指出，荷兰先于比利时修建博斯谢维尔德船闸，给比利时做

---

① Judgment, p. 23.

了"表率"，现在却来反对比利时修建尼尔哈伦船闸，这种诉求也不合理。[1]

基于以上分析，法院判定尼尔哈伦船闸的常规使用和运行虽然会从默兹河向运河调水，但这对南威廉斯运河的水流速度及默兹河的航运均未造成影响，因而并不违反1863年条约。

（四）荷兰的第三项诉求

荷兰主张，比利时工程方案中哈塞尔特运河的一部分在马斯特里赫特之外的地点从默兹河取水，违反1863年条约。

荷兰的这一主张主要涉及阿尔伯特运河从烈日至安特卫普河段的建设与运行问题。该段运河全长125千米，在库兰奇（Curange）船闸与魁德梅赫伦船闸之间对哈塞尔特运河进行了加宽和增深改造。

法院首先界定了荷兰的主张，即荷兰并未主张阿尔伯特运河通过烈日—蒙斯引水渠从默兹河取水违反1863年条约，它仅主张阿尔伯特运河的哈塞尔特运河段在阿尔伯特运河投入运行后因通过烈日—蒙斯引水渠从默兹河取水而违反条约规定。

法院认为，1863年条约并不禁止两国以自己认为适当的方式使用位于其境内的运河，只要不影响条约规定的马斯特里赫特引水渠的取水及南威廉斯运河的正常水位与水流，两国有权在其境内自由地对它们进行改变、扩建、改造，甚至通过新水源增加水量。[2] 至于比利时与荷兰所争辩的哈塞尔特运河仅通过代默尔河（Demer）取水，还是同时通过肯彭运河及南威廉斯运河最终从默兹河取水，都不会影响本案的最终判决。

因此，法院驳回了荷兰的第三项诉求。

（五）荷兰的第四项诉求

鉴于荷兰提出的第三项诉求与第四项主张的相似性，法院基于裁决第三项诉求的理由和依据驳回了第四项诉求，即比利时工程方案中连接南威廉斯运河与斯特尔特河的赫伦塔尔斯—安特卫普运河段通过马斯特里赫特

---

[1]　Judgment，p. 24. 哈德逊法官在个人意见中强调，基于衡平考虑，法院亦应做出上述判决。*Individual opinion by Mr. Hudson*，p. 78.

[2]　Judgment，p. 26.

之外的地点从默兹河取水，违反 1863 年条约。

由于荷兰的上述四项诉求均被驳回，法院认为无须再考察并直接驳回了荷兰基于上述诉求提出的比利时应承担的法律责任。

同样地，法院认为也没有必要分析比利时针对荷兰的抗辩所提出的替代性主张，因为分析它们的前提是法院在上述问题上无法得出与其一致的意见。比利时的替代性主张主要依据的是条约法上的相关原则和规则，具体包括：

（1）荷兰依据 1863 年条约主张和保护缔约时未考虑的新利益（兴建朱丽安娜运河等工程产生的利益）构成权利滥用，因为条约旨在保护的利益并未受到任何威胁；

（2）荷兰由于违反条约规定兴建特定的工程而放弃了指控比利时的权利；

（3）荷兰兴建朱丽安娜运河导致比利时相信其正放弃将默兹河的共同区域作为航行水道使用，荷兰无权反对比利时根据该新情势计划兴建阿尔伯特运河；

（4）裁定 1863 年条约终止，因为原告实施的工程改变了 1863 年条约所依赖的基本情势，特别是提高默兹河在马斯特里赫特的水位与建设新的运河已经导致默兹河的共同区域不再具有航行功能。

（六）比利时提出的反请求

首先，比利时主张荷兰在默兹河位于马斯特里赫特下游的河段修建伯尔哈伦拦水坝违反 1863 年条约。比利时认为，荷兰未经比利时事先同意修建拦水坝单方面改变了马斯特里赫特当地的情况。法院强调，比利时并未主张荷兰通过修建该拦水坝提升默兹河的水位，进而调取超过 1863 年条约所规定的最高限额的水量，而且条约中并无任何条款禁止荷兰未经其同意改变默兹河在马斯特里赫特段的水位，只要这不影响马斯特里赫特引水渠的取水量与南威廉斯运河的水流速度。此外，法院还以未提供相关证据为由，驳回了比利时提出的关于伯尔哈伦拦水坝影响了默兹河航运能力的主张。[①]

其次，比利时主张，荷兰的朱丽安娜运河属于条约第 1 条所指的运河，

---

① Judgment, pp. 29 – 30.

其供水与位于默兹河马斯特里赫特下游左岸的运河适用相同的规则。法院认为，毫无疑问，从地理位置上讲，朱丽安娜运河处于马斯特里赫特的下游，但是结合条约第1条和第4条来看，新建的马斯特里赫特引水渠与原来的霍克引水渠均位于默兹河的左岸，且条约主要针对的南威廉斯运河也位于默兹河左岸，而位于河左岸的引水渠根本无法给位于河右岸的运河供水。因此，条约第1条所指的运河应该不包括位于默兹河右岸的朱丽安娜运河。根据1863年条约，比利时仅可主张朱丽安娜运河的供水破坏了条约针对位于默兹河左岸运河供水所构建的法律体系。[①]

四　默兹河取水案的启示

表面上看，本案案情极其复杂，不仅涉及一系列运河从默兹河取水的合法性问题，还涉及起诉和反诉问题，但法院主要依据条约解释的一般规则，经解释和适用1863年条约的相关条款，牢牢把握条约的宗旨和目的，坚持条约的整体性，强调缔约方地位平等和权利对等，并结合双方提交证据和认定的事实，做出了双方均未违反条约的最终判决。

显然，本案所涉的1863年条约已经无法满足荷兰与比利时在当时的运河取水及商业发展需要。然而，由于常设国际法院的管辖权以双方协议赋予的权限为限，它仅得裁判当事国提出的诉求和问题，无权主动根据两国的实际需求提出彻底和一揽子解决两国争端的长久方案。因此，国际司法裁判机构是解决国际水道利用和保护争端的有效途径之一，但它在争端解决上也面临制约和限制。

1994年，法国、荷兰与比利时在平等互利及合作的基础上，根据1992年联合国欧经委《跨境水道与国际湖泊保护和利用公约》，达成《默兹河保护协定》，[②] 设立了默兹河国际委员会，以促进各方的合作，保护默兹河并保障各方的共同利益。应该说，缔结国际水道协定并设立流域管理委员会，是水道国避免和解决跨境水纠纷、促进跨境水合作的有效途径。

①　Judgment, pp. 31 – 32.

②　Agreement on the Protection of the River Meuse, 26 April 1994.

从实体法上看，本案涉及的核心问题是，根据 1863 年条约，马斯特里赫特引水渠是否可用作从默兹河向位于该地下游的运河供水的唯一渠道，以及荷兰是否因该引水渠位于其境内便享有对从默兹河取水的控制权。法院认为，荷兰可依据领土主权主张对该引水渠的监管权，但不得主张对运河从默兹河取水的控制权，否则两当事国将处于法律上的不平等地位。荷兰从马斯特里赫特引水渠的地理位置推导出其对该引水渠的控制权，进而主张对默兹河取水的控制权，这与 1863 年条约不符。实际上，即便双方并未达成 1863 年条约，默兹河作为两国之间的边界和跨境河流，依据公平合理利用原则等国际水法上的基本原则，各方权利和义务也是平等和对等的，任何一方均不享有特权，不得不顾及他方利益而单方面主张对整条河流取水的控制权。

法院在判决中确认了水道国对位于本国境内的跨境水资源的主权。法院认为，1863 年条约并不禁止两国以自己认为适当的方式使用位于其境内的运河，只要不影响条约规定的马斯特里赫特引水渠的取水及南威廉斯运河的正常水位与水流，两国在其境内有权自由地对它们进行改变、扩建、改造，甚至通过新水源增加其水量。该主权是水道国对跨境水资源主张相关权利的根基，但它并非绝对的、不受限制的，须受制于相关国际法原则和规则。

此外，值得关注的是，针对本案的判决结果和判决依据，哈德森法官（Manley O. Hudson）、安齐洛蒂法官（Dionisio Anzilotti）、赫斯特法官（Cecil Hurst）等发表特别意见，集中讨论了衡平原则（equity）的适用、条约解释规则及法院关于 1863 年条约的解释根据、国际河流沿岸国的权利等问题。

案件二

拉努湖仲裁案

孔令杰

【案件导读】法国与西班牙因法国从本国的拉努湖调水至边境河流进行水电开发而产生争端，并协议将争端提交临时仲裁。争端事项包括法方的开发方案是否违反两国间达成的条约，法国在本国境内实施的开发方案是否须以西班牙的同意为前提，法国是否履行了相关的程序和实体义务，是否合理考虑了西班牙的利益。仲裁庭基于对有关条约的解释，结合相关国际法，裁定法国对本国境内的水资源享有主权，有关开发活动不以西班牙的事先同意为前提，且法国履行了通报和资料交换等义务，对工程方案多次做出调整，考虑了西班牙的合理诉求，没有违反两国间的条约，也没有违反相关国际法。仲裁庭明确指出，水道国对位于本国境内的跨境水资源享有主权，但权利的行使应受制于国际法；一方不得要求他国完全不改变河流的自然流动；水道国在本国境内利用水资源无须经他国事先同意，但应保障他国在法律上而非事实上的对等权利，尊重其法定权利及合理的利益诉求。

【关键词】跨界水　调水工程　水电开发　条约解释　领土主权　平等原则　事先同意　不造成重大损害　通报　资料交换　诚信原则　利益协调

101

一　拉努湖调水争端的产生与发展

（一）拉努湖的基本情况

本案所涉拉努湖位于比利牛斯山南麓，完全位于法国境内，湖水靠源自法国且仅流经法国境内的若干河流供给。[1] 拉努湖部分湖水经丰蒂维乌河（Font-Vive）流入卡洛河（Carol）。卡洛河在法国境内全长 25 千米，在普齐塞达（Puigcerda）进入西班牙境内，后汇入塞格雷河（Segre），该河流入埃布罗河（Ebro），并最终注入地中海。根据法国 1956 年向仲裁庭提交的答辩状，拉努湖海拔约 2174 米，长 3 千米，宽 500 米，湖面面积 86 公顷，蓄水量为 1700 万立方米，是比利牛斯山地区最大的湖泊。

为划定两国的国界，法国和西班牙先后于 1856、1862 和 1866 年在法国的巴约讷（Bayonne）签署了三项条约，其中 1866 年《巴约讷条约》划定了两国自安道尔峡谷至地中海的领土边界。1866 年 5 月，两国签订了《巴约讷条约》的附属协定，规范两国边界和跨境河流水资源的管辖、利用和管理问题。

（二）争端的产生与发展

1917 年，法国计划拦蓄拉努湖水，将其调入本国的阿烈日河（Ariège）以供发电。阿烈日河是加龙河（Garonne）的支流，注入大西洋。西班牙以该方案有损其利益为由提出抗议，要求法国向西班牙通报有关情况，且在两国达成协议前不得单方面实施该方案。

1920 年，西班牙提出，两国应根据双边条约设立专门的国际委员会调查该事项，达成保障双方利益的工程方案。法国认为，双方只有通过磋商达成协议才能妥善解决拉努湖调水一事，但法国尚未完成项目的调研，暂时无法向西班牙提供确切的工程方案。此后，两国就拟成立的国际委员会的职权展开磋商。西班牙主张委员会应有权调查与工程方案相关的任何问

---

[1]　*Lake Lanoux Arbitration*（France/Spain），12 R. I. A. A.（1957），pp. 281 – 317.

题，而法国则认为委员会仅有权调查西班牙针对工程方案提出的意见是否适当。

1930 年，法国指出，它已拟定了新的拉努湖开发方案，但鉴于尚未完成新方案的调研，法国仍无法向西班牙提供方案的细节。随后，双方关于拉努湖开发问题的磋商因二战爆发而中断。

在 1949 年召开的比利牛斯国际委员会马德里会议上，法国代表重提拉努湖开发计划，建议成立工程师委员会调查该事项。西班牙代表接受了这一建议，且双方商定暂时维持拉努湖的现状，直到两国达成协议。在工程师委员会的会议上，法国代表指出，法国政府有几套拉努湖开发方案，一旦做出最终选择，它将根据 1866 年《巴约讷条约》附属协定的要求启动通报程序。

1950 年，法国电力公司（EDF）向法国工业部申请批准实施将拉努湖水改道至阿烈日河的水电开发方案。根据该方案，与从拉努湖调出的湖水等量的河水将通过连接阿烈日河与卡洛河的管道输送回卡洛河。法国政府认为，虽然原则上应将从湖中调出的等量的水调回卡洛河，但法国仅有义务调回位于卡洛河下游的西班牙使用者实际所需的水量。

1953 年，法国东比利牛斯省政府致函西班牙赫罗那省政府，告知其法国将按上述方案开发拉努湖。西班牙政府随即要求法国在工程师委员会召开会议前不得启动该方案的实施。法国政府指出，虽然附属协定并未规定，应另一方的要求，一方应中止对水道系统可能造成影响的工程，法国愿意保证尚未实施且在近期也不会实施拉努湖开发方案，并同意召开工程师委员会会议讨论有关事宜。

与此同时，针对调回卡洛河的水量问题，法国重新考虑了其立场，并决定采纳法国电力公司申请许可时提出的"全部补偿"方案。1954 年，法国当地政府向西班牙当地政府提供了有关该方案的技术资料，并声称该方案不会对位于西班牙境内的卡洛河系统造成影响，因为从拉努湖调往阿烈日河的水量将全部调回卡洛河。当年 4 月，西班牙政府照会法国政府，声明该工程将给西班牙造成严重影响，并要求工程师委员会召开会议。7 月，法国政府做出回应，强调 1953 年的拉努湖开发方案与 1949 年的方案存在重大差异，后者仅向卡洛河调回部分调出的水量，而前者则将在卡洛河流入西班牙之前调回从拉努湖调出的全部水量。由于新方案不会改变西班牙境内卡洛河段的水流、河道与河床，也不会损害西班牙境内用水者的利益，法国启动拉努湖工程并不取决于工程师委员会的决定。然而，基于两国之间相互理解与合作的考虑，法国并不反对召开委员会会议讨论向卡洛河补偿调出的水的问题。

在1955年8月召开的工程师委员会会议上，双方并未达成任何一致。在随后召开的比利牛斯国际委员会会议上，法国于1954年向西班牙提供的拉努湖开发方案成为讨论的焦点。法国代表提出了在方案实施过程中保障西班牙利益的建议措施。鉴于无望达成任何一致，委员会决定接受法国的建议，成立一个特别委员会，由其负责拟定拉努湖开发方案。法方代表声明，若新设立的特别委员会自1955年11月14日起在3个月内无法做出最终的决定，法国将恢复自由行动权。

在1955年12月召开的特别委员会会议上，法国政府提交了详细的拉努湖开发方案。根据该方案，法国计划在拉努湖兴建一个大坝，将其蓄水量从1700万立方米提高到7000万立方米，然后将湖水调入阿烈日河进行发电。这样，原本经卡洛河流入西班牙境内并最终注入地中海的拉努湖水将通过阿烈日河注入大西洋。为了补偿原本从拉努湖流入卡洛河的水量，法国将在其境内兴建地下管道，从阿烈日河向位于法国境内的卡洛河河段调水。该方案除了从技术上保障补偿从拉努湖调出的全部水量外，还建议设立两国间的委员会，委员会由同等人数的两国代表组成，负责监督工程和水补偿安排的实施。西班牙在法国图卢兹的领事馆中的一名官员享有两国于1862年签署的条约所规定的豁免权和特权，并有权进入与该工程相关的任何设施。此外，该方案还将确保补偿卡洛河的水量永不会低于从拉努湖调出的水量，并将最低水量定为2000万立方米。

由于西班牙反对任何从拉努湖调水的工程方案，两国在1955年召开的特别委员会会议上并未取得任何实质进展。在1956年的会议上，法国代表在原先方案的基础上，提出了保障西班牙利益的其他几项措施，但西班牙代表提出了一个不从拉努湖调水的工程方案。由于双方存在根本分歧，委员会无法促使它们达成任何一致，并于1956年决定停止工作。

最终，两国于1956年11月签署协定，决定将拉努湖开发争端提交由

5 人组成的临时仲裁庭来裁断。① 西班牙请求仲裁庭裁决法国政府不得依据法国电力公司的方案实施拉努湖开发工程，因为若两国政府尚未就此达成协定，法国政府将违反 1866 年《巴约讷条约》及其附属协定的相关条款。法国政府请求仲裁庭裁定，在两国政府未达成协议的情况下，法国实施拉努湖开发工程并不违反上述条约与附属协定。

二　当事国的诉求、主张和依据

（一）西班牙的主张及其依据

1. 西班牙在申诉状中提出的主张

（1）法国电力公司的工程方案将拉努湖的水从卡洛河流域调出，调入阿烈日河，致使原本注入地中海的湖水改道，流入大西洋。这一调水工程将改变卡洛河流域的物理特性，对整个流域系统及来自拉努湖并流经卡洛河的水流产生影响。

（2）工程方案用阿烈日河中同等数量的水来补偿卡洛河，将单方面改变卡洛河现行水流的物理要素，代之以另一流域的水力要素，这将改变卡洛河为两国共享的属性，并将增强一国对该河的控制能力。水量补偿措施不会减轻调水对卡洛河流域造成的影响，也不会减弱法国因调出拉努湖水所获取的优势地位。工程方案中保障西班牙利益的各项措施和制度并不能取代因法国单方行动而遭受破坏的以利益共同体为基础的跨境河流管理体系。

（3）根据 1866 年《巴约讷条约》及其附属协定的相关条款，鉴于工程方案的性质及其实施将造成的影响，相关工程的实施必须以两国政府协商一致为前提。因此，在未获得西班牙同意的情况下，法国实施上述工程违反了 1866 年《巴约讷条约》及其附属协定。

2. 西班牙针对法国答辩状提出的主张

（1）1866 年《巴约讷条约》及其附属协定并非旨在永久保持缔约时

---

① 五位仲裁员分别是 Sture Petrén、Plimio Bolla、Paul Reuter、Fernand de Visscher、Antonio de Luna，由 Sture Petrén 担任庭长。

存在的状况，而仅旨在规定改变上述状况应遵循的规则。这些规则是基于友好精神、相互信任与协商一致的理念来设计和制定的，它们表明《巴约讷条约》及其附属协定蕴含了"共同牧场"（community of pasture）整体系统的原则。

（2）缔约国对流经其领土的跨境河流不享有绝对的主权，它受到双方达成的协定的限制。条约和协定中有关保障已有合法利用优先性的规则以及关于夏季多余水量的分配规则均是对领土主权的明显限制，而且它们均旨在保障流经两国领土的河流得到共同与和平的使用。一国实施公共工程的权利不得损害双方共同利用的权利。根据附属协定第 11、15 和 17 条，若一公共工程影响河流的水道和水流，一方在实施该工程前应获得另一方的同意。

（3）法国所履行的程序责任仅构成通报义务，并不足以保障各项相关权利和利益，西班牙有权基于该通报，选择最适当的措施保障本国的上述权利和利益。法国的工程方案影响了西班牙的独立，并严重损害了其农业等重要利益。方案所附的措施并不足以保障西班牙的权利和利益，因为它们基于一个错误的观念，即法国可自由处置其境内的水资源，且有悖 1866 年条约及其附属协定的原则，即应为了双方的共同利益，理性地利用该流域的水资源，并建立保障双方权益的双边管理制度。

（4）若该工程方案无法实施或为西班牙提出的经济价值较低的方案所取代，法国的权利和利益并不会受到严重损害。法方提出的工程方案仅着眼于工程的发电量（西班牙提出的方案仅比法国的少 10%），不仅偏袒法方，还将破坏两国之间的政治均衡，并给西班牙的利益造成严重和永久的损害；相反，西班牙提出的方案并不改变流域的自然属性，且旨在实现双方均等的受益权。

（5）法国电力公司的工程方案以法方可单方面自由处置流经其领土的跨境河流原则为基础，有悖对两国有效的条约所规定的保障双方共同利益的原则，且其实施须以双方达成协议为前提。

（二）法国的主张及其依据

1. 法国在其答辩状中提出的主张

（1）1866 年《巴约讷条约》及其附属协定并非旨在"冻结"签约时

的状况，而仅旨在规定改变上述状况应遵循的规则。

（2）除受对两国有效的国际文件规定的限制外，双方对其各自境内的领土享有绝对的主权。尤其是，它们在本国实施公共工程的权利得到了明确的确认。根据1866年《巴约讷条约》及其附属协定，一国实施上述工程无须经另一国同意。

（3）法国政府遵循了保障双方权利和利益的相关程序。法方的工程方案及其保障措施切实维护了西班牙的全部权利和利益，且不会损害其独立性。相反，若该工程方案无法实施或为西班牙提出的经济价值较低的方案所取代，法国的权利和利益将受到严重损害。

（4）即便未经（本无须经）西班牙政府同意，法国方案的构想、计划与保障措施也完全符合两国间条约的规定。

2. 法国针对西班牙的回应提出的抗辩

（1）法国电力公司工程方案仅调取位于其境内的拉努湖水，所调取的水量仅占卡洛河水量的1/4，不会影响该河其他3/4水体的自然属性，更不会改变卡洛河的自然流向。该工程仅会对位于法国境内的卡洛河部分河段产生影响，由于等量的水将被补偿回位于西班牙边境以北的卡洛河上游河段，西班牙境内的卡洛河水道和径流不会遭受任何影响。1866年《巴约讷条约》及其附属协定并不禁止这一改变和影响。西班牙也未明确界定该方案的实施可能损害其哪些特定的利益。

（2）补偿的水量将是调出水量的全部而非一部分，这完全符合附属协定所遵循的跨境水资源为两国共同使用的原则，并未影响双方的平等地位。相反，西班牙所主张的对法国方案的否决权将严重损害法国的利益。

（三）两国主张的法律依据

从上述两国的主张可以看出，双方除了依据两国间的相关条约外，还援引了相关的国际法原则。总体上看，法国强调一国对位于本国境内的国际水道享有主权，其水道开发工程的实施不以他国的同意为前提；西班牙则强调该主权具有相对性，基于常设国际法院在1929年奥德河案中提出的沿岸国利益共同体理念，主张两国在跨境水资源上存在共同、平等的利益。

具体而言，法国请求仲裁庭在本案裁判过程中特别考虑如下原则和事项：①一国对其境内的水电开发活动享有主权；②一国国内的活动不得损害邻国利益的原则具有相对性；③向邻国就计划实施的工程做出通报并在必要时与之谈判的便利性；④努力就开发方案及保障措施达成一致的机会；⑤若邻国的利益未受到严重损害，在实施工程前无须征得其同意。西班牙在其申诉状中通过引用若干案例与 30 余位国际法学家的学说论证了一国未经其他流域国同意不得擅自单方面改变国际河流的既有体系和现状。

三　仲裁裁决的推理过程及其依据和说理

（一）争议的问题与应适用的法律

仲裁庭首先指出，"法方计划实施的工程完全位于法国境内，若其影响不全部发生在法国境内，其最重要的影响将仅限于法国境内的领土"。①根据附属协定第 8 条，所有静止和流动的水，不论它们是私人或公共财产，均受其所在国的主权管辖，适用该国的法律，除非两国政府通过协定对此加以限制。因此，法国对本案所涉的拉努湖水享有主权。②

1866 年《巴约讷条约》及其附属协定中的某些条款规定了相关的限制。仲裁庭注意到法国辩称应对这些限制做严格的解释，因为它们构成对主权的减损。然而，仲裁庭不认可这样一种绝对的条约解释方法，因为"（领土主权）受制于国际义务，不论它们的来源，但它仅受制于此类义务"。③

仲裁庭认为，本案的核心问题是确定法国政府应担负的义务。关于处理这一核心问题应适用的法律，西班牙主要依据 1886 年《巴约讷条约》及其附属协定提出相关主张，并依据两国划定国家边界相关条约的宗旨以及国际法上的某些准则来解释上述条约和协定。法国在书面申诉中请求仲裁庭依据国际法断案，虽然依据仲裁协议仲裁庭应主要依据 1866 年《巴约讷条约》及其附属协定解决争端。法国在口头答辩中提出，仲裁协议并不要求仲裁庭裁定是否应适用其他国际法原则，条约应根据相关的国际法

① Award, p. 300, para. 1.

② Award, p. 300, para. 1.

③ Award, pp. 300 - 301, para. 1.

进行解释。

参照常设国际法院在默兹河案中关于法律适用问题的判决，[①] 仲裁庭裁定本案应主要适用 1866 年条约及其附属协定，仲裁庭可在双方明确援引其他规则或明确同意变更上述条约和协定的情况下适用其他规则。

基于当事国的诉求、主张和抗辩意见，仲裁庭认为应依次处理如下两个问题：

（1）法国开发拉努湖水的工程方案是否违反了 1866 年《巴约讷条约》及其附属协定；

（2）若法国的方案未违反上述条约和协定，工程的实施是否须经双方政府同意，是否满足了附属协定第 11 条规定的相关要求。

（二）问题一：法国是否违反了本国应担负的条约义务

针对第一个问题，仲裁庭首先考察了 1866 年《巴约讷条约》附属协定的相关条款。仲裁庭指出，除第 8 条外，第 9、10、11、12 和 18 条均与本案相关。其中，根据第 9 条，对流经两国的跨境河流和界河，双方均承认对方既有的灌溉和居民用水的合法性，但所利用的水量应以满足实际需要为限，同时双方均有权在向对方提供合理补偿的前提下实施公共工程。根据第 10 条，若在满足了两国实际需要后仍有剩余的水可用，双方应基于可直接用该水灌溉土地的面积减去已经灌溉土地来分享这些水资源。

本案中，由于法国的工程方案将向卡洛河补偿从拉努湖调出的全部水量，两国境内水资源使用者利用水资源的利益均不会受到损害。仲裁庭指出，西班牙可以从多个角度反驳上述结论。例如，西班牙可以辩称，虽然法国可以向卡洛河补水，但补回的水可能最终会对卡洛河造成污染，或者补回的水在化学成分、温度或其他方面的特征会有损西班牙的利益。然而，西班牙在本案的书面和开庭审理阶段从未提出上述主张。西班牙还可以主张，鉴于其技术特征，由于监测设备或调水工程设备存在缺陷，法国计划实施的工程将无法实际确保补水量与拉努湖对卡洛河的自然贡献水量

[①] *The Diversion of Water from the Meuse*（Netherland v. Belgium），P. C. I. J.（ser. A/B）No. 70，June 28 1937, p. 16.

相当。然而，西班牙也未明确提出这种主张并证明相关的事实。[①]

仲裁庭接着考察了附属协定第 12 条。该条规定，下游国接收的水应自上游自然流淌而下，包括水体携带的物质，不应受人为因素的影响。基于该条，西班牙认为水力发电属对水体施加的额外的物理因素，它将改变河流的自然状况，因此法国未经其同意不得改变河流的自然流动。

仲裁庭承认，"从物理和地理的角度看，任何一条河流都构成一个系统，但这并不意味着西班牙可主张法国在未经其同意的情况下不得改变河流的自然流动。流域系统并非仅着眼于自然，它更要满足人类的现实需求"。[②] 法国的调水和补偿方案并不会改变两国之间的用水安排。此外，当前的水力发电技术要求所储蓄的水位越来越高，调动的距离越来越远，有时甚至需要将其改道至位于本国或他国的另一个流域。在这种情况下，从技术上看，强行要求保持或恢复发电用水的自然属性就显得越来越不合理。[③]

西班牙政府主张工程方案将增强法方单方面调控跨界水的能力，这有悖于条约所确立的对等原则，法国无权通过实施公共工程获取拦截拉努湖水流动及向卡洛河补偿同等水量的能力。仲裁庭认为，虽然它无权探究西班牙做出该主张的动机及其所基于的经验，但工程除了旨在满足法国的发电利益外，并不旨在创造一种可损害西班牙利益的武器。事实上，法国仅调取了卡洛河的部分水量，法国沿岸的农田也需要用这些水进行灌溉，一旦法国不按工程方案补偿调出的水量，它在整个边界地区将面临遭到严重报复的危险。[④]

仲裁庭还指出，"基于互利互惠原则达成的《巴约讷条约》仅旨在确保两国在法律上的平等而非事实上平等"，否则条约将会禁止双方在边境地区建设任何军事设施。[⑤]

基于以上分析，仲裁庭裁定，法国开发利用拉努湖水的工程方案并不违反 1866 年《巴约讷条约》及其附属协定的相关规定。

---

① Award, p. 303, para. 6.
② Award, p. 304, para. 7.
③ Award, p. 304, para. 7.
④ Award, p. 305, para. 9.
⑤ Award, p. 305, para. 9.

（三）问题二：法国是否须征得西班牙的事先同意

在申诉状中，西班牙已经声明，法方工程方案的实施须经西班牙同意，法国不得单方面采取任何行动。在案件审理过程中，西班牙进一步论证了上述观点，即计划实施工程方案的一方必须先与另一方达成协议，并遵守《巴约讷条约》附属协定第 11 条规定的其他规范。西班牙的法律依据主要包括 1866 年《巴约讷条约》及其附属协定，可用来解释上述条约和协定并推导一般国际法原则的相关区域国际法。

仲裁庭认为，在考察西班牙的主张及其法律依据前，有必要先界定西班牙要求法国承担的义务的性质。仲裁庭指出，"承认一国仅得在与另一国达成协定的条件下行使对特定事项的管辖权，是对该国主权施加的一项严格的限制，仅得在存在明显证据的情况下才能认可此类限制"。① 当然，国际实践中确实存在上述情形，如两国对特定地区共同行使管辖权，但这些情形多属例外，且国际判例也不倾向于承认其存在。实际上，为了衡量征得另一国事先同意的必要性，我们必须考察相关利益国无法达成一致所造成的后果。在这种情形下，"由于他国的反对，原本享有权利的国家实际上丧失了单独行动的权利。这意味着，若承认'同意权'和'否决权'，一国可基于此类权利限制、禁止他国实施属地管辖权"。② 因此，国际实践更倾向于鼓励有关当事国就争议进行友好协商，而不强制要求它们达成协议。

1. 达成事先协议的必要性

（1）习惯法与一般法律原则

仲裁庭首先考察了西班牙所依据的习惯法和一般国际法原则。西班牙认为，两国比利牛斯山边界地区存在特殊的习惯法，它们被纳入两国的边界条约之中。其中，最具代表性的一项习惯法规则是，对于双方具有共同利益的事项，须经双方自由讨论后通过达成协议加以解决。仲裁庭认为，西班牙所主张的区域习惯法并不存在，而且它至多是期望双方在互谅互让

---

① Award, p. 306, para. 11.

② Award, p. 306, para. 11.

的基础上，为维护双方的共同利益而通过谈判的方式解决分歧，达成协议。但是，我们无法从中推导出实体法律责任，并将之纳入实体法之中。①

除了上述区域习惯法规则外，西班牙还诉诸国际法上的相关依据，如上游国家在开发利用跨境河流过程中对水体的改变不得给下游国家造成严重损害。仲裁庭认为，即便存在这样一项国际法原则，该原则也不适用于本案，因为仲裁庭已判定法国的工程方案不会改变卡洛河的水体。② 实际上，各国已充分认识到国际河流的工业开发所牵涉的相关当事国之间重大的利益冲突以及通过妥协的方式协调该冲突的必要性，在越来越广泛的利益协调的基础上达成协议是协调这种利益冲突的唯一途径。③

国际实践表明，相关当事国有义务进行诚信沟通，并在权衡各方利益及互利互惠的基础上努力达成协议。然而，现行的国际实践并不足以证明国际法上存在这样一项习惯规则或一般法律原则，即流域国只有在征得他国同意的前提下方可开发利用国际河流的水电资源。④

仲裁庭指出，1923 年《关于涉及多国开发水电的日内瓦公约》的制订过程及其相关条款便是最好的证明。公约最初的草案要求流域国在开发国际水道的水电资源过程中必须达成协议，但公约的最终文本抛弃了这一案文，公约第 1 条规定：

（本公约）不限制任何国家依据国际法在其境内实施水电开发的自由，相关缔约国仅有责任就开发项目展开联合研究。

因此，与比利牛斯地区的传统习惯法一样，习惯国际法也不要求对1866 年条约及其附属协定做出要求征得他国事先同意的解释，同时国际法上也不存在类似的一般法律原则或国际习惯。⑤

---

① Award, p. 307, para. 12.
② Award, p. 308, para. 13.
③ Award, p. 308, para. 13.
④ Award, p. 308, para. 13.
⑤ Award, p. 308, para. 13.

（2）1866 年条约及其附属协定

既然国际法上不存在此类原则和规则，仲裁庭只需要考察西班牙与法国之间的相关条约和协定是否要求一国在开发跨境水资源时须先征求对方的同意，并解释和适用了 1866 年条约及其附属协定的相关条款。

西班牙主张，法国工程方案的实施须征得西班牙的事先同意，主要是因为它涉及两国共同的和一般性的利益。西班牙认为，两国间的跨界水资源为两国共有，财产权不可分割，且其利益应为两国共享。仲裁庭认为，这一主张与 1866 年条约第 8 条相冲突，因为该条明显区分了各国对其领土范围内的水资源的主权及其在水资源利用上的共同利益。对流动的水资源而言，人们很难严格区分共同的财产权与共同的使用权。① 但是，附属协定第 8 ~ 21 条的标题（"两国共同使用水资源的管辖和分享"）不得与其中条款所明确确立的法律原则相冲突。实际上，仔细分析附属协定的序言及其相关条款可以看出，协定并非旨在给两国在跨境水资源上创设不可分割的财产权或其他共同权利，而是规定了分水的具体规则，从而避免两国在分割具体权利过程中遇到困难。②

西班牙还主张附属协定第 11 条要求法国在实施工程方案前必须获得西班牙的同意。协定第 11 条规定，一国若计划在他国已经利用的水道上建设工程且该工程可能改变河道或其水量，应向对方通报，以便该国在认为工程可能损害其境内沿岸用水者权利的情况下及时提出抗议，并保障双方的相关利益。西班牙认为，获得事先同意的义务蕴含在上述通报义务中；这一义务切实存在，因为其目的是保护对方的利益。仲裁庭认为，这种推理缺乏逻辑基础。如果缔约双方在缔约时意在创设获得事先同意的义务，它们就不会仅在第 11 条中规定通报义务，因为前者所涵盖义务的范围远大于后者。③

西班牙还依据附属协定的第 15 条和第 16 条主张法国在实施工程前须获得其同意。协定第 15 条规定，两国公民之间因用水产生分歧和争议应向各自国家的当局寻求解决，若两国当局无法就管辖权达成一致或当事方不

---

① Award, p. 309, para. 15.
② Award, p. 309, para. 15.
③ Award, pp. 309 - 310, para. 16.

接受判决，应向高一级的机构寻求解决。第16条规定，两国边境地区的最高当局在行使法律法规制定、解释和修改职权时应进行协商，若它们无法达成一致，将有关争议提交两国政府解决。仲裁庭认为，从上述两条款最多可以得出如下结论，即它们仅规定了两国地方当局在解决特定争议与协调职权行使过程中的协商程序，并不能从中推导出获得他国事先同意的义务。实际上，如果西班牙的主张是正确的，两国在跨境河流上的职权行使将因须获得对方同意而中断，但两国间的实践表明并不存在这种要求。①

此外，仲裁庭还根据国际法原则考察了两国之间在拉努湖问题上的外交交涉，并发现其中并无证据表明法国政府接受了西班牙的主张，即工程方案须经两国达成协定后方可实施。

2. 1866 年条约附属协定第 11 条规定的其他义务

（1）通报义务

附属协定第 11 条给计划建设可能改变河道与水量工程的国家施加了两项义务：一是通报义务，二是提供处理赔偿诉求与保障两国利益的措施和机制。仲裁庭认为，无须对第一项通报义务做过多评论，因为其唯一的目的在于保障第二项义务的履行。但无论如何，在任何情形下，计划实施该工程的国家均不得单独判定第 11 条所指的对水道和水量的影响；法国政府所主张的工程方案不会对西班牙境内的水利用者的利益造成任何损害，并不足以解除法国根据第 11 条所应承担的各项义务。可能受工程影响的国家是唯一可以断定其相关利益的当事方，即使工程方案尚未实施，该国仍具有要求对方进行通报的权利。本案中，双方就法国在开发拉努湖上履行了通报义务并不存在争议。②

（2）利益保障措施与机制

附属协定第 11 条规定的第二项义务更难界定，它涉及两个问题：一是应保障的利益有哪些，二是应如何保障这些利益。仲裁庭认为，如果对第 11 条做严格的字面解释，那么其所指的利益仅包括与流域国权利相关的利益。但是，考虑到仲裁庭对前面相关问题的裁定，应采取更加灵活的解释

---

① Award, p. 310, para. 17.

② Award, p. 314, para. 21.

方法。第11条所指的利益应包括所有的相关利益，不论其性质，只要它们可能受到工程的影响，即使它们不与某项法定权利相关。对于利益保障措施和机制，仲裁庭认为，若它们涉及通报，通报的义务不得仅限于形式要求，如记录下游国的控诉、抗议和意见。根据诚信原则，上游国应考虑所有相关的利益，在与追求本国利益不冲突的情况下尽量满足这些利益，以便显示它对其他流域国与本国的利益进行了真诚的协调。[①]

在本案中，西班牙控诉法国政府未在平等的基础上制定拉努湖水开发方案。仲裁庭认为，这一控诉既涉及程序方面，也包括实体层面。在程序方面，西班牙控诉法国政府单方面制订工程方案，未与西班牙进行磋商以确定可为双方接受的方案。在实体方面，西班牙控诉法方的开发方案未能公正地平衡法国和西班牙的利益。在西班牙看来，法方方案过度保护了法国的利益，尤其是它在水力发电上的利益，而未能充分考虑西班牙在灌溉上的利益。法国不肯牺牲其在发电上的微小利益（10%的发电量），来保障西班牙在农业经济上更大的利益。

仲裁庭认为，西班牙的上述主张混淆了权利和利益。根据附属协定第11条，法国有权行使其权利，但它不得忽视西班牙的利益；西班牙有权要求法方尊重其权利，并考虑其利益。在利益保障形式上，上游国具有主动权，它并无义务必须将下游国提出的方案与本国的方案相结合。若在磋商过程中，下游国提出开发方案，上游国必须审查该方案，但它在合理考虑下游国利益的前提下有权决定最终的开发方案。[②]

本案中，法国最终选择了从拉努湖调水并从阿烈日河向卡洛河调回全部水量的工程方案，法国通过做出该选择行使了其权利。拉努湖开发工程完全在法国境内，法国承担工程的融资和管理责任，法国在不违反附属协定第9条和第10条前提下有权对在其境内实施的公共工程单独做出决定。相反，西班牙不得依据法定权利主张拉努湖的开发应以其本国的农业利益为着眼点。实际上，若法国决定放弃其境内的上述开发活动，西班牙也无权要求法国实施西班牙希望开展的其他工程。因此，西班牙仅可敦促法国

① Award, pp. 314 - 315, para. 22.
② Award, p. 315, para. 23.

在其选择的工程方案中列入可保障西班牙利益的条款。①

在此基础之上，仲裁庭回顾了法国各项方案中用以保障西班牙利益的具体措施和机制。仲裁庭认为，从两国自 1917 至 1954 年间的交涉过程可以明显看出法国的立场非常灵活，且发生了重大的改变。法国最初仅同意给西班牙提供补偿，后来同意补偿部分调出的水量，到 1954 年同意补偿全部调出的水量。1955 年，法国除了同意补偿全部调出的水量之外，还承诺了最低的补偿水量（2000 万立方米）。1956 年，法国向西班牙提出了两项新的保障措施：一是法国向卡洛河补给的水量不再以供给拉努湖的天然水量为准，而是代之以西班牙的农业用水需求；二是在灌溉季节，法国将向卡洛河调入全部调出的水量，而在冬季，法国将减少调入卡洛河的水量，以保障调出与调入水量的年度均衡。这样一来，跨年度的蓄水就可以保障西班牙在旱季仍可获得额外的水量。然而，西班牙却主张不可接受法国的这一新方案，因为它反对任何计划从拉努湖调水的工程方案。西班牙并不旨在通过增加保障西班牙灌溉的水量或更大的发电量等方式获得补偿，因为两国在根本性的问题上并未达成一致。②

仲裁庭认为，在断定法国于交涉过程中或在其方案中是否充分考虑了西班牙的利益时，应注意在交涉过程中考虑相反的利益的义务与在最终解决方案中给予这些利益适当考虑的义务之间的密切关联。即便两国之间的谈判因对方不妥协而被迫中断，当事国应依据附属协定第 11 条，基于相互谅解和诚信进行谈判，并应在最终的解决方案中适当考虑上述相反的利益。同时，在断定一工程方案是否考虑了相关利益的过程中，谈判的发展方式、所提出的利益的数量、当事方为保障这些利益所付出的代价等均是依据附属协定第 11 条确定工程方案实体内容的重要因素。基于以上分析，仲裁庭认为，法国的工程方案符合附属协定第 11 条的规定。

（四）仲裁庭关于双方诉求的裁决

仲裁庭最终裁定，法国在未与西班牙达成协议的情况下依据法国电力

---

① Award, pp. 315 – 316, para. 23.

② Award, pp. 316 – 317, para. 24.

公司方案列明的条件实施拉努湖水开发利用工程，并不违反 1866 年《巴约讷条约》及其附属协定。同时，法国的行为也不违反国际法。上述两法律文件规定了两国对位于其境内的跨境水资源享有主权，这一权利仅受两文件与其他国际法原则和规则的限制。

实际上，国际河流工业利用所引发的利益冲突必须在互谅互让的基础上通过全面的协定加以协调解决。流域国仅有义务努力达成此类协定，但并非必须达成协定。法国与西班牙达成的条约中所指的利益包括法律权利之外的利益。计划开发国际水道的国家不得单方面决定他国的利益是否会因此受到影响，受影响国是唯一有权做出判断的国家，且该国对开发方案享有知情权。两国应基于诚信原则展开有效的谈判和磋商。合理与诚信原则适用于与国际河流利用分享相关的程序权利和义务。一国从国际水道中调出部分水资源与他的相关利益并不是不可协调的。

四　拉努湖仲裁案的启示

本案是典型的上下游国家关于跨境水资源开发利用的争端。仲裁庭在裁判过程中，不仅依照国际法解释和适用了法国和西班牙缔结的边界和跨境河流协定，还适用了国际法上的其他相关原则和规则，提出了对水道国解决跨境水资源开发争端具有重要参考价值的意见。

（一）水道国开发跨境水资源的主权与其他水道国的否决权

本案中，双方争议的关键问题是法国开发拉努湖是否须经西班牙同意，这涉及水道国对其境内跨境水资源的主权与其他水道国的相关权利。法国主张它对位于本国境内的拉努湖水享有主权，开发这些水资源无须经西班牙同意；西班牙则认为该主权并非绝对的，两国间的条约及国际法要求法国在实施拉努湖开发方案之前先获得西班牙的同意。仲裁庭指出，承认一国仅得在他国同意的条件下行使对特定事项的管辖权，是对该国主权施加的一项严格限制。若承认一国对他国开发本国境内的跨境水资源享有"同意权"或"否决权"，它就可基于该权利限制、禁止他国实施属地管辖权。

换言之，水道国对位于其境内的跨境水资源享有主权是国际法上的一项基本法律原则，仅得在特定情形下对该权利做出必要的限制，如一国的开发项目不得对水资源或他国造成重大损害，但这并不意味着，其他水道国可据此主张对开发国实施的项目享有否决权。这一点在国际法院2010年判决的乌拉圭河纸浆厂案中得到再次确认。① 本案中，仲裁庭指出，现行的国际实践并不足以证明国际法上存在这样一项习惯规则或一般法律原则，即水道国只有在征得他国同意的前提下方可开发利用国际河流的水资源。

其次，仲裁庭对1866年条约附属协定相关条款的解释也具有重要的启示意义。西班牙主张，两国间的跨界水资源属两国共有，财产权不可分割，且其利益应为两国共享。仲裁庭认为，应区分水道国对其领土范围内的水资源的主权及其在水资源利用上的共同利益。对流动的水资源而言，人们很难严格区分共同的财产权与共同的使用权。实际上，协定并非旨在给两国在其跨境水资源上创设不可分割的财产权或其他共同权利，而是规定了分水的具体规则，从而避免两国在分割具体权利过程中出现困难。换言之，水道国对跨境水资源并不享有所谓的共有财产权，它们仅在水资源的利用和保护上享有公平合理的受益权、参与权及免受重大损害的权利。

最后，仲裁庭对实体和程序义务的区分对国际水法的发展也具有指导意义。本案中，西班牙以1866年条约附属协定规定了通报、磋商和争端解决义务为依据，推导出法国在实施拉努湖开发方案前须获得西班牙的同意。仲裁庭认为，条约中规定的上述通报、磋商与争端解决等程序义务与实体义务虽然相互关联，但二者存在根本区别，西班牙不得基于程序义务要求法国承担内涵和外延更为宽泛的实体义务。国际法院在2010年的乌拉圭河纸浆厂案中对此做了更为详细的论述，并最终裁定，水道国开发跨境水资源过程中的实体和程序义务相辅相成、相互促进，共同保障跨境水资源得到公平合理的利用和保护。程序责任旨在促进和确保水道国履行实体义务，一方遵守了程序条款并不意味着它已经履行了实体义务，一方违反

---

① *Pulp Mills on the River Uruguay*（Argentina v. Uruguay），Judgment, I. C. J. Reports 2010, p. 69, para. 154.

了程序义务也不意味着它当然违反了实体义务。①

（二）开发跨境水资源水道国的实体义务与他国的权利

某一水道国开发跨境水资源无须经他国同意，这并不意味着该国对其境内的水资源享有绝对的主权，它在利用水资源过程中应承担相应的义务，其他水道国也享有对应的权利。这主要涉及关于国际水道非航行使用的公平合理利用、不造成重大损害以及沿岸国利益共同体原则。

（1）公平合理利用原则

在本案中，双方争论的焦点之一是法国的方案是否充分和适当地考虑了西班牙的利益。西班牙认为，法方方案过分保护法国的利益，尤其是它在水力发电上的利益，而未能充分考虑西班牙在灌溉上的利益，未能公正地平衡法国与西班牙的利益。仲裁庭认为，西班牙的上述主张混淆了权利和利益。根据附属协定第11条，法国有权行使其权利，但它不得忽视西班牙的利益；西班牙有权要求法方尊重其权利，并考虑其利益。在利益保障形式上，上游国具有主动权，它并无义务必须将下游国的方案与本国的方案相结合。若在商讨过程中，下游国提出开发方案，上游国必须审查该方案，但在合理考虑下游国利益的前提下，它有权决定最终的开发方案。法国最终选择了从拉努湖调水并从阿烈日河向卡洛河调回全部水量的工程方案，法国通过做出该选择行使了其权利。

拉努湖开发工程完全在法国境内，法国承担工程的融资和管理责任，法国在不违反附属协定第9条和第10条前提下有权对在其境内实施的公共工程单独做出决定。相反，西班牙不得依据法定权利主张拉努湖的开发应以其本国的农业利益为着眼点。实际上，若法国决定放弃其境内的上述开发活动，西班牙也无权要求法国实施西班牙希望开展的其他工程。因此，西班牙仅可请求法国在其选择的工程方案中列入可保障西班牙利益的条款。

---

① *Pulp Mills on the River Uruguay*（Argentina v. Uruguay），Judgment, I. C. J. Reports 2010, p. 49, para. 78.

（2）不造成重大损害原则

本案还涉及不造成重大损害原则的适用问题。西班牙依据1866年条约附属协定主张法国作为上游国不得改变两国跨境水资源的自然流动，并认为法国的拉努湖开发增强了其单方面控制跨境水资源的能力，损害了西班牙的独立及灌溉等利益。仲裁庭认为，由于法国的工程方案将向卡洛河补偿从拉努湖调出的全部水量，两国境内水资源利用者利用水资源的利益均不会受到损害。因此，仲裁庭认为，即便存在这样一项国际法原则，该原则也不适用于本案。可以说，由于西班牙未主张工程将可能给卡洛河造成污染，从阿烈日河调回卡洛河的水的化学成分、水温及其他特征将损害西班牙的利益，仲裁庭并无机会裁量损害的程度，也未能适用不造成重大损害原则。

仲裁庭对附属协定第12条的灵活解释表明，不造成重大损害原则应从属于公平合理原则。该第12条规定，下游国接收的水应自上游自然流淌而下，包括水体携带的物质，不应受人为因素影响。基于该条，西班牙认为水力发电属对水体施加的额外物理因素，它将改变河流的自然状况，因此法国未经其同意不得改变河流的自然流动。仲裁庭承认，从自然和地理的角度看，任何一条河流都构成一个完整的系统，但同时指出，这并不意味着西班牙可主张在未经其同意的情况下不得改变河流的自然流动。流域系统并非仅着眼于自然，它更要满足人类的现实需求。法国的调水与水补偿方案并不会改变两国关于用水的安排。此外，当前的水力发电技术要求将水位蓄得更高，水调动得更远，有时甚至将其改道至位于本国或他国的另一个流域。在这种情况下，要求保持或恢复发电用水的自然属性就显得越来越不合理。

此外，仲裁庭还区分了开发跨境水资源可能造成的影响与可能造成的实际损害。在本案中，西班牙主张工程方案将增强法方单方面调控跨境水资源的能力。仲裁庭认为，虽然它无权探究西班牙做出该主张的动机及其所基于的经验，但工程除了旨在满足法国的发电利益外，并不旨在创造一种可损害西班牙利益的武器。仲裁庭还指出，基于互利互惠原则达成的《巴约讷条约》仅旨在确保两国在法律上的平等而非事实上平等。

（3）沿岸国利益共同体理念

常设国际法院在 1929 年的奥德河案中提出并初步界定了沿岸国在国际水道上的利益共同体理念。[①] 本案中，西班牙以该原则为基础，主张法国未经其同意实施拉努湖开发方案将违背经双边条约确认的该原则。仲裁庭认为，各国对其领土范围内的水资源所享有的主权与它们在水资源利用上所享有的共同利益并不相同。换言之，沿岸国共同利益原则仅要求各方在平等、互利、合作的基础上，权衡并保障它们在跨境水资源上的利益，并不要求一国在开发其境内的跨境水资源之前事先征得他国的同意。

（三）跨境水资源开发争议的解决

法国和西班牙解决拉努湖开发争端的过程对他国解决跨境水资源利用和保护争端具有借鉴意义。[②]

在启动仲裁程序前，法国与西班牙就拉努湖开发方案首先开展了双边谈判和磋商，而后又先后通过国际委员会和工程师委员会加以调解，两国边境地区的比利牛斯国际委员会也发挥了一定的协调作用。在该过程中，法国调整了拉努湖开发方案，不仅同意向卡洛河补偿全部从拉努湖调出的水量，在两国妥善解决有关争议前暂不实施拉努湖开发方案，还建议采取一系列旨在保障西班牙利益的措施。由于西班牙坚持反对任何从拉努湖调水的工程方案，双方并未能通过上述程序最终解决争议。然而，双方的争议点却随着该进程的推进逐步得以明确，这为双方启动仲裁程序打下了很好的基础。

在仲裁程序中，双方经过书面和开庭审理环节，明确了各自的主张及其法律依据和事实根据。从该争议的整个解决过程可以看出，诚信是水道国解决跨境水资源开发争端的前提，而谈判、调解和仲裁等方法均具有其各自的优势。仲裁庭在 1957 年对本案做出裁决后，法国与西班牙又针对拉

---

① *Case relating to the Territorial Jurisdiction of the International Commission of the River Oder*, 1929 P. C. I. J. (ser. A), No. 23, p. 27.

② MacChesney B., "Judicial Decisions: Lake Lanoux Case (France v. Spain) 1957", *American Journal of International Law*, Vol. 53, 1959, p. 156; Laylin J. G., Bianchi R. L., "The Role of Adjudication in International River Disputes: The Lake Lanoux Case", *American Journal of International Law*, Vol. 53, 1959, p. 30.

努湖开发等事宜签订了一系列条约和协定，以保障双方公平合理地利用、保护和管理双方的跨境水资源。[①]

值得一提的是，针对水道国应如何解决跨境水资源争议，仲裁庭还提出了具有普遍适用性的意见和建议。仲裁庭指出，国际河流的工业开发可能在相关水道国之间引发重大的利益冲突，通过妥协的方式协调此类冲突是必要的，且协调利益冲突的唯一途径便是在尽可能宽泛的利益协调的基础上促成各方达成协议。仲裁庭进而指出，国际实践表明，相关当事国有义务进行诚信磋商，并在权衡各方利益及互利互惠的基础上致力于达成协议。

实际上，水道国在开发跨境水资源过程中，各国的既有使用、当前使用与未来使用之间均可能产生冲突，先开发国家与后开发国家之间可能存在分歧，上游国家与下游国家之间亦可能产生冲突，而且这些冲突可能在个案中同时存在。国际水道法以及水道国之间达成的协定应基于利益共同体、公平合理利用及不造成重大损害等原则，在平衡先开发国家与后开发国家、上下游国家之间权利、利益和现实需要的基础上，通过为各方设定更为明确的实体和程序权利和义务，促成各方在诚信的基础上扩大利益共享，缩小利益分歧，避免、管理和解决相关的分歧、冲突、争端，促进各方在跨境水资源上的务实合作。

---

① Agreement between the government of the French Republic and the Spanish government relating to Lake Lanoux, July 12, 1958; Exchange of letters constituting an agreement between France and Spain amending the arrangement of 12 July 1958 relating to Lake Lanoux, January 27, 1970; Convention on between the government of the French Republic and Spanish government relative to the management of the upper course of the Garonne, July 29, 1963.

案件三

加布奇科沃—大毛罗什项目案[*]

孔令杰

【案件导读】本案是国际法院受理的国际河流水电开发第一案，涉及捷克斯洛伐克/斯洛伐克和匈牙利在多瑙河上建设和运营水电开发工程的争端。按照约定，双方应联合规划、建设和运营该项目。在建设过程中，匈牙利以环保等为由单方面暂停继而宣布终止两国达成的条约，斯洛伐克则采取排除匈牙利参与的变通工程方案。国际法院依据条约法、国家责任法和国际水道法等，结合查明的相关事实，裁定匈牙利无权中止继而放弃它根据1977年条约应承担的工程，斯洛伐克无权实施变通方案，1977年条约继续有效，双方应善意履约，诚信磋商，重构联合运营制度，平衡水资源的公平合理利用与生态环境保护，实现国际水道的可持续利用。国际法院在本案中不仅确立和发展了有关条约暂停适用、终止、继承和国家责任等国际法问题的判例法，还在解释和适用1977年条约过程中，援引1997年《国际水道非航行使用法公约》，强调利益共同体理念、公平合理利用、环境生态保护、可持续发展、诚信谈判与合作等原则和规则的重要性，对水道国避免、管理和解决争端及开展务实合作均具有重要的指导意义。

【关键词】多瑙河　国际水道　水电开发　联合工程

---

[*]　简称"多瑙河案"。

条约中止　条约终止　危急情况　履约不能　情势变更　根本违
约　条约继承　国家责任　相称性　利益共同体　公平合理利用
不造成重大损害　环境和生态保护　可持续发展　《国际水道非
航行使用法公约》

一　多瑙河水电联合开发项目争端的产生与发展

本案所涉"加布奇科沃—大毛罗什项目"（Gabčíkovo-Nagymaros Project，简称"GN 项目"）位于多瑙河之上。[①] 多瑙河是欧洲第二大河，构成斯洛伐克与匈牙利两国之间长达 142 千米的边界线。GN 项目主要关涉自上游斯洛伐克境内布拉迪斯拉发至下游匈牙利境内布达佩斯之间长约 200 千米的多瑙河河段。在布拉迪斯拉发，多瑙河的河水梯度明显减小，形成一片泥沙冲积的平原，两国在该地区大部分以多瑙河的主河道为界。库诺沃（Čunovo）及其下游的加布奇科沃位于多瑙河流经斯洛伐克境内的河段，其中库诺沃在右岸，加布奇科沃在左岸。再往下游，多瑙河经汇集多条支流后进入匈牙利境内，在大毛罗什所处的峡谷拐弯，向南流至布达佩斯。

（一）1977 年条约与多瑙河水电联合开发项目的基本情况

为利用和保护多瑙河的自然资源，捷克斯洛伐克和匈牙利经长达 25 年的谈判，于 1977 年达成《关于建设和运营加布奇科沃—大毛罗什大坝系统的条约》（简称"1977 年条约"），条约于次年生效。作为规制两国共同建设和运营 GN 项目的框架性法律文件，1977 年条约规定了项目的目标和性质、双方的权利和义务、项目的实施和运营模式、项目应注意的问题以及争端解决等事项。

第一，项目的目标与性质。条约序言明确将该项目确定为一项联合投资、开发和运营项目，旨在"广泛利用多瑙河布拉迪斯拉发至布达佩斯河

---

① *Gabčíkovo-Nagymaros Project*（Hungary/Slovakia），Judgment，I. C. J. Reports 1997，p. 7.

段的自然资源，发展缔约国的水资源、能源、交通、农业和国民经济中的其他部门"。项目的主要目标包括水力发电、改善多瑙河相关河段的航运和管理洪涝灾害。同时，缔约国承诺确保多瑙河的水质不会下降，并在建设和运营船闸系统过程中保护自然和环境。

项目主要包括两个工程系统，一个是位于斯洛伐克境内的加布奇科沃，另一个是位于匈牙利境内的大毛罗什，两者构成一个完整且不可分割的工程系统。其中，捷克斯洛伐克主要负责加布奇科沃工程，匈牙利负责丹阿吉利提大坝（Dunakiliti）和大毛罗什工程（第1条）。项目中的丹阿吉利提大坝、旁道运河以及加布奇科沃和大毛罗什船闸系统为双方共有，其他工程归其所在地国所有（第8条）。双方有权平等参与项目尤其是水电工程的运营（第9条）。

第二，项目的实施与运营。两国须严格按照"共同承办计划"实施项目，该承办计划列明了相关的技术规格，并将根据两国为此目的于1976年签署的协定制定（第4条）。两国政府委派的代表应根据共同承办计划与工程时间表共同监督工程建设的实施，并根据商定的运营程序监督项目的运营（第3条）。条约第5条规定，项目的建设和运营费用由双方分担，并进一步明确了其各自担负的工程建设任务。工程由其所在地国依据双方共同制定的运营程序管理，系统中归双方共有工程的运营、维护和重建费用由双方均担（第10条和第12条）。

第三，环保与争端解决。条约要求项目保障和保护多瑙河的水量、水质、河床、航行、自然资源和捕鱼等，明确了双方的责任和义务，并规定有关争端应由双方代表或两国政府协商解决。两国还同意按条约第22条规定的方式，通过缔结专约对受项目影响的两国之间的国界线进行微调。

总之，根据1977年条约，GN项目应采取一体化的联合项目形式，双方在工程出资、建设、运营和管理上平等参与和共同受益。双方须通过制定和执行对条约起补充作用的共同承办计划，保障项目完整且不可分割的性质，并实现条约设定的多重目标。

（二）1977年条约的执行与双方的争端

共同承办计划详细规定了项目的目标与工程的具体特征，列明了项目运营和维护的初步规程，并要求在项目投入使用一年之内编制正式的运营规程。双方在签署1977年条约的当日缔结了一项互助协定，确定了工程进度时间表，并对条约中规定的双方的工程任务分配做了一定的调整。1978年，项目正式启动。应匈牙利政府的提议，双方在1983年10月签署两份议定书，分别对1977年条约和互助协定进行修改，一致同意放慢工程进度并推迟发电站投入使用的时间。随后，双方在1989年2月再次签署议定书，对互助协定进行修改，并决定加快项目进度。

1989年5月，由于遭到国内各界的猛烈抨击，匈牙利政府决定在主管当局于7月31日完成项目调查之前，暂停本国承担的大毛罗什工程。7月21日，匈牙利将大毛罗什工程与丹阿吉利提工程的搁置时间一并延长到10月31日。10月27日，匈牙利决定放弃大毛罗什工程，维持丹阿吉利提工程的现状。其间，双方展开了谈判，捷克斯洛伐克也开始调查应对匈牙利上述决定的工程替代方案。根据其中一个替代方案，即后来的"变通方案C"，捷克斯洛伐克将在其境内距丹阿吉利提10千米左右的上游单方面对多瑙河进行改道，在库诺沃修建一个逆流堰与一个将其与旁道运河南岸相连接的防洪堤，配套的水库面积更小且蓄水能力相较于原计划的水库减少约30%。

1991年7月23日，为了尽快将加布奇科沃工程投入使用，捷克斯洛伐克政府决定于9月实施变通方案C，并于11月正式启动该方案。鉴于双方谈判无果，匈牙利于1992年5月照会捷克斯洛伐克，提出于5月22日终止1977年条约。1992年10月15日，捷克斯洛伐克着手封闭多瑙河，并于10月23日开始截水。

同日，针对捷克斯洛伐克单方面改道多瑙河，匈牙利向国际法院提起诉讼，但在诉状中承认国际法院可能对争端不具有管辖权。与此同时，在欧共体委员会的主动调解下，双方于1992年10月达成了一系列临时安排。其中，双方一致同意将争议提交国际法院裁断，在10月31日前成立三方事实调查组评估变通方案C，成立由独立的专家组成的三方工作组研究应采取的紧急措施。1993年1月1日，斯洛伐克独立。

1993年4月，斯洛伐克与匈牙利在布鲁塞尔签署特别协定，一致同意将有关GN项目的争端提交国际法院解决。根据特别协定第4条，双方同意在法院做出最终判决前，制定和实施多瑙河水临时管理制度。由于库诺沃大坝导致多瑙河主河道及其支流的水流和水位明显下降，双方在临时管理制度上存在严重分歧。为此，双方于 1993 年 8 月一致同意成立由独立的专家组成的三方工作组。欧共体委员会在工作组的专家于 12 月提出了临时解决方案，但双方均未接受。最终，两国于 1995 年 4 月达成了有关多瑙河及莫雄多瑙河特定临时措施与泄流的协定，并约定该临时协定于法院做出判决之日起第 14 日失效。

（三）特别协定与待裁断的问题

根据特别协定，双方请求国际法院根据 1977 年条约、相关国际法原则和规则以及法院认为应适用的其他条约，裁判如下三个问题：

（1）匈牙利是否有权在 1989 年暂停继而放弃它依据 1977 年条约承担的大毛罗什工程及加布奇科沃工程的特定部分；

（2）捷克斯洛伐克是否有权在 1991 年 11 月启动变通方案 C，并在 1992 年 10 月实施该方案；

（3）匈牙利政府在 1992 年 5 月 19 日做出的终止条约通告的法律效力。

双方还请求法院基于对上述问题的裁判，判定有关活动的法律后果，包括双方的权利和义务。特别协定还明确指出，在上述临时协定达成之前，若一方认为另一方的行为侵犯了其权利，可以要求启动紧急协商，并在必要时邀请欧共体委员会的专家参与，但不得依据国际法院规约第 41 条向法院寻求帮助，[①] 这是双方同意签署并认可特别协定效力的前提。国际法院的判决具有终局裁判力，双方应在收到判决后立即商定判决的执行方式，善意全面地执行判决。若双方在 6 个月内无法达成一致，任何一方均有权请求国际法院针对判决执行方式另行做出附加判决。[②]

---

① 根据《国际法院规约》第 41 条，法院如认为情形有必要时，有权指示当事国应行遵守以保全彼此权利之临时办法。

② 根据《国际法院规约》第 60 条和第 61 条的规定，当事国有权向法院提起有关判决解释和复核的请求。这两种程序与本案双方在特别协定中约定的关于判决执行方式的附加判决并不相同。

二　当事国的根本目的与具体诉求

（一）匈牙利的根本目的与具体诉求

由于匈牙利旨在放弃 GN 项目、将多瑙河恢复到两国启动 GN 项目前的状态、确保两国按照 1976 年条约公平合理地管理跨境水资源，它在本案中的核心诉求主要包括两点：一是希望法院判定它依法终止了 1977 年条约，并可据此主张暂停继而放弃其按条约应承担的工程；二是希望法院判定捷克斯洛伐克单方面实施变通方案 C 违反 1977 年条约，属国际不法行为，并可据此要求斯洛伐克赔偿损失，将相关多瑙河段恢复到变通方案 C 实施前的状态。

具体而言，匈牙利请求法院裁定：

（1）匈牙利有权暂停继而放弃其依据 1977 年条约承担的大毛罗什工程与加布奇科沃工程的特定部分；

（2）捷克斯洛伐克无权启动变通方案 C；

（3）匈牙利通过 1992 年 5 月 19 日的声明有效终止了 1977 年条约；

（4）1977 年条约在匈牙利与斯洛伐克间自始未生效；

（5）斯洛伐克应承担因实施变通方案给匈牙利及其国民造成损害和损失的国际责任，并做出相应的赔偿和修复；

（6）斯洛伐克须将多瑙河水调回多瑙河的主航道，将多瑙河恢复到实施变通方案之前的状态，并提供适当的保障以保证匈牙利及其国民不再遭受上述损害和损失。

（二）斯洛伐克的根本目的与具体诉求

斯洛伐克希望 GN 项目能够依照 1977 年条约规定的框架继续建设和运营。为此，它希望法院认定匈牙利并未依法终止 1977 年条约，该条约仍然有效。基于这一裁定，它可以要求匈牙利继续履约并赔偿其违约给本国造成的损失。同时，斯洛伐克还希望法院认定其实施变通方案 C 合法，进而驳回匈牙利提出的赔偿、恢复原状等救济诉求。

具体而言，斯洛伐克请求法院裁定：

（1）匈牙利与作为斯洛伐克被继承国的捷克斯洛伐克之间达成的1977年条约的效力从未停止且仍然有效，匈牙利政府企图终止条约的声明不具有法律效力；

（2）匈牙利无权暂停继而放弃其依据1977年条约承担的大毛罗什工程与加布奇科沃工程的特定部分；

（3）捷克斯洛伐克有权于1991年11月启动变通方案C，并于1992年将其投入运营，斯洛伐克也有权继续运营该系统；

（4）匈牙利应停止一切阻碍1977年条约得以善意执行的行为，并应采取一切必要措施毫不延迟地履行其在条约项下的义务，以便恢复其对条约的遵守，但条约可经双方同意做出相应调整；

（5）匈牙利应提供适当的保障，保证不再妨碍条约的执行与项目的运营；

（6）由于匈牙利违反1977年条约，它除了应立即恢复履约义务外，还应向斯洛伐克支付它因上述违约行为而遭受的全部损失，包括利润损失；

（7）双方应立即启动谈判，以便商定执行条约的新的时间表与应采取的适当措施，确定匈牙利应向斯洛伐克支付的赔偿金额。若双方在6个月内无法达成一致，任何一方均有权请求法院就判决的执行方式做出附加判决。

三　法院判决的推理过程及其依据和说理

基于双方的诉求、主张和抗辩意见，法院将争论的问题分为四个方面：一是匈牙利是否有权暂停继而放弃其承担的工程，二是捷克斯洛伐克是否有权实施和运行变通方案C，三是匈牙利是否有效终止了1977年条约和有关文书，四是双方的过往责任与未来的权利义务。

（一）匈牙利是否有权暂停继而放弃其承担的工程

针对这一问题，法院首先通过分析1977年条约的相关条款界定了匈牙利应承担的工程部分，考察了1977年互助协定及后来的三份议定书与匈牙利做出暂停和放弃工程的背景，回顾了双方的协商与各自的立场，以界定待裁决问题的性质和范围。法院接着考察了应适用的法律，明确了匈牙利与斯洛伐克的主张，并结合案件事实，依法裁定匈牙利无权暂停继而放弃其依据 1977 年条约承担的大毛罗什工程与加布奇科沃工程的特定部分。应该说，这一问题与法院需裁判的其他两个问题尤其是第三个问题密切相关，且主要关涉条约法与国际责任法。

1. 问题的界定

法院指出，1977 年条约第 1 条第 1 款将 GN 项目明确地界定为一个完整且不可分割的工程运营系统，第 2 条第 3 款列明了加布奇科沃与大毛罗什工程系统包括的主要工程，第 5 条第 5 款给捷克斯洛伐克与匈牙利分配了其各自具体负责的工程。工程的时间表载于两国于同年达成的互助协定中，且该协定第 1 条第 1 款要求项目应于 1991 年竣工。双方在 1983 年和 1989 年通过议定书先后放慢和加快了工程进度，其中根据后者项目应于 1994 年投入运营，且新的工程时间表被列入共同承办计划。

1989 年春，主要由捷克斯洛伐克承担的加布奇科沃工程系统已基本完工。此时，东欧的政治和经济正经历重大变革，GN 项目的经济效益可行性及其带来的环境问题备受匈牙利国内公众和科学界的质疑。在这一背景下，迫于国内压力，匈牙利政府于 1989 年决定暂停大毛罗什工程至 7 月31 日。随后，两国就此展开协商，并于 1989 年 6 月达成上述议定书，匈牙利也向捷克斯洛伐克保证继续实施其分担的加布奇科沃的部分工程。针对大毛罗什工程，匈牙利政府公布的调查结果表明，工程存在环境等风险，但结果尚不确定，需做进一步的调查。经谈判未果，匈牙利于 7 月 21 日决定将大毛罗什工程与丹阿吉利提工程的搁置时间一并延长到 10 月 31 日。

随后，双方开展了多个层面的协商，但未达成一致。最后，匈牙利总理于 10 月 4 日正式向捷克斯洛伐克提议放弃大毛罗什工程，并希望就减少加布奇科沃工程的生态影响尽快与捷克斯洛伐克达成协定。双方政府首脑于 10 月 26 日进行了会晤，但仍未能取得成果。1989 年 10 月 30 日，捷克斯洛伐克提议，若匈牙利同意立即恢复实施丹阿吉利提工程，双方可谈判并签署关于 GN 项目技术、运营和生态保障的新协定，大毛罗什工程的完工时间可按照 1983 年议定书执行，以便匈牙利有更多的时间调查工程的环境生态问题；若匈牙利继续单方面违反条约，捷克斯洛伐克将启动替代方案。

1989 年 10 月 27 日，匈牙利决定放弃大毛罗什工程，维持丹阿吉利提工程的现状。10 月 30 日，匈牙利照会捷克斯洛伐克，并提议放弃加布奇科沃发电站高峰运营，不再建设大毛罗什工程；匈牙利可再启动丹阿吉利提工程的建设，但不应在该地建设大坝，除非双方就环境保护达成协定。1989 年冬，两国政治形势均发生重大变化，新上台的政府都面临众多新问题。1990 年春，匈牙利政府宣布 GN 项目纯属一个错误，它将就补救和分担损失与捷克斯洛伐克谈判。1990 年 12 月 20 日，匈牙利政府决定与捷克斯洛伐克进行谈判，以便双方可以通过一致同意的方式终止 1977 年条约，签署处理条约终止后续事宜的协定。

2. 当事国的主张

当事国一致承认，1977 年条约、1977 年互助协定及 1989 年议定书均由双方有效缔结，且至上述事实发生时依然有效。此外，双方皆对如下事实不持异议：

> 不论它们（以上协定）的用语多么灵活，这些文本均不暗示存在如下可能，即签字方可以单方面暂停或放弃规定的工程，或依照未经双方批准的方案实施工程。[①]

就此，匈牙利共提出了两点抗辩意见：

其一，它虽然在 1989 年暂停继而放弃其仍负有责任的大毛罗什工程和丹阿吉利提工程，但并未停止对 1977 年条约自身的适用，或随后拒绝承认该条约。只能将匈牙利当局的行为解释为它只是不愿履行条约、1989 年议定书和共同承办计划中的某些条款；

其二，项目实施导致在 1989 年出现环境风险危急情况，匈牙利可以在不承担任何国际责任的情况下，暂停或放弃它根据 1977 年条约和有关文书承诺履行的工程任务。

---

① Judgment, p. 35, para. 39.

针对匈牙利的主张，斯洛伐克提出三点抗辩意见：

其一，不得在条约法之外寻找中止或放弃执行条约义务的法律依据；

其二，在任何情况下均不认为存在匈牙利所主张的危急情况，且危急情况在条约法上不构成匈牙利中止或放弃条约义务的依据；

其三，根据国际责任法，环保必要性与生态风险不属于准许实施不法行为的特殊情形。

3. 法院的判决

法院首先论及了应适用的法律。法院注意到，1977 年条约在 1969 年《维也纳条约法公约》生效之前签订，但认为无须详细回答《维也纳条约法公约》是否适用于本案的问题：

> 法院仅需注意到一个事实，即法院曾多次坚持公约（《维也纳条约法公约》）规定的某些规则可被视为对既有习惯法的编纂。法院认为，这一结论在很多方面同样适用于《维也纳条约法公约》中有关条约终止和暂停适用的第 60~62 条。①

法院还注意到双方就条约法与国家责任法的关系存在分歧，但也认为无须加以详细回答。法院指出了二者的区别：

> 国际法的这两个分支显然具有不同的范围。条约是否有效，条约是否被适当地中止或终止，应依条约法加以判定。相反，一国以与条约法不符的方式中止或终止条约，在何种程度上涉及国家应担负的责任，应根据国家责任法加以评估。②

因此，法院认为：

> 1969 年《维也纳条约法公约》仅以有限的方式限定了可合法废除

---

① Judgment, p. 38, para. 46.
② Judgment, p. 38, para. 47.

或终止条约的条件；相反，被视为未满足这些条件的废除或终止的效果则依据第 73 条被明确排除在公约的范围之外。

法院还强调：

当一国做出了国际不法行为时，很可能会涉及该国的国际责任，不论它未能尊重的义务的性质如何，这已经是确定的国际法。[①]

法院不能接受匈牙利对其于 1989 年暂停继而随后放弃有关工程的行为的解释，即该行为并不等于匈牙利停止适用 1977 年条约或拒绝承认该条约的效力。

法院指出：

匈牙利当时的行为仅得被解读为它做出的一种意思表示，即它不愿意遵守 1977 年条约和 1989 年 2 月 6 日的议定书及在共同承办计划中详细规定的某些条款。匈牙利行为的效果是导致条约明确规定的"完整且不可分割"的工程系统无法完成。[②]

法院随后重点审议了 1989 年是否存在危急情况，且该危急情况的出现是否使匈牙利可以在不承担任何国际责任的情况下，暂停或放弃它依据 1977 年条约和相关文书分担的工程建设任务。

法院指出：

"危急情况是习惯国际法认可的可用于排除某不符合国际义务行为的不法性的根据"；然而，"排除不法性的这种根据仅得在例外情形下得以适用"；"仅得在特定的严格限定的条件得以全部满足的情况下，才可以诉诸危急情况"；"有关国家不是判断这些条件是否得以满

---

① Judgment, p. 38, para. 47.
② Judgment, p. 39, para. 48.

足的唯一裁断者"。①

鉴于双方均同意依据国际法委员会起草的《国际责任法草案》第33条来断定是否存在危急情况，法院在对条文进行梳理后，认为下列条件与本案有关，而且这些条件反映了习惯国际法：

> 一国必须为了其"根本利益"实施违反其承担的国际义务的行为；国家利益必须受到"严重和紧急"危险的威胁；受到质疑的行为必须是维护这一利益的"唯一方式"；这一行为不能"严重损害"履行这项义务的对象国的"根本利益"；做出这一行为的国家不能"促成危急情况的发生"。②

法院承认，匈牙利对工程环境影响的担忧与其根本利益有关，但双方提交的证据并未表明存在匈牙利所主张的危险，而且该危险也不紧急；匈牙利在当时除了中止和放弃工程外，还有其他手段应付已知的危险。此外，双方当时正在协商，只要尚有达成一致的可能，就没必要放弃这一项目。

法院还注意到，匈牙利在决定签署1977年条约时大概了解当时已知的情况，双方也没有忽略环境保护的必要性。法院也不能忽视匈牙利在1977年条约生效之后曾先后决定放慢和加快工程进度。法院还指出，即使已经证实1989年出现了与履行1977年条约相关的危急情况，匈牙利也不得以此为据不履行其条约义务，因为它通过作为或不作为促成了这一状况的出现。③

基于以上法律和事实，法院最终判定匈牙利无权于1989年暂停继而放弃它依据1977年条约应担负的大毛罗什工程与加布奇科沃的部分工程。

（二）捷克斯洛伐克是否有权实施和运行变通方案C

1. 问题的界定

法院首先回顾了捷克斯洛伐克研究、规划和实施替代方案的背景和过

---

① Judgment, p. 40, para. 51.
② Judgment, pp. 40 – 41, para. 52.
③ Judgment, pp. 41 – 46, paras. 53 – 58.

程。法院指出，匈牙利于 1989 年 5 月决定暂停大毛罗什工程并在 7 月将暂停范围扩大到丹阿吉利提工程后，捷克斯洛伐克在 10 月照会匈牙利称，若匈牙利不履行其义务继续单方面违约，捷克斯洛伐克将不得不在其境内启动临时性的替代工程，以避免匈牙利的违约行为给本国造成更大的损失。在捷克斯洛伐克考虑的七种替代方案中，仅最终采纳的变通方案 C 的实施不要求双方达成协议。1991 年 4 月至 7 月，两国就该方案展开了磋商。7 月 15 日，捷克斯洛伐克提出将加布奇科沃发电站投入运营，成立由两国与欧共体专家组成的工作组，协助调查解决运营相关问题的技术方法。

匈牙利认为，变通方案 C 是捷克斯洛伐克单方面提出的解决方案，是对匈牙利领土完整和国际法的严重践踏，即便社会主义国家在过去 30 年中也无此类先例可循；捷克斯洛伐克应暂停其境内的工程，设立双方工作组来评估项目的环境影响。在捷克斯洛伐克于 1991 年 10 月 30 日批准并于当年 11 月启动变通方案前，双方各执一词，进行了多轮交涉。在随后的交涉中，值得一提的是，匈牙利于 1992 年 2 月 14 日的声明：变通方案 C 违反"1977 年条约以及关于两国界水管理的 1976 年条约，违反主权、领土完整和国家边界不可侵犯原则，违反有关国际河流的一般习惯法与 1948 年《多瑙河公约》的精神"。

2. 当事国的主张

（1）斯洛伐克的主张

斯洛伐克提出了三点主张。

其一，捷克斯洛伐克着手准备和实施变通方案 C 并不构成国际不法行为，因为匈牙利决定中止继而放弃丹阿吉利提工程，导致捷克斯洛伐克无法按照 1977 年条约的最初设计实施工程，捷克斯洛伐克有权着手制定一个尽可能接近原项目的解决方案，这符合条约法上的"接近适用原则"（principle of approximate application）。实际上，这也是实现 1977 年条约的宗旨并继续诚信履行条约义务的唯一可能的方式。

其二，捷克斯洛伐克之所以实施变通方案 C，是因为它有义务减轻匈牙利不法行为造成的损害。契约当事一方如果由于另一方的不履约受损，必须寻求办法减少它所遭受的损失，这是国际法上的一条普遍原则。本案中，匈牙利的违约行为给捷克斯洛伐克造成了重大损害，捷克斯洛伐克不仅有权而且有义务实施变通方案 C。

其三，若法院判定捷克斯洛伐克的行为违法，它仍有权针对匈牙利的违约行为采取正当的应对措施。

（2）匈牙利的主张

匈牙利的主张包括三项。

其一，变通方案 C 构成对 1977 年条约的根本违约，它还违反了捷克斯洛伐克根据其他条约应承担的义务，尤其是两国关于界水管理的 1976 年条约，并违反一般国际法上的相关义务。

其二，匈牙利并未违反 1977 年条约，捷克斯洛伐克实施变通方案 C 不可据此获得正当性。国际法上并无斯洛伐克所称的"接近适用原则"，其所谓减轻损害的义务仅与损失的界定有关，并不能成为它实施严重违法行为的借口。

其三，变通方案 C 并不符合国际法关于采取应对措施的条件，尤其是相称性原则。

3. 法院的判决

（1）事实认定

在对双方的分歧点进行裁决前，法院明确了如下事实。

其一，匈牙利放弃它依据 1977 年条约本应承担的工程给捷克斯洛伐克造成了严重的问题，GN 项目无法按计划运营不仅会给双方带来巨大的经济损失，还可能造成重大的环境问题。

其二，捷克斯洛伐克一再谴责匈牙利暂停继而放弃工程的行为，并完全可以依据该根本违约行为主张终止 1977 年条约，但这对 GN 项目的完工和运营毫无作用。为此，它多次坚持要求匈牙利继续履约。

其三，在匈牙利一再拒绝履约且谈判陷入僵局的情况下，捷克斯洛伐克为了将加布奇科沃工程系统投入运营，才单方面决定采取替代方案，该方案完全在其控制下，而且只是为了其本国的利益。

其四，该决定经历了多个阶段，而在特别协定中，双方请求法院判定捷克斯洛伐克是否有权于 1991 年 11 月启动变通方案 C，并从 1992 年 10 月开始将方案实际投入运行（即以堤坝拦住多瑙河，改变水流和航道）。

（2）接近适用与违反条约

参照劳特派特法官于 1956 年在国际法院判决中发表的特别意见，斯洛伐克主张条约的"接近适用原则"是一项国际法原则与一般法律原则：

> 当某一个缔约方的行为导致一份持续有效的法律文件不能按字面规定适用时，该文件必须以与它的基本目的最为接近的方式适用，不让这一方利用自己的上述行为为自己谋利，这是一项良好的法律原则。这么做是解释该文件并赋予它效力，而不是改变它。①

对此，法院指出：

> 根本没有必要裁定它是否属于一项国际法原则或一般法律原则，因为即便国际法上存在这一原则，它仅得在符合争议条约要求的情况下才能得以适用，而本案中的变通方案 C 并不符合 1977 年条约的基本要求。②

法院再次强调，1977 年条约的基本特征就是规定 GN 项目是一项联合投资，两国分别负责的工程构成一个完整且不可分割的运营系统。条约第 8 条和第 10 条也明确了工程归双方共有和共管。因此，两国均不得通过单方行动实施其负责的工程。尽管表面上与原项目有一些类似之处，变通方案 C 在法律特征上与原项目存在明显的区别。

法院指出：

> 运营变通方案 C 导致捷克斯洛伐克主要为了自身的使用和利益，在将其返还至多瑙河的主河床之前，占用该河中 80% ~ 90% 的水，然而，多瑙河不仅是一条共享的国际水道，还是一条国际边界河流。③

---

① *Admissibility of Hearings of Petitioners by the Committee on South West Africa*, *I. C. J. Reports* 1956, separate opinion of Sir Hersch Lauterpacht, p. 46.

② Judgment, p. 53, para. 76.

③ Judgment, p. 54, para. 78.

斯洛伐克认为，变通方案 C 与匈牙利已经同意的工程方案并无重大出入，调整原方案完全是匈牙利的违约行为所致。

法院指出：

> 签署 1977 年条约表明，匈牙利同意拦截多瑙河，将水改道至旁道运河；但匈牙利仅在项目联合运营与平等获益的条件下，才做出了同意的意思表示。匈牙利中止继而撤销上述同意的行为构成违约，这具体表现为匈牙利拒绝按原计划共同建设和运营项目，但这并不意味着匈牙利放弃了它公平合理地分享某国际水道水资源的基本权利。①

据此，法院判定，捷克斯洛伐克实施变通方案 C 并非执行 1977 年条约，而是违反了条约中的特定条款，并构成国际不法行为。

法院注意到，在 1991 年 11 月至 1992 年 10 月间，捷克斯洛伐克仅在本国境内开展实施变通方案 C 的准备工作，如果双方达成协议它就会放弃该方案的最终实施。只要多瑙河未被单方面拦截，变通方案 C 就没有被实际投入应用。在国际和国内法上，这种情形非常多见，即不法行为在实施之前往往只是预备行动，不能盲目地把二者相混淆。②

（3）减少损失与不法行为

斯洛伐克辩称，根据国际法上的一般原则，因合同另一方不履约行为而遭受损失的一方必须寻求减少自身遭受的损失，本国实施变通方案 C 是出于履行减少损失的义务的考虑。

法院认为：

> 基于上述原则可以推导出，受损失的一方若未能采取必要措施限制所遭受的损失，将无权主张本可避免的损失部分。虽然这一原则可能为损失的计算提供给了一种根据，但同时，它并不构成实施不法行为的合法根据。③

---

① Judgment, p. 54, para. 78.
② Judgment, p. 54, para. 79.
③ Judgment, p. 55, para. 80.

由此，法院判定，既然实施变通方案 C 构成国际不法行为，捷克斯洛伐克就不得以减少损失为由实施该方案。

（4）不法行为与应对措施

法院已经判定捷克斯洛伐克实施变通方案 C 构成国际不法行为，它仍需断定该行为是否构成该国针对匈牙利违约行为采取的合法的应对措施（justified countermeasure）。依据国际判例，国际法院强调，"应对措施必须满足特定的条件，才具备合法性"。[①] 参照国际法委员会通过的《国际责任法草案》（Draft Articles on State Responsibility），法院确认合法的应对措施应满足如下条件：

> 它必须旨在应对另一国先前的不法行为，且针对该国做出；受损害国在采取应对措施前必须要求实施前不法行为国停止不法行为并采取补救措施；应对措施的效果必须与前不法行为造成的损害相称。[②]

法院认为，本案中捷克斯洛伐克实施变通方案 C 满足了前两个条件，因为它是针对匈牙利的不法行为，且在实施前多次要求匈牙利继续履行1977 年条约；但它并未满足最为重要的第三个条件，即应对措施的效果必须与前不法行为造成的损害相称。

法院援引了常设国际法院在奥德河案中关于沿岸国利益共同体的经典论述：

> 关于某可航行的河流的利益共同体成为某共同法律权利的根基，该共同法律权利的重要特征包括所有沿岸国在利用该河整个河道上地位完全平等，排除任何一个沿岸国在其与其他沿岸国的关系中享有任何优先性的特权。[③]

---

① Judgment, p. 55, para. 83.
② Judgment, pp. 55 – 57, paras. 83 – 86.
③ *Territorial Jurisdiction of the International Commission of the River Oder*, Judgment No. 16, 1929, P. C. I. J. , Series A, No. 23, p. 27.

法院接着指出：

当代国际法的发展已经为国际水道的非航行使用同样强化了这一原则，联合国大会于 1997 年 5 月 21 日通过《国际水道非航行使用法公约》即是最好的证明。①

对于本案的有关情况，法院指出：

捷克斯洛伐克单方面控制共享资源，剥夺了匈牙利公平合理地分享多瑙河自然资源的权利，且河水改道也将给 Szigetköz 沿岸地区的生态造成持续的影响，这不符合国际法要求的相称原则。②

法院再次强调：

匈牙利同意最初的多瑙河改道工程方案……这一事实不得被理解为匈牙利已经授权捷克斯洛伐克可以不经本国同意，实施如此规模的单方面改道工程。③

因此，捷克斯洛伐克实施多瑙河改道并不构成合法的应对措施，因为它不符合相称性原则的要求。④

根据以上事实和法律分析，法院判定捷克斯洛伐克有权在 1991 年 11 月制定变通方案 C，但它无权于 1992 年 10 月实施该方案。

（三）匈牙利是否有效终止了 1977 年条约和有关文书

根据特别协定，双方要求法院裁判"匈牙利政府于 1992 年 5 月 19 日做出的声明终止条约的法律效力"。在回顾了匈牙利做出上述声明的背景

---

① Judgment, p. 56, para. 85.
② Judgment, p. 56, para. 85.
③ Judgment, p. 56, para. 86.
④ Judgment, pp. 56 - 57, para. 87.

和过程后，法院逐一分析了匈牙利依据条约法上关于终止条约的要件提出的该声明有效终止了 1977 年条约的 5 点理由，包括危急情况、履约不能、情势根本变更、对方根本违约以及国际环境法新规范的出台。

1. 危急情况

匈牙利主张，捷克斯洛伐克拒不让步，制定并实施变通方案 C，这致使 1989 年出现的临时性的危急情况长期化，它有权据此终止 1977 年条约。捷克斯洛伐克拒绝承认存在所谓的危急情况，且即便存在该状态，根据《维也纳条约法公约》，匈牙利也无权终止 1977 年条约。

法院指出：

> 即便存在危急情况，它也不是终止条约的根据。未履约的缔约方仅得以之为据免除其不履约的责任。条约仅在紧急情况存续期间对该国不具有拘束力，但除非缔约方一致同意终止条约，条约将处于事实上的沉睡状态。一旦危急情况不复存在，缔约方的履约责任将再次启动。①

2. 履约不能

根据 1969 年《维也纳条约法公约》第 61 条，匈牙利以存在"履约不能"为由，主张终止 1977 年条约。公约第 61 条规定：

> （1）倘因实施条约所必不可缺之标的物永久消失或毁坏以致不可能履行条约时，当事国得援引不可能履行为理由终止或退出条约。如不可能履行系属暂时性质，仅得援引为暂停施行条约之理由。（2）倘条约不可能履行系一当事国违反条约义务或违反对条约任何其他当事国所负任何其他国际义务之结果，该当事国不得援引不可能履行为理由终止、退出或暂停施行条约。

匈牙利主张，截至 1992 年 5 月，1977 年条约的核心标的物已经不复

---

① Judgment, p. 63, para. 101.

存在，即双方共同出资建设、共同管理且符合环保要求的 GN 项目。第 61 条所指的"标的物"无须是物体，还包括国际法委员会所指的"作为权利和义务基础的法律制度"。

经回顾第 61 条的制订过程，法院认为应对该条所指的"标的物"采取严格解释，且在本案中没有必要确定该标的物是否包括匈牙利所主张的法律制度，因为法院认为该制度并未停止存在。1977 年条约，特别是第 15、19 和 20 条，实际上赋予了双方必要的手段，它们可以在任何时候通过谈判，对经济发展需要和生态保护需要之间的关系进行必要的调整。此外，即便共同投资开发已不可能，这也是匈牙利的违约行为所致，匈牙利也不得根据公约第 61 条终止 1977 年条约。①

3. 情势根本变更

匈牙利根据《维也纳条约法公约》第 62 条主张，两国缔结 1977 年条约时的若干实质要素在它于 1992 年做出终止条约的通告时已经发生了根本变化，这主要包括：作为缔约催化剂的"社会主义融合"政治格局已消失，完整且不可分割的工程运营系统已经为单方体系所取代，两国当初的计划经济已转变为市场经济，条约在捷克斯洛伐克眼中已从框架条约转化为不可改变的准则，条约已经从环境保护法转变为环境灾难法。斯洛伐克认为上述变化并未改变各方依条约应承担责任的性质，匈牙利无权终止条约。

法院认为，当时的政治形势并没有达到与条约的宗旨和目的如此紧密联系的程度，以至于构成了双方达成合意的基础，而且政治格局的变革并未极大地改变双方仍须履行的义务的范围。这一点也适用于 1977 年条约缔结时的经济制度。法院不认为环境知识水平和环境保护法的新发展完全出乎两国的意料之外，条约第 15、19 和 20 条正是为了适应这些变化而制定的。匈牙利提出的情势变更不论是从单个还是从整体上讲，都未极大地改变为了完成项目仍须履行的义务的范围，匈牙利不可据此终止条约。②

4. 对方根本违约

匈牙利主张，斯洛伐克制定和实施变通方案 C 违反了 1977 年条约，

---

① Judgment, pp. 63 – 64, para. 103.

② Judgment, pp. 64 – 65, para. 104.

未履行条约第 15 和 19 条规定的义务，且违反了两国关于界水管理的 1976 年条约与一般国际法，其行为构成根本违约，它有权依据《维也纳条约法公约》第 60 条单方面终止 1977 年条约。斯洛伐克认为，它并未从根本上违反条约第 15 和 19 条规定的保护水质和自然义务，变通方案 C 并不违约，也没有违反其他条约或一般国际法。

法院指出，根据《维也纳条约法公约》第 60 条，一国仅得以另一国从根本上违反某条约为由主张终止该条约，违反其他条约或一般国际法均不构成终止该条约的理由。1977 年条约第 15、19 和 20 条要求双方共同采取适当措施保护水质、自然和捕鱼，并应在共同承办计划中列明有关措施，双方无法就此达成一致不可仅归因于其中一方。没有足够的证据证明斯洛伐克屡次拒绝匈牙利提出的保护环境提议。① 法院已经判定斯洛伐克只有在 1992 年 10 月将多瑙河水引入旁道运河时才算违约，它在准备实施变通方案 C 过程中并未违反条约，因此，匈牙利无权依据公约第 60 条主张终止条约。② 此外，匈牙利自身的违约行为也影响了它终止条约的权利。③

5. 国际环境法新规范的出台

匈牙利认为，由于 1977 年条约缔结后出现的国际环境新规范阻碍条约的执行，它有权终止该条约。法院注意到，1977 年条约缔结以来出现了新的环境法强制规范，双方均未对此提出异议，它无须考察有关国际强行法与条约废止的《维也纳条约法公约》第 64 条的适用范围。法院指出，新制定的国际环境法规范与 1977 年条约的执行有关，当事双方可通过协商根据条约第 15、19 和 20 条将其纳入条约之中。上述条款并不包含具体的义务，仅要求当事双方共同确保多瑙河的水质不会受到破坏，保护自然，在将必要措施列入共同承办计划过程中考虑新的环境规范。通过将这些不断发展的规范纳入条约之中，双方承认须对项目做必要的调整。因此，1977 年条约并非一成不变的，它可以随时被修改以适应新出现的国际法规范。④

自条约签订以来，人们对环境脆弱性的认识及对环境风险进行持续评

---

① Judgment, pp. 65 – 66, para. 107.
② Judgment, pp. 66 – 67, paras. 108 – 109.
③ Judgment, p. 67, para. 110.
④ Judgment, pp. 67 – 68, para. 112.

估的认识大大提升，条约第 15、19 和 20 条的作用也将越来越大。实际上，双方一致同意有必要认真对待环保问题并采取必要的强制措施，它们仅对 GN 项目可能造成的影响存在不同意见。

法院认为，在这种情况下，第三方参与可能会帮助双方找到解决方案。尽管双方都有违反条约的行为，但这种相互的不法行为并不得作为终止条约的根据，因为这与条约法的基本原则——约定必须遵守——相悖。

基于以上分析，法院最终判定，匈牙利于 1992 年 5 月 19 日发出的通知不具有终止 1977 年条约及有关文书的法律效力。

（四）双方的过往责任与未来的权利义务

法院对上述三个问题的裁判具有宣告性质，它们仅涉及当事双方过去的行为，并确定了这些发生在 1989 年至 1992 年的行为的合法性或违法性及其对条约效力的影响。根据特别协定，法院还须以上述裁断为基础，确定双方在判决做出后应采取的行动。这部分判决具有规范性，它主要确定双方在未来享有的权利及其应履行的义务。[①] 双方必须根据特别协定第 5 条的规定，尽快就判决的执行方式达成一致。

1. 过往责任的认定

对于不法行为的救济，国际法院首先援引了常设国际法院 1928 年在霍茹夫工厂案（Case concerning the Factory at Chorzów）中的判决：

> 救济必须尽可能地消除非法行为造成的全部后果，将状况恢复到该行为没有发生前的状态。[②]

法院强调：

> 救济必须"尽可能地"消除非法行为造成的全部后果。在本案中，如果双方恢复其在多瑙河共享水资源利用上的合作，如果该多功

---

① Judgment, p. 76, para. 131.

② *Case Concerning the Factory at Chorzów*, P. C. I. J., Series A, No. 17, Sept. 13th, 1928.

能的项目以公平合理方式得以执行，该项目采取了协调性的单一单位形式，涉及该水道的利用、开发和保护，可最大程度地消除双方的不法行为造成的后果。①

两国可以就未完成的工程重新创设合作制度，它们可决定是否保留斯洛伐克单方面建设的工程，调整水资源和电力分配模式，并决定不再建设大毛罗什工程系统。

法院在此阶段无须确定双方不法行为因给对方造成损害或损失而应承担的赔偿金额，但须明确支付赔偿的依据。法院裁定，双方均犯下了国际不法行为，且这些行为都给对方造成了损害，因此匈牙利和斯洛伐克都有义务支付赔偿，也都有权获得赔偿。鉴于这种情形，法院提出，如果双方能够放弃或抵消所有赔偿，赔偿问题可以在整体框架内得到令人满意的解决。当然，结清工程建设的账目问题与赔偿问题不同，必须根据1977年条约和有关文书解决。如果匈牙利想分享斯洛伐克变通方案C建设的工程的运营和效益，它必须支付相应比例的建设和运营费用。②

2. 未来的权利和义务

（1）应适用的法律

法院首先明确了规制双方未来权利和义务的法律。法院指出：

> 由于1977年条约依然有效，它仍应规制双方未来的关系。此外，两国的权利和义务还应适用两国间的其他条约以及国际法上的一般原则和规则，前者如两国间1976年的界水管理条约，后者如国家责任法与国际水道法。两国间在GN项目上的权利和义务应主要适用1977年条约，因为它相对于其他条约或国际法规则属于特别法。③

法院强调1977年条约在未来的执行必须考虑现实情况：

---

① Judgment, p. 80, para. 150.

② Judgment, p. 81, paras. 152 – 154.

③ Judgment, p. 76, para. 132.

该条约在多年来未得到双方的全面履行，事实上，它们的作为和不作为促成了当前存在的事实状况。在决定有关双方未来行为的法律要求时，法院也不可忽略该事实状况，或者它所带来的实际操作上的可能性或不可能性。当然，这并不意味着事实——在本案中这些事实源自不法行为——决定法律。①

问题的关键是，双方需要把1989年以来形成的实际局面放在现存并不断发展的条约关系背景下，努力实现其可行的目的和宗旨。截至判决之日，加布奇科沃发电站已经运营了近五年，它通过在库诺沃建设的大坝经旁道运河供水，水库的蓄水量比原计划小很多，发电站以径流水力发电，放弃了原先设计的高峰发电运营模式。大毛罗什工程并未建设，但由于双方均反对高峰发电运营模式，也就没有必要再建设这一工程。②

（2）行动、履约和结果义务

1977年条约不仅旨在建设一个以发电为目的的联合投资项目，它还希望改善多瑙河的通航能力，防控洪涝和凌汛灾害，以及保护自然。虽然条约强调了项目发电的重要性，上述各目标之间并不具有优劣先后之分。为了实现这些目标，双方接受了行动、履约和结果义务。③ 就行动义务而言，若现有的工程框架有可能充分实现上述目标，法院就不得强制要求双方按条约的原规划建设未完成的工程，并拆除库诺沃工程。有无上述必要，应首先由双方决定。实际上，除了从宏观上规划建设加布奇科沃和大毛罗什工程，1977年条约并未设定一个一成不变的法律体系，它仅要求双方通过GN项目实现条约确定的各项目标，双方也为此多次调整具体执行条约的工程承办计划。

因此，在规定双方未来应如何履约时，应考虑它们的立场。例如，匈牙利要求不再建设大毛罗什工程，捷克斯洛伐克也多次表示愿意考虑限制甚至放弃电站高峰发电运营模式。在这种情形下，就没有必要再要求建设大毛罗什工程。双方承认可在实际执行条约过程中商讨修改条约中的条款。

---

① Judgment, p. 76, para. 133.

② Judgment, p. 76, para. 134.

③ Judgment, pp. 76 – 77, para. 135.

法院认为，双方有义务在谈判过程中依据 1977 年条约商讨如何以最佳方式同时实现条约规定的各项目标。[①]

（3）环境保护

法院认为，很显然，GN 项目的环境影响在将来对双方都是一个关键问题。1977 年条约第 15 和 19 条不仅给双方施加了环保义务，还要求双方持续地履行保护多瑙河水质与自然的义务。

法院注意到：

> 在环境保护领域，警惕和预防是必要的，因为环境损害具有不可逆转的特点，而且对这类损害的修复机制本身也存在局限性。

法院强调：

> 一直以来，人类出于经济目的或其他原因不断干扰自然。过去，人类经常忽略对环境造成的影响。在过去 20 年中，随着科学认识水平及对人类——今世和后代——造成风险的意识不断得到迅速提高，新的规范和标准已经得以发展，并被纳入众多文件之中。在国家规划新活动或继续实施过去启动的活动时，均必须考虑这些新的规范，而且需要给予它们适当的重视。可持续发展的理念巧妙地表达了协调经济发展与环境保护的必要性。[②]

对本案而言，双方应重新评估加布奇科沃发电站运营对环境造成的影响，并合理解决排放到多瑙河主河道及两侧支流的水量问题。

（4）诚信履约

对于双方未来的谈判，法院强调：

> 法院无权决定双方谈判的最终结果，双方应尽力达成可接受的解

---

① Judgment, p. 77, para. 139.
② Judgment, p. 78, para. 140.

决方案，考虑 1977 年条约的目标，必须以联合和统一的方式实现这些目标，且应考虑国际环境法的规范与国际水道法的原则。[1]

法院回顾了其在北海大陆架案（North Sea Continental Shelf Case）中的有关判决：

> 各方有义务开展有意义的谈判，若它们当中有任何一方始终坚持本国的立场而不考虑做出任何调整，这就不是有意义的谈判。[2]

为此，双方应诚信履约。对本案而言，1969 年《维也纳条约法公约》第 26 条所规定的约定必须遵守原则，要求双方依照条约通过合作达成解决方案。第 26 条包含两个同等重要的要素，即有效的条约对各当事国有拘束力，且各国必须善意履约。法院认为，后者意味着，条约的宗旨和目的以及双方缔约时的意图比条约文本更为重要，诚信原则要求双方以合理的方式适用和执行条约，以实现条约的目的和宗旨。[3]

（5）跨界水资源的公平合理利用

法院认为，1977 年条约不仅规定了联合项目，它还为两国公平合理地使用跨界水资源创设了一个法律体系，这包括项目系统归双方共有，项目作为一个整体系统由双方共同出资、建设、管理和运营，项目的利益由双方均等分享。[4] 既然法院已经判定条约仍然有效，那么除非双方另有约定，条约所确立的上述法律体系应恢复运作。

法院认为，斯洛伐克控制的库诺沃工程取代了原先计划的丹阿吉利提工程，它仍应按照条约原来规划的方式转变为由双方共同运营。斯洛伐克应在平等的基础上同匈牙利就变通方案 C 的运作、管理和利益分享达成一致，将其转变为按照条约确立的法律体系运作。在运营变通方案 C 过程中，双方应合理地平衡发电带来的经济效益与重要的环保关切。这样，变

---

① Judgment, p. 78, para. 141.
② *North Sea Continental Shelf Case*, I. C. J. Reports 1969, p. 47, para. 85.
③ Judgment, pp. 78 – 79, para. 142.
④ Judgment, p. 79, para. 144.

通方案 C 才可以满足条约第 9 条的规定，因为该条赋予了双方平等参与 GN 项目的权利。

最后，法院指出，双方重新建立共同的法律体系也符合 1997 年《国际水道非航行使用法公约》的规定，因为该公约第 5 条第 2 款要求：

> 水道国公平合理地参与国际水道的使用开发和保护，这种参与包括本公约所规定的利用水道的权利与合作保护及开发水道的义务。①

（五）最终判决

经过书面审理、开庭审理与实地调查程序，国际法院最终于 1997 年 9 月 25 日判决如下：

（1）匈牙利无权于 1989 年中止继而放弃它根据 1977 年条约和有关文书应承担的工程；

（2）捷克斯洛伐克有权在 1991 年 11 月着手准备"变通方案 C"，但无权自 1992 年 10 月实施该方案；

（3）匈牙利 1992 年 5 月 19 日发出的终止 1977 年条约和有关文书的通知不具有终止的法律效力；

（4）斯洛伐克作为捷克斯洛伐克的继承国，自 1993 年 1 月 1 日起成为 1977 年条约的缔约方；

（5）双方必须根据当前形势进行善意协商，采取一切必要措施，以商定的方式确保 1977 年条约的目标得以实现；

（6）除非另行约定，双方必须根据 1977 年条约重构联合运营制度；

（7）除非另行约定，对于捷克斯洛伐克和斯洛伐克因匈牙利暂停继而放弃应担负的工程而遭受的损害，匈牙利应向斯洛伐克做出赔偿；对于匈牙利因捷克斯洛伐克实施变通方案 C 及斯洛伐克继续维持该方案的运营给匈牙利造成的损害，斯洛伐克应向匈牙利做出赔偿；

（8）双方应根据 1977 年条约和有关文书，结合双方的过往行为，结

---

① Judgment, p. 80, para. 147.

清工程建设和运营的账目。

四 多瑙河案的启示

本案是国际司法机构裁判的关于国际河流利用和保护的最为重要的案例之一。国际法院讨论了国际河流经济开发与环境保护、国际水道法的相关原则及其适用以及国际河流争端解决等问题,明确了国际河流的经济开发与环境保护须遵循可持续发展原则,确认并适用了国际水道法上关于水道非航行使用的公平合理利用、不造成重大损害、利益共同体、可持续发展等原则,并对水道国间的合作提出了建议。

(一) 国际河流开发与环境保护

水道国单方面或联合开发跨境水资源均可能对水道本身或他国的环境造成影响或损害,如何平衡水道国在跨境水资源开发上的经济利益与环境关切已经成为国际水法的重要内容之一。本案中,斯洛伐克与匈牙利通过缔结专约联合开发作为两国界河的多瑙河段,开发项目虽然具有多重目标,但斯洛伐克在水电开发上的经济利益与匈牙利在环境保护上的关切之间的冲突是双方产生分歧和争议的根本原因。

应该说,两国在1977年缔结条约时已经意识到这一冲突,并在条约中规定了若干条款,给双方通过协商一致的方式避免和协调未来可能产生的此类利益冲突提供了制度保障。随着匈牙利对项目经济收益和环境风险担忧的不断加剧,两国的上述利益冲突逐步凸显并变得无法协调。其中,斯洛伐克期望匈牙利继续履约,并按照条约和共同承办计划等文件完成其应承担的项目;匈牙利则希望终止条约,要求斯洛伐克将项目涉及的多瑙河段恢复到项目实施前的状态。

法院根据法律和事实裁定1977年条约依然有效,匈牙利无权暂停继而终止条约,斯洛伐克无权单方面实施替代方案,并要求双方通过协商确保实现条约的目的和宗旨。应该说,作为规制双方联合开发和保护多瑙河水资源的基本法律文件,1977年条约不仅符合国际水法上关于国际水道非航行使用的公平合理利用、不造成重大损害、利益共同体等基本原则,也是协调双方利益冲突的法律保障。通过认定本条约依然有效，法院实际上为双方指明了平衡跨境水资源经济开发和环境保护的法律框架。如法院所言，1977 年条约，特别是其第 15、19 和 20 条，实际上给双方提供了必要的手段，使它们可以在任何时候通过谈判，对经济发展需要和生态保护需要之间的关系进行必要的调整。

此外，法院还特别指出，在环保领域，警惕和预防性工作越来越重要，因为对环境的破坏往往是无法挽回的，而且修复机制也存在很大的局限性。随着科学水平的提高以及人们环保意识的增强，人类在大量法律文书中制定了各种新的环保规范和标准。各国在规划新活动或实施过去已经启动的活动时，都必须考虑这些新规范，并给予其充分的重视。其中，可持续发展原则就要求适当地平衡经济发展与环境保护之间的关系。对本案而言，双方应重新评估加布奇科沃发电站运营对环境造成的影响。

作为规制跨境自然资源利用和保护的基本原则，可持续发展原则同样应适用于国际水道的开发和保护。作为一项原则，它要求水道的开发不仅要平衡水道国之间的利益，协调经济开发与环境保护，还要保障代际公平。国际水法上关于水道非航行使用的公平合理利用、不造成重大损害、诚信合作等实体法律原则与信息互换、通报、事实调查以及环境影响评价等程序义务，对保障国际水道的可持续发展均是不可或缺的。

从这个意义上讲，水道国并不能指望通过达成一项条约就一劳永逸地解决跨境水资源问题，它们需要依据条约及国际法上的相关原则和规则不断通过协商应对各种新情况和问题，以保障跨境水资源的可持续发展。如法院在判决中所言，1977 年条约并非一成不变，它可以随时被修改以适应新出现的国际法规范。自条约签订以来，人们对环境脆弱性的认识及对环境风险进行持续评估的认识大大提升，条约第 15、19 和 20 条的作用也将越来越大。

（二）国际水道法的相关原则及其适用

法院在本案判决中不仅明确了国际水道法上的相关原则，如公平合理利用、不造成重大损害、利益共同体、可持续发展等，还结合案情适用了这些原则。譬如，法院判定捷克斯洛伐克单方面实施变通方案 C 不仅违约而且违法。对于违约，法院主要界定了匈牙利做出同意拦截多瑙河水并将其改道用于发电这一意思表示所基于的前提条件，即匈牙利依据 1977 年条约规定的条件在项目上享有联合运营与平等获益的权利。匈牙利中止继而撤销上述同意的行为构成违约，但这并不意味着它放弃了公平合理地分享国际水道的基本权利。据此，法院判定，捷克斯洛伐克实施变通方案 C 并非执行 1977 年条约，而是违反了条约中的特定条款，并构成国际不法行为。

对于违法，法院主要援引了常设国际法院于 1929 年在奥德河案判决中提出的沿岸国利益共同体理念，指出该原则已经发展成为国际法关于国际水道非航行使用的一项基本原则，1997 年《国际水道非航行使用法公约》即是最好的证明。

此外，法院还基于公平合理利用原则和不造成重大损害原则指出，捷克斯洛伐克通过实施变通方案 C 单方面控制了多瑙河这一共享的自然资源，剥夺了匈牙利对该自然资源公平合理的使用权，且河水改道也将给沿岸特定地区造成持续的环境影响。

在判决双方未来的权利和义务时，法院特别强调了双方对跨境水资源的公平合理利用，并对双方如何实现多瑙河的公平合理利用提出了建议。法院强调了 1977 年条约的性质，即它不仅规定了联合项目，还为两国公平合理地使用跨界水资源创设了一个法律体系，这包括项目系统归双方共有，项目作为一个整体系统由双方共同出资、建设、管理和运营，项目的利益由双方均等分享。

对斯洛伐克实施的变通方案，法院要求斯洛伐克在平等的基础上同匈牙利就其运作、管理和利益分享达成一致，将其转变为按照条约确立的法律体系运作。法院还特别指出，双方重新建立共同的法律体系符合 1997 年《国际水道非航行使用法公约》的要求，因为该公约第 5 条第 2 款要求水道国公平合理地参与国际水道的使用开发和保护，包括参与利用水道的权利与合作保护水道的义务。

（三）司法裁判与跨境水资源争议的解决

国际法院对本案做出判决后，斯洛伐克与匈牙利就判决的执行方式展开了谈判，由于双方就判决是否要求依照 1977 年条约新建大坝等问题存在根本分歧，谈判未取得实质进展。1998 年 9 月，以匈牙利拒绝执行判决为由，斯洛伐克请求国际法院就 1997 年判决的执行方式做出附加判决，匈牙利于 12 月做出了书面答辩。随后双方同意继续展开协商，并成立了法律、环境技术与经济三个工作组，但双方至今仍未妥善解决 1997 年判决的执行及 GN 项目纠纷。

应该说，常设国际法院及其继任者国际法院等国际司法裁判机构较成功地解决了多个涉及跨境水资源利用和保护的争端，但本案表明国际司法裁判机构在解决跨境水资源纠纷上存在一定的局限性。究其原因无外乎两点，一是国际法院自身权力的限制，二是当事国间的利益冲突及其合作意愿的制约。

本案中，当事国仅要求国际法院裁判双方过往的三个行为的法律性质，并据此裁定双方应担负的权利和义务。应该说，国际法院根据国际法上相关的原则和规则准确地解释和适用了 1977 年条约，并合法合理地对三个主要问题涉及的具体问题做出了准确的裁判。

对双方未来应承担的权利和义务，国际法院从应适用的法律、行动履约和结果义务、环境保护、诚信履约、跨界水资源的合理使用等方面，给双方提出了一般性的要求和建议，强调应由双方商定保障 1977 年条约的目的和宗旨得以实现的具体措施。在主权国家并立的平行式的国际社会中，国际法院的管辖权以当事国的授权为限，不得越权就当事国间的争议发表意见。

此外，当事国在跨境水资源上的利益冲突及其合作意愿是决定跨境水纠纷走向的关键要素。通过比较斯洛伐克与匈牙利的诉求与法院的最终判决，我们不难发现双方均有得失。由于法院判定匈牙利无权暂停继而终止其应承担的工程，匈牙利须向斯洛伐克赔偿损失；同样，由于法院判定捷克斯洛伐克无权单方面实施变通方案 C，斯洛伐克须向匈牙利赔偿损失。法院还判定 1977 年条约依然有效，要求双方诚信履约，商定并采取必要措施保障 1977 年条约的各项目标得以实现。这在一定程度上满足了斯洛伐克的根本要求，但同时也给匈牙利按其本国意愿执行条约预留了相当大的空间。

法院的判决与两国的根本诉求均有偏差，因为斯洛伐克期望双方按照

1977 年条约联合运营 GN 项目以获取最大的经济效益，而匈牙利则希望终止 1977 年条约并将 GN 项目所涉多瑙河段恢复到项目实施前的状态。两国根本诉求之间的冲突及其与国际法院判决之间的偏差是判决难以执行的重要原因。

国际法院在判决中给双方提出的要求和意见，对两国在将来解决 GN 项目纠纷具有重要的指导意义。除非两国做出妥协和让步，在 1977 年条约与相关国际法原则和规则的框架下重构两国间的合作机制，就多瑙河水资源的经济开发与环境保护重新找到双方利益的平衡点，否则它们将难以解决当前的纠纷并构建保障两国跨境水资源可持续发展的长效合作机制。

案件四

印度河基申甘加工程仲裁案[*]

申 斯 赵雨晴 张 帆

【案件导读】 本案是关于印度基申甘加水力发电工程（KHEP）的争端。[①] 印度计划通过隧道系统将基申甘加/尼勒姆河水引至印度河流域的另一条支流，利用落差来进行水力发电。巴基斯坦基于两国在 1960 年签订的《印度河条约》（简称"《条约》"）提出仲裁请求。仲裁庭依据国际法上有关条约解释的一般规则解释和适用了 1960 年《条约》，前后做出两次裁决，部分裁决解决了两个核心问题，分别是：印度计划的调水活动是否违反其《条约》下的义务，以及 KHEP 的设计和运行是否符合《条约》规范。为平衡双方在《条约》下的权利和保护下游环境，仲裁庭在最终裁决中确定了基申甘加/吉勒姆河应维持的最低流量。仲裁庭依据条约解释规则和习惯国际法阐明了水道国的权利和义务，推动了国际水法上的不造成重大损害原则的发展。本案对国际环境法相关原则的阐述和适用也对未来的国际河流案件具有参考价值。

【关键词】 国际水道 共享自然资源 条约解释 公平合理利用 重大损害 可持续发展 国际环境法 习惯国际法 《印度河条约》 水力发电 径流式水电站 支流间调水 泥沙控制 最低流量

---

[*] 简称"印度河仲裁案"。

[①] *The Indus Waters Kishenganga Arbitration*（Pakistan and India），Partial Award and Final Award，31 R. I. A. A.，pp. 1–358（2013）.

一 争端的背景和发展

印度河是印度和巴基斯坦重要的灌溉水源。印度河系统由六条主要河流组成，包括三条西部河流即印度河（the Indus）、吉勒姆河（the Jhelum）和基纳布河（the Chenab），三条东部河流即萨特莱伊河（the Sutlej）、比阿斯河（the Beas）和拉维河（the Ravi）。这些河流及其支流流经阿富汗、中国、印度和巴基斯坦四国后汇入印度河干流，在巴基斯坦的卡拉奇（Karachi）附近注入阿拉伯海。

基申甘加/尼勒姆河（Kishenganga/Neelum River）是吉勒姆河的一条支流，属西部河流的一部分。它发源于印度控制的查谟—克什米尔邦（Jammu and Kashmir），越过印巴两国的实际控制线（Line of Control）进入巴基斯坦控制的查谟—克什米尔地区，最终于穆扎法拉巴德（Muzaffarabad）汇入吉勒姆河。该河流在印度境内被称为基申甘加河，在巴基斯坦境内被称为尼勒姆河。它的流量具有很强的季节性，受上游的季节性融雪和下游的季风雨影响，5月到8月流量最高，从10月初至3月中旬是一个长时间的低流量季节。

1947年的英属印度独立和印巴分治催生了《印度河条约》。在印巴分治之前，印度河的用水问题由英属印度的有关省份和州之间进行协商，用水争端先由英国驻印度国务卿解决，后由印度政府解决。印巴分治后，印度河系统的六条主要河流的上游部分全部位于印度，而巴基斯坦控制的下游资源易受可用水量变化的影响，因此管理两个新国家之间的共享水资源变得十分必要。

起初，印度境内的东旁遮普邦（East Punjab）和巴基斯坦境内的西旁遮普省（West Punjab）之间签订了一份关于分配用水的临时协议，该协议于1948年3月31日到期。1948年4月，在一起事件中东旁遮普邦切断了通往西旁遮普省的水流。虽然双方很快达成了协议①，水流也在一个月内

---

① Inter-Dominion Agreement, Between the Government of India and the Government of Pakistan, on the Canal Water Dispute Between East and West Punjab, 4 May 1948, 54 U. N. T. S. 45.

得到恢复，但这一事件暴露了两国关于各自在印度河系统内的权利和义务的分歧。

1951 年，在美国田纳西河流域管理局前负责人大卫·利连索尔（David E. Lilienthal）的建议下，世界银行提出协助印度和巴基斯坦制定区域合作方法，以开发印度河系统的水资源。两国均同意接受协助。

在世界银行的斡旋下，经历长达近十年的谈判，印巴双方及世界银行于 1960 年 9 月 16 日签署了《印度河条约》[①]（简称"《条约》"）。1961 年 1 月 12 日，缔约方交换批准文件，《条约》根据第 XII（2）条的规定溯及 1960 年 4 月 1 日生效。《条约》规定东部河流（萨特莱伊河、比阿斯河和拉维河）归印度所有，西部河流（印度河、吉勒姆河和基纳布河）归巴基斯坦所有。[②]《条约》不仅为两国分配使用印度河流域水资源建立了法律框架，还设立了印度河常设委员会（Permanent Indus Commission）[③]，以便为执行该条约建立并维持双边合作。印度和巴基斯坦各任命一名委员，代表本国政府进行与条约有关事项的沟通。

本案所涉端的历史可以追溯到 1988 年，巴方委员接到通知，印度正在计划建造基申甘加水电工程（Kishenganga Hydro-Electric Project，KHEP）。该工程的设计是通过隧道系统将海拔较高的基申甘加河（Kishenganga River）河水引入海拔较低的乌拉尔湖（Wular Lake）附近的河流中，利用落差来进行水力发电，发电量可达 330 兆瓦。巴方委员认为该项目的实施会对巴基斯坦在基申甘加/尼勒姆河上的水电项目，特别是尼勒姆/吉勒姆水电工程（Neelum-Jhelum Hydro-Electric Project，NJHEP），以及其他用水产生不利影响，因此要求印度暂停相关工作并向巴基斯坦提供该项目的信息。2006 年，印度根据巴基斯坦提出的反对意见修改了工程方案，但巴方对修订后的方案仍不满意。从 1988 年至 2010 年间，双方委员进行了大量的沟通以阐述各自立场，并召开了数次委员会会议，最终仍无法解决分歧。

---

①　*Indus Waters Treaty* 1960 *Between the Government of India*, *the Government of Pakistan and the International Bank for Reconstruction and Development*, 19 September 1960, 419 U. N. T. S. 126.

②　Articles II and III, the Indus Waters Treaty.

③　Article VIII, the Indus Waters Treaty.

2010 年 5 月 17 日，巴基斯坦根据《条约》第 IX 条和附件 G 提出仲裁请求。巴基斯坦在仲裁请求中声称，当事各方未能依据《条约》第 IX（4）条的规定，通过两国政府协议的方式解决关于 KHEP 的"争端"。此外，巴基斯坦用以下用语指出了争端中的"两个核心问题"（简称"争议一"和"争议二"）：

> a. 作为基申甘加水电工程的核心要素，印度将基申甘加河（尼勒姆河）中的水转移至另一条支流——博纳尔纳拉河（Bonar Nallah）——的提议，根据国际法解释和适用，是否违反了《条约》下印度应对巴基斯坦担负的法律义务，包括第 III（2）条的义务（让西部河流所有的水流动，不允许对这些河流进行任何干涉）和第 IV（6）条的义务（维持自然水道）？
>
> b. 依据《条约》，除了不可预见的紧急情况外，印度能否将径流式水电站的蓄水池中的水耗尽或使水量降至死水位（Dead Storage Level）以下？[1]

2010 年 12 月 17 日，双方根据《条约》第 IX（5）条和附件 G 的规定组建了仲裁庭。2013 年 2 月 18 日，仲裁庭对巴基斯坦提出的两个核心问题做出部分裁决。2013 年 12 月 20 日，仲裁庭做出最终裁决，确定了基申甘加/尼勒姆河应维持的最低流量。

二 《印度河条约》适用的领土范围

在仲裁过程中，双方争论了印巴两国管辖的查谟和克什米尔地区的主权归属问题，双方存在分歧的问题还有部分裁决是否涉及查谟和克什米尔地区的主权以及会对该地区的主权产生何种影响。仲裁庭认为，因关涉查谟和克什米尔地区的主权问题，在解决本案所涉的两个核心争议之前，必须界定本案的调查范围和《条约》本身的适用范围。

---

[1] Pakistan's Request for Arbitration, para. 4.

查谟和克什米尔地区的主权问题一直是印巴之间最深刻和最敏感的问题之一。在缔约过程中，两国和世界银行深知主权问题可能妨碍分水协议的制定，因此便有意识地努力使约文反映出印巴双方在印度河流域水资源使用问题上达成的分配协议，同时避免涉及该水域的主权问题。

《条约》第 XI（1）条中规定：

> 本条约仅规制一方相对于另一方在使用河水时的权利和义务……除在本条约中明确承认或放弃的权利或主张外，条约中的任何内容不得被解释为构成任何一方承认或放弃其权利或主张……①

仲裁庭指出，该条款排除了《条约》对于用水之外的其他权利或主张的影响。虽然它的措辞没有提到印度和巴基斯坦之间的任何领土争端，但此目的恰恰是保证缔约方各自对争议领土的权利或主张不受《条约》的影响。根据该条款，仲裁裁决不会也不能涉及查谟和克什米尔地区的主权问题，该问题亦与本案争议无关，因此没有必要详细阐述双方在这一问题上的主张。②

继而仲裁庭考虑的问题是：缔约方在《条约》下有关河水利用的权利和义务是否延伸到河流在有争议的领土内流动的部分，包括印度正在建设 KHEP 的地区，以及巴基斯坦认为将会受到不利影响的尼勒姆山谷（Neelum Valley）地区。仲裁庭强调，结合上下文以及条约的目的和宗旨来解读

---

① In full, Article XI（1）of the Indus Waters Treaty reads as follows：

（1）It is expressly understood that

（a）this Treaty governs the rights and obligations of each Party in relation to the other with respect only to the use of the waters of the Rivers and matters incidental thereto；and

（b）nothing contained in this Treaty, and nothing arising out of the execution thereof, shall be construed as constituting a recognition or waiver（whether tacit, by implication or otherwise）of any rights or claims whatsoever of either of the Parties other than those rights or claims which are expressly recognized or waived in this Treaty.

Each of the Parties agrees that it will not invoke this Treaty, anything contained therein, or anything arising out of the execution thereof, in support of any of its own rights or claims whatsoever or in disputing any of the rights or claims whatsoever of the other Party, other than those rights or claims which are expressly recognized or waived in this Treaty.

② Partial Award, p. 185, paras. 361 - 362.

条约文本对于解决争端至关重要，《条约》的序言中提到缔约方希望"对印度河系统的水实现最全面和最令人满意的利用"（most complete and satisfactory utilisation of the waters of the Indus system of rivers），并进一步指出《条约》确定了缔约方在用水方面的权利和义务。这些措辞表明缔约方意图使《条约》适用于整个印度河系统，而不仅仅是那些流经无争议领土的水，《条约》中也没有任何条款将印度河系统的部分水域排除在外。此外，《条约》适用范围内的四条河流都有部分流经查谟和克什米尔地区，如果将这些水道通过该地区的部分排除在外，《条约》将远不足以实现缔约方所追求的目的和宗旨，即为开发和分配印度河系统的河水提供全面的解决方案。因此，《条约》的适用范围不仅包括流经无争议领土的水域，也包括流经查谟和克什米尔地区的水域，巴基斯坦有权援引该条约反对在印度管辖的争议领土内进行的水电工程建设。[1]

三　争议一：通过基申甘加水电工程调水的合法性

巴基斯坦反对印度将基申甘加/尼勒姆河中的水调入另一支流，认为该行为是为《条约》所禁止的，因为支流间调水不仅违反《条约》规定的一般义务，还违反《条约》有关水力发电用水许可的规定，并且影响了巴基斯坦的农业和水电用水。因此，在第一项争议中，当事方请求仲裁庭裁断的问题是：《条约》是否允许印度通过 KHEP 将基申甘加/尼勒姆河中的水运送到吉勒姆河的另一条支流博纳尔·纳拉河中。巴基斯坦声称印度违反了三项条约义务：（1）违反了让西部河流的河水流动的一般义务；（2）违反了尽最大努力维护西部河流自然水道的义务；（3）不符合使用水力发电应满足的要求。[2]

（一）印度进行支流间调水是否违反《条约》规定的一般义务

巴基斯坦提出，《条约》中的若干条款对印度利用西部河流水资源的

---

① Partial Award, pp. 185 – 187, paras. 363 – 366.

② Partial Award, p. 118, para. 163.

行为做出了整体上的限制，无论其利用行为是否涉及水力发电。

1. 第Ⅲ条：让西部河流的河水流动的一般义务

首先，巴方援引了《条约》第Ⅲ条，其中规定了印度使西部河流的河水"流动"的基本义务和在某些条件下将西部河流水资源用于水力发电或其他用途的权利。《条约》第Ⅲ条规定：

（1）巴基斯坦应不受限制地使用西部河流所有的水，而印度有义务根据第（2）款的规定让西部河流所有的水流动。

（2）印度有义务让西部河流所有的水流动，除下列用途外，不得对水流进行任何干扰，且对每条西部河流的利用，即印度河、吉勒姆河和基纳布河，应限制在其所在的流域盆地内，附件 C 第 5 段第（c）（ⅱ）项的规定除外：

（a）生活用水；

（b）非消耗性用水；

（c）农业用水，详见附件 C；

（d）水力发电，详见附件 D。[①]

巴基斯坦认为，第Ⅲ（2）条将印度对西部河流的利用（包括水力发电）限制为"在其所在的流域盆地内"，KHEP 将为印度整个北部电网提供电力，而非其所在的吉勒姆河流域盆地，超出了《条约》第Ⅲ（2）条限定的使用范围。印度认为，巴方误解了"除下列用途外"这一短语中"用途"一词的含义，第Ⅲ（2）（d）条所指的"用途"是指对水本身的使用，而非对水能转换成的电能的使用。发电必须在流域盆地中进行，但是电力可以被运输到其他地方。

仲裁庭同意印方的观点，认为第Ⅲ（2）条限制印度的用水行为，而不限制其使用水利产品的行为，同时也没有其他迹象表明《条约》意图对电力或其他水利产品的使用做出地域限制。[②]

---

① Article Ⅲ, the Indus Waters Treaty.

② Partial Award, p. 188, para. 369.

2. 第Ⅳ（6）条：尽最大努力维护西部河流自然水道的义务

巴基斯坦还声称印度建造 KHEP 违反了《条约》第Ⅳ（6）条规定的"尽最大努力维护河流的自然水道"的义务。第Ⅳ（6）条规定：

> 自条约生效之日起，各方将尽最大努力维护河流的自然水道，并在切实可行的范围内避免阻碍这些水道中的水流运行，以免可能对另一方造成实质损害。[①]

巴方主张，根据第Ⅳ（6）条，印度有义务在切实可行的范围内避免阻碍水流的运行，以免对巴基斯坦造成实质损害。因为 KHEP 计划从河流的自然水道中调水，可以初步断定它违反了"维护河流的自然水道"的义务。其次，巴方认为该工程会导致水道退化，会阻碍水流运行进而造成实质损害，尤其是一系列水道生态环境损害，包括导致控制线下游的自然栖息地、生物群和生态系统功能大量丧失，鱼群种类减少，下游社会经济条件发生重要变化，且影响农作物灌溉。为了尽最大努力避免损害，印度需要对 KHEP 可能造成的下游环境影响进行充分评估。然而，印度既没有尽最大努力进行充分的环境影响评价，也没有向巴基斯坦提供关于项目预期影响的信息。由于未能充分评估 KHEP 在支流间调水所造成的环境影响，印度没有达到第Ⅳ（6）条规定的"尽最大努力"的义务标准。巴方援引了国际法院在乌拉圭河纸浆厂案中的判决以支持其主张，认为虽然印巴两国之间的实际控制线情况特殊，该判决仍适用于本案：乌拉圭河纸浆厂案明确了"作为一般国际法上的一项要求，在某计划采取的工业活动可能在跨境环境下造成重大负面影响时，特别是对共享资源而言，应当进行环境影响评价"。[②] 巴方还指出，1972 年《斯德哥尔摩宣言》中的第 21 项原则规定了国家不造成跨境损害的要求，[③] 也佐证了该要求是一项习惯国际法

---

① Article Ⅳ（6）, the Indus Waters Treaty.

② *Pulp Mills on the River Uruguay*（Argentina v. Uruguay）, Judgment, I. C. J. Reports 2010, p. 83, para. 205.

③ Stockholm Declaration of the United Nations Conference on the Human Environment, 16 June 1972, UN Doc. A/CONF. 48/14/Rev. 1.

上的义务。

印方辩称，第Ⅳ（6）条的目的是维持"水道的几何形状"，确保有效排水和下游水流畅通，而不是维持特定的流量。建设《条约》条款允许的项目不能视为对水流运行造成了"阻碍"（obstruction），否则任何开发工作都将无法进行。此外，印度在巴基斯坦提供信息的基础上进行了充分且符合国际惯例的环境影响评价。印度还认为，第Ⅳ（6）条规定的不是一个强制性义务，而仅表明了缔约方的期望。

印方驳斥了巴方对其环境影响评价范围的批评，并指出巴方拒绝提供对整个地区进行环境评价所需的信息。印度进一步为其环境影响评价的可靠性进行辩护，认为其评价考虑了大坝在坝址地区的影响，符合当时的国际最佳实践，同时指出巴方开展的环境影响评价也存在缺陷。

最后，印度拒绝将国际环境法的原则引入本案，认为《条约》中没有规定的环境法原则不是仲裁庭应适用的法律；但同时强调印度重视环境问题，KHEP符合印度环境法的所有要求，不会对任何陆生物种产生重大影响，也不会增加该流域的疾病风险。

仲裁庭指出，从措辞来看，"尽最大努力"这一义务是强制性的，而不仅仅是一种期望性的表达。然而，第Ⅳ（6）条本身与支流间的调水活动不具有直接相关性。就其用语的一般意义而言，第Ⅳ（6）条旨在维护河道的物理状态，而不是维持河道中水流的流量和流速。该条款中的"水道"（channel）一词的一般用法指的是河流的河床，可能有水也可能没有水。因此，仲裁庭认为这条规定是要求保护河流的天然路径（印度称之为"水道的几何形状"），以努力保护河流的输水能力，从而保护当事各方免受干旱和洪水的侵袭。[①]

此外，第Ⅳ（6）条并不要求维护水道的状态以避免任何类型的河床退化，而是明确要求避免阻碍水道中的水流运行，以免可能对另一方造成实质损害。巴基斯坦没有充分解释建设和运行KHEP将对基申甘加/尼勒姆河下游的水流造成何种具体阻碍，也不能认定KHEP本身构成对水流运行的阻碍。仲裁庭强调，条约下的具体权利应当优先于一般义务，KHEP

---

① Partial Award, pp. 188 – 189, paras. 372 – 373.

是按照《条约》附录 D 的制度来设计并准备投入运作的,第 IV(6)条不可能禁止建造和运作符合《条约》规划的工程。[①]

(二)基申甘加水电工程是否符合使用水力发电的要求

印度负有使西部河流的河水流动的义务,但使用水力发电是《条约》明确规定的例外情形,前提是符合附件 D 或 E 的要求。附件 D 规定了径流式水电站的设计、建造和运行标准,水库式水电站则要符合附件 E 的要求。

巴方提出了三点主张:第一,附件 D 不允许对吉勒姆河的支流进行永久性的调水;第二,即使允许,KHEP 也不满足第 15(iii)段规定的条件;第三,即使符合第 15(iii)段的条件,也不符合该段规定的"必要性"标准。印方则认为 KHEP 完全符合附件 D 的规范。

1. 支流间调水的合法性

附件 D 第 15 段规定:

> 在符合第 17 段规定的前提下,水电站的运行工作应满足以下条件:(a)在任意一个连续 7 天的周期内,水电站上方河流接收的水量应在同一 7 天周期内输送到水电站下方的河流中;(b)在上述 7 天周期内的任意一个 24 小时周期内,相较于同一 24 小时周期内水电站上方河流接收的水量,输送到水电站下方河流的水量不得少于前者的 30% 且不得多于前者的 130%。但是:
>
> ……
>
> (iii)如果水电站位于吉勒姆河的支流上,且巴基斯坦在该支流上有农业用水或水电用水的需求,水电站下方释放的水流可以在必要时引入另一条支流,但必须限于巴基斯坦在前一支流上的当时既有的农业用水或水电用水没有受到不利影响的范围内。[②]

可见,附件 D 第 15 段允许水电站在满足一定条件的前提下在支流间

---

① Partial Award, p. 189, paras. 374 – 375.

② Para. 15 of Annexure D, the Indus Waters Treaty.

进行调水。对于可调水的范围，巴方认为，该段仅允许在水电站运行过程中偶尔向另一条支流输送水流，而不允许将大规模和永久性的调水作为水电站设计和运行的一部分。仲裁庭反对巴方的观点并指出，支流间调水运作复杂，需要投入大量费用建造大量工程，仅为了偶尔性的调水而实施如此庞大的建设工程意义甚微。[1]

2. 径流式水电站在吉勒姆河的支流上调水的条件

巴方主张，KHEP 不属于第 15（iii）段规定的"位于吉勒姆河的支流上"的水电站，因为它只有大坝位于吉勒姆河的支流上，而发电装置位于 23 千米外的一个集水区；其次，第 15（iii）段仅允许调动"水电站下方释放的水流"，而 KHEP 调动的是水电站上方的水流；再次，"另一条支流"必须与水电站所在的支流居于同一水域，而博纳尔纳拉河不在基申甘加河水域内。

印方反驳称，巴方错误地理解了"水电站"这个词，它指的是从大坝、隧道和发电厂房到尾水渠的整个综合体。水是从水电站的尾水渠排入博纳尔纳拉河，所以确属从水电站下方排入另一条支流。此外，印度认为"另一条支流"是指吉勒姆河的任何其他支流，而不限于该水电站所在水域内的支流。

仲裁庭分析道，依据附件 D，印度通过 KHEP 进行支流间调水必须满足三个条件：

（1）KHEP 是一个径流式水电站；（2）KHEP 必须位于吉勒姆河的一条支流上；（3）支流间的调水必须符合第 15（iii）段的规定。[2]

仲裁庭依次考察了这三个条件。第一，根据附件 D 第 2 段中的一系列名词定义，决定一项工程是否构成径流式水电站的关键指标是其用于水力发电的水量，而不是拦截的水量。虽然印度最初的设想是将 KHEP 建造为水库式水电站，但最终设计出并通知巴方的方案都是符合《条约》定义的

---

[1] Partial Award, p. 190, para. 379.

[2] Partial Award, p. 192, para. 382.

径流式水电站。①

第二，《条约》第 I （2）条中对"支流"（Tributary）的定义包括了基申甘加/尼勒姆河。对于基申甘加/尼勒姆河是吉勒姆河的支流这一事实双方不存在争议，但对于 KHEP 是否位于基申甘加河/尼勒姆河上双方分歧很大。印度认为部分工程位于该河上就足够了，决定性的判断标准是用于水电站运行的水来源于该河流。而巴基斯坦基于 KHEP 是在距离该河很远的地方（23 千米外）进行发电而提出反对。

仲裁庭首先指出，"径流式水电站"（Run-of-River Plant）一词是特定条约下的定义名词，应当按照《维也纳条约法公约》第 31 条第 4 款的规定以"特殊意义"而非"通常意义"解释。② 与之相反，《条约》中数次使用了"水电站"（plant）和"工程"（works），且没有对这两个词做出定义。"水电站"一词应理解为包括水电站的所有设施，而不仅仅包括实际发电的部分（例如发电厂房）。仲裁庭认为，KHEP 在设计上是一个整体，仅具有水力发电一个功能，没有理由将其中的不同部分拆分对待。因此，应将该工程视为位于基申甘加河上，也就是位于吉勒姆河的支流上。③

第三，仲裁庭认为，条件三实际包含两个要求：其一，必要性标准（下一节讨论）；其二，水流须经过 KHEP 的发电厂房后再排入其他支流。巴基斯坦认为，必须先将水释放回大坝下方的基申甘加/尼勒姆河，之后才能将其运送到另一条支流，而 KHEP 将水从涡轮机直接排入博纳尔纳拉河。仲裁庭反对这一观点并指出，第 15 （iii）段所指的是水电站下方的水，而不是大坝下方的水，从尾水渠排入博纳尔纳拉河的水无疑是"在水电站下方释放的水流"。此外，巴基斯坦对"另一条支流"的解释也缺乏文本依据，"另一条支流"指的是吉勒姆河的支流，而不是基申甘加/尼勒姆河的支流。④

3. 支流间调水的必要性

确定第 15 （iii）段允许调水，且 KHEP 基本符合调水的条件之后，仲

---

① Partial Award, p. 192, para. 383.
② Article 31 （4）of the Vienna Convention on the Law of Treaties provides："A special meaning shall be given to a term if it is established that the parties so intended."
③ Partial Award, p. 193, paras. 385 – 387.
④ Partial Award, p. 194, paras. 388 – 389.

裁庭继而考虑的问题是，KHEP 实施的调水是否"必要"（necessary）。

巴方主张，"必要"应根据其一般含义解释为"不可或缺的，必不可少的，必须的"，并认为"必要"一词在国际法上暗含了比例原则的要求。仲裁庭在莱茵铁路公司案以及国际法院在多瑙河案和乌拉圭河纸浆厂案中都曾指出，确保本国管辖和控制范围内的活动尊重其他国家或本国控制之外地区的环境是国家负有的一项一般义务。这项义务要求印度严格判断"是否必要"和/或"是否成比例"的问题，因为印度的行为可能会对环境产生不利影响，从而违反习惯国际法。为此，印度首先应进行环境影响评价评估对下游的环境影响，其次应当根据 1992 年《关于环境与发展的里约宣言》采取预防措施。最后，巴方认为"是否必要"是一个客观而非主观的判断。

印方主张，根据条约目的和谈判记录来看，"必要"应理解为"最有利于发电的"（optimal for power generation）。如果不利用基申甘加/尼勒姆河与博纳尔纳拉河之间的落差，则无法实现《条约》序言所说的对水的"最全面和最令人满意的利用"。此外，印度反对巴基斯坦将环境损害原则引入必要性的含义，因为必要性要求关注的是水力发电，而不是保护环境。乌拉圭河纸浆厂案或其他判例均没有要求印度寻求他国的协助进行联合环评，即便有，该义务也需要巴方提供全面的信息才能得以履行，但巴方拒绝提供详细信息。最后，印度指出，世界上的主要国家认为采取预防措施不是习惯国际法。"预防"这一概念存在多种可能的含义，不能作为原则加以应用。

"调水是否必要"这个问题背后实际隐含着一个更深层次的问题，即调水对于什么而言是必要的？仲裁庭回顾了第 15（iii）段的起草过程后认为是：对于实现水力发电的目的而言，将水调入另一条支流是否有必要？[①]

至于"必要性"的标准，仲裁庭认为没有必要将它与不可缺少性或紧急性相联系。就《条约》的目的而言，除正常使用该词来描述为某一特定目的所需要或必要的行动外，没有理由赋予其任何特殊意义。然而，这并不意味着将必要性的标准降低至"期望性"，也不意味着印度可以对必要

① Partial Award, pp. 194 – 196, paras. 390 – 396.

性进行自我判断。仲裁庭能够预见这样一类情况，即在水电站的设计中调水发电的收益微不足道，以至于无法将这种调水评价为"必要的"，但本案不属于此类情形。仲裁庭还指出，如果条约赋予了一国权利，该权利就必须是切实可行的。本案中，《条约》赋予印度以发电为目的用水的权利，如果不利用吉勒姆河两条支流间的高度落差，便无法实现 KHEP 预设的发电能力。因此，从基申甘加/尼勒姆河向另一支流调水是 KHEP 进行水力发电所必需的。①

仲裁庭反对将必要性理解为排除国家不法行为的手段，但这并非否定潜在的下游损害的相关性。相反，仲裁庭认为防范下游用水遭受不利影响是第 15（iii）段关注的核心，但其采取的是与巴基斯坦主张的比例检验标准不同的手段。仲裁庭认为：

> 在根据习惯国际法援引必要性阻却国家实施国际不法行为的情形下，可适当考虑比例性。在这种情况下，不能简单主张有关行为是保护重要国家利益所必需的，也要证明所保护的利益至关重要，足以凌驾于受损国家的权利和利益之上。然而，从通常意义来看，"必要"一词不具有这种额外的含义。②

（三）"当时既有的农业用水或水电用水"的判定

第一项争议的实质是当事双方对附件 D 第 15（iii）段的解释存在分歧，尤其是这一条款要求印度的跨支流调水行为"必须限于巴基斯坦在前一支流上的当时既有的农业用水或水电用水没有受到不利影响的范围内"。双方同意，如果巴方证明其在相关时间存在农业或水电用水的需求，那么印方的水电站不得对巴方的用水产生不利影响。争议的核心在于究竟什么构成"当时既有的农业用水或水电用水"，以及巴基斯坦是否已证明其在基申甘加/尼勒姆河上存在既有的使用。

---

① Partial Award, pp. 196 – 197, paras. 397 – 398.

② Partial Award, p. 197, para. 399.

1. 巴基斯坦的主张

巴方认为，"当时既有的使用"应按照词语的通常意义理解，即指水流进入其他支流时既存的使用。也就是说，"当时既有的使用"要以水电站实际运行时为基准。巴方反对印方的观点并指出，附件 D 和附件 E 在措辞上存在区别，因为附件 E 适用于水库式水电站的建设，在确定"既有的使用"时需要一个截止日期，而附件 D 的第 15（iii）段强调径流式水电站"位于"支流上并在支流上运行，应以水电站排放水流的时间来确定"既有的使用"。

巴方认为其已证明了"当时既有的农业用水或水电用水"。巴基斯坦主张，印度根据《条约》修建水电站的计划必须考虑到巴基斯坦"坚定承诺"（firmly committed）在特定地点使用这片水域的具体计划。首先，印度意识到巴基斯坦自 1988 年 12 月起就有建设 NJHEP 的计划。巴方委员于 1989 年 4 月 22 日致函印方委员，通知其 NJHEP 建设事项。后印方要求巴方提供有关 NJHEP 的详细信息，特别是有关确定"既有的使用"的信息。巴方于 1990 年 3 月提供了上述信息。再者，关于农业用水，巴基斯坦认为，KHEP 下游的农业依赖于印度排放的水量，而 KHEP 将扰乱巴基斯坦现有的发展灌溉农业的项目。巴基斯坦指出，其环评报告中包含对尼勒姆山谷的航拍照片，这是其从事大规模农业活动的证据。虽然这些农业活动大部分依赖于支流，但灌溉水源也来自基申甘加/尼勒姆河本身，并且巴基斯坦已经制定了通过从干流抽水来扩大灌溉面积的计划。

巴方主张，印度计划的调水将大大减少下游的流量，这将导致 NJHEP 计划发电量的减少，也将影响巴方计划日后投入建设的其他几个水电站。巴基斯坦预计，NJHEP 每年发电量损失 13%，相当于损失 1.413 亿美元，其他计划建设的电站每年还将损失 7410 万美元。此外，巴基斯坦认为，调水将影响其农业用水，特别是紧邻 KHEP 大坝下方的地区在一年中的 6 个月里都不会有水流。这对该区域农业活动的影响将取决于特定作物地区的确切位置，即该地区是否依赖于从基申甘加/尼勒姆河取水灌溉，但至少对现有的和计划中的灌溉项目都会产生负面影响。

巴基斯坦反对印度的观点，即该地区发电量的整体增长将抵消对 NJHEP 的负面影响。巴方认为调水给其他水电站带来的好处与本案无关，因为这些水电站位于其他支流上，不在本案争议范围内。再者，印度的计算也没有考虑到调水给其他水电站造成的水量减少和负面影响。巴基斯坦认为，根据《条约》对 KHEP 的不利影响进行评估，不应像印度提出的"补偿性分析"那样，将对其他支流的农业用水或水电用水带来的积极影响考虑在内并做出整体平衡。只要调水对水流造成的干扰不属于无关紧要且偶然发生的，且确实对下游用水产生了不利影响，印度就不能够依据第15（iii）段进行调水。

2. 印度的主张

印方认为，"既有的使用"是指"历史的使用"（historic uses），不同于为满足"未来"或"进一步"的需要（future or further needs）而可能开发的使用。巴方理解的"既有的使用"实际为"计划的使用"（intended use），不仅与该词的本义相反，而且使得印度无法实现对水资源"最全面和最令人满意的利用"。因此，印度主张在确定下游"既有的使用"时应基于截止日期（cut-off date），这个截止日期应为印度最终确定设计方案并在开始建设前六个月向巴基斯坦提供完整信息的时间点。自印度向巴基斯坦传达其推进项目的"坚定意向"（firm intention）之日起，印度的任何开发活动都不应干扰巴基斯坦下游已有的用水活动。就本案而言，截止日期最晚应为 1994 年 6 月，即印方向巴方提供 KHEP 最终方案（设计为水库式水电站）的时间。

虽然印度直至 2005～2006 年才通知巴基斯坦 KHEP 将被建造为径流式水电站，印方坚持认为这一变化不影响确定下游用途的截止日期，因为径流式水电站的设计与之前大致相同，而且修改后的设计降低了大坝的高度和大坝上游的贮水能力，对巴方更为有利。印度还指出，即便将截止日期确定为将 KHEP 修改为径流式水电站之后的时间，也无法认定 NJHEP 属"当时既有的使用"，因为 NJHEP 直到 2008 年才宣布投入建设。

印度主张，巴基斯坦没有证明任何与第 15 段第（iii）款有关的农业用水。印度在将 KHEP 设计为水库式水电站和修改为径流式水电站之时，都曾向巴方要求提供与"既有的农业用水或水电用水"相关的信息。巴方只在 1990 年提供了 13.3 万公顷灌溉土地的面积，但没有具体说明灌溉工程的地点或灌溉地区。在实地考察期间印方也没有观察到上述工程。事实上，印方认为巴方提交给仲裁庭的证据表明，尼勒姆山谷中非常有限的农业依靠的是降水和旁流的沟渠，而不是基申甘加/尼勒姆河。

印度承认 NJHEP 是一种潜在的水电用水，但指出巴基斯坦直至 2008 年才宣布建设 NJHEP（此时为 KHEP 的原始设计方案最终确定 14 年后，修订设计方案提交巴方 2 年后）。而印方自 1960 年起，就通过多种渠道向巴方传达了 KHEP 的建造计划，并持续进行信息收集和开展勘探工作，其间未有证据显示巴方计划建设水电站。直至 1989 年巴方才告知印方有关 NJHEP 的建设事项。自 1994 年印方向巴方提供关于 KHEP 的技术信息后，巴方仅在 2005 年向印方保证会提供关于"KHEP 对 NJHEP 影响"的信息。因此，印度认为，NJHEP 甚至不符合巴方自己对于"既有的使用"的定义，因其在 2007~2008 年之前既未做出"坚定承诺"（firm commitment），也未"积极投入"（active engagement）工程建设。即使在 2008 年现场检查期间，也没有发现巴基斯坦正在准备建设工作的证据。

同时，印度坚持认为，KHEP 不会对 NJHEP 产生重大不利影响。相反，KHEP 将对该地区的水力发电产生积极影响：它将增加流入巴方计划的科哈拉（Kohala）水电工程的水量，从而增强其在冬季发电的能力，抵消 KHEP 地区的电力减损。这一抵消效应，连同 NJHEP 带来的能源增长，该地区的电力输出能力总体是增长的。考虑到这两个工程对巴基斯坦的影响，以及其他计划建设的下游工程，印度认为 KHEP 的负面影响在很大程度上得到了缓解。即便不存在抵消效应，来自该地区的相关流量数据并未显示出巴方的水电用水将遭受重大不利影响，因为 KHEP 释放的水量将足以满足 NJHEP 的运作需要。此外，印度认为，即使仲裁庭得出结论，NJHEP 的水力发电能力将受到不利影响，该不利影响也没有达到"重大程度"。根据《条约》，没有达到"重大程度"的不利影响不足以阻碍调水的进行。

同样，在印度看来，巴方也没有解释 KHEP 将如何影响巴基斯坦的下游农业用水。事实上，尼勒姆山谷地区的农业灌溉用水需求微乎其微，不会受到这一河段流量减少的影响。此外，巴方也未提供任何证据支持其关于向乌拉尔湖调水将延迟下游流量并影响作物的早期生长的说法。

3. 仲裁庭的裁决

为确定第 15 段的恰当含义，仲裁庭遵循了《维也纳条约法公约》第 31 (1) 条规定的条约解释基本规则："条约应依其用语按其上下文并参照条约之目的及宗旨所具有之通常意义，善意解释之。"①

首先，从文本出发，仲裁庭指出第 15 段是对径流式水电站运行上的限制，第 15 (iii) 段的语句使用的是现在时态，表明在径流式水电站的整个使用寿命期间，只要印度进行跨支流调水，就需要判断巴基斯坦是否存在农业用水或水电用水。再者，从上下文来看，第 15 段所在的附件 D 第 3 部分是对径流式水电站设计、建造和运行的体系化规定，必须以相互印证的方式解读附件 D 第 3 部分所载的各项条款，以免出现条款之间自相矛盾的解释结果。最后，就条约的目的和宗旨而言，《条约》的显著特点是对印度河系统六条主要河流的划分和分配，在其建立的关于用水权利和优先次序的制度下，巴基斯坦优先使用西部河流，印度优先使用东部河流。但巴基斯坦在西部河流上并不享有绝对的用水权，《条约》同时也允许印度在西部河流上用水，包括进行水电开发。因此，如果对第 15 段进行解释后推出的结果是巴基斯坦能够单方面制约印度运作水电站的权利，那么这种解释就与《条约》的目的和宗旨相违背。②

接下来，仲裁庭依次考察了双方对于"当时既有的使用"采取的解释方法。通过以上对第 15 (iii) 款的分析，仲裁庭认为文本本身对动态解释提供了一定程度的支持，但严格的动态解释将使条约的上下文失去意义，并破坏条约的目的和宗旨。仲裁庭分别考量了双方提出的解释方法，认为两种解释方法——动态解释方法和关键时期解释方法——都不完全令人满意，并提出对附件 D 第 15 (iii) 款的适当解释需结合这两种方法的某些内容。

（1）采用动态解释方法（ambulatory approach）的结果

如果采用巴方主张的"动态"方法解释条约，当一个新的跨支流径流

---

① Article 31 (1) of the Vienna Convention on the Law of Treaties provides: "A treaty shall be interpreted in good faith in accordance with the ordinary meaning to be given to the terms of the treaty in their context and in the light of its object and purpose."

② Partial Award, pp. 198 – 202, paras. 402 – 413.

式水电站的设计符合附件 D 第 8 段的规定时，就可以获准建造；但随后当巴基斯坦需要利用这里的水资源时，印度都必须做出让步。这样一种解释将对基申甘加/尼勒姆河上的跨支流工程建设形成制约，因为如果工程能否运作将受制于另一方的单方面意志和行动，任何负责任的工程建造方、融资债权人或政府机构都不会投资或建设。①

就 KHEP 而言，它的运作及发电能力和经济生存能力将永远受到威胁。在动态解释方法下，因为 NJHEP 需要较大的吞吐量，KHEP 可能不得不在较干旱的月份暂停运行。巴基斯坦未来的农业或水电用水可能要求印度在大部分时间内将大部分甚至全部河流的水引导到下游而不能保留供 KHEP 使用的水。理论上，如果巴基斯坦在基申甘加/尼勒姆河上位于印巴实际控制线和 NJHEP 之间的任何地点建造新的水电站，KHEP 就需要释放尽可能多的基申甘加/尼勒姆河水以满足新水电站的运作。因此，根据巴方的动态解释方法，KHEP 很容易陷入无法运行的状态，或者至少是只能够实现其设计发电能力的一小部分。这样的结果将使印度丧失《条约》赋予其的一项关键权利，即通过在吉勒姆河的支流间调水来进行水力发电。②

由于此种解释结果缺乏稳定性，可能造成资源浪费，并且与附件 D 的设计和建造获批要求不相符，仲裁庭认为，严格的动态解释方法与第 15（iii）段的上下文相矛盾，适用于 KHEP 时也与《条约》的目标和宗旨相违背，因其实际上完全排除了印度依照附件 D 建造发电站的权利。③

（2）采用关键时期（critical period）解释方法的结果

印度解释第 15（iii）段的方式相对静态，只关注关键时刻或关键日期。对印度来说，"当时既有的使用"一词的意思是，在印度向巴基斯坦传达其推进项目的"坚定意图"之日起，印度进行任何新的开发活动都受限于巴基斯坦截至当日对下游水域的使用。因此，在这种解释方法下，关于该项目的何种特定事实可以形成"坚定意图"是判断解释结果合理性的一个关键考虑因素。印度主张，确定坚定意图形成的时刻可以参照附件 D 第 9 段（要求印度在开始建造之前至少六个月向巴基斯坦提供关于设计方

---

① Partial Award, p. 205, para. 422.

② Partial Award, p. 205, para. 423.

③ Partial Award, p. 205, para. 424.

案的完整资料)。因此,在设计方案被确定的阶段巴基斯坦的农业和水电
用水也即被确定。①

仲裁庭同意在附件 D 下,印度提出其设计方案的日期是一个重要时
刻,但是正如附件 D 后面各段所明确指出的,通知设计方案不足以表明其
推进项目的"坚定意图",因为还需考虑到的情况包括,通知后巴基斯坦
可能提出反对的三个月期限,如果设计方案不符合第 8 段的标准双方通过
《条约》的争端解决机制(第 10 ~ 11 段)解决所需的时间,水电站投入运
行之前设计变更的可能性 [第 12 (a) 段],以及投入运行之后 [第 12
(b) 段] 或应对紧急情况时(第 13 段)水电站配置可能改变。②

换句话说,这种大型基础设施项目的建设往往伴随着水电站设计规范
的变动,在施工区域不可预见的发现,以及获得融资和政府批准的不确定
性。因此,当面对一个实际的项目时,判断"坚定意图"形成的时刻是非
常困难的。仲裁庭认为,它无法事先确定任何一个事实或公式以断定关键
日期,因为在设计、筹资、政府核准、建造、完工和作业这一连续进行的
任何一阶段都难以确定形成"坚定意图"的关键日期,而且每一个建设项
目面临的情况都不尽相同。

然而,仲裁庭也认识到,在附件 D 第 8 ~ 11 段的框架下,需要确定印
度行使其建设和运行径流式水电站权利的特定时期。仲裁庭认为,比关注
"坚定意图"的形成时间更为恰当的说法是找到"关键时期",在这一时
期,一系列的事实——招标、融资担保、政府批准以及正在开展施工——
综合显示出一定程度的确定性,表明项目将"坚定地"按照提议进行。③

为了在建造完成前确定一个关键时期,仲裁庭首先排除了两个时间
点。一个是工程建设完成的日期,因为将关键日期确定为建设完工之日可
能导致的不良后果是会鼓励两个国家建设各自的水电站以期率先竣工,但
无法保证正在建造的项目能够按照设计运行。这可能导致资源的极端浪费
和国际紧张局势的恶化。同时,仲裁庭还排除了将设计方案通知另一方的
时间,虽然此时一方可能向另一方发出建造水电站的意向通知,但无法保

---

① Partial Award, pp. 205 – 206, paras. 425 – 426.

② Partial Award, p. 206, para. 427.

③ Partial Award, p. 207, para. 429.

证该项目会将在规划的时间内建成。[①]

仲裁庭接下来分析的关键问题是，结合附件 D 第 15 段以及《条约》的目的和宗旨来看，采用"关键时期"解释方法会对当事双方各自的用水权利产生何种影响。关键时期解释方法的内在要求是，印度建设任何新的水电站都要根据附件 D 第 15（iii）段考虑巴基斯坦既有的农业和水电用水。印度没有反对这一要求，但它认为截至印方的水电站项目确定之时，巴基斯坦尚不存在且当前也不存在任何既有的水电用水或重要的农业用水。仲裁庭认为，印方的观点回避了一个问题，即巴基斯坦"当时既有的"的农业或水电用水何时确定。对于巴基斯坦的用水，需要使用和印度相同的方法来进行判断。也就是说，巴基斯坦的水电用水计划可能也会限制印度在上游的水电开发活动。因此，确定一个不恰当的关键时期可能会导致一种竞争——每一方都在寻求新的用水计划，以阻碍对方的用水。仲裁庭认为，对附件 D［包括第 15（iii）段］的解释必须尽最大可能尽量减少形成这样一种竞争机制的可能性，因为在竞争中第一个到达关键时期的一方就有能力阻碍对方在上游或下游的用水（视情况而定，要看谁是"赢家"）。[②]

（3）《条约》在双方权利之间做出的平衡

仲裁庭认为，采用"动态"解释和"关键时期"的解释方法都不完全令人满意，对附件 D 第 15（iii）段的解释应将两种方法中的特定要素相结合。仲裁庭还指出，解释结果应反映出《条约》在巴基斯坦使用西部河流的权利和印度利用西部河流开发水电的权利之间做出的平衡。[③]

仲裁庭指出，巴基斯坦在本案中的相关使用本质上是水电用水的需求，因其在基申甘加/尼勒姆河的干流上不存在重大农业用水，支流提供的水源大致可以满足尼勒姆山谷内的农业用水。基于此，仲裁庭认为其解释任务主要包括两个步骤：第一，判断 KHEP 确定的关键时期；第二，根据附件 D 第 3 部分（特别是第 9 段的通知规定），使用相同的关键时期标准，判断在 KHEP 确定之时，NJHEP 是否属于印度需要考虑的"既有的使用"。如下所述，仲裁庭在审查双方提交的大量证据后确定了关键时期，

---

① Partial Award, p. 207, para. 430.

② Partial Award, pp. 207 – 208, paras. 431 – 432.

③ Partial Award, p. 208, para. 433.

得出的结论是，KHEP 先于 NJHEP 确定，印度进行调水的权利受《条约》保护。[①]

仲裁庭强调，印度在基申甘加/尼勒姆河上调水的权利不是绝对的。第 15（iii）段所依据的前提，即印度水电站的运作要考虑巴基斯坦的既有使用，虽然没有达到在动态解释方法中的绝对优先地位，但仍然是一个指导性的原则。也就是说，第 15（iii）段保护巴基斯坦在全年中将基申甘加/尼勒姆河的部分水资源用于其既有的农业和水电用途的权利。[②]

（4）确定印度水电开发权利的优先性

仲裁庭面临的一项艰难任务是，它必须确定哪方率先计划了水电工程，而且还要确定该方为落实计划率先采取了具体步骤。仲裁庭认真审查了双方提交的证据，包括内部通信、缔约方之间的函件往来、委员会会议记录和环境影响评价，认为印度的主张更具有说服力，其建造 KHEP 的意图和行动都早于巴基斯坦对 NJHEP 的建造，因此前者在利用基申甘加/尼勒姆河水进行水电开发的权利优先于后者。[③]

在确定优先性的过程中，当事双方对于何种事实起到决定性的作用存在巨大分歧。巴方主张，一旦巴基斯坦表达了坚定承诺，印度在按照《条约》计划建设水电工程时就必须考虑巴基斯坦在特定地点的计划用水。这种承诺发生在 1988 年 12 月，当印度得知巴基斯坦正在计划建设 NJHEP 之时。巴方还指出印度在 1989 年要求提供有关 NJHEP，特别是有关确定既有使用的详细信息，巴基斯坦在 1990 年 3 月提供相关信息。而印方主张，其在 1971 年的一份文件中首次提到 KHEP，该文件早于印度认为的 NJHEP 开始计划的时间，即 1989 年。印度在 1994 年 6 月前已采取措施向巴基斯坦传达了其建设 KHEP 的"坚定意图"，且向巴基斯坦提供了 KHEP（作为水库式水电站）的最终设计方案。虽然巴基斯坦直到 2005～2006 年才得知 KHEP 将被建造为径流式水电站，但这一改变是因为考虑到巴方反对将 KHEP 建造为水库式水电站，并且修订后的设计没有重大变动，因此这一

---

① Partial Award, pp. 208 – 209, paras. 434 – 435.

② Partial Award, p. 209, para. 436.

③ Partial Award, p. 209, para. 437.

变动与确定其"坚定意图"的时间点无关。①

仲裁庭认为，所谓"关键时期"不在 1980 年与 2000 年之间，因为这二十年间除了关于项目的规划、意向和沟通外没有其他重大举措，而且很明显 KHEP 和 NJHEP 设计规模的后续发展和变化与它们最初传达给另一方的方案都存在许多出入。无论从事后看来，关键时期的决定性因素是什么，仲裁庭都不赞同根据没有实际投入建设的方案来确定关键时期。不同于当事双方提出的观点，仲裁庭认为 2000 年以后是最相关的时期，因为在这个时候，关于 KHEP 和 NJHEP 的计划和意图开始结合起来，两项工程也按照这一时期的计划正在建设当中。仲裁庭还认为 2004 年至 2006 年是 KHEP 的关键年份，在此期间印度的 KHEP 建设取得了重大进展。相较之下，巴基斯坦在规划和建设 NJHEP 方面落后于印度。在 2004 年至 2006 年的关键时期，印度表现出推进项目的认真意愿，采取步骤使 KHEP 成为现实（通过设计、招标、融资、公众咨询、环境评价，以及至关重要的国家和地方政府的批准）并使巴基斯坦知晓这一事实（或通过印度在委员会一级的沟通，或通过巴基斯坦专员独立取得的证据）。这一系列事实足以使仲裁庭相信，在 NJHEP 之前，KHEP 已经进展到一个具备"坚定意图"的阶段。虽然有许多阻碍 KHEP 进程的障碍，例如委员会未能有效解决本案所涉争议，但很清楚的是在 2004～2006 年 KHEP 的计划得到了确定，而此时 NJHEP 的方案尚未确定。②

仲裁庭承认，因为两个水电工程都已经完成了大型基础设施建设的大部分进程，正处于建设之中，仲裁庭才得以从事后判断，确定 KHEP 的优先地位。然而，若当事双方处在这一进程中的较早阶段，实际建设尚未开始时，情况就会更加不明朗。仲裁庭建议，如果将来出现类似的问题，当事方在开始建设之前应诉诸《条约》附件 D 下第 3 部分的第 9～11 段规定的程序来确定何种使用具有优先性以及水电站设计是否符合规范。此外，《条约》第Ⅸ条指导当事双方通过委员会达成双边协商决议［第Ⅸ（1）条］，或在委员会无法解决时将争议事项提交中立专家或仲裁法庭［第Ⅸ

①　Partial Award, pp. 209 - 210, para. 438.
②　Partial Award, pp. 210 - 213, paras. 439 - 442.

（2）条]。这些规定的目的即是促使双方在实际工程建设开始之前解决争议，依据上述争端解决机制解决问题也是避免双方竞相设计、建造和运营水电站的最好方法。仲裁庭指出，严格和及时地遵守《条约》关于解决分歧和争端的规定很可能会阻止这种竞争现象的发生，因为争端解决机制将在当事方为建造水电站花费大量资源之前启动。①

（四）印度负有确保最低流量的义务

仲裁庭指出，根据《条约》条款，印度有权调动基申甘加/尼勒姆河的河水以运行 KHEP，但其调水权要受到一定的制约，包括上文所讨论的附件 D 第 15（iii）段，以及进行条约解释时依据附件 G 第 29 段适用的相关国际习惯法原则。这两项限制都要求印度以能够确保基申甘加/尼勒姆河最低流量的方式运行 KHEP。②

首先，仲裁庭分析道，第 15（iii）段赋予印度建设和运行涉及支流间调水的水电项目的权利，同时规定印度有义务避免对巴基斯坦"当时既有的"农业用水或水电用水造成不利影响。然而，避免不利影响的要求不能剥夺印度运行 KHEP 的权利。双方在《条约》下的权利都必须尽可能得到有效行使，即印度调水运行 KHEP 的权利受到巴基斯坦农业和水电用水权利的制约，反之，巴基斯坦的用水权也受到印度调水运行 KHEP 权利的制约。任何无视这两种权利之一的解释都是对第 15（iii）段做出了与《条约》相违背的解读，且损害了某一当事方的利益。③

印度确保流入巴基斯坦境内的水流达到最低限度的义务也是依据习惯国际法解释《条约》的结果。《条约》附件 G 第 29 段规定：

> 除双方另有协议外，仲裁庭应适用的法律包括本《条约》，以及在解释或适用本《条约》必要时但仅在实现此目的的必要范围内，按如下所列顺序适用：
>
> （a）双方明确承认的国际公约规则；

① Partial Award, pp. 213 – 214, paras. 443 – 444.
② Partial Award, pp. 214 – 215, para. 445.
③ Partial Award, p. 215, para. 446.

（b）习惯国际法。①

仲裁庭回顾道，早在《条约》谈判之前，特莱尔冶炼厂仲裁案就已确立了习惯国际环境法的一项基本原则，即

> 任何国家均不得以此种方式使用或允许使用其领土，若通过烟雾在另一个国家领土之内或对领土或领土内的财产或个人造成伤害，造成严重后果，且可得到明确和令人信服的证据的证实。②

1972年《斯德哥尔摩宣言》中的第21项原则更广泛地重申了避免造成跨界损害的义务，即国家在开发自然资源时，必须"保证在他们管辖或控制之内的活动，不损害其他国家或在国家管辖范围以外地区的环境"。③
仲裁庭强调，

> 毫无疑问的是，当代习惯国际法要求各国在规划和发展可能对邻国造成损害的项目时须将环境保护纳入考虑。自特莱尔冶炼厂仲裁案以来，一系列的国际公约、宣言及司法和仲裁判决、裁决都强调了以可持续的方式管理自然资源的必要性。特别是，国际法院在多瑙河案中详细阐述了"可持续发展"原则，并指出了"协调经济发展与环境保护的需要"。④

仲裁庭继而指出，在将可持续发展原则应用于大型建设项目时，如同国际法院在乌拉圭河纸浆厂案中所表达的，该原则被转化为"一般国际法上的一种要求，即在某计划采取的工业活动可能在跨境环境下造成重大负面影响时，特别是对共享资源而言，应当进行环境影响评价"。在该案中，

---

① Para. 29 of Annexure G, the Indus Waters Treaty.
② *Trail Smelter Arbitration*, 13 R. I. A. A. (1905), p. 1965.
③ Stockholm Declaration of the United Nations Conference on the Human Environment, 3 UN Doc. A/CONF. 48/14/Rev (1972).
④ Partial Award, pp. 169 – 170, para. 449. *See also Case concerning the Gabčíkovo-Nagymaros Project* (*Hungary/Slovakia*), Judgment, I. C. J. Reports 1997, p. 78, para. 140.

国际法院确认，"如果工程对河流制度或其水资源的水质造成影响，计划实施该工程的国家没有对其可能造成的潜在影响进行环境影响评价，那么，它就没有履行审慎义务及其所暗含的警惕和预防责任"。最后，国际法院强调，此种审慎、警惕和预防的义务"在必要的情况下，自项目运行之始贯穿于项目的整个生命周期"。①

仲裁庭也回顾了莱茵铁路公司案。该案的仲裁机构裁定，作为一项一般国际法原则，各国在进行大规模建设活动时负有"防止或至少减轻"对环境的重大损害之义务。该原则"不仅适用于一国自主进行的活动，也适用于为履行某具体条约而进行的活动"。② 这也就是说，该原则亦适用于本案中当事方履行《条约》的行为。

仲裁庭指出，即使是解释相关法律发展之前所缔结的条约，也必须考虑国际环境法原则。莱茵铁路公司案将习惯国际环境法的相关概念应用于19 世纪中期缔结的条约，当时环境保护原则很少为国际条约所考虑，也尚未构成习惯国际法的一部分。同样，国际法院在多瑙河案中提出，在条约的适用问题中，如必要，"必须考虑这些新的规范，恰当地衡量其重要性"。③ 因此，在本案中，仲裁庭认为其有责任适用现行习惯国际法下关于环境保护的原则来解释 1960 年缔结的《条约》。④

在此背景下，仲裁庭注意到，印度在本案的听证会上承诺，在任何时候都确保 KHEP 下游的最低环境流量，巴基斯坦也对此做出了回应。⑤ 也就是说，当事双方均承认水电工程的规划、建造和运行须考虑环境的可持续性。双方也同意，出于环境保护的需要，必须维持 KHEP 下游的最低流量。但是，双方对于构成最低限度的适当水量持有不同意见，因此，仲裁庭需要确定准确的最低流量值，但在部分裁决阶段双方提供的数据和信息

---

① *Pulp Mills on the River Uruguay* (Argentina v. Uruguay), Judgment, I. C. J. Reports 2010, p. 83, para. 204.

② *Arbitration Regarding the Iron Rhine* ('Ijzeren Rijn') *Railway between the Kingdom of Belgium and the Kingdom of the Netherlands*, Award, 24 May 2005, *PCA Award Series* (2007), para. 59.

③ *Case concerning the Gabčíkovo-Nagymaros Project* (*Hungary/Slovakia*), Judgment, I. C. J. Reports 1997, p. 78, para. 140.

④ Partial Award, p. 217, para. 452.

⑤ Partial Award, pp. 217 – 218, paras. 453 – 454.

不足，仲裁庭将该问题推迟到最终裁决时解决。

四　争议二：降低蓄水池水位的合法性

巴基斯坦请求仲裁庭解决的第二项争议是：

> 依据《条约》，除了不可预见的紧急情况外，印度能否将径流式
> 水电站的蓄水池中的水耗尽或使水量降至死水位（Dead Storage Level）
> 以下？[①]

巴基斯坦的担忧源于 KHEP 的设计修改为径流式水电站后，包含了一个流量为 2000 立方米/秒的溢洪道，以及位于 2370 米高处的三个门控开口，也就是说，门的底部在河床上方 10 米，在 KHEP 的死水位下方 14.5米。印度表示，该溢洪道将发挥泄洪和除沙的双重作用，并特别表示其有意利用泄洪道进行抽水冲刷（drawdown flushing）。抽水冲刷是一种去除水电站蓄水池中泥沙的技术，通过大坝的低水位出水口将蓄水池中的水抽到接近河床的水位。在抽水冲刷的过程中，水流通过蓄水池的速度接近河流的自然流速，水流输沙能力的增强会将河床上堆积的泥沙抬升，通过大坝的出口将泥沙从蓄水池中排出。在 KHEP 的设计中，抽水冲刷将使水量降低至溢洪道闸门，水位因此也就低于死水位。

在此背景下，双方无法达成一致意见的是，印度是否可以根据《条约》在非不可预见的紧急情况下，特别是以抽水冲刷为目的，将诸如 KHEP 这样的径流式水电站的蓄水池水量降至死水位以下。巴基斯坦认为《条约》的具体条款禁止抽水冲刷，印度则辩称抽水冲刷符合《条约》中的"最先进技术"概念（state-of-the-art concept），这一点在关于巴格里哈尔水电工程（Baglihar Hydro-electric project）的专家决定中得到了确认。此外，印度对争议二的可受理性提出了两项异议。

---

① Pakistan's Request for Arbitration, para. 4；Pakistan's Memorial, paras. 1，12.

（一）争议二的范围

在争议二中，当事双方对于印度依据《条约》是否可以通过抽水冲刷定期降低西部河流上径流式水电站的蓄水池水位以控制泥沙存在分歧。虽然理论上可以将该争议的措辞理解为蓄水池能否被耗竭，但仲裁庭经过分析后认为核心问题是，《条约》是否禁止印度对 KHEP 以及未来将在西部河流上运行的其他径流式水电站的蓄水池进行抽水冲刷。

争议二触及双方根本关切的问题。对于巴基斯坦来说，确保其不间断地使用西部河流下游的水流是《条约》的重要目标之一，由于抽水冲刷必然影响大坝下方水流的速度和时间（蓄水池放水时，流量增加；随后蓄水池重新蓄水时，流量减少），禁止抽水冲刷对于实现上述目标至关重要。此外，巴基斯坦还担心泥沙释放到下游会对河流环境产生影响。巴方主张，限制印度耗竭蓄水池和重新蓄水的能力是《条约》第Ⅲ条"使西部河流的河水流动"和"不对水流造成任何干扰"义务的具体表现。相反，印方主张，抽水冲刷对于其有效行使《条约》所赋予的在西部河流上开发水电的权利至关重要。对于 KHEP 来说抽水冲刷是最有效的泥沙管理技术，对于此项争议的裁定结果将决定印度是否有能力实现 KHEP 和其他水电项目的最大寿命和价值。

仲裁庭指出，争议二涉及的广泛范围加剧了双方的这些关切。虽然双方的分歧起源于印度打算对 KHEP 的蓄水池进行抽水冲刷，但该争议不限于 KHEP 的运作，它也关系到印度将来在西部河流上可能修建的其他径流式水电站上采用抽水冲刷的权利。仲裁庭认为自己的职责是依据法律裁定《条约》是否允许抽水冲刷，但它强调本案裁决对双方关于巴格里哈尔水电工程的权利和义务不产生影响。巴格里哈尔水电工程相关事项已由中立专家做出决定，在此不应重复审查。同时，仲裁庭指出，中立专家的决定仅具有个案效力，不具有普遍指导性，因而不适用于本案。[①]

（二）争议二的可受理性

仲裁庭首先回顾了《条约》下的争端解决机制，并分析了印方针对争

---

① Partial Award, pp. 222 – 223, paras. 468 – 470.

议二的可受理性提出的反驳。

《条约》第Ⅸ条规定了解决可能产生的分歧和争端的方式：

（1）当事各方之间就本条约的解释或适用所产生的任何问题，或任何可能构成违反本《条约》的事实，该事实如果成立的话，应首先由委员会进行审查，委员会将努力以协议方式解决该问题。

（2）如果委员会未能就第（1）段所述问题达成协议，则将视为产生了分歧，应按下列方式处理：

（a）如果任一委员认为该分歧属于附件 F 第 1 部分规定的分歧，则应任一委员的请求，由中立专家依照附件 F 第 2 部分的规定处理；

（b）如果该分歧不属于第（2）（a）段所述情况，或者如果一个中立专家依照附件 F 第 7 段的规定通知委员会，其认为该分歧或其中的一部分应被视为争端，则将视为产生了争端，应依照本条第（3）、（4）和（5）段来解决。

前提是，委员会可以自由裁量，分歧可由中立专家依照附件 F 第 2 部分处理，也可视为争端依照本条第（3）、（4）和（5）段来解决，或以委员会同意的任何其他方式解决。①

第Ⅸ条第（3）、（4）、（5）段规定了印巴两国政府通过协议解决争端，以及在这种努力失败的情况下组建仲裁庭的程序。

第Ⅸ条将当事方之间可能产生的有关《条约》解释或适用的事项，或可能构成违反《条约》的事实，归为三类，即"问题"（question）、"分歧"（difference）、"争端"（dispute）。所有事项都应首先作为"问题"由委员会审查，并努力以协议的方式解决。如果委员会未能就该"问题"达成协议，《条约》规定的某些问题将作为"分歧"来处理，其余则成为"争端"。虽然缔约方可自由选择任何争端解决方式，但涉及的程序可能截然不同。"分歧"可以通过附件 F 程序以指定中立专家的方式快速解决，而"争端"必须通过政府间协议解决，或在未达成协议的情况下由仲裁庭

---

① Article Ⅸ, the Indus Waters Treaty.

裁决。

仲裁庭指出,第Ⅸ条的目的是为双方解决由《条约》产生的争议提供一个综合性的框架,在这个框架下争议要么通过委员会或政府间谈判,要么选择两种第三方争端解决方式之一来解决。《条约》序言中强调了提供这一框架的重要性:"为以合作精神解决今后在解释或适用本《条约》所商定之条款可能出现的问题做出规定。"①

根据第Ⅸ条的规定,若双方争议所涉事项属《条约》附件 F 所列出的技术性分歧,则可提交一名中立专家解决,该中立专家须为高级工程师(a highly qualified engineer)。一般来说,这类技术问题或有关于《条约》在特定事实上的适用,或有关于特定项目是否符合《条约》规范。若该事项成为第Ⅸ条所界定的"争端",除非在政府间得到协议解决,否则可以将其提交仲裁庭。中立专家和仲裁庭一经任命或组成,均有权依据其自身权限对相关争议做出决定,前者依据附件 F 的第 7 段,后者依据附件 G 第16 段。

印度对争议二的可受理性提出了两项反对意见。第一,除非委员们一致同意采取另一种办法,《条约》要求中立专家对双方之间产生的问题是属提交中立专家处理的技术性"分歧"还是属提交仲裁庭处理的"争端"做出一个初步判断,但巴基斯坦在本案中没有要求任命这样一位中立专家。第二,本争议的主题事项客观来说属于附件 F 所列清单下须交付中立专家解决的分歧,而且,巴基斯坦本身也表达了将该议题提交中立专家的意愿。仲裁庭根据《条约》第Ⅸ条依次审查了印度提出的两项异议。

1. 巴基斯坦是否遵循了《条约》第Ⅸ条的程序

(1)印度的主张

印度的第一个反对意见涉及将争端提交至仲裁庭的程序,它指称巴基斯坦没有遵循《条约》所要求的程序步骤,就假定争端已经出现。印度主张,鉴于委员会内部没有就争议二达成协议,巴基斯坦本应要求任命一名中立专家,请求该专家决定争议二构成分歧还是争端。只有中立专家确定争议二不属于《条约》附件 F 第 1 部分规定的技术性分歧,才能将其提交

---

① Partial Award, p. 224, para. 473.

仲裁庭。

印度认为，一方提出的有关《条约》的任何事项都应首先作为"问题"由委员会审查。委员会应本着合作的精神努力地解决任何一方提出的"问题"，委员会成员须为高级工程师，且需认真执行《条约》规定的阶段性机制。然而，如果委员会的努力失败，委员只能单方面采取一种办法：将产生的分歧提交至中立专家。第Ⅸ（2）（a）条明确授权如果委员认为一项分歧是技术性的且属于附件F第1部分范围，可要求将该分歧提交中立专家。但是，如果委员们在这个问题上持有不同意见，则必须参考附件F本身及其第7段，该段规定了在委员会对分歧是否属技术性问题产生不同意见时，中立专家有权决定适用关于"分歧"的程序，即中立专家有权确定分歧是否在自己职能范围内，如果不在则适用其他方式解决该分歧。

印度主张，不同于第Ⅸ（2）（a）条，第Ⅸ（2）（b）条没有规定委员判断"争端"产生的依据，仅规定在第Ⅸ（2）（a）条不适用的情况下适用第Ⅸ（2）（b）条，即两名委员都认为该分歧不属于中立专家解决的技术性问题，或指定的中立专家衡量后认为该分歧超出其职能范围的情况。因此，在双方就如何推进程序不能达成一致的时候，任一方都不能直接发起仲裁程序，而应让中立专家判断"分歧"是否已成为可提交仲裁的"争端"。在印度看来，鉴于《条约》赋予工程师在解释重要条款方面的关键作用，以及双方具有就委员会日常工作中产生的工程问题迅速向中立专家寻求意见的需要，委员会和中立专家在争端解决机制下的优先地位是合乎情理的。

然而，印度认为，在本案中上述程序没有得到遵守。委员们既未一致认定此分歧不属于中立专家解决的技术问题，双方也未要求中立专家判断此分歧的恰当处理方式。印方委员认为该分歧属于第Ⅸ（2）（a）条适用的情形，而巴方委员持反对意见。因为双方委员不能达成一致，印度认为巴方有责任将本争议提交中立专家决定如何处理。而巴方委员没有做出该项请求，而是在2009年3月11日的信函中单方面将本争议界定为"争端"，这样的行为否定了委员会和中立专家的作用并导致过早地将争议二提交仲裁庭审议。

（2）巴基斯坦的主张

巴基斯坦认为，将争议二提交仲裁庭审理的程序是恰当的。第一，仲裁庭对这两个争端的管辖权不存在争议。第二，巴基斯坦为通过谈判解决争议二做出了广泛努力，履行了《条约》第IX条的程序要求。

巴基斯坦认为，第IX（2）（a）条允许任何一方请求任命中立专家。任命请求提出后，则由中立专家来判断该问题是否在其职能范围内。但任命中立专家的请求必须实际提出，在没有实际提出这种请求的情况下，仲裁庭有能力评估和裁决争议二。换句话说，如果委员在仲裁庭成立之前没有发起第IX（2）（a）条下的中立专家程序，那么中立专家程序的优先性就不会被触发，仲裁庭可以依据第IX（5）条行使管辖权。

巴基斯坦指出，在其提交仲裁请求之前，印度从未提出争议二应由中立专家解决或构成一项"分歧"。印度甚至否认存在第IX（1）条下的"问题"。在委员会记录中，印方也一再将与争议二有关的事项定性为"issues"，而不是"questions"，并反对使用《条约》第IX条下的术语。印度不仅拒绝适用第IX条，而且从未请求任命中立专家。因为双方都没有提出任命要求，而且印方委员明确表示不存在任何分歧，第IX（2）（a）条不适用于本案。因此，巴基斯坦认为它恰当地发起了仲裁程序。在仲裁程序启动之前印度没有请求任命中立专家，它也就失去了坚持让中立专家首先决定如何处理争议二的权利，即中立专家程序失去了处理争议的优先性，现在应由仲裁庭来界定争议二是否属于《条约》意义范围内的"争端"。《条约》附件G第16段规定仲裁庭应决定与其权限有关的所有问题，一旦争端提交至仲裁庭，仲裁庭有权对所有有关权限和程序的问题做出最终决定。

（3）仲裁庭的裁决

当事双方对应遵循的程序的分歧源于对第IX（2）（a）条的解释，该条规定了在什么情况下授权中立专家解决双方之间的分歧。与此相反，第IX条对于设立仲裁庭的条件主要是否定表达的。也即是说，除非中立专家决定某一事项应提交仲裁庭，否则只有在双方未依据第IX（2）（a）条将该事项提交中立专家的情况下，分歧才被视为"争端"。为了确定争议是否得到恰当处理，仲裁庭必须首先判断印方委员或巴方委员是否有责任将该问题提交中立专家处理。

根据第Ⅸ（2）（a）条，两国各自的委员行使两种不同的职能：（1）就一项分歧是否属于可提交中立专家处理的事项发表意见；（2）要求将一项分歧提交中立专家处理。从前一职能来看，委员对分歧的处理意见可以被解读为一项程序性要求，即如果任一委员认为该分歧属于附件 F 所列事项，则必须将该分歧提交中立专家处理。或者，从后一职能来看，委员的任命请求只是一种触发机制：客观来看属于附件 F 所列事项的分歧应在任一委员的请求下提交中立专家处理。①

根据仲裁庭的解释，第Ⅸ（2）（a）条表明当事双方意图使委员会发挥双重作用，既作为中立专家程序的发起者，又在某些情况下作为诉诸中立专家机制的一部分。因此，当某一委员认为一项分歧与所列举的技术性事项之一有关，并希望由中立专家解决时，可按第Ⅸ（2）（a）条的要求将该分歧提交中立专家处理。然而，这一要求只有在任命中立专家的请求实际提出后才有效，如果委员仅仅表达出一项分歧由中立专家来处理比较恰当的意见是不够的。仲裁庭认为，"任一委员认为"这一短语是为了保证任何一方都有能力将附件 F 所列的关键技术性问题授权中立专家解决。同时，实际提出任命请求这一要求对于避免可能出现的程序僵局也是必要的。②

仲裁庭认为，印方委员和巴方委员都没有就争议二所涉事项提出任命中立专家的请求，这就足以反驳印度针对可受理性的第一个异议。并且，在仲裁程序开始前印方委员从未表达过争议二属于中立专家职能范围内的意见。相反，第 100 届、第 101 届和第 103 届委员会会议记录显示印方多次不同程度地表达过如下立场：巴方提出的议题可作为委员会进一步讨论的主题；KHEP 的设计符合《条约》规范，因此不存在分歧；水位降至死水位以下是一个普遍问题，不具有与 KHEP 的明确相关性，不应认为存在分歧。然而，对于《条约》是否允许将水量消耗至死水位之下是否属于中立专家职能范围内的问题，印方委员始终未发表看法。③

---

① Partial Award, p. 225, para. 477.
② Partial Award, p. 226, paras. 478 - 479.
③ Partial Award, pp. 226 - 227, para. 480.

仲裁庭重申,《条约》序言表明第Ⅸ条旨在以合作的精神通过多种途径解决分歧和争端。为实现这一目标,第Ⅸ(2)(a)条确保在当事一方提出请求的情况下任命中立专家,但并非旨在为案件进入仲裁程序设置程序性障碍。此外,即使印度现在提出任命请求,因其在委员会会议上坚持认为双方不存在分歧,仲裁庭也不能接受它现在转变立场。因此,仲裁庭驳回了印度针对可受理性的第一个异议。①

2. 争议二的主题是否可由仲裁庭审理

印度提出的第二个异议是,争议二关涉《条约》规定应由中立专家解决的高度技术性问题。

印方认为,即便巴基斯坦遵循了上述程序,争议二的主题仍应由中立专家解决,因为该争议涉及根据附件D第8(d)段对KHEP和死水位之下控制泥沙的出水口位置的设计。《条约》规定水电站设计是否符合规范的问题应由中立专家判断,而且巴基斯坦曾承诺将低水位出水口的问题诉诸中立专家,后又将本争议提交仲裁。

巴方认为,争议二并非技术性争论,也不在中立专家处理的技术性问题清单中,而是有关《条约》具体条款解释的重要法律争论,尤其是附件D第2段和第14段的含义以及巴格里哈尔专家决定的权重。此外,巴方从未表示将争议二提交中立专家的意向。其意欲提交中立专家的问题是溢洪道的合法性,而非争议二所讨论的"抽水冲刷的合法性"。

仲裁庭在处理印方的第二项反对意见时,首先审查了其基本前提,即附件F第1部分所列的技术问题必须交付中立专家解决。仲裁庭认为,《条约》中没有规定,附件F第1部分所列的技术问题必须由中立专家解决而不能由仲裁庭裁决,除非当事方提出要求且中立专家认为自己有能力解决。除了上文讨论的第Ⅸ(2)(a)条的情形外,《条约》中均以许可而非强制的措辞来表达诉诸中立专家这一做法。附件F第1段载列了中立专家能够胜任解决的问题,其中指出"委员可以……向中立专家提交下列问题",但《条约》没有规定必须由中立专家解决这些问题。与此同时,附件F第2段明确限制了中立专家处理与经济赔偿请求有关的技术问题的

① Partial Award, p. 227, paras. 481 – 482.

权限；第 13 段规定，中立专家的决定可能引起的任何不在其职能范围内的事项，应当依照《条约》第Ⅸ条解决。因此，《条约》显然考虑到了技术问题可通过中立专家以外的解决机制获得解决的情况。①

仲裁庭认为，《条约》中没有任何条款禁止仲裁庭审议技术问题，除非当事一方已经实际提出任命中立专家的请求。第Ⅸ（2）（b）条规定了"分歧"升级为"争端"的条件，其中并未提及附件 F 第 1 部分。假如当事方有此意图，《条约》下组建仲裁庭的条件可以规定为一项纯粹的客观检验标准，即所涉争端超出所列技术性问题的范围，然而《条约》没有做此规定。此外，附件 F 第 7 段指示中立专家对照技术问题清单评价其职能范围，但附件 G 没有类似的规定。仲裁庭不需要对其权限进行分析，也不可能通知委员会涉及技术事项的争端实际上应提交中立专家解决。仲裁庭的组成本身也表明了它在解决技术问题上的能力。一般来说，委员会或仲裁庭成员所需的技能或资格表明了当事方期望该机构发挥的作用。《条约》规定，仲裁庭的裁判员之一须为高级工程师，事实上，当事方也完全可以任命工程师为其指定的仲裁员或仲裁庭主席。②

由此，仲裁庭得出结论，中立专家只能解决附件 F 所确定的技术性问题，而一个按规定设立的仲裁庭可以审议关于《条约》的解释或适用所产生的任何问题，或任何可能构成违反《条约》的事实。因此，任何提交仲裁庭的争端都不能仅仅因为涉及技术问题而被裁定不予受理。

最后，仲裁庭考察的问题是，印度所主张的巴基斯坦已承诺将争议二提交中立专家解决是否影响该争议的可受理性。仲裁庭认为，巴基斯坦提交中立专家解决的问题与本案争议二实质上是不同的，前者所关注的是，为控制泥沙而设计的溢洪道出口是否有必要，是否为最小尺寸，是否位于最高水平，是否符合合理和经济的设计，以及是否能使工程令人满意地运作——这正是应由中立专家处理的技术问题。而后者则涉及通常意义上低水位排水口的许可作业方式，特别是《条约》是否允许印度采用抽水冲刷的方式来控制泥沙——这是一个超出中立专家职能范围的法律问题。即便

---

① Partial Award, p. 228, para. 484.

② Partial Award, pp. 228 – 229, paras. 485 – 486.

争议二一开始被当作分歧提交给中立专家，中立专家也有责任将该问题提交回委员会按争端处理。基于上述原因，印度针对可受理性提出的两项异议均不成立。[①]

（三）抽水冲刷的合法性

1. 双方的主张

巴基斯坦担心允许抽水冲刷将使印度能够在西部河流上设计更大和更低的出水口，从而增强了印度对西部河流流量的实际控制能力。因此，巴方主张《条约》的具体条款限制印度耗竭径流式水电站的蓄水池，禁止抽水冲刷。印度反对巴方对相关条款的解释，并辩称，《条约》下的"最先进技术"概念允许根据技术进步来解释条约，抽水冲刷体现了技术发展的最新水平。此外，双方还对仲裁庭应给予巴格里哈尔专家决定的权重意见不一。针对抽水冲刷在《条约》下的合法性，双方分别提出了以下主张。

第一，巴方认为，印度能否耗竭位于西部河流上的蓄水池涉及"印度对西部河流流量的允许干预范围"这一基本问题。鉴于印度在西部河流上游有大量的水电项目，如果允许它不受限制地使用低水位出水口，将使其能够对水流流入巴基斯坦的时间产生重大影响。《条约》为解决这一关切，仅允许印度在附件 D 限定的范围内利用西部河流进行水力发电。争议二是具有普遍性的，它所涉及的不仅是 KHEP，还涉及在西部河流上的任何水电站的设计和运行。此外，巴基斯坦引用缔约过程中的证据指出，对印度改变西部河流流量的能力做出限制，是双方谈判内容的一部分。最后，印度在 1995 年委员会会议上的发言表示，《条约》规定的不能使水位降至死水位以下是其有效排沙的主要障碍，这表明印度承认《条约》限制其耗竭蓄水池和抽水冲刷。

印方认为，巴方担心印度利用抽水冲刷控制西部河流流量是没有根据的，而且巴基斯坦高度关注这种可能性，却忽视了《条约》对于印度在西部河流上有效利用水力发电的关切。即便 KHEP 使用抽水冲刷，巴基斯坦在《条约》下的权利也能够得到充分保护，因为冲刷和蓄水都会在《条

---

① Partial Award, pp. 229 – 231, paras. 488 – 491.

约》规定的洪水期进行，即每年的 6 月 21 日至 8 月 20 日之间。而且在其他时间特别是水流较少的季节进行抽水冲刷也是完全不现实的，因为这项操作需要完全停止发电，对于 KHEP 来说每天将损失约 3000 万卢布（约56 万美元），高流量季节需要数天完成抽水冲刷，而在低流量季节则需要数周。同时，印方认为巴方忽略了《条约》中所载的"最先进技术"概念使其能够适应不断发展的技术，在《条约》没有明确禁止的情况下，印度有权使用最先进的维护程序和措施以确保 KHEP 的长期可持续性。在 1960年，抽水冲刷尚未成为一种已知或被广泛采纳的泥沙管理方法，但现在已成为最先进的技术。鉴于 20 世纪 60 年代对抽水冲刷的了解有限，条约起草者不可能有意禁止抽水，且 1960 年人们对于泥沙沉积的风险也没有今天认识得这么全面。最后，印方回应了之前承认《条约》禁止抽水冲刷的立场：在巴格里哈尔案之前的很长一段时间内，印巴双方的工程师都认为抽水冲刷是不被允许的，但巴格里哈尔案的问题导致印度重新审视了《条约》内容并修正了其观点。

第二，巴方认为，附件 D 中对死库容（dead storage）的定义应结合印度负有的使西部河流的水流动的义务来理解。《条约》附件 D 第 2（a）段对"死库容"的定义如下：

> 死库容是指蓄水中不用于作业目的的部分，死水位是指与死库容相对应的水位线。①

《条约》对库容做出限制是双方为"限制印度对流量的干扰范围"所采取的一种手段。巴方主张，该定义禁止将死库容用于作业目的，也就禁止印度进行抽水冲刷。印度不能通过将抽水冲刷定义为水电站的"维护"而不是"作业"来规避这项限制，因为印度对"作业目的"的狭义解释不仅没有文本基础，而且与《条约》的其他规定也无法调和。

印方认为，该定义不含有禁止的意思，因为它没有使用表示义务的词语，例如"应当"（shall）。其次，虽然《条约》没有定义"作业目的"

---

① Para. 2（a）of Annexure D, the Indus Waters Treaty.

（operational purposes），但抽水冲刷不属于作业目的，而是一种"维护工作"（maintenance operation）。"作业目的"仅限于发电，不包括对水电站的维护。

第三，附件 D 第 14 段通过援引附件 E 中的规定，对径流式水电站施加了一项限制，即"除非发生不可预见的紧急情况，不得耗尽死库容"。

附件 D 第 14 段规定：

> 死库容的蓄水应符合附件 E 第 18 段和第 19 段的规定。①

附件 E 第 18 段规定：

> 无论在任何地点，进行蓄水库容的年度蓄水和死水位之下的初次蓄水时，应以双方委员一致同意的时间和方式进行。如双方委员无法达成一致意见，印度可以按以下方式进行：
> ……
> （b）如果蓄水池位于吉勒姆河上，在 6 月 21 日至 8 月 20 日之间蓄水；……②

附件 E 第 19 段规定：

> 除非发生不可预见的紧急情况，死库容不得被耗尽。如被耗尽，则应按照初次蓄水的方式进行重新蓄水。③

巴方认为，首先，清理泥沙显然不属于"不可预见的紧急情况"，因为印度能够预见到这种需要，附件 D 的第 8（d）段也提到了泥沙控制。因此，第 14 段本身禁止耗竭死库容来进行抽水冲刷。其次，从第 14 段的通常含义来看，它援引的是附件 E 第 18 段和第 19 段的全文，包括禁止耗

---

① Para. 14 of Annexure D, the Indus Waters Treaty.
② Para. 18 of Annexure E, the Indus Waters Treaty.
③ Para. 19 of Annexure E, the Indus Waters Treaty.

竭死库容的部分。再次，第 14 段的禁止义务与《条约》在限制库容以及印度控制西部河流流量的能力方面做出的努力也是一脉相承的。最后，巴方认为 KHEP 并非附件 D 所描绘的典型的径流式水电站，它实质上是水库式水电站，因此更应适用附件 E 第 19 条。

印方认为，第 14 段仅限制径流式水电站蓄水而不禁止耗竭蓄水池。其次，第 14 段出于限制蓄水的目的，援引附件 E 相关条文时仅涉及其中与蓄水有关的部分，而不包括禁止耗竭死库容的部分。再次，正因为径流式水电站和水库式水电站的性质不同，《条约》才对二者做出区别规定，径流式水电站所需的蓄水量比水库式水电站少得多，所需蓄水时间较短，对下游流量的影响能力也较小，因此《条约》允许径流式水电站在耗竭蓄水池方面具有更大的灵活性。最后，印方主张，KHEP 完全符合《条约》对径流式水电站的定义，而且巴方在 2006 年之后对 KHEP 提出的反对意见也建立在承认 KHEP 为径流式水电站的基础上。

第四，附件 D 第 8（d）段规定"除非是出于控制泥沙或其他技术目的的需要，不得在蓄水池的死水位以下修建出水口"。巴方指出，该条并非允许耗竭死库容，而只是允许在死水位以下修建出水口，这二者之间存在重要区别，因为这样的出水口可以用来控制沉积物，而不需要将水位抽降至死水位以下。并且，虽然该条提到了"合理和经济的设计"（sound and economical design），但也必须满足"最小尺寸并位于最高水位"（minimum size, located at the highest level）的要求。印方认为，该段没有提及禁止抽水冲刷或要求不可预见的紧急情况，相反，由于控制泥沙需要耗竭蓄水池，而第 8（d）段明确允许控制泥沙，所以间接允许了抽水冲刷。此外，通过抽水冲刷控制泥沙不构成对西部河流的控制。

第五，巴方主张，虽然附件 D 第 15 段没有明确提及死库容排水的问题，但为了冲洗泥沙而迅速耗竭蓄水池必然违反第 15 段对每日流量的严格限制，因此实际上流量限制即便没有完全禁止，也是"极度限制"了抽水冲刷。不论在哪个季节进行抽水冲刷都有可能违反流量限制，《条约》也没有对流量限制做出季节性的区分。印方则主张，第 15 段不限制抽水冲刷，抽水冲刷会在高流量季节受到一定限制，但不会造成流量减少的问题。

第六，巴方不反对水电项目有效泥沙管理的必要性，但它引用巴方专家莫里斯博士（Dr Morris）的意见认为，KHEP 和其他径流式水电站都可以在不进行抽水冲刷的情况下完成有效泥沙管理。此外，印方所强调的抽水冲刷的重要性是对于水库式水电站，而不是径流式水电站而言的。印方也低估了抽水冲刷对环境的影响，即便《条约》允许抽水冲刷，也需要对其负面环境影响进行评估。

印方主张，《条约》中并未明确禁止抽水冲刷，因此问题的关键在于抽水冲刷是否代表了最先进的技术以及对 KHEP 来说是否有必要。印度认为，泥沙管理对于任何水电站来说都是有必要的。由于气候、构造和地质因素的影响，基申甘加/尼勒姆河上的 KHEP 泥沙沉积问题尤其严重，而抽水冲刷是一种在国际上得到承认的有效泥沙管理方法。根据科学计算结果，对 KHEP 的蓄水池进行定期冲洗，对于尽量减少其泥沙淤积和储存能力的丧失并保持进水口附近良好的泥沙环境是十分必要的。印方认为，对 KHEP 来说抽水冲刷是控制泥沙最有效的方式。

第七，2007 年 2 月 12 日，依据《条约》附件 F 任命的中立专家雷蒙德·拉菲特教授（Professor Raymond Lafitte）做出关于巴格里哈尔案的专家决定，解决了双方关于位于奇纳布河上的巴格里哈尔水电工程的一系列分歧。他判定巴格里哈尔工程的低水位闸门溢洪道设计符合附件 D 第 8（d）段的规范，并认为，"作业目的"指的是发电，为了使水电项目运作良好，出于维护目的可将水位降至死水位以下。

巴方表示，虽然它认为巴格里哈尔案中立专家的推理没有说服力，但并不打算对巴格里哈尔案提出上诉。巴方认为，巴格里哈尔专家决定对本案仲裁庭没有约束力，充其量只是具有说服力。巴格里哈尔案所涉及的问题与目前仲裁庭审理的问题不同，因为它涉及不同河流上的另一个水电项目。此外，巴方认为该专家做出的决定超出了其职能范围，不能视为"最终的、有约束力的"（final and binding）决定，也没有任何分量。

而印方认为，争议二构成了对巴格里哈尔案决定的上诉，因此仲裁庭应不予受理。印度并不将巴格里哈尔案作为一个"有约束力"的判例，而是作为一个处理类似事实和法律的相关判例适用。诉诸判例是一种可取的和普遍接受的做法，印度将巴格里哈尔案称为"权威判例"。

2. 仲裁庭的裁决

为了解决争议二，仲裁庭需要确定该条约是否允许印度在运行西部河流上的径流式水电站时为控制泥沙而进行抽水冲刷。巴方主张，《条约》下规制水库式水电站的附件 E 明确禁止耗竭水电站的蓄水池，即意味着无法使用抽水冲刷。而在附件 D 下，在死库容的定义、对低水位出水口的限制以及对大坝下方释放水流的相关限制的共同作用下，抽水冲刷也是被禁止的。印方辩称，巴方提及的这些条款不禁止抽水冲刷，而且缔约方特意在起草《条约》时载入灵活的"最先进技术"原则以便能够利用最先进的技术，其中包括控制泥沙的技术。

仲裁庭考虑了水电装置中控制泥沙的流程，回顾了《条约》背景和印度在西部河流上开发水电的权利范围，并考察了双方援引的《条约》具体条款，以判断抽水冲刷的合法性和必要性。①

首先，仲裁庭指出，双方对 KHEP 作为径流式水电站的性质不存在本质分歧，巴方对于 KHEP 的描述基本上是准确的，即 KHEP 建设了一座高坝，比许多径流式水电站的蓄水量大，而且采用的是水库式水电站常用的进水设计。但由于《条约》仅根据用于水力发电的蓄水量定义径流式水电站，因此大坝拦截的总水量对于水电站的分类没有影响。仲裁庭强调，争议二不仅关涉 KHEP 的泥沙控制，也关系到印度未来在西部河流上建造的其他径流式水电站能否耗竭蓄水池。因此，仲裁庭将根据《条约》附件 D 审查这一问题。《条约》的附件 D 规定了在西部河流上设计、建造和运行径流式水电站应符合的要求。②

（1）蓄水池泥沙淤积与泥沙控制

虽然争议二本质上是一个法律问题，但因其涉及泥沙淤积的过程、泥沙管理、从蓄水池释放泥沙的不同方法的效果比较和释放泥沙的环境影响，解决该争议需要了解泥沙在蓄水池中是如何沉积的以及控制泥沙沉积的技术手段。因此仲裁庭在解释《条约》相关条款之前简要回顾了泥沙沉积的过程并介绍了控制泥沙的几种手段。

---

① Partial Award, pp. 231 – 232, para. 493.
② Partial Award, p. 232, para. 494.

大致说来，控制泥沙在蓄水池中淤积可以通过以下几种方法实现：（1）减少进入蓄水池的泥沙数量；（2）使泥沙通过蓄水池，避免其从悬浮体中沉降；（3）允许泥沙在蓄水池中沉降并定期清理淤泥，抽水冲刷即属此种方法。每种方法各有利弊，效果也因流域情况和蓄水池具体位置而异。通常，几种方法相结合取得的效果最佳。①

（2）与抽水冲刷有关的《条约》上下文

能否耗竭死水位以下的蓄水由附录 D 明确规定，其中援引并参照了附录 E 的有关条款。这些规定应在整个条约的语境内加以解释，特别是应以允许使用和分配在西部河流上的用水权为背景。仲裁庭首先从双方援引的有关耗竭水量的条款上下文着手分析《条约》。

第一，《条约》的主要目标之一是限制印度在西部河流上的蓄水活动（并相应地，完全禁止巴基斯坦在东部河流上游蓄水）。该条约的附件 E 严格限制了印度可以在每条西部河流上开发的一般库容（general storage）、电力库容（power storage）和泄洪库容（flood storage）的容量。对于新建的径流式水电站，附件 D 同样限制其蓄水池的允许容积，并将这一容积与现场计算得出的最小平均流量时的发电量挂钩。这些限制都非常严格，例如，印度在吉勒姆河干流上可蓄水的容积为零，缔约过程中这些限制是双方争论的重点。但结果是《条约》在双方的立场之间达成了谨慎的平衡，既赋予印度在西部河流上开发水电的权利，也保证上游的蓄水不对流入巴基斯坦的水流造成不当的干扰。而死库容是唯一不受附件 D 或 E 条款限制的库容。印度可在径流式水电站或水库式水电站中设计任意容量的库容，因为死库容与其他库容在性质上是不同的，死库容是"死"的，即只需一次蓄水，此后不再发生变化。②

第二，仲裁庭注意到，在许多情况下，《条约》不仅限制当事方采取某些行动，而且还限制可能涉及这些行动的工程建设。因此，《条约》不仅限制印度在西部河流上的蓄水，也不允许印度建设超过《条约》规定的发电能力的水库式水电站。附件 D 则列明了容许运行的径流式水电站标

---

① Partial Award, pp. 234 – 235, paras. 499 – 502.

② Partial Award, pp. 235 – 236, paras. 504 – 505.

准，并在第8段对该类水电站的设计做出了限制。特别是，第8（d）段禁止在蓄水池的死水位以下修建出水口，"除非是出于控制泥沙或其他技术目的的需要"。任何可能需要的出水口必须是最小尺寸并位于最高水位，既满足合理和经济的设计要求又能使工程令人满意地运行。①

当事双方对第8（d）段的含义提出了截然不同的意见。巴基斯坦认为该条可推定为禁止抽水冲刷，而印度则认为该条明确授权为有效泥沙管理而进行必要的大坝设计。仲裁庭认为二者的理解都不准确。第8（d）段没有以直接或迂回的方式，通过禁止必要的出水口来禁止抽水冲刷，它允许出水口在"出于控制泥沙的必要"时低于死水位。同时，第8（d）段也不能证明双方允许抽水冲刷，出水口低于死水位也可以在不显著降低蓄水池水位的同时通过泄洪控制泥沙淤积。因此，仲裁庭认为，第8（d）段既没有允许也没有禁止抽水冲刷。这一条款须结合其上下文来理解。对低于死水位的出水口的设计限制只有在一个背景假设下才有意义，即死库容的用途也受到某种程度的限制。如果双方允许耗竭死库容，无论是出于抽水冲刷或其他用途，限制死水位以下出水口的大小和位置就目的不明。考虑到用于抽水冲刷的出水口的首选位置是在河床上，换句话说，是在蓄水池的最低水位，而不是最高水位，这一点更加得到印证。因此，《条约》对出水口的限制有力地表明，对死库容的使用和耗竭也存在一定限制。②

第三，仲裁庭认为，《条约》的意图是允许印度通过径流式水电站在西部河流上开发水电。这是需要考量的一个重要方面，因为双方不会浪费时间进行数年的谈判最终却无法有效行使《条约》下的权利。任何《条约》规定的权利必须能够得到有效行使。如果禁止抽水冲刷将阻碍可持续的水电开发，那么仲裁庭在进行条约解释时就需要考虑到这一现实。鉴于存在多种可采的泥沙管理方法，并非所有方法都需要耗竭水量至死水位以下，仲裁庭认为需要进一步考查抽水冲刷的必要性。③

（3）《条约》具体条款是否禁止消耗死水位以下的蓄水

就《条约》的具体条款而言，仲裁庭指出，两项条款直接影响到抽水

---

① Partial Award, pp. 236 – 237, para. 506.

② Partial Award, p. 237, paras. 507 – 508.

③ Partial Award, p. 237, para. 509.

冲刷的合法性，其一关于在水电站下方释放水流，其二关于蓄水的限制。仲裁庭依次讨论了这两项条款。

首先，仲裁庭回顾了附件 D 第 15 段规定的径流式水电站下方释放水流的条件：

> 在符合第 17 段规定的前提下，水电站的运行工作应满足以下条件：（a）在任意一个连续 7 天的周期内，水电站上方河流接收的水量应在同一 7 天周期内输送到水电站下方的河流中；（b）在上述 7 天周期内的任意一个 24 小时周期内，相较于同一 24 小时周期内水电站上方河流接收的水量，输送到水电站下方河流的水量不得少于前者的 30% 且不得多于前者的 130%……

巴方主张，根据第 15 段对水量的限制，抽水冲刷即便没有被完全禁止，也是"极度受限"（severely curtailed）的。仲裁庭认为未必如此：根据特定蓄水池的流量和水文规模，抽水冲刷可能符合，也可能不符合这些限制。一般来说，对于水文规模较大的蓄水池以及低流量季节的大部分蓄水池来说，抽水冲刷将不符合第 15 段的规定。但水文规模较小的蓄水池仍有可能在 7 天内完成冲刷，同时又符合第 15 段对水电站下方每日输水量的限制，因此不能认为第 15 段禁止抽水冲刷。然而，按照印度的设计，在 KHEP 上进行的抽水冲刷很可能不符合第 15 段的流量限制。①

其次，对于抽水冲刷最关键的限制条款是附件 D 第 14 段，其中援引了附件 E 第 19 段。仲裁庭注意到，在解读这些条款时不能将第 19 段中关于禁止耗竭的规定同 18 段关于蓄水的规定分开。通过援引第 18 段关于初次蓄水的时间安排和第 19 段，起草者意图使附件 D 对重新蓄水的情形做出规制。何时可以耗竭蓄水池显然与重新蓄水的需要直接相关，这一点从第 19 段的措辞"如被耗尽"也可以得知，因此附件 D 在援引附件 E 第 19 段时指的是第 19 段全文，而不仅是第二句话。双方对于泥沙淤积不属于不可预见的紧急情况不存在争议。因此，附件 D 禁止以抽水冲刷为目的耗竭

---

① Partial Award, p. 238, para. 512.

死库容。①

此外，仲裁庭指出，这一条约解释结果与附件 D 中对 "死库容" 的定义也是一致的，即 "库容中不用于作业目的的部分"。仲裁庭认为没有必要判断该定义本身是否禁止抽水冲刷，但有必要强调 "作业"（operation）和 "维护"（maintenance）存在区别，在像本《条约》这样详细和全面的法律文件中，仲裁庭认为，一方不可能通过主张《条约》并未提及的 "维护目的" 来规避《条约》明确做出的限制性规定。②

（4）抽水冲刷对于西部河流上水力发电的必要性

仲裁庭讨论的最后一个关键问题是，抽水冲刷对于在西部河流上进行可持续的水力发电来说是否必不可少。这需要评估禁止抽水冲刷对印度在西部河流上运作径流式水电站的能力造成的影响。

仲裁庭审阅了双方提交的技术性文件和依据的专家意见，认为《条约》施加的限制不应当造成 KHEP 或印度在西部河流上建造的其他水电项目无法运行或成为不经济的短期项目。虽然禁止耗竭蓄水池的条款使得印度无法在死水位之下进行抽水冲刷，但抽水冲刷只是泥沙控制的若干技术之一。就 KHEP 而言，仲裁庭同意巴方专家莫里斯博士的意见，泄洪排沙（sediment sluicing）是一种可行的替代方案。此方法是在泥沙颗粒沉淀到水库中之前，将满载泥沙的水流通过大坝释放出来。根据莫里斯博士的说法，阻碍 KHEP 进行泄洪排沙的是 KHEP 目前的设计，而不是大坝的高度或蓄水池的大小。印方没有反驳莫里斯博士的意见。虽然印方专家仁谷利珈博士（Dr Rangaraju）认为抽水冲刷是必要的（essential），仲裁庭认为他的证言仅能够证明抽水冲刷是恰当且也许是更优（appropriate and perhaps preferable）的技术，而并非唯一可行的。另一位印方专家施莱斯博士（Dr Schleiss）的报告中表明抽水冲刷以 KHEP 现行的设计来说是必要的，但并未排除其他设计方案的可行性，因此也未能证明不含抽水冲刷的设计在技术上行不通。仲裁庭认为，印度在西部河流上无须抽水冲刷就能够有效行使其水力发电的权利，这一点不仅是对于 KHEP 而言，也适用于未来

---

① Partial Award, p. 239, para. 514.
② Partial Award, pp. 239 – 240, para. 515.

的其他径流式水电站。一般来说，泄洪排沙适宜水文规模较小且狭窄的蓄水池，因为河流上多余的来水可以带走泥沙，这种几乎不降低水位的排沙方法对于一年中大部分输沙量都来自短期且可预测时段的地区尤其有效。[①]

仲裁庭特别强调，在进行评估时它考量的不是不使用抽水冲刷进行水力发电对于印度而言是否更加有利，因为仲裁庭在解决争端时没有采用"最佳实践"的义务。印度主张其有权对位于西部河流上游的水电设施进行最优设计和运作（the optimal design and operation）。然而，任何设计工作都需要考虑各种因素，并非所有的因素都是技术性的，水文、地质、社会、经济、环境以及监管方面的考虑都是直接相关的。仲裁庭认为，该《条约》对印度修建和运作水电站的相关限制就属于监管因素，而水电站的最佳设计和运作是可以在《条约》所规定的限制范围内实现的。[②]

最后，仲裁庭指出，本裁决的内容不应对已经在西部河流上运行的或还未运行但已经在建设中的其他径流式电站产生追溯性的影响。因为对于这些水电站，印度已经向巴基斯坦披露了设计方案，而巴基斯坦没有提出反对。[③]

五　最终裁决：最低流量的确定

（一）争议范围与可受理性

在最终裁决阶段，仲裁庭要求当事方提交进一步的数据，以便裁量基申甘加/尼勒姆河上应维持的最低流量。双方按仲裁庭的要求提交了数据，但都对另一方提交文件的范围和内容表示了反对。

巴方认为，印度利用仲裁庭要求双方提交数据和信息的机会提出了新的论点和专家证据，"试图推翻或修改在部分裁决中做出的最终且有拘束力的裁定"。因此，巴基斯坦要求仲裁庭从双方提交的材料中提取所需数据并无视无关的材料。

---

① Partial Award, pp. 240 – 243, paras. 517 – 521.

② Partial Award, p. 243, para. 522.

③ Partial Award, p. 243, para. 523.

印方则认为，巴基斯坦提交的文件中包含"大量环境材料"，远远超出了仲裁庭要求提供数据的范围，而且充斥着对其立场的辩护。印度对巴基斯坦提交文件的范围和内容提出谴责，但没有向仲裁庭提出任何要求，相信仲裁庭会做出公正的处理。

仲裁庭认为，双方提交的文件都是合理和适当的，符合仲裁庭的要求。鉴于双方对尚待解决的问题有不同的看法，仲裁庭预料到它们希望强调和提请注意不同方面的事实，在部分裁决中故意未对进一步提交的数据范围做出限制。因此，仲裁庭肯定了双方意见的可受理性。[①]

（二）最终裁决的任务

根据部分裁决的内容，最终裁决的目的是确定 KHEP 下游所须维持的最低流量的精确速率。仲裁庭首先回顾了部分裁决中已解决的事项，然后处理了双方关于基申甘加/尼勒姆河水水文数据的分歧，接下来根据已有证据评估了 KHEP 可能对巴基斯坦的农业和水电用水以及下游环境造成的影响，并依据这些影响裁定了最低流量。最后，仲裁庭处理了巴基斯坦要求建立监测制度的请求。

首先，仲裁庭在回顾部分裁决的内容时，强调了巴基斯坦的农业用水和水电用水对于本案的相关性，并强调，根据习惯国际法对《条约》做出的解释，印度负有"确保流入巴基斯坦的水流达到最低限度"的义务。仲裁庭还指出，当事双方都认识到，为了环境的可持续发展，KHEP 下游的水流必须达到最低限度，但是双方对构成最低限度的水量持有不同意见。因此，在部分裁决和双方提交的进一步数据的基础上，仲裁庭在最终裁决中面临的任务是：确定一个最低流量，既能够减轻 KHEP 运行过程中对巴基斯坦农业和水电用水的不利影响，同时保护印度运行 KHEP 的权利和 KHEP 相对于 NJHEP 的优先性。仲裁庭指出，正如它在部分裁决中所强调的，为了保证缔约双方使用基申甘加/尼勒姆河河水的稳定性和可预测性，仲裁庭必须确定一个精确的最低流量。[②]

---

① Final Award, pp. 343 – 344, paras. 76 – 77.

② Final Award, p. 347, paras. 87 – 88.

（三）最低流量的确定

1. 双方关于水文数据的分歧

按照仲裁庭的要求，双方提交了对 KHEP 坝址、实际控制线、NJHEP 坝址的流量估算数据。双方的流量估算方法大致相同：如相关年份（1971 年至 2004 年）的数据可用，双方均采用目标位置附近观测站的流量数据；双方均将选定观测站与参考观测站的可用数据相联系并运用回归分析填补数据空缺；双方均将穆扎法拉巴德观测站（Muzzafarabad measuring station）选定为参考观测站；对于附近没有观测站的地点，例如实际控制线上，双方均使用基申甘加/尼勒姆河沿线其他地点的观测站来估算流量。

但双方就以下问题存在分歧：①计算最低流量应使用以前根据《条约》交换的数据还是"修正"的数据；②诺舍里水文测量站（Nauseri gauging station）的数据是否真实可靠；③应使用巴方还是印方的回归分析来填补观测数据的空白；④适用何种分析框架以及如何确定实际控制线上的可用流量。[①]

仲裁庭观察到，尽管双方提交大量证据强调它们在方法上的差异，但它们的数据实际上是十分相似的。尤其是低流量季节，双方对月平均流量的估算很少出现非常大的差异。对于一年中最干旱的几个月中实际控制线上的流量，巴方数据还略高于印方数据。唯独在估算实际控制线上非常低的流量时，双方的数据出现了意料之中的显著差异，这是由于缺乏观察和来自附近地点的数据有限所造成的，仲裁庭在做出裁决时会将此纳入考虑。[②]

仲裁庭还评论了当事方收集水文数据的方法。当事双方对于计算最低流量使用的数据来源存在分歧，但《条约》没有规定委员会、中立专家或仲裁庭只能使用依照第Ⅵ（2）条交换的数据处理《条约》相关争议，只要数据真实可靠且以透明的方式取得，就符合水文领域的最佳实践。但巴基斯坦没有与印度分享已公布的真实数据，让印度付费查阅巴基斯坦发布在水文年鉴中的数据是不妥当的。仲裁庭要求双方通过印度河常设委员会

---

① Final Award, p. 324, para. 22.
② Final Award, p. 348, para. 90.

机制来保证水文数据的质量并共享数据。①

2. KHEP 对下游的影响

接下来，仲裁庭根据当事双方提交的意见，评估了 KHEP 可能对巴基斯坦的农业用水和水电用水以及对印度河下游和实际控制线穿过的地区产生的环境影响，继而审查了这些影响与部分裁决中裁定的印度在《条约》下享有的权利之间如何相互作用。仲裁庭采取的方法是：首先根据双方提交的数据考虑 KHEP 对下游的影响，再决定如何将《条约》适用于这些事实。②

（1）巴基斯坦的农业用水

巴方没有提供其在基申甘加/尼勒姆河上现有或预期农业用水的相关数据，但它表示，尼勒姆河谷未来的发展将依赖于增加抽水灌溉的使用并摆脱自给自足的农业模式。双方对于该潜在使用与确定最低流量的相关性意见不一。

仲裁庭重申其在部分裁决中的决定，即尽管在 KHEP 确定并获得优先地位时巴基斯坦的农业用水尚不确定，但巴基斯坦有关农业用水的权利仍是 KHEP 运行中需要考虑的相关因素。在确定最低流量时，仲裁庭需要考虑预期的农业用水。但由于巴方未提交相关数据，仲裁庭可依赖的证据较少，只好根据其水电用水和环境因素来确定最低流量。尽管如此，仲裁庭相信该最低流量将确保河流中水流充足，不会严重限制尼勒姆山谷的农业发展。③

（2）巴基斯坦的水电用水

双方提供的数据反映了水量变化对各自水电站（即 KHEP 和 NJHEP）的发电能力和经济效益造成的影响。仲裁庭指出，根据巴方提交的数据来看，KHEP 的运行明显会降低 NJHEP 的发电能力。印方没有对巴方的计算提出质疑，但反对巴方提出的流量方案，认为每一种方案都将大幅减少 KHEP 的发电量，并损害仲裁庭在部分裁决中给予 KHEP 的优先权。仲裁庭认为，只有 NJHEP 会受到最低流量的影响，并指出流量和发电量之间具

① Final Award, p. 348, para. 91.

② Final Award, p. 349, para. 92.

③ Final Award, p. 349, para. 94.

有直接且近乎线性的关系。①

（3）下游环境

双方对 KHEP 下游可能产生的环境变化做出了截然不同的评估。巴基斯坦对一系列指标之间的相互作用进行了全面评估，并预测实际控制线上的生态系统可能产生中等至严重变化，变化的程度取决于河水的流速。而印度的评估是基于预期水深和对三种鱼类的影响，其结论是 2 立方米/秒的低流量不会对水生环境造成影响。

仲裁庭指出，双方的分歧必须根据不断发展的预测环境变化的科学来看待，而环境变化则是由水流条件改变而引起的。巴基斯坦进行了更为广泛的分析，试图反映河流生态系统内部的复杂相互作用。科学家和决策者越来越多地使用这种性质的评估来加深对生态的理解，从而促进对河流系统的管理和发展。相比之下，印度采取了较为简单的评估，得出的结论基本上来自一个单一的指标——特定鱼类的栖息地。②

仲裁庭认为，对这类环境问题的评估没有唯一"正确"的方法。对于特定的河流或项目，何为正确的方法将取决于河流的现有状态、预期变化的幅度、拟议项目的重要性，以及可利用的时间、资金和当地的专业技术。对于某些情况，简单的评估方法可能是首选。而对于 KHEP 这样大规模的项目，巴方更为恰当地深度评估了下游环境的潜在变化。印方的评估只考虑了可供鱼类生存的水深，这种评估方法不足以应对基申甘加/尼勒姆河复杂的生态系统。③

巴方在评估结论中将河流的生态环境进行分级，认为 40 立方米/秒的流量可使河流条件达到高 C 级别（high C category），而 20 立方米/秒的流量或释放 70% 的水流将使河流条件达到低 C 级别（lower Category C river condition）。仲裁庭认为，将基申甘加/尼勒姆河的河流状况分级的做法虽然有帮助，却有可能暗示了数字上的精确性，而这一过程本身就具有固有的不确定性。但无论如何，减缓下游的环境变化需要的环境流量远远高于印度所主张的流量。在处理双方的水文数据时，仲裁庭也注意到了实际控

---

① Final Award, pp. 349 – 350, paras. 95 – 96.

② Final Award, pp. 350 – 351, para. 98.

③ Final Award, p. 351, paras. 99 – 100.

制线上的水位对 KHEP 所释放的水量尤其敏感。在只考虑环境相关因素的情况下，仲裁庭确定的环境流量是 12 立方米/秒。①

仲裁庭给出了一个暂时性的结论，KHEP 对环境和巴基斯坦发电（包括 NJHEP）的影响都表明，最低流量应高于印度主张的流量，但低于巴基斯坦主张的流量。如果仅考虑环境因素，KHEP 向下游释放的水流应维持在大约 12 立方米/秒。如果考虑到巴基斯坦的水电用水，KHEP 就需要释放更多水流。仲裁庭特别强调，这未必适用于其他河流条件，该裁定也不应被解释为将环境流量等同于固定的最低流量。在其他情况下，特别是国家间合作不存在困难的情况下，适当的环境流量可以演进为一个动态的流量机制。而在本案中，由于当事双方的数据表明 KHEP 对旱季流量的影响是生态变化的主要决定因素，仲裁庭认为没有必要考虑百分比或动态的流量机制。②

3. KHEP 的优先性

仲裁庭指出，评估 KHEP 的影响只是第一步，在确定最低流量时还必须考虑另外两个因素。

第一，部分裁决中确认了 KHEP 具有优先性。虽然 KHEP 的运行必须使双方的权利都得到有效行使，但"巴基斯坦的农业用水和水电用水免受不利影响"这一要求不得剥夺印度运作 KHEP 的权利。为了平衡印度有效运行 KHEP 的权利和保护下游环境的需要，仲裁庭认为，在最干旱的月份里，印度在 KHEP 地区有权使用至少一半的水流。如果为了避免对 NJHEP 的负面影响将每月的最低流量限定为一半以上，将不符合《条约》规定。③

①　Final Award, p. 352, paras. 102 - 103.

②　Final Award, p. 352, para. 104. 因最终裁决中多次提及"最低流量"和"环境流量"，仲裁庭在注释 151 中澄清了二者之间的区别。环境流量不一定是一个固定的最低量，最低流量仅影响旱季的水流，而环境流量是一个流量机制，能够将基础设施和开发造成的河流环境变化维持在一个可接受的范围内。因此，环境流量视实际情况可高可低，并可能对高流量季节的水流有一些不是"最低流量"的规定。实际上，巴基斯坦提出的百分比或动态流量机制就是环境流量的例子。基于基申甘加/尼勒姆河的特征以及低流量是生态变化的主要原因，同时，由于最终流量的确定不仅基于环境，还基于巴基斯坦的水力发电用水，仲裁庭才能够以固定的最低流量来确定环境流量。只要这一最低流量有助于减轻重大环境损害，它也可以作为环境流量，但不意味着二者含义相同。

③　Final Award, p. 353, paras. 107 - 109.

第二，附件 G 第 29 段规定解释或适用《条约》时应参照习惯国际法的相关规定。仲裁庭重申其在部分裁决中指出的，即使在解释相关习惯国际法形成之前缔结的条约，也必须考虑国际环境法原则。而且，本案中，附件 G 第 29 段明确了适用习惯国际法的范围和顺序。

部分裁决中仲裁庭指出，一国在进行大规模建设活动时负有防止或至少减轻对环境的重大损害的义务。从这项义务，仲裁庭不难得出结论，确定环境流量对于履行《条约》来说是必要的。然而，仲裁庭认为其"不应当也没有必要在权衡环境变化和其他权利的优先性时采取预防性的方法或承担决策者的角色，去寻求可接受的环境变化和其他优先事项之间的平衡，或是允许环境考虑超越《条约》明确规定的其他权利和义务间的平衡，尤其是印度转移吉勒姆河支流的权利"。仲裁庭的权力相当有限，只能够减轻重大损害。除此之外，做出更多限制不仅没有必要，也是为《条约》所禁止的。如果习惯国际法不是用来限制，而是用来否定《条约》明确授予的权利，这就不是对《条约》的解释和适用，而是用习惯法取代了《条约》。与部分裁决的意见相一致，仲裁庭认为如果将环境的优先性置于其他所有考虑之上，就与《条约》附件 D 第 15（iii）段规定的原则相违背，也违反了附件 G 第 29 段的规定。①

在考虑了双方的流量估算数据后，仲裁庭认为 9 立方米/秒的最低流量标准符合巴基斯坦对环境流量的分析，基于印度的数据也能够在最严酷的冬季维持自然水流。

此外，仲裁庭再次强调，预测环境变化存在一定程度的不确定性，实际控制线上的流量无法测量和未来流量的不可预测性也加剧了这一不确定性。而对于缔约国来说，水流的稳定性和可预测性又是至关重要的。因此，考虑到如果基申甘加/尼勒姆河的实际情况发生变化而既判力原则将阻碍当事方再次对本案提起仲裁，仲裁庭决定，在 KHEP 开始调水的 7 年之后，如任何一方认为必要，可以通过印度河常设委员会和《条约》规定的机制请求重新确定最低流量。②

---

① Final Award, pp. 354 – 355, para. 112.
② Final Award, p. 356, paras. 117 – 119.

4. 监测最低流量制度

巴基斯坦请求仲裁庭建立一个监测制度以评估印度是否遵守了本裁决确定的最低流量。具体来说，它请求命令印度向其提供以下实时数据：（1）流入 KHEP 蓄水池和 KHEP 大坝下方释放的每日流量，（2）蓄水池水位，以及（3）允许巴基斯坦对测量站进行定期检查。

印度拒绝巴基斯坦的要求，认为到他国领土上进行检查是前所未有的，而且超出了《条约》商定的监测范围。此外，该机制建立在恶意推定的基础上，违反了国际法。印度认为，印度河常设委员会足以满足巴基斯坦的监测需求，而且双方一直通过委员会定期交换流量和用水数据。

仲裁庭认为，通过印度河常设委员进行数据交换和监测当事各方对印度河支流使用情况是比较恰当的机制。《条约》第Ⅵ（1）条规定双方交换有关每日流量和释放水流的相关监测数据，此中包括了与 KHEP 有关的必要数据。第Ⅷ（4）条规定了一方委员提出请求时委员会有立即进行现场检查的义务。基于这些条款，仲裁庭认为其既没有必要也没有权力授权委员会建立一个特别的监测制度来执行本裁决。[①]

六　不造成重大损害原则的发展和国际环境法原则的适用

（一）习惯国际法上的不造成重大损害规则

在本案所涉的第一项争议中，巴基斯坦称印度计划在西部河流上建造和运行 KHEP 违反了《条约》下规定的义务，尤其是第Ⅵ（6）条规定的"尽最大努力维护河流的自然水道"，在切实可行的范围内避免阻碍这些水道的水流运行，以免给另一方造成实质损害。巴基斯坦认为 KHEP 会导致水道退化、阻碍水流运行，并造成一系列水道生态环境损害，包括实际控制线下游的自然栖息地、生物群和生态系统功能大量丧失，鱼群种类减少等，还会影响农作物灌溉，导致下游社会经济条件发生重要变化。

仲裁庭在解释该条义务时首先从文本出发，指出"尽最大努力"这一

---

① Final Award, p. 357, paras. 121 – 122.

用语不仅仅是期望性的表达，而是给双方创设了法律义务。就该条款用语的一般意义而言，"维护河流的自然水道"指的是维护河道的物理状态，而不是维持河道中水流的流量和流速。该条款也并不要求维护水道的状态以避免任何类型的水道退化，而仅明确要求避免"可能对另一方造成实质损害的任何对这些水道水流的阻碍"。① 仲裁庭认为，虽然巴基斯坦强调KHEP在清除泥沙的过程中可能会造成河道退化，但它没能充分解释KHEP会对基申甘加/尼勒姆河下游的水流造成何种具体的阻碍。并且，也不能将KHEP本身视为对水流运行的阻碍，因为建造和运行水电工程是印度在《条约》下享有的具体权利。②

虽然不能认定KHEP会对巴基斯坦造成实质损害，但根据《条约》附件D第15（iii）段的要求，以及进行条约解释时依据附件G第29段适用的相关国际习惯法原则，印度在运行KHEP时负有"确保最低流量"的义务。在阐述这一义务时，仲裁庭回顾并确认了习惯国际法上禁止对他国造成重大损害的原则。

首先仲裁庭指出，早在20世纪40年代的特莱尔冶炼厂仲裁案就确立了这样一项惯法原则："任何国家均不得以此种方式使用或允许使用其领土，若通过烟雾在另一个国家领土之内或对领土或领土内的财产或个人造成伤害，造成严重后果，且可得到明确和令人信服的证据的证实。"③ 接着仲裁庭援引了1972年《斯德哥尔摩宣言》中的第21项原则，该原则要求国家在开发自然资源时，必须"保证在他们管辖或控制之内的活动，不损害其他国家或在国家管辖范围以外地区的环境"。④ 仲裁庭还回顾了国际法院在多瑙河案中对可持续发展原则的详细阐述以及对"协调经济发展与环境保护的需要"的提及，⑤ 并进一步确认，习惯国际法要求各国在规划

---

① Partial Award, p. 189, para. 374.

② Partial Award, p. 189, para. 375.

③ *Trail Smelter Arbitration*, 13 R. I. A. A. (1905), p. 1965.

④ Stockholm Declaration of the United Nations Conference on the Human Environment, 3 UN Doc. A/CONF. 48/14/Rev (1972).

⑤ *Case concerning the Gabčíkovo-Nagymaros Project (Hungary/Slovakia)*, Judgment, I. C. J. Reports 1997, p. 78, para. 140.

和发展可能对邻国造成损害的项目时须将环境保护纳入考虑。[①] 此外，仲裁庭援引了莱茵铁路公司案的裁定：作为一项一般国际法原则，各国在进行大规模建设活动时负有"防止或至少减轻"对环境的重大损害之义务，该原则"不仅适用于一国自主进行的活动，也适用于为履行某具体条约而进行的活动"。[②]

基于对习惯国际法上不造成重大损害原则的确认和阐释，仲裁庭明确指出印度在《条约》下须承担不造成重大损害的义务，在本案中具体体现为保持最低流量的义务。鉴于资料和证据的不足，仲裁庭将确定最低流量的工作推迟到最终裁决。但无论如何，在本案中，仲裁庭通过考察相关法律渊源、回顾相关的国际司法判例，对不造成重大损害原则，特别是国际水道法领域内的不造成重大损害原则进行了解释和适用。它明确了水道国在行使其条约权利时，须承担习惯国际法上的义务，至少上游国须承担"确保最低流量"的义务。

（二）国际环境法原则在国际河流案件中的适用

本案中巴基斯坦主张，"维护河流的自然水道"的义务要求印度对KHEP可能造成的下游环境影响进行充分评估，而印度拒绝将国际环境法原则适用于本案。对此，仲裁庭指出："毫无疑问的是，当代习惯国际法要求各国在规划和发展可能对邻国造成损害的项目时须将环境保护纳入考虑。自特莱尔冶炼厂仲裁案以来，一系列的国际公约、宣言及司法和仲裁判决、裁决都强调了以可持续的方式管理自然资源的必要性。"[③]

就可持续发展原则在大型建设项目上的应用，仲裁庭援引了乌拉圭河纸浆厂案，认为该原则被转化为"一般国际法上的一种要求，即在某计划采取的工业活动可能在跨境环境下造成重大负面影响时，特别是对共享资源而言，应当进行环境影响评价。如果工程对河流制度或其水资源的水质造成影响，计划实施该工程的国家没有对其可能造成的潜在影响进

---

① Partial Award, p. 216, para. 449.

② *Arbitration Regarding the Iron Rhine（'Ijzeren Rijn'）Railway between the Kingdom of Belgium and the Kingdom of the Netherlands*, Award, 24 May 2005, PCA Award Series（2007）, para. 59.

③ Partial Award, p. 216, para. 449.

行环境影响评价，那么，它就没有履行审慎义务及其所暗含的警惕和预防责任"。该义务"在必要的情况下，自项目运行之始贯穿于项目的整个生命周期"。①

仲裁庭回顾了莱茵铁路公司案的做法，强调即使是解释相关法律发展之前所缔结的条约，也必须考虑国际环境法原则。仲裁庭还特别提到，国际法院在多瑙河案中详细阐述了"可持续发展"原则，指出了"协调经济发展与环境保护的需要"，并且在条约的适用问题中指出，如必要，"必须考虑这些新的规范，恰当地衡量其重要性"。②

据此，仲裁庭明确提出可持续发展原则是国际环境法乃至习惯国际法上的一项原则，并确认双方在行使《条约》权利的同时必须将环境保护纳入考虑。然而，仲裁庭在确定最低流量时，认为其"不应当也没有必要在权衡环境变化和其他权利的优先性时采取预防性的方法或承担决策者的角色，去寻求可接受的环境变化和其他优先事项之间的平衡，或是允许环境考虑超越《条约》明确规定的其他权利和义务间的平衡，尤其是印度转移吉勒姆河支流的权利"。③

也就是说，仲裁庭在本案中对国际环境法原则的适用止步于确认"一国在进行大规模建设活动时负有防止或至少减轻对环境的重大损害的义务"，以及据此产生的环评义务和维持最低流量的义务，而拒绝利用国际环境法原则对当事方的行为做出更多限制。可以认为，仲裁庭虽然承认习惯国际法上的可持续发展原则，但在其具体适用上采取了一种相对保守的立场。这是由《条约》的具体内容决定的。附件 D 第 15（iii）段已经对双方的权利之间做出了平衡。附件 G 第 29 段也规定，仲裁庭在解释和适用《条约》时应首先诉诸《条约》本身，其次在必要的范围内依次适用"双方明确承认的国际公约规则"和"习惯国际法"。仲裁庭认为，如果习惯国际法不是用来限制，而是用来否定《条约》明确授予的权利，这就不

---

① *Pulp Mills on the River Uruguay（Argentina v. Uruguay）*, Judgment, I. C. J. Reports 2010, p. 83, para. 204.

② *Case concerning the Gabčíkovo-Nagymaros Project（Hungary/Slovakia）*, Judgment, I. C. J. Reports 1997, p. 78, para. 140.

③ Final Award, pp. 354 – 355, para. 112.

是对《条约》的解释和适用，而是用习惯法取代了《条约》。[1] 总的来说，本案是仲裁庭接受国际水道作为一种共享资源的判例，也是将后续发展的国际环境法原则适用于既往签订的条约的又一国际司法实践。

---

① Final Award, pp. 354 - 355, para. 112.

案件五

古特水坝索赔仲裁案

张 帆

【案件导读】本案是因加拿大在圣劳伦斯河上建设和运营古特水坝引起的私人财产损失跨国索赔案件。① 仲裁庭基于美加两国的协议裁定加拿大负有赔偿美国公民财产损失的严格责任，并建议双方协商确定赔偿数额，快速成功解决了当事方之间的争端。但仲裁庭回避了本案的核心问题，即建造或运营古特水坝与美国公民财产损失之间的因果关系，仲裁庭也未对跨境损害责任的相关国际法规则做出任何阐释。

【关键词】边界河流 建设和运营大坝 跨境损害 因果关系
严格责任 合同责任 侵权责任

一 古特水坝索赔争端的产生与发展

1900 年，加拿大决定在美加边界的圣劳伦斯河上修建一座水坝，以提高该河的通航能力。该水坝被称为"古特水坝"（Gut Dam），坐落在安略湖下游 110 千米处，位于加拿大的亚当斯岛（Adams Island）和美国的莱斯加洛普斯岛（Les Galops Island）之间。由于计划将水坝的一部分建于美

---

① "Canada-United States Settlement of Gut Dam Claims: Report of the Agent of the United States before the Lake Ontario Claims Tribunal", *International Legal Materials*, vol. 8, no. 1, 1969, pp. 118 – 143.

国领土之上，加拿大请求美国给予许可。美国的许可附有两个条件，其中第二个条件是："如果该水坝的建造和运营对莱斯加洛普斯岛的财产所有者或美国任何其他公民的财产造成损失或损害，加拿大政府应当进行赔偿，赔偿额应由加拿大政府与受损的当事方协议决定，或与美国有管辖权的适当法院可能判赔的数额相等。"为了获得理想效果，加拿大在水坝开始修建后又向美国提出请求，希望能增加水坝的高度。基于同样的附加条件，美国再次给出了许可，水坝最终得以建设完成。

1951 年，美加边界的五大湖经历了史无前例的高水位和罕见的暴风雨，安大略湖南岸的美国领土上发生洪涝灾害，一些美国公民因此遭受了财产损失。1952 年 6 月，美加两国联合向两国间专门处理跨界水事务的国际联合委员会（International Joint Commission）发起咨询，请求确认安大略湖水位变化的原因和影响。1958 年，该委员会发布最终报告，认定古特水坝仅是造成安大略湖水位增高并导致损失的众多因素之一。与此同时，加拿大为修建圣劳伦斯海上通道而拆除了古特水坝。

在洪涝灾害中遭受财产损失的部分美国公民在美国纽约北区地方法院对加拿大提起了损害赔偿之诉。[①] 1952 年 11 月 10 日，加拿大致函美国政府，承认加拿大对因修建或运营古特水坝造成的美国公民财产损失负有赔偿义务，但它同时也强调，承认这一义务并不意味着它放弃在美国法院的主权豁免。最后，加拿大依据主权豁免成功避开了美国法院的送达程序，1956 年美国法院驳回了上述全部诉讼。

1952 到 1953 年间，加拿大建议美国的索赔当事人将此事项诉诸仲裁，但双方并未达成仲裁协议。1954 年 5 月，美国的索赔当事人向美国国务院提出援助请求。两国政府进行了一系列谈判，但未取得成果，直到 1962 年，美国国会通过一项法案，决定将所有索赔请求提交美国外国索赔解决委员会（United States Foreign Claims Settlement Commission）来解决。该委员会关于古特水坝案的工作持续到 1964 年底，其间它遇到了一系列重大难题，例如证据的缺失和评估损失的方法难以确定，其中最复杂的问题是如

---

① *Oster v Dominion of Canada*, United States District Court for the Northern District of New York (24 May 1956) 144 Federal Supplement 746.

何确定美国公民的财产损失中可归因于古特水坝的份额。

二 仲裁庭关于赔偿责任问题的裁决

美加两国经过持续磋商，最终决定将争议提交仲裁解决。1965 年 3 月，两国达成了《美国与加拿大政府关于建立仲裁庭处理美国关于古特水坝的索赔的协议》，即《古特水坝仲裁协议》。① 依据该协议，美国—加拿大安大略湖索赔仲裁庭于 1966 年成立。仲裁庭由三名仲裁员组成，专门处理美国公民对加拿大提起的因古特水坝的建造与运营造成的损失或损害的求偿之诉。

《古特水坝仲裁协议》第二条规定，仲裁庭的决议应当基于以下一个或几个问题的答案：（a）古特水坝的建造是否造成本求偿之诉针对的财产损失的直接原因；（b）如果是，这种财产损失的性质和程度如何；（c）是否存在对这种财产损失进行赔偿的法律责任；（d）如果是，赔偿的数额应当为多少，赔偿责任人是谁。为了回答这些问题，仲裁庭要适用在加拿大和美国有效的实体法，也包括国际法和衡平法（equity）。

美国认为该条中的（a）项和（b）项关涉侵权责任，而（c）项和（d）项关涉违约责任，美国选择追究加拿大的违约责任而非侵权责任，因此仲裁庭可以不考虑（a）项和（b）项，而只依据（c）项和（d）项做出裁定。美国还进一步提出，依据《古特水坝仲裁协议》第二条（c）项和（d）项以及美国在大坝许可文件中附加的条件，只要证明古特水坝是造成美国公民财产损失的原因即可，并不需要证明它是造成损失的直接原因。但加拿大认为，仲裁协议第二条的各项必须一起解读，如果美国要获得赔偿，它就必须证明其求偿满足第二条中的全部四项要求。

1967 年 9 月，仲裁庭决定首先解决赔偿责任问题，即加拿大是否对古特水坝造成的美国公民财产损失负有赔偿责任。这个问题又分为以下两个层次。

---

① Agreement between the Government of the United States of America and the Government of Canada concerning the Establishment of an International Arbitral Tribunal to Dispose of United States Claims relating to Gut Dam, 17 UST 1566.

1. 确定有权得到赔偿的当事人的范围

加拿大认为，古特水坝据以修建的协议不限于美国的许可文件，还包括两国之间的一系列文件、法令和信函。把所有这些文件放在一起解读，可以看出仅莱斯加洛普斯岛的所有者有权获得损害赔偿。美国则援引许可文件的措辞，主张两国政府的真实用意是让美国所有财产受损的公民都有权获得赔偿。

加拿大提出的另一个主张是，美国战争部长在签发大坝许可文件时附加条件的行为属越权行为，因为 1902 年 6 月的国会法案并没有规定这种条件。[①] 美国认为战争部长的权限与本案所涉争议无关，不属于仲裁庭的裁判范围。美国还提出，加拿大既然在过去近 50 年中都接受美国的许可文件以及其中的条件，那么依据禁止反言原则（estoppel），它不得再否认这些条件的拘束力。

1968 年 1 月 15 日，仲裁庭做出了第一项决定，一致裁定加拿大的赔偿责任应当无差别适用于任何美国公民。

2. 确定赔偿责任的期限

加拿大认为，美加两国在关于古特水坝的协议中规定了一个有限的测试期，在测试期内美国战争部长应当判断水坝是否造成了损害。这一期限始于水坝峻工，终于 1908 年 6 月第一次极端高水位出现之时。加拿大据此主张，即使它根据协议负有赔偿责任，这种责任也已在 1908 年 6 月终止。美国则提出，1952 年加拿大对美国政府发出的外交照会以及 1953 年 5 月经加拿大国务院批准的新闻稿都承认，如果损失由古特水坝造成，那么加拿大即负有赔偿责任。1968 年 2 月 13 日，仲裁庭做出了第二项一致裁定。仲裁庭认为根据加拿大 1952 年外交照会和 1953 年新闻稿，"现在加拿大已无权再主张在本案涉及的时间段其赔偿责任已失效"。显然，仲裁庭认为加拿大承认赔偿责任的行为属于禁止反言范畴。

确定加拿大对 1951 年到 1952 年间因水坝遭受财产损失的任何美国公民都负有赔偿责任后，仲裁庭没有继续处理损害原因和损害定量等问题，而是建议加拿大和美国在不影响求偿请求有效性和实体责任的前提下协商

---

① Public L 57 - 164, 32 Stat 392 (1902).

解决所有索赔请求。两国政府接受了这一建议。1968 年 9 月 27 日，两国政府通知仲裁庭，它们已达成协议，加拿大将向美国一次性支付 35 万美元，作为对所有因古特水坝而发生的索赔请求彻底和终局性的解决方案。

三　案件评析

本案共包括 230 项索赔，涉及复杂的问题和海量的材料，而且当事方在几乎所有问题上都持有异议，因此仲裁庭的任务相当繁重艰难。在仲裁庭面对的众多问题中，最复杂的是古特水坝与美国公民财产损失之间的因果关系问题。如国际联合委员会的报告所言，古特水坝仅是造成安大略湖水位增高并导致损失的众多因素之一。那么，古特水坝是不是造成美国公民财产损失的直接原因？美国公民的财产损失有多大比例可归因于古特水坝？这些既涉及复杂的法律问题，也涉及复杂的事实问题。

仲裁庭没有直面上述问题，而是着眼于争端的最终解决，选择了快速、务实和谨慎的解决方案。首先，仲裁庭没有同时审理全案，而是采取了渐进的处理方式。其次，在确定第一个需要解决的问题时，仲裁庭回避了最为复杂的"因果关系"问题，而选择从"赔偿责任"着手。最后，在解决"赔偿责任"问题时，仲裁庭采取了与拉努湖仲裁案[1]类似的实用主义方法，即充分依赖当事方之间业已达成的协议。从争端解决的最终效果来看，仲裁庭的上述做法是相当明智的。

仲裁庭没有在裁定中充分阐述其回避"因果关系"问题的理由，但显然它在很大程度上采信了美国的主张。就美国的立场而言，本案存在法律责任的竞合，美国既可以选择依据两国之间关于建造古特水坝的双边协议追究加拿大的"违约责任"，也可以依据国际法上的一般原则追究加拿大因修建水坝造成跨境损害的"侵权责任"。在美国看来，美国当初许可加拿大修建古特水坝的文件即是两国关于建造古特水坝的双边协议，其中关于损害赔偿的附加条件非常明晰，据此追究加拿大的违约责任对美国更加有利。仲裁庭没有明言它接受了美国的选择，但显然它也认为依据两国之

---

[1]　*Lake Lanoux Arbitration* (France/Spain), 12 R. I. A. A. (1957), pp. 281 – 317.

间的双边协议进行裁判是更简单实用的方法。在这种思路指引下，仲裁庭最后确定了加拿大基于双边协议所担负的严格责任，而没有讨论确定"侵权责任"必然涉及的损害原因与损害结果之间的因果关系问题，也没有对跨境损害责任的相关国际法规则做出任何阐释。

第二部分

国际河流生态环境保护争端成案

案件六

乌拉圭河纸浆厂案

孔令杰

【案件导读】本案所涉争端因乌拉圭在乌拉圭河沿岸规划和建设纸浆厂而起,阿根廷基于两国在 1975 缔结的《乌拉圭河条约》将争端提交国际法院,控诉乌拉圭违反条约规定的通报等程序义务及环境保护等实体义务。国际法院依据国际法上有关条约解释的一般规则及有关环境保护、国际水道非航行使用和保护的国际法,解释和适用 1975 年条约,判定乌拉圭违反了条约规定的程序义务但未违反实体义务。法院明确了程序义务和实体义务之间的关系,界定了流域委员会的性质、地位和作用,强调了水道国开发国际水道无须经他方事先同意,但须履行与合作相关的程序义务,向对方通报,对可能造成重大跨境负面影响的工程实施环境影响评价,与对方进行诚信磋商,照顾对方的权利、利益和现实需要,平衡经济开发和环境保护,保障国际水道的可持续利用。

【关键词】边界河流 共享自然资源 水污染 条约解释 动态解释 程序义务 实体义务 通报 磋商 行为义务 结果义务 公平合理利用 环境和生态保护 可持续发展 预防责任 环境影响评价 水质监测 最佳技术 生物多样性 利益和权利共同体

一 乌拉圭河沿岸纸浆厂规划和建设
争端的产生与发展

（一）乌拉圭河概况

本案所涉乌拉圭河系拉普拉塔河的支流，自北向南流经巴西、阿根廷和乌拉圭三国，总长约 1600 千米，在阿根廷和乌拉圭的边境构成两国的界河。① 1961 年，阿根廷与乌拉圭缔结边界条约，划定了两国在乌拉圭河上的国家边界，并约定签署专约规制该河的利用和保护事宜。②

两国于 1975 年达成《乌拉圭河条约》（简称 "1975 年条约"），全面规定了乌拉圭河的航行、港口、人员和财产安全与救助、水资源、河床资源和其他自然资源的利用与保护、污染、科研、联合管理以及争端解决等问题，以实现该河的最佳和理性利用。③ 其中，针对拟实施的与乌拉圭河相关的项目和活动，条约要求双方承担一系列程序和实体义务，须在依据条约设立的乌拉圭河委员会（Administrative Commission of the River Uruguay，简称 "CARU"）的协调下采取联合与合作行动。

（二）CMB 纸浆厂项目

乌拉圭计划在其境内乌拉圭河段的左岸修建两个纸浆厂。第一个纸浆厂（简称 "CMB 纸浆厂"）由西班牙 ENCE 公司投资设立的 CMB 公司规划建设，厂址在弗赖本托斯市（Fray Bentos）东侧，靠近乌拉圭河上的圣马丁将军跨国大桥（General San Martín Bridge）。

2002 年 7 月 22 日，CMB 公司向乌拉圭环保部（DINAMA）提交了该项目的环境影响评价报告，并向乌拉圭河委员会主席做了通报。2002 年 10 月 17 日和 2003 年 4 月 14 日，CARU 主席两次致函乌拉圭环保部，要求提供

---

① *Pulp Mills on the River Uruguay* (Argentina v. Uruguay), Judgment, I. C. J. Reports 2010, p. 14.

② 635 UNTS No. 9074, at 98, signed by Argentina and Uruguay at Montevideo, Uruguay, 7 April 1961, Art. 7.

③ 1295 UNTS No. I - 21425, at 340, signed by Argentina and Uruguay at Salto, Uruguay, 26 February 1975, entered into force 18 September 1976.

CMB 纸浆厂项目的环境影响评价报告。5 月 14 日，乌拉圭向 CARU 提交了"CMB 项目环境影响调查报告——公共发行简本"。一个月后，CARU 水质与污染控制委员会注意到该文件，并建议将文件提交给其技术专家征求意见。

2003 年 7 月 21 日，乌拉圭环保部在弗赖本托斯召开听证会，讨论 CMB 项目的环境审批问题，CARU 法律咨询与技术委员受邀参加。8 月 15 日和 9 月 12 日，CARU 先后两次要求乌拉圭提供更多关于 CMB 项目的信息。10 月 2 日，乌拉圭环保部向住房、土地使用规划与环境事务部（MVOT-MA）提交了项目的环境影响评价报告，并建议在满足特定条件的情况下初步批准该项目。10 月 9 日，MVOTMA 颁发了准许 CMB 公司建设纸浆厂的初步环境批准书。在两国元首会晤后，CARU 表示愿意在乌拉圭向其提交相关资料的前提下恢复对 CMB 项目的技术分析。10 月 17 日，在阿根廷的要求下，CARU 召开临时特别会议，阿根廷在会上对乌拉圭颁发初步环境批准书提出抗议。此后，由于双方无法就如何执行 1975 条约规定的磋商机制达成一致，CARU 的工作也一度中止。

2003 年 10 月 27 日，乌拉圭向阿根廷提供了 ENCE 公司于 2002 年 7 月 22 日提交的环评报告、本国环保部于 2003 年 10 月 2 日做出的最终评估报告及其于 2003 年 10 月 9 日做出的初步环境批准书。阿根廷指出，乌拉圭违反了 1975 年条约第 7 条规定的程序，提供的资料不够充分，导致它无法全面评估 CMB 项目的环境影响。11 月 7 日，应阿根廷外交部的要求，乌拉圭向阿根廷提交了本国环保部持有的关于 CMB 项目的全部资料。

2004 年 2 月 23 日，阿根廷将这些资料全部发给 CARU。2004 年 5 月 15 日，CARU 水质与污染控制委员会草拟了关于 CMB 纸浆厂区域的乌拉圭河水质监测计划。11 月 12 日，CARU 批准了该计划。

2005 年 11 月 28 日，乌拉圭政府批准 CMB 公司启动建设纸浆厂的前期准备工作。2006 年 3 月 28 日，ENCE 公司决定将 CMB 纸浆厂的建设暂时搁置 90 天。9 月 21 日，ENCE 公司宣布放弃建设 CMB 纸浆厂。

（三）俄里翁纸浆厂项目

本案所涉第二个纸浆厂项目（简称"俄里翁纸浆厂"）由芬兰 Oy Metsä-Botnia AB 公司（简称"波尼亚公司"）投资规划和建设。该纸浆厂的选址位于规划建设的 CMB 纸浆厂下游几千米处。

2003 年底，波尼亚公司向乌拉圭政府通报了建设俄里翁纸浆厂的计划，并于 2004 年 3 月提交了初步环境批准申请。2004 年 4 月 30 日，CA-RU 的委员与波尼亚公司的代表进行了非正式会晤。6 月 18 日和 10 月 19 日，CARU 水质与污染控制委员会两次要求波尼亚公司提供更多的相关信息。11 月 12 日，CARU 批准了委员起草的关于俄里翁纸浆厂区域的乌拉圭河水质监测计划，并再次要求乌拉圭提供更多的信息。11 月 16 日，CARU 致函乌拉圭政府重申了上述要求。

2004 年 12 月 21 日，乌拉圭环保部举行了有关俄里翁项目环境影响的听证会，CARU 指派一位专家参会。2005 年 2 月 11 日，乌拉圭环保部通过了关于俄里翁纸浆厂项目的环评调查，并建议对该项目颁发初步环境批准书。2 月 14 日，MVOTMA 颁发了准许建设纸浆厂与附近一港口的初步批准书。在 CARU 于 3 月 11 日和 5 月 6 日召开的会议上，阿根廷指控乌拉圭的上述行动违反了 1975 年条约规定的相关程序。

2004 年 4 月 12 日，乌拉圭批准启动俄里翁纸浆厂建设所需的场址清理工作与相关地面工程。2005 年 5 月 31 日，两国外交部联合召开新闻发布会，宣布成立了高层专家组（GTAN），由该专家组在 180 天内解决两国关于 CMB 和俄里翁项目的争端。2005 年 8 月至 2006 年 1 月间，GATN 共召开了 12 次会议，两国代表也广泛交换了信息和意见。2006 年 1 月和 2 月，乌拉圭和阿根廷先后宣布 GATN 程序已失败。2005 年 6 月，阿根廷向世界银行主席致函，表达了该国对 IFC 公司投资俄里翁纸浆厂的顾虑，IFC 公司已请相关专业公司评估了项目的环境影响。

2005 年 8 月 22 日，乌拉圭批准建设纸浆厂的一个烟囱与水泥地基，随后又批准安装污水处理设备。其间，阿根廷曾多次要求暂停俄里翁纸浆厂与港口的初步建设工程。两国元首于 2006 年 3 月会晤后，乌拉圭曾要求 ENCE 和波尼亚公司暂停工程建设，ENCE 公司暂停了 90 天，而波尼亚公司仅暂停了 10 天。10 月 12 日，乌拉圭批准波尼亚公司从乌拉圭河取水用于工业生产，并于 10 月 17 日通知 CARU。在 11 月召开的伊比利亚—美洲国家大会上，西班牙国王曾对双方争议进行调解，但双方并未达成任何一致。

2007 年 11 月 8 日，乌拉圭批准俄里翁纸浆厂运营，该纸浆厂于次日正式运营，附近的港口也于 11 月 16 日投入使用。

2006 年 5 月 4 日，根据 1975 年条约第 60 条，阿根廷将该争端提交国际法院，指控乌拉圭违反了条约规定的程序义务和实体义务。

本案主要涉及 1975 年条约的解释和适用问题，包括程序义务和实体义务两个方面的法律问题：其一，乌拉圭批准建设 CMB 纸浆厂及批准建设和运营俄里翁纸浆厂是否违反了 1975 年条约规定的程序义务；其二，乌拉圭于 2007 年 11 月批准俄里翁纸浆厂运营是否违反了 1975 年条约规定的实体义务。

经过书面和开庭审理，国际法院在界定了其管辖权的范围与应适用的法律后，着重分析了乌拉圭是否违反了 1975 年条约规定的程序和实体义务，并于 2010 年 4 月做出实体判决。

二　法院的管辖权范围与本案应适用的法律

（一）法院的管辖权范围

根据 1975 年条约第 60 条，"关于 1961 年边界条约及本条约解释和适用的任何争端，若双方未能通过直接谈判解决，任何一方均有权将其提交国际法院"。双方对法院依据本条取得对本案的管辖权并无异议，但它们对法院管辖权的范围存在分歧。

阿根廷主张，1975 年条约不仅保护乌拉圭河的水质，还保护条约从整体上确立的乌拉圭河系统及受俄里翁纸浆厂影响的地区。根据条约第 36 条，法院对俄里翁纸浆厂造成的空气、噪声和视觉污染具有管辖权。此外，俄里翁纸浆厂造成的臭气对阿根廷在乌拉圭河上的旅游开发造成了负面影响，法院对此也有权管辖。乌拉圭则辩称，空气、噪声和视觉污染以及纸浆厂对阿根廷旅游业的影响与 1975 年条约的解释和适用无关，法院对这些事项不具有管辖权。

国际法院关于本案的管辖依据源自 1975 年条约第 60 条，且该条明确规定法院可裁判与 1975 年条约解释和适用相关的争端，因此，法院必须确定阿根廷所提诉求和主张所反映的争端是否涉及 1975 年条约的"解释或适用"。①

法院指出：

> 为了确定乌拉圭是否违反了其在 1975 年条约项下的义务，如阿根廷所称的，法院将必须解释该条约的条款，并确定它们所涉的事项范围。只有阿根廷基于 1975 年条约条款提起的那些诉求才属于法院基于第 60 条项下特别协议条款所规定的属事管辖范围。②

基于条约第 36 条的字面意思，法院认为，该条要求双方通过 CARU 共同采取必要措施避免改变乌拉圭河的生态平衡，控制河流中的有害动物、其他有害物质及受其影响的区域。很明显，该条并不包括阿根廷所主张的噪声和视觉污染。此外，1975 年条约中的其他条款也均不涉及这些事项。因此，法院无权审理阿根廷提出的有关俄里翁造纸厂噪声和视觉污染的诉求。此外，1975 年条约中也无条款涉及阿根廷主张的臭气所造成的损害，法院对此项诉求亦无权管辖。③

（二）本案应适用的法律

阿根廷主张，本案应主要适用 1975 年条约，但条约的解释和适用应参照它所援引的习惯国际法及对双方有效的其他条约和公约。为了保证 1975 年条约得到与时俱进的动态解释，在解释和适用条约过程中应参考规制双方关系的所有相关国际法准则，如国际水道法上的公平合理利用与不造成重大损害原则以及国际环境法上的可持续发展、事先预防与实施环境影响评价等。④

阿根廷还进一步主张，1975 年条约第 1 条和第 41 条以援引条款的形式，将对双方有效的其他条约和国际协定纳入该条约之中。因此，除了

---

① Judgment, p. 41, para. 51.
② Judgment, p. 41, para. 52.
③ Judgment, pp. 41 - 42, para. 52.
④ Judgment, p. 42, para. 55.

1975 年条约规定的各项义务外，法院还有权裁定乌拉圭是否履行了条约援引的法律文件所规定的义务，如 1973 年《濒危野生动植物物种国际贸易公约》、1971 年《湿地公约》、1992 年《生物多样性公约》与 2001 年《持久性有机污染物公约》。①

乌拉圭认为，法院应依照一般国际法解释 1975 年条约，如国际水道法与国际环境法上的相关一般法律原则；但在任何情形下，法院均无权裁定并非基于违反 1975 年条约规定的义务而提出的任何主张。

经考察 1975 年条约作准的西班牙语文本，法院认为第 1 条意在表明双方在严格遵守对其有效的其他条约的基础上，构建实现乌拉圭河最佳与理性利用的联合机制，以具体落实 1961 年边界条约。它并非意在将上述其他条约所规定的义务纳入 1975 年条约之中。类似地，经考察 1975 年条约第 41 条 (a) 的西班牙文本及其上下文，法院认为，该条虽然使用了"依据应适用的国际协定"与"参照国际机构做出的相关指南和建议"，它仅要求双方在制定和执行国内法时遵守相关的国际协定，以保护和保全乌拉圭河的水生物环境。它并非要求将上述协定等法律文件规定的义务纳入 1975 年条约之中。②

三　法院关于程序义务相关问题的判决

在裁定乌拉圭是否履行了 1975 年条约规定的程序义务之前，法院探讨了程序义务与实体义务之间的关系，分析了条约规定的各项程序义务之间的联系，界定了乌拉圭河委员会的性质及以它为中心的各项程序义务的强制性。法院在此基础上裁判了如下问题：乌拉圭是否依照条约履行了向 CARU 和阿根廷通报的义务，双方是否一致同意抛开条约规定的程序，程序终结后乌拉圭是否有权单方面决定启动俄里翁纸浆厂项目。

（一）程序义务与实体义务之间的关系

阿根廷主张，与条约中关于乌拉圭河的水利用、保护、污染和科研等

---

① Judgment, p. 43, para. 56.

② Judgment, pp. 43 - 46, paras. 58 - 63.

事项的实体条款一样，1975 年条约中关于程序事项的第 7 ~ 12 条旨在确保实现该条约第 1 条所规定的 "乌拉圭河最佳与合理利用" 的宗旨和目的，但它们主要旨在避免一方在不顾及两国对乌拉圭河先前和当前使用的情况下对该河采取单方面的开发活动。由于二者密不可分，一方违反程序义务将自动导致违反实体义务。乌拉圭则辩称，程序义务旨在促进双方遵守实体义务，前者仅是途径而非目的，阿根廷的主张混淆了程序和实体问题。

法院注意到，为了实现乌拉圭河的可持续发展，双方通过缔结 1975 年条约，给该河创设了一个全面和动态的管理和法律制度。1975 年条约第 1 条指明了其目的和宗旨，即实现 "乌拉圭河的最佳和理性利用"；双方同意建立 "联合机制"，这包括 CARU 与第 7 ~ 12 条规定的程序义务。法院在 2006 年 7 月做出的关于临时措施的命令中已经指出，此种利用应坚持可持续发展原则，考虑到 "保障河流环境持续保全及沿岸国的经济发展权利"。①

法院注意到，国际法院在多瑙河案中曾强调 "可持续发展理念反映了协调经济发展与环境保护的必要性"，并进一步指出 "应由当事国自己来基于条约的目的找到一种可为双方共同接受的解决方案"。②

法院接着指出：

> 只有通过合作，有关国家才能共同管理一方或另一方计划采取的措施可能造成的环境损害的风险，以便能够通过履行 1975 年条约规定的程序和实体义务来避免有关损害。③

法院注意到：

> 该条约体系既包括用语较为宽泛的实体义务，也包括用语更为具体和特定的程序义务，两者相辅相成、相互促进，共同保障双方在条

---

① *Pulp Mills on the River Uruguay* (Argentina v. Uruguay), Provisional Measures, Order of 13 July 2006, I. C. J. Reports 2006, p. 133, para. 80.

② *Gabčíkovo-Nagymaros Project* (Hungary/Slovakia), Judgment, I. C. J. Reports 1997, p. 78, paras. 140 – 141.

③ Judgment, p. 49, para. 77.

约框架下通过持续的协商来实现条约第 1 条规定的目标。①

法院认为：

　　1975 年条约创设了 CARU，并规定了与该机构相关的程序，以便双方能够履行其应担负的实体义务。然而，1975 年条约中没有条款显示一方可以单凭遵守程序义务来履行实体义务，或者违反程序义务自动导致违反实体义务。同样，缔约方遵守实体义务也并不意味着已经事实上遵守了程序义务，或者有理由不这样做。此外，事实上，在一方没有履行程序义务，并最终放弃实施计划活动的情况下，两类义务之间的关联可能出现断裂。②

由此，法院得出结论：

　　在避免方面，1975 年条约规定的两类义务确实存在功能性的联系，但是这种联系并不阻止缔约方需要基于其特定的内容，单独回答涉及这些义务的问题，并且在必要情形下，基于具体情况，认定存在违反这些义务的责任。③

　　换言之，法院认识到程序义务和实体义务之间的联系，但同时强调了二者的区别：一方遵守了程序条款并不意味着已经履行了实体义务，一方违反了程序义务也不意味着当然违反了实体义务；一方履行了实体义务并不等于它已履行或免除了程序义务。因此，法院需要分别处理双方有关程序义务和实体义务的诉求、主张和抗辩意见。

---

① Judgment, p. 49, para. 77.

② Judgment, p. 49, para. 78. 奥哈苏奈法官和希玛法官在联合反对意见中指出，不遵守相关的程序义务将最终不会对遵守实体义务产生任何影响，我们不能轻易地接受这样的结论。法院认为只要确保实体义务得以履行，违反程序义务便不再重要，只需在判决中做出宣告便构成充分的救济，这不是充分注重程序和实体义务之间的关联的适当方法。*Joint Dissenting Opinion of Judges Al-Khasawneh and Simma*, p. 120, paras. 26 – 27.

③ Judgment, p. 49, para. 79.

（二）1975 年条约规定的相关程序义务

1975 年条约第 7～12 条规定了一国计划实施与乌拉圭河相关的活动所应遵循的程序、过程和时间期限。总体上看，该程序主要包括在 CARU 协调下的通报和磋商义务，旨在保障可能受到项目影响的国家的知情权、反对权及建议调整项目的权利。

首先，若一国的规划项目可能对乌拉圭河的体系或水质造成影响，它应通知乌拉圭河委员会，委员会应在 30 日内初步判断项目是否会对另一方造成重大损害。项目计划国应在上述决定的基础上，通过委员会向对方通报该项目，说明项目的基本情况，在必要时提供实施方案并附其他相关的技术资料，以便被通报国能够评估项目可能造成的影响（第 7 条）。

被通报国应自该国在乌拉圭河委员会的代表收到通报之日起 180 天内对项目计划做出回应，若计划国提供的资料不完整，该国有权在 30 日内通过委员会告知计划国。根据项目的复杂程度，委员会可决定延长上述 180 天的期限（第 8 条）。

若被通报国在上述期限内未提出反对或未做出回应，项目计划国可实施或批准启动该项目（第 9 条）。被通报国有权监督项目依照计划方案实施（第 10 条）。若被通报国认定项目的实施或运营将严重影响乌拉圭河的体系或水质，它应通过 CARU 告知项目计划国，并应指明项目的实施或运营中的哪些部分将造成上述影响、做出该认定结论的技术原因及其关于项目实施方案和运营计划的调整建议（第 11 条）。

若双方无法在第 11 条规定的通报做出后的 180 天内达成一致，任何一方均可依据条约第 60 条将争端提交国际法院。

第 7 - 12 条规定的通报和磋商等程序环环相扣，在双方对乌拉圭河这一共享自然资源的利用和保护存在争议时，对确保实现条约的目的和宗旨具有至关重要的作用。

针对这一问题，阿根廷认为，由于乌拉圭未履行条约第 7 条规定的通知 CARU 的先行义务，它便当然地违反了第 7～12 条规定的后续程序。此外，乌拉圭未依照第 7 条的规定通过 CARU 向阿根廷通报 CMB 和俄里翁纸浆厂的项目计划，也未提供必要的资料。

乌拉圭则认为，双方可一致决定根据其他程序安排，通过其他渠道进行合作，无须严格按照条约规定的程序将有关问题提交 CARU。因此，乌拉圭并未违反条约规定的程序义务，或者它至少通过与条约字面规定的正式程序不同的方式履行了上述义务。

（三）乌拉圭河委员会框架下的合作程序是否具有强制性

乌拉圭认为，与其他河流的委员会一样，CARU 并不具有决策权，它仅是促进双方合作的一种任意性的机制，创设河流委员会的流域国可在必要时自由决定避开该合作机制。既然 CARU 不得超越双方协议授予的权限，双方可不经该委员会而自由决定直接采取类似的双边行动，两国当然可以约定不依据 1975 年条约第 7 条的规定向委员会通报项目计划。在本案中，双方约定无须进行 CARU 的初步审查程序，而直接进入双边谈判程序。

阿根廷则认为，1975 年条约并不仅是一项给双方设定相互义务的双边条约，它创设了一个供双方开展紧密和持续合作的机制性框架，而该框架的核心与灵魂就是 CARU。

法院根据 1975 年条约第 50 条明确了 CARU 的性质：

> CARU 被赋予了法律人格，"以便行使其职权"，而且 1975 年条约的缔约方承诺向它提供"对其运行至关重要的必要的资源及全部的信息和便利"。因此，CARU 绝不单单是缔约方之间的一个信息传送机制，它自身具有永久的存在性，并行使权利和履行职责，以执行 1975 年条约赋予它的功能。①

虽然依照条约，CARU 做出的决定须经双方一致同意，这些决定由秘书处草拟和执行，其成员享有特权和豁免，CARU 还有权在必要时设立下属机构。②

法院注意到：

---

① Judgment, p. 53, para. 87.
② Judgment, p. 53, para. 88.

与其他具备法律人格的国际组织一样，CARU 有权依据 1975 年条约的授权行使职权，这些职权对实现条约的目的和宗旨是必要的，即"乌拉圭河的最佳和理性利用"（第1条）。①

法院援引了它曾在核武器合法性咨询案（*Legality of the Use by a State of Nuclear Weapons in Armed Conflict*）中给出的咨询意见：

国际组织受制于"专一性原则"，也就是说，创设它们的国家赋予了它们权力，而该权力应以促进创设国的共同利益为限。②

法院强调上述意见同样适用于 CARU，虽然它只有两个成员国。③
法院进一步分析了 CARU 的重要作用：

CARU 是缔约方进行协商的框架，尤其是对第7条第1段规定的计划的工程而言，任何一方均不得单方面以自己认为适当的方式偏离该框架，并采用其他沟通渠道。通过创设 CARU 并向它提供运行所需的全部资源，缔约双方已经选择了为它们合作确保"乌拉圭河最佳和理性利用"的共同愿望，提供尽可能好的稳定性、连续性和有效性保障。④

法院指出了 CARU 的功能及其在 1975 年条约中的核心地位：

CARU 在 1975 年条约中扮演着重要角色，不得把它当作可供缔约一方根据自身喜好加以选择的任意性的机制。CARU 在河流利用的各个方面发挥作用，不论是否涉及计划中活动的跨界损害预防，都是如

---

① Judgment, p. 53, para. 89.
② *Legality of the Use by a State of Nuclear Weapons in Armed Conflict*, Advisory Opinion, I. C. J. Reports 1996（I）, p. 78, para. 25.
③ Judgment, p. 53, para. 89.
④ Judgment, pp. 53 – 54, para. 90.

此。对于水资源的利用，它接受缔约方的报告并核实采取的开发活动是否会造成重大损害（第 27 和 28 条）。它的工作领域还包括避免改变生态平衡（第 36 条）；一方在另一方管辖范围内开展科学研究（第 44 条）；执法权的行使（第 46 条）；以及航行权（第 48 条）。[①]

此外，法院还提及 CARU 有权起草关于乌拉圭河联合管理的规则，可对缔约方之间的争端进行斡旋。

由此，法院总结道：

> 鉴于它们赋予 CARU 职权的范围和多样性，缔约方意图使该国际组织构成它们履行 1975 年条约所规定的合作义务的一个核心组成部分。[②]

换言之，CARU 在 1975 年条约与乌拉圭河体系中具有举足轻重的作用，不得将其视为一个可供双方任意选择或抛弃的机制。

（四）乌拉圭是否履行了向乌拉圭河委员会通报的义务

法院认为，项目计划国依据条约第 7 条第 1 段通知 CARU 构成整个程序的第一步。若 CARU 初步认定项目可能会给另一方造成重大损害，项目计划国就有义务与另一方协商，并通过调整方案来消除或减少可能造成损害的风险。虽然双方对乌拉圭建设两纸浆厂的计划属于应向 CARU 通报的事项并无异议，但它们对通报的内容及做出通知的时间存在分歧。

阿根廷认为，通报的内容应根据其目的来确定。由于 CARU 须在收到通知之日起 30 天内做出初步决定，该通报应尽早做出。在本案中，乌拉圭必须在批准或实施两纸浆厂项目之前通知 CARU。乌拉圭则辩称，既然 CARU 须对项目是否可能给他国造成重大损害做出初步认定，由于信息尚不充分，在项目规划的早期阶段不应通知 CARU。在本案中，至少应在该

---

① Judgment, p. 54, para. 91.
② Judgment, p. 54, para. 93.

国环保部对两项目做出初步环境批准后，乌拉圭才应通知 CARU。

法院指出："预防原则是一项习惯国际法规则，它源自一国在本国内开展活动时应遵守的谨慎义务。"① 法院援引了国际法院在科孚海峡案中明确提出的国际判例："每个国家皆有义务不在知情的情况下允许本国领土被用于有损他国权利的行为"。② 法院接着指出："国家有义务利用一切可能的手段来避免发生在本国领土内的行为或位于本国管辖下的行为给另一国的环境造成重大损害。"③

法院援引了它在威胁或使用核武器合法性咨询案中发表的咨询意见，强调国际法院已经明确该义务"构成有关环境的国际法的组成部分"。④

法院接着讨论了向 CARU 通报义务的重要性，认为该义务构成"双方合作的开端，对履行预防义务至关重要"。⑤ 法院强调，对乌拉圭河而言，该河构成"共享资源"，对另一方的重大损害可以是对航行、河流制度或水质的损害。⑥

法院注意到：

> 根据（1975 年条约）第 7 条第 1 段，在程序的初始阶段，向 CARU 提供的信息必须能够使它迅速地初步确定该计划是否可能对另一方造成重大损害。对 CARU 而言，在这一阶段，它的任务在于决定项目是否应适用条约规定的合作程序，而并非断定项目对乌拉圭河及其水质造成的实际影响。⑦

但无论如何，一国在收到初步环境批准的申请后批准项目之前，应通知 CARU。⑧

---

① Judgment, p. 55, para. 101.

② *Corfu Channel* (United Kingdom v. Albania), Merits, Judgment, I. C. J. Reports 1949, p. 22.

③ Judgment, p. 56, para. 101.

④ *Legality of the Threat or Use of Nuclear Weapons*, *Advisory Opinion*, I. C. J. Reports 1996 (I), p. 242, para. 2.

⑤ Judgment, p. 56, para. 102.

⑥ Judgment, p. 56, para. 103.

⑦ Judgment, p. 56, para. 104.

⑧ Judgment, p. 56, para. 105.

结合本案的具体情况，法院认为，从通报的内容、时间和方式来看，乌拉圭均未履行 1975 年条约第 7 条第 1 段规定的通报义务。

（五）乌拉圭是否履行了向阿根廷通报项目计划的义务

根据 1975 年条约第 7 条第 2 段和第 3 段，在 CARU 做出初步评估后，项目计划国应通过委员会向对方通报该项目，说明项目的基本情况，在必要时提供实施方案并附其他技术资料，以便被通报国能够评估项目可能造成的影响。

法院认为：

通报义务旨在为缔约方之间的成功合作创造条件，使它们能够基于尽可能全面的信息来评估计划对河流的影响，并在必要时，就调整计划进行谈判，以避免它可能造成的损害。[①]

法院还进一步强调：

通报义务构成导致缔约方磋商过程的重要组成部分，双方须通过磋商来评估计划的风险，就可能做出的调整进行谈判，以消除风险或减少它们的影响。[②]

法院注意到双方均认为有必要进行全面的环境影响评价，以评估某计划可能造成的任何重大损害。[③] 然而，双方在乌拉圭做出上述通报的时间、内容和方式上存在分歧。乌拉圭认为在本国环保部依照国内法对 CMB 和俄里翁纸浆厂项目做出初步环境批准之前，无须向阿根廷通报并提供项目的环境影响评价报告。阿根廷则主张，乌拉圭向其提供的环评报告并不完整，尤其是报告未提及可供选择的其他场址且未征求受影响居民的意见。此外，在阿根廷收到关于两项目的全面环评报告之前，乌拉圭不得做出初

---

① Judgment, p. 58, para. 113.
② Judgment, p. 59, para. 115.
③ Judgment, p. 59, para. 116.

步环境批准，否则它将无法行使条约第 7 ~ 11 条规定的权利。

法院指出：

> 环境影响评价对做出有关某计划可能给他国造成重大跨境损害的决定是非常必要的，有关国家应依据 1975 年条约第 7 条第 2 段和第 3 段，通过 CARU 将环评结果通报给另一方。这一通报旨在协助被通报国加入确保环评完整性的过程，以便它能够基于对有关事实完整的了解来考虑该计划及其影响。[①]

法院进一步强调：

> 有关国家就计划的环境承载能力做出决定之前必须进行通报，该国（被通报国）在做出决定时须考虑充分对方提交的环境影响评价报告。[②]

本案中，乌拉圭并未通过 CARU 向阿根廷通报有关 CMB 和俄里翁项目的环评结果，而且通报的时间也在乌拉圭依据本国法做出初步环境批准之后。因此，法院判定乌拉圭违反了 1975 年条约第 7 条第 2 段和第 3 段规定的通报义务。[③]

（六）双方是否一致同意废除 1975 年条约规定的程序义务

1. 2004 年 3 月 2 日的备忘录

乌拉圭批准 CMB 项目后，鉴于 CARU 无法履行其职责，两国外长于 2004 年 3 月 2 日达成备忘录，乌拉圭同意向 CARU 提供关于 CMB 项目建设和运营的信息，以便 CARU 可依据条约监测乌拉圭河的水质。双方对该备忘录的性质、内容和范围存在不同的解释和主张。

乌拉圭认为，既然双方通过协商一致的方式达成备忘录，它们在 CMB

---

① Judgment, pp. 59 – 60, para. 119.
② Judgment, p. 60, para. 120.
③ Judgment, p. 60, paras. 121 – 122.

项目上无须再遵守 1975 年条约规定的程序。阿根廷主张，备忘录旨在确保 CMB 项目重返条约规定的程序，它曾多次声明并未因此放弃条约第 7 条赋予本国的权利，而且乌拉圭也从未依照备忘录向 CARU 提供相关信息。

法院指出，双方就备忘录是否能取代条约规定的程序和相关义务存在根本分歧，即便备忘录具有此种效力，这也应以乌拉圭遵守备忘录的规定为前提。鉴于乌拉圭从未依据备忘录向 CARU 提供信息，备忘录并未免除乌拉圭依据条约应承担的程序义务。[①]

2. 关于设立 GTAN 高层技术工作组的协定

两国元首在 2005 年 5 月 4 日会晤后，阿根廷与乌拉圭外交部于 5 月 31 日召开新闻发布会，宣布建立高层技术工作组，继续研究、分析、跟踪 CMB 和俄里翁项目的影响，交换相关信息，并在 180 天内提交初步报告。双方对于该发布会的性质和法律效力存在重大分歧。

乌拉圭认为，双方在发布会上的联合声明构成具有法律拘束力的协定，双方根据该协定启动了 1975 年条约规定的直接谈判程序，它也在 GATN 召开的 12 次会议上向 CARU 提供了有关俄里翁项目的所有必要的相关信息。条约第 12 条并未明确规定，在双方谈判期间，项目计划国是否有权实施项目。虽然根据国际法项目计划国应尽量不在谈判期间采取行动，这一原则并不适用于所有工程建设，尤其是项目的准备工作。

阿根廷主张，双方设立 GATN 并非旨在取代 CARU，而是希望能在 CARU 框架内开展平行的谈判程序。乌拉圭在双方谈判期间继续建设俄里翁纸浆厂和港口，违反了条约第 7 - 9 条的规定，阿根廷曾在这期间多次通过 CARU 要求乌拉圭暂停有关工程。此外，乌拉圭为俄里翁纸浆厂建设的烟囱和港口并不属于初步的准备工作，应视为已经启动了项目的具体建设。

法院认为，双方设立 GATN 的目的在于启动条约第 12 条规定的谈判程序，属于第 7~12 条规定的整体程序中的一个步骤，该整体程序旨在督促双方避免因开展项目而给对方造成重大的跨境损害。因此，GATN 协定不可被解释为双方同意免除条约规定的其他程序义务。[②] 乌拉圭在双方根据

---

① Judgment, pp. 62 - 63, paras. 128 - 131.

② Judgment, p. 66, para. 140.

条约第 7 ~ 12 条进行协商和谈判期间，不得建设或授权建设纸浆厂和港口，否则，这与条约的目的及诚信原则不符。① 因此，双方同意设立 GATN 并未免除乌拉圭根据条约第 7 条应担负的通知和通报义务，乌拉圭在双方谈判期间批准建设俄里翁纸浆厂违反了条约第 12 条。

（七）谈判程序失败后乌拉圭是否有权实施俄里翁项目

根据 1975 年条约第 12 条，若双方经谈判在 180 天内无法达成一致，任何一方可依据第 60 条将争端提交国际法院。阿根廷认为，根据该条，若双方无法在规定期限内达成一致，应由国际法院做出最终裁决，在双方走完第 7 ~ 12 条规定的程序之前，项目计划国不得实施项目。因此，在国际法院做出最终判决之前，乌拉圭不得继续建设俄里翁纸浆厂。乌拉圭主张，根据 1975 年条约，一方对另一方规划实施的项目不具有否决权，也不可主张项目计划国在国际法院做出判决前不得实施项目。

法院注意到：

> 1975 年条约并未明确规定乌拉圭在谈判结束至法院判决期间应承担"不得建造义务"，也无法从该条约的条款中推导出该义务。第 9 条仅规定了在履行条约第 7 ~ 12 条所规定的程序期间应担负的此种义务。②

法院指出：

> 若双方在谈判结束后仍对计划活动存在争议，1975 年条约并未规定有关国家可将该事项提交国际法院，并由法院来决定是否批准有关活动……1975 年条约虽然赋予法院管辖权，来解决有关其解释和适用的任何争端，它并未赋予法院最终决定是否批准计划活动的角色。因此，在谈判结束后，启动计划的国家可以继续进行建设，并自行担负

---

① Judgment, p. 66, para. 143.

② Judgment, p. 69, para. 154.

相应的风险。①

法院接着分析道：

> 第 12 条也没有给缔约方规定将某事项提交国际法院的义务，而只是给予了它们在谈判结束后这么做的一种可能。因此，在法院做出终局判决之前，第 12 条不能对当事方的权利和义务做出任何改变。由于谈判期限已经结束，这些权利包括实施项目的权利，实施项目的当事方应自行承担全部责任。②

法院还特别回顾了它在 2016 年关于临时措施的命令中提出的观点："不应将在当前的选址建设（纸浆厂）视为一个既成事实（fait accompli）"，③ 法院就两国的争端做出实体判决，法院是确保它们遵守 1975 年条约的最终保障者。④ 因此，自 1975 年条约第 12 条规定的谈判程序在 2006 年 2 月 3 日失败后，乌拉圭并不担负不得建设纸浆厂的义务。

四　法院关于实体义务相关问题的判决

在判定乌拉圭是否履行了 1975 年条约规定的相关实体义务之前，法院首先裁定了双方的证明责任与专家证据的证明力，在此基础上依次分析条约第 1、27、35、36 和 41 条给成员国规定的义务及乌拉圭的履行情况，并最终判决乌拉圭并未违反这些实体义务。值得注意的是，法院在探讨第 41

---

① Judgment, p. 69, para. 154.

② Judgment, pp. 69 – 70, para. 155. 奥哈苏奈法官和希玛法官在联合反对意见中指出，1975 年条约第 12 条和第 60 条的联系和区别表明，第 12 条不旨在授权法院处理既有的争端，它具有前瞻性，在某项目实施前，允许法院介入。*Joint Dissenting Opinion of Judges Al-Khasawneh and Simma*, pp. 117 – 118, paras. 18 – 25. 专案法官比努埃萨（Vinuesa）在其反对意见中亦持该观点，认为乌拉圭在法院做出判决前担负不得建设纸浆厂的义务。*Dissenting Opinion of Judge ad hoc Vinuesa*, pp. 268 – 274, paras. 7 – 29.

③ *Pulp Mills on the River Uruguay* (Argentina v. Uruguay), Provisional Measures, Order of 13 July 2006, I. C. J. Reports 2006, p. 133, para. 78.

④ Judgment, p. 70, para. 156.

条规定的避免污染和保护水生物环境义务时，裁判了乌拉圭对俄里翁项目实施环评的义务及其履行情况。

（一）双方的证明责任与专家证据的证明价值

双方对本案所涉实体问题的证明责任存在较大分歧。阿根廷认为，在乌拉圭河的环境保护上，1975 年条约采取了事先预防性的方法，因此乌拉圭应承担证明俄里翁纸浆厂未对河流的环境造成重大损害的证明责任。本案实体问题的证明责任至少不应由阿根廷一方来承担，因为根据 1975 年条约双方均应担负相应的证明责任，即由乌拉圭证明俄里翁项目是无害的，阿根廷应证明该项目是有害的。乌拉圭认为，根据法院长期形成的判例法，本案的证明责任应由原告阿根廷承担，且 1975 年条约采取的事先预防性措施并不导致证明责任倒置，也不应由双方共同承担。

法院认为，根据经法院确认和长期坚持的"谁主张谁举证原则"，本案中提出特定主张的当事国应担负相应的证明责任。[①] 虽然 1975 年条约采取的事先预防性保护措施与条约的解释和适用相关，但这并不能导致证明责任倒置，且条约也未明确要求由双方均担证明责任。[②] 因此，本案中，首先应由原告阿根廷提供证明其主张的证据，作为被告的乌拉圭应提供必要的协助。

对本案中专家证据的可采性及其证明力，双方也不存在不同的观点。阿根廷认为，在判定专家证据的权威性和可靠性时，应重视专家的独立性及证据本身的全面性、准确性、关联程度等。乌拉圭则认为，应谨慎地对待独立性存在争议的专家提供的证据，且应特别关注国际组织做出的声明和评估。

鉴于双方聘用的专家不是作为专家证人出庭，而是作为本国顾问团队成员出庭，法院特别指出：

> 对于作为顾问参加庭审的那些专家，法院认为，如果双方依据

---

① Judgment, p. 71, paras. 162 – 163.

② Judgment, p. 71, para. 164.

《国际法院规则》第 57 和 64 条把他们作为专家证人出庭，而不是委任为各自代表团的顾问，将更加有用。法院认为，事实上，这些人基于自身的科学和技术知识及其个人经验向法院提供证据，他们应以专家、证人或在某些情形下以双重身份出庭作证，而不是作为顾问，这样另外一方以及法院才可以向他们提问。①

对于双方专家的独立性及有关证据的证明价值，法院指出：

> 对于此种专家的独立性，法院并不认为有必要在本案的判决中就双方专家和顾问提交的文件和研究的相对价值、可靠性和权威性等做一般性的讨论。法院只需要注意到这样一个事实，即不论提交的信息的数量和复杂性如何，法院有责任在仔细考虑双方提交的全部证据后，决定哪些事实必须被视为相关的，评估它们的证明价值，并从它们得出适当的结论。所以，与国际法院的做法保持一致，法院将基于提交的证据自行确定事实，然后将针对它认定存在的那些事实适用相关的国际法规则。②

（二）1975 年条约第 1 条与促进乌拉圭河最佳和理性使用的义务

依据条约第 1 条，阿根廷主张，由于未能与阿根廷合作采取必要措施避免对乌拉圭河造成生态变化和污染，乌拉圭违反了条约规定的促进乌拉圭河最佳和理性使用的义务。阿根廷认为，在根据公平合理原则解释 1975 年条约的相关条款时，应充分考虑当事国对该河已有的合法利用，包括旅

---

① Judgment, p. 72, para. 167. 格林伍德（Greenwood）法官在关于判决的特别意见中强调专家作为当事国的顾问和律师出庭有悖良好司法精神，对另一方不公，对法院无帮助。*Separate Opinion of Judge Greenwood*, p. 231, paras. 27 - 28. 奥哈苏奈法官和希玛法官在联合反对意见中也支持法院的该段判决，并指出法院应采取更加积极主动的事实查明方法。*Joint Dissenting Opinion of Judges Al-Khasawneh and Simma*, pp. 109 - 119.

② Judgment, pp. 72 - 73, para. 168. 尤瑟夫法官（Judge Yusuf）在关于本案判决所发表的声明中指出，鉴于本案所涉事实关涉复杂的科学和技术问题，法院应依据《国际法院规约》第 50 条及《国际法院规则》第 67 条的规定，借助自身开展的调查及委任专家发表的意见，更好地认定有关事实。Declaration of Judge Yusuf, pp. 216 - 260.

游开发。在乌拉圭看来，1975 年条约旨在通过 CARU 设立一个双方合作机制，以保障乌拉圭河得到公平和可持续的利用并保护该河的生态资源。乌拉圭并未违反条约确立的公平合理原则，且根据该原则，既有利用相对于新的利用并不具有优先性。①

法院认为，1975 年条约第 1 条明确了其目的和宗旨，它确立的一般原则对条约规定的其他实体义务具有指导价值，但它自身并未给双方规定具体的权利和义务。

法院强调：

> 最佳与合理利用原则可被视为 1975 年条约确立的合作体系及条约设立的执行该合作的联合机制的基石。②

法院进一步指出：

> 实现最佳与合理利用要求平衡如下两个方面，一是双方为了经济和商业活动而利用该河流的权利和需要，二是保护河流免受此类活动可能造成的环境损害的义务。1975 年条约第 27、36 和 41 条等条款为缔约方创设的权利和义务反映了这种平衡的必要性。③

同时，CARU 的职权关涉条约规定的几乎所有义务的执行，如本案关涉的生物资源保全立法权、避免和监测污染权与协调双方行动权。④ 法院认为，条约第 27 条不仅要求协调双方在跨境环境下使用乌拉圭河的利益，还要求依据可持续发展原则平衡水利用与水保护，这也是可持续发展原则的核心内容。

法院指出：

---

① Judgment, p. 73, para. 171.
② Judgment, p. 74, para. 174.
③ Judgment, p. 74, para. 175.
④ Judgment, p. 74, para. 176.

此种利用不能被视为是公平合理的，如果没有考虑另一个沿岸国在共享资源上的利益以及对后者的环境保护。因此，法院认为第27条建立了共享资源的公平与合理利用与经济发展和生态保护的平衡之间的关联，该平衡也是可持续发展的本质。[①]

（三）1975年条约第35条与土壤和森林的管理不得影响乌拉圭河体系及其水质的义务

1975年条约第35条规定，双方应采取必要措施确保土壤和森林的管理及地下水与乌拉圭河支流的使用不对乌拉圭河体系及其水质造成重大影响。阿根廷认为，乌拉圭为保障俄里翁纸浆厂的原料供应大面积种植桉树，这对土壤和乌拉圭森林的管理与乌拉圭河的水质造成了重大影响。乌拉圭驳斥了这一主张。

法院裁定，阿根廷并未提交任何有关该主张的证据，也未证明上述重大影响与乌拉圭种植桉树之间的直接关联，因此乌拉圭并未违反第35条规定的相关义务。[②]

（四）1975年条约第36条与采取协调措施避免改变生态平衡的义务

1975年条约要求双方通过 CARU 共同采取必要的措施避免改变乌拉圭河的生态平衡。阿根廷基于该条认为，俄里翁纸浆厂的排污改变了该河的生态平衡，并向法院提交了相关的证据。乌拉圭认为，第36条要求双方通过 CARU 采取一致行动，并不限制双方单独采取特定行动，应根据 CARU 的相关规则评估这些行动的影响。俄里翁纸浆厂满足了 CARU 有关乌拉圭河生态平衡的全部要求，乌拉圭并未违反该条的规定。

法院指出：

1975年条约第36条的目的是，通过 CARU 开展合作，采取必要

---

① Judgment, p. 75, para. 177.

② Judgment, p. 75, para. 180.

措施，避免任何可能改变该河流生态平衡的跨界污染。因此，它赋予了两国采取积极步骤来避免改变生态平衡的义务。这些步骤不仅包括通过管理框架，正如双方通过 CARU 已经做的，还包括双方遵守和执行通过的措施。①

法院援引了它在多瑙河案判决中所强调的：

在环境保护领域，警惕和预防工作越来越重要，因为对环境的破坏往往是无法挽回的，而且对这类破坏的修复机制本身也存在很大的局限性。②

鉴于双方对该义务的性质存在分歧，法院经考察第 36 条的文本，指出：

第 36 条规定的义务适用于双方，规定了通过委员会采取必要措施来协调双方的行动，以避免改变乌拉圭河的生态平衡。单独或共同采取管制和管理措施并执行这些措施的义务是一项行为义务。根据第 36 条，双方应通过该委员会履行审慎义务，采取必要措施保全该河流的生态平衡。③

法院强调：

这种预警和预防对生态平衡的保全至关重要，因为人类针对河流水体实施的活动可能影响水道生态系统的其他组成部分，如生态系统中的植物、动物和土壤。④

---

① Judgment, p. 76, para. 185.
② *Gabčíkovo-Nagymaros Project* (Hungary/Slovakia), Judgment, I. C. J. Reports 1997, p. 78, para. 140.
③ Judgment, p. 77, para. 187.
④ Judgment, p. 77, para. 188.

法院判定，鉴于阿根廷未能证明乌拉圭拒绝参与制定和实施 CARU 采取的措施，乌拉圭也就未违反第 36 条规定的义务。

（五）1975 年条约第 41 条与避免污染和保护水生物环境的义务

根据 1975 年条约第 41 条，在不影响 CARU 相关职权的前提下，双方应依据相关国际协定并在参照国际技术机构通过的指南和建议的基础上，采取适当措施保护和保全乌拉圭河的水生物环境，避免造成污染；其国内立法不得降低避免水污染的技术要求及对违法行为的处罚力度，并应向对方通报其计划制定的任何关于水污染的规则。

基于该条，阿根廷主张，因俄里翁纸浆厂向乌拉圭河排放过量的有害物质，乌拉圭违反了避免污染、未针对纸浆厂采取适当的措施及违反相关国际环保协定的义务。条约规定的避免污染义务属结果义务，它适用于对乌拉圭河合理与合法利用造成的影响，这当然应包括乌拉圭河的旅游开发。乌拉圭认为，条约第 41 条并不一概禁止向乌拉圭河的所有排放行为，它仅禁止违反双方依据其国际责任通过 CARU 共同确定的标准且给河流造成损害的污染性排放。该条仅给双方施加了行为义务而非结果义务。

在解释 1975 年条约第 41 条之前，法院回顾了相关的既有国际判例：

> 国家应确保其管辖或控制下的活动尊重其他国家或国家控制之外区域的环境，国家应承担这一一般义务现在已经成为有关环境的国际法的一部分。[①]

法院还回顾了它在多瑙河案中的判决：

> 双方应共同重新审查加布奇科沃水电站运行给环境造成的影响。[②]

[①] *Legality of the Threat or Use of Nuclear Weapons*, Advisory Opinion, I. C. J. Reports 1996（I），pp. 241 – 242, para. 29.

[②] *Gabčíkovo-Nagymaros Project*（Hungary/Slovakia），Judgment, I. C. J. Reports 1997, p. 78, para. 140.

鉴于第 41 条在本案中的重要性，法院首先对该条进行了一般性的解释。法院认为，第一，第 41 条要求双方通过单独制定规则和采取措施的形式保护乌拉圭河的水生物环境并避免污染，而条约第 56 条则规定了 CARU 在这方面的相关职权及双方的合作义务，双方依据第 41 条和第 56 条所担负的义务并不相同。①

第二，第 41 条仅要求双方依据国内法制定的规则和采取的措施须符合相关国际协定并应参考国际技术机构通过的指南和建议。②

第三，第 41 条给双方设定了谨慎行为义务，不仅要求双方制定规则和采取措施，也在一定程度上要求监督规则和措施的执行。③

第四，第 41 条与第 56 条相辅相成，共同规制乌拉圭河的环境保护，法院也应以两者为据裁定乌拉圭是否违反了相关的实体义务。④

1. 跨境环境影响评价

法院首先考察了规划项目可能给共享资源和他国造成损害的情况下，环境影响评价与双方根据第 41 条应承担的环保义务之间的关联。双方均承认乌拉圭有责任评估俄里翁纸浆厂可能造成的环境影响，但它们对环评的范围和内容存在一定的分歧。阿根廷认为，乌拉圭在批准建设俄里翁纸浆厂前并未就该项目的环境影响做出全面评估，因为它没有根据 1991 年《埃斯波公约》和 1987 年《环评目标与原则》的要求调查纸浆厂可能造成的全部影响。乌拉圭认为，根据国际实践，俄里翁项目的环评应依据国内而非国际程序实施。根据国家实践与国际法委员会 2001 年制定的《关于避免危险活动跨界损害的条款草案》，国际法仅要求评估项目对他国国民、财产和环境可能造成的跨境损害，并不要求评估远期和累积性的风险。

法院认为，为了确保双方能够履行条约第 41 条规定的实体义务，对可能给乌拉圭河的水生物环境造成跨境损害的活动，必须实施环评。⑤ 法院

---

① Judgment, p. 79, para. 195.
② Judgment, p. 79, para. 196.
③ Judgment, pp. 79 – 80, para. 197.
④ Judgment, p. 80, para. 198.
⑤ Judgment, p. 82, para. 204.

提及国际法院在航行权案（Dispute Regarding Navigational and Related Rights）中确立的条约动态解释原则：

> 存在这样的情况，即缔约方在缔结条约时的意图是，或者可以推定是，给予所采用的用语——或某些用语——一种演进的意思或内涵，而不是一种完全固定的意思或内涵，以便给国际法的发展预留空间，或实现其他特别的目的。①

由此，法院指出，对1975年条约第41条（a）段的解释也应采取动态的解释方法：

> 1975年条约第41条（a）段规定的保护和保全义务也应依据一种实践进行解释，该实践在近年来得到了如此多国家的接受，可将它视为一般国际法上的一种要求，即在某计划采取的工业活动可能在跨境环境下造成重大负面影响时，特别是对共享资源而言，应当进行环境影响评价。②

法院还进一步论证道：

> 如果工程对河流制度或其水资源的水质造成影响，计划实施该工程的国家没有对其可能造成的潜在影响进行环境影响评价，那么，它就没有履行行为义务及其所暗含的警惕和预防责任。③

然而，1975年条约和一般国际法均未明确环评的范围和内容，双方并非《埃斯波公约》的缔约国，且1987年《环评目标与原则》不具有法律约束力，仅属于第41条要求双方在制定国内法律和措施时需参考的国际组

---

① *Dispute Regarding Navigational and Related Rights*（Costa Rica v. Nicaragua），Judgment, I. C. J. Reports 2009, p. 242, para. 64.

② Judgment, p. 83, para. 204.

③ Judgment, p. 83, para. 204.

织的指南。

法院指出：

> 应由各国依据本国的国内立法或项目批准程序根据个案的具体情况来确定环境影响评价的具体内容，并考虑计划开发项目的性质和规模、可能对环境造成的负面影响及在实施评价过程中需要履行审慎义务的必要。[①]

法院强调：

> 必须在项目实施之前进行环境影响评价。此外，一旦项目开始运行，在必要的情况下，在项目的整个运行过程中，应当持续监测它对环境造成的影响。[②]

法院接着考察了双方争议的两大焦点问题，即乌拉圭实施的环评是否应考虑俄里翁纸浆厂的替代场址及其是否妥善征求了可能受项目影响的沿岸居民的意见。阿根廷认为，场址的选择对项目可能造成环境影响的大小至关重要，根据相关国际法，乌拉圭在对俄里翁纸浆厂实施环评过程中应分析可供选择的其他替代性的场址。乌拉圭认为，阿根廷所主张的国际法律文件并不要求环评的范围须包括对替代性场址的考察，且乌拉圭也全面评估了俄里翁纸浆厂选址的适当性。法院指出，IFC 在 2003 年曾选择了四个场址，经考察其各自的环境影响，最终选定了弗莱本托斯，乌拉圭在环评过程中适当履行了谨慎义务。在考察弗莱本托斯河段及其河水的特征后，法院最终裁定俄里翁纸浆厂选址适当。

双方均同意环评过程中应征求可能受项目影响的居民的意见，但两国在应征求意见的居民的范围上存在较大分歧。阿根廷认为，根据相关国际法，乌拉圭应征求位于阿根廷境内河段沿岸居民的意见，乌拉圭对此提出

---

① Judgment, p. 83, para. 205.
② Judgment, pp. 83 - 84, para. 205.

了反驳。法院认为，依据阿根廷所主张的法律文件，乌拉圭并无义务征求受影响的居民的意见。乌拉圭在对俄里翁项目做出初步环境批准前，曾召开听证会，弗莱本托斯附近的两国国民均参加了该听证会。此外，IFC 还在 2005 年 6 月至 11 月间采访两国相关地区各界的代表。因此，乌拉圭在对俄里翁项目实施环评过程中切实征求了可能受项目影响的居民的意见。

2. 俄里翁纸浆厂采用的生产技术

根据 1975 年条约第 41 条及其援引的相关国际公约，阿根廷认为，俄里翁纸浆厂并未采取符合国际标准的最佳生产技术；乌拉圭对此进行了反驳。法院认为，1975 年条约第 41 条（a）规定的避免污染与保护乌拉圭河水生物环境义务及其包含的谨慎义务，均要求双方对可能造成负面环境影响的工业生产活动谨慎选择相关技术，并应尽量采取符合国际技术机构认定标准的技术。俄里翁纸浆厂采用了符合欧盟委员会标准的技术，该技术在世界范围内获得了广泛运用，占据纸浆生产总量的 80%。在进一步考察俄里翁纸浆厂污染排放是否达到相关标准后，法院裁定乌拉圭并未违反条约第 41 条规定的义务。

3. 纸浆厂排污对乌拉圭河水质的影响

为了证明俄里翁纸浆厂给乌拉圭河水质造成的影响，双方均向法院提交了有关纸浆厂运营前后乌拉圭河水中有害物质含量变化及二者之间关联的证据。在双方质证的基础上，法院经分析乌拉圭河水中溶氧量、磷、酚类物质、壬基苯酚的出现、二噁英/呋喃的指标与纸浆厂运营之间的关联，裁决上述指标的变化与纸浆厂并无关联，没有违反条约规定或 CARU 制定的标准。

4. 对生物多样性的影响

阿根廷认为，俄里翁纸浆厂的排污对乌拉圭河的动植物造成了影响，乌拉圭违反了 1975 年条约第 41 条及其援引的《生物多样性保护公约》等规定的保护生物多样性的义务。法院认为，第 41 条要求双方承担的保全乌拉圭河水生物环境的义务包含了保护河中动植物的责任。然而根据双方提供的证据，法院无法认定河中鲹鱼（Sábalo）体内的二噁英含量及河蚌的减重与俄里翁纸浆厂的排污有明确的关联。法院裁定乌拉圭并未违反保护乌拉圭河中动植物的义务。

5. 空气污染

阿根廷认为，俄里翁纸浆厂造成了空气、噪声和视觉污染，乌拉圭因此违反了 1975 年条约第 41 条规定的保护乌拉圭河水生物环境的义务。1975 年条约不仅保护乌拉圭河的水质，还保护该河的体系以及受影响区域。乌拉圭认为，法院对阿根廷的上述诉求不具有管辖权。对于噪声和视觉污染，法院已经裁定其无权管辖。法院认为，若从俄里翁造纸厂烟囱排放的废气经空气流通在乌拉圭河水生物环境中注入有害物质，法院有权管辖这一对河流造成间接影响的活动。乌拉圭并未对此提出质疑。然而，鉴于并无证据表明存在上述间接影响，法院裁定乌拉圭并未违反条约规定的相关义务。

6. 持续监测义务

法院指出，双方均有义务让 CARU 继续依据条约行使职责，包括监测乌拉圭河水质及评估俄里翁纸浆厂对水环境影响的职权。乌拉圭应根据第 41 条的规定，严格按照其国内法与 CARU 制定的标准监督纸浆厂的运营。双方有责任依据 1975 年条约通过 CARU 开展合作，以保障乌拉圭河的公平合理利用与环境保护。①

五　法院关于双方最终诉求的判决

由于已经裁定乌拉圭违反了 1975 年条约规定的程序义务，法院还需要判定乌拉圭因相关不法行为应承担的责任。阿根廷请求法院命令乌拉圭立即停止这些国际不法行为。

鉴于乌拉圭违反程序义务的行为已经终结，法院认为已经无须判决乌拉圭停止上述行为：

> 法院认定乌拉圭在程序义务上构成不法行为，这一决定本身便构成满足阿根廷诉求的措施。由于乌拉圭违反程序义务的行为在过去发生，而且已经完结，现在已经没有理由再命令该国停止这些行为。②

---

① Judgment, p. 101, para. 266.
② Judgment, p. 102, para. 269.

阿根廷主张，作为救济方式，法院只认定乌拉圭存在不法行为并不充分，即便法院判定乌拉圭仅违反了1975年条约规定的程序义务，没有违反实体义务。程序义务与实体义务之间关联密切，法院应判定乌拉圭将乌拉圭河恢复到未实施俄里翁项目前的状态，并拆除俄里翁纸浆厂。基于程序义务与实体责任之间的重大区别，乌拉圭认为阿根廷无权以其违反程序义务为由要求乌拉圭采取上述不当的补救措施。

法院回顾了关于国际不法行为救济的习惯国际法：

> 根据习惯国际法，恢复原状是修复损害的一种方式，它是指要恢复到不法行为发生前的状态。法院还注意到，若恢复原状在实际上是不可能的，或涉及的责任与恢复原状带来的利益不成比例，救济便可采取赔偿或补偿的形式，或者甚至同时采取两种形式。①

法院同时强调：

> 与其他救济方式一样，恢复原状必须与受到的损害相当，并考虑造成损害的不法行为的性质。②

对于何为充分的救济，法院援引了其在阿韦纳案（Avena and Other Mexican Nationals）中的判决：

> 什么构成"充分的救济"显然因个案的具体情况及损害的准确性质和范围而异，因为必须从什么构成"充分形式的救济"才与损害相适应这种角度来回答这个问题。③

法院认为，在本案中，国际法并不禁止乌拉圭在双方谈判终结后建设

① Judgment, pp. 103 – 104, para. 273.
② Judgment, p. 104, para. 274.
③ *Avena and Other Mexican Nationals* (Mexico v. United States of America), Judgment, I. C. J. Reports 2004 (I), p. 59, para. 119

和运营纸浆厂，而且它也没有违反 1975 年条约规定的实体义务，命令该国拆除纸浆厂与违反行为义务并不相当。① 同样，既然乌拉圭并未违反实体义务，阿根廷也不得要求乌拉圭赔偿其旅游业和农业等国内行业遭受的经济损失。②

阿根廷还请求法院判定和宣布乌拉圭承诺在将来不阻碍 1975 年条约的适用，特别是条约规定的磋商程序。对于该诉求，法院首先回顾了国际法院在航行及相关权利争端案中总结的相关判例：

> 虽然法院可以命令，正如其在过去已经这么做的，国际不法行为的责任国向受害国就不再实施此种行为做出承诺和保证，法院将仅在情况允许的情况下这么做，而且法院对此有评判的权利。
>
> 作为一项一般规则，没有理由假定法院将其行为或活动宣布为非法的国家会在将来重复该行为或行动，因为我们必须假定它会诚信行事。③ 因此，除非存在特殊情况，没有理由命令做出不再实施该行为的承诺和保证。④

法院认为本案并不存在上述的特殊情况，也无须命令乌拉圭采取阿根廷所主张的措施。⑤

最后，法院对双方未来的合作提出了如下意见：

> 1975 年条约给双方创设了相互合作的义务，以确保实现其目的和宗旨。合作义务涵盖了对诸如俄里翁纸浆厂之类的工业设施进行持续

---

① Judgment, p. 104, para. 275.

② Judgment, p. 104, para. 276.

③ *Factory at Chorzów*, Merits, Judgment No. 13, 1928, P. C. I. J., Series A, No. 17, p. 63; *Nuclear Tests* (Australia v. France), Judgment, I. C. J. Reports 1974, p. 272, para. 60; *Nuclear Tests* (New Zealand v. France), Judgment, I. C. J. Reports 1974, p. 477, para. 63; and *Military and Paramilitary Activities in and against Nicaragua* (Nicaragua v. United States of America), Jurisdiction and Admissibility, Judgment, I. C. J. Reports 1984, p. 437, para. 101.

④ *Dispute regarding Navigational and Related Rights* (Costa Rica v. Nicaragua), Judgment, I. C. J. Reports 2009, p. 267, para. 150.

⑤ Judgment, p. 105, para. 278.

的监测。在这方面，法院注意到双方具有通过 CARU 进行长期有效合作与协调的传统。通过 CARU 来开展联合行动，双方已经在乌拉圭河管理及其环境保护上创设了一个真正的利益和权利共同体。①

法院强调了 CARU 在双方合作中发挥的重要作用：双方通过 CARU 协调了各自的行动，在该框架下找到了解决它们之间的分歧的适当办法，而且直到阿根廷将本争端提交国际法院，双方还没有感到有必要诉诸 1975 年条约第 60 条规定的司法争端解决机制。

六　乌拉圭河纸浆厂案的启示

本案中，乌拉圭在乌拉圭河沿岸批准纸浆厂的建设和运营引发了两个沿岸国在经济利益和环境保护关切上的冲突。国际法院经解释和适用两国缔结的边界河流条约，依据国际法上的其他相关原则和规则，判定乌拉圭违反了条约规定的程序义务但未违反实体义务。国际法院着重探讨了项目规划国在开发跨境水资源过程中应担负的程序义务和实体义务之间的关系，解释和适用了 1975 年条约中蕴含的国际法上关于国际水道非航行使用的基本原则，明确了对跨境水资源开发活动实施环境影响评价责任的习惯国际法地位及其实施方法，依据水道国利益共同体原则结合国际组织法明确了国际流域委员会的性质和地位，探讨了违反程序义务的不法行为的救济方式。

（一）公平合理利用、不造成重大损害与可持续发展原则的适用

一国开发国际水道可能引发新使用、既有使用和未来使用之间的冲突，开发活动因可能给国际水道或其他水道国造成影响和损害而引发纠纷。作为规制水道国之间跨境水资源利用和保护关系的国际法分支，国际水法必须通过相应的原则及实体和程序规则，平衡先开发国与后开发国、上游国与下游国、活动规划和实施国与其他水道国之间的权利、利益和需

---

① Judgment, p. 105, para. 281.

求，保障一国利用跨境水资源的行为公平合理地照顾到其他水道国的权利和需求，不对国际水道本身及他国造成重大损害。因此，关于国际水道非航行使用的公平合理原则、不造成重大损害原则及可持续发展原则应相互配合，并在实际适用中达到统一。

国际法院在 1997 年多瑙河案中已经提及了上述三原则的统一问题。法院指出，双方须不断调整其各自在跨境水资源上的经济发展需要与生态保护需要之间的关系，坚持可持续发展原则。①

在本案判决中，法院指出并反复强调，1975 年条约第 1 条规定的最佳与合理利用原则构成了该条约确立的合作体系及联合执行机制的基石。该原则要求适当平衡双方在乌拉圭河经济和商业开发上的权利和需求，保障开发活动不对河流环境及另一方造成损害。条约不仅要求协调双方在跨境环境下使用乌拉圭河的利益，还要求依据可持续发展原则平衡水利用与水保护，这也是可持续发展原则的核心内容。换言之，关于跨境水资源非航行使用的公平合理原则源自国际法上的公平原则，该原则不仅要求平衡水道国之间在水资源开发和保护上的经济利益和环保关切，还涵盖了水道国不得对他国造成重大损害的要求。此外，公平合理原则与不造成重大损害原则在实际适用过程中，协调了水道的经济开发与环境保护，构成可持续发展原则的核心内容。

本案中，法院还结合双方的主张和具体案情适用了上述三项法律原则，并讨论了一系列相关的实体和程序法律问题。例如，对于公平合理原则，阿根廷强调该原则要求充分考虑其对乌拉圭河的已有合法利用，包括旅游开发；乌拉圭则强调，根据该原则，既有利用相对于新的利用并不具有优先性。法院指出，1975 年条约第 1 条规定的最佳与合理利用原则并未给双方设定任何具体的权利和义务，它旨在协调双方的利益，指导双方及乌拉圭河委员会的行动。

实际上，根据 1997 年《国际水道非航行使用法公约》第 6 条，对跨境水资源的既有利用是公平合理原则的考量要素之一，它相对于新的使用

---

① *Gabčíkovo-Nagymaros Project* (Hungary/Slovakia), Judgment, I. C. J. Reports 1997, p. 78, para. 140.

及其他要素均不具有优先性。对于不造成重大损害原则，法院着重讨论了乌拉圭批准建设和运营俄里翁纸浆厂可能给乌拉圭河及阿根廷造成的跨境环境影响，并结合1975年条约规定的程序和实体义务适用了这一法律原则。

（二）跨境水资源开发中程序义务与实体义务之间的关系

如上所述，围绕公平合理等原则，国际水法给水道国设定了一系列程序和实体权利与义务，前者如通报、信息互换、环境影响评价等，后者如水道国开发跨境水资源的权利、其他水道国免受重大损害的权利、保护环境的义务等。水道国在开发跨境水资源上应担负的程序义务和实体义务相辅相成、相互促进，共同保障公平合理等法律原则的实施。

在本案中，国际法院首次全面和详细地论述了二者之间的关系。法院认为，双方为了实现乌拉圭河的可持续发展创设了一个全面和动态的管理和法律体系，该体系既包括实体义务，也包括程序义务，两者相辅相成、相互促进，共同保障双方在条约框架下通过持续的协商实现条约第1条规定的目标。法院注意到，条约第7~12条规定的程序义务旨在促进和确保双方依照条约履行其实体义务，但条约中并无条款表明一方遵守了程序条款就意味着其已经履行了实体义务，或者一方违反了程序义务就意味着它当然也违反了实体义务；同样，一方履行了实体义务并不等于它已履行或免除了程序义务。

法院最终判定乌拉圭违反了程序义务，但未违反实体义务。鉴于乌拉圭违反程序义务的行为已经终结，法院无须判决乌拉圭停止上述行为，阿根廷也不得基于此要求乌拉圭将乌拉圭河恢复到未实施俄里翁项目前的状态。既然程序义务对实体义务的履行起着如此重要的作用，那么如何避免一国违反程序条款且他国应如何进行事后救济呢？这是法院在本案判决中未给出合理解释并留给我们的最大疑问之一。

实际上，水道国开发跨境水资源过程中的通报、数据交换、环境影响评价等程序义务，不仅对该国履行实体义务至关重要，它们还为其他水道国行使相关权利所必需，并对各方避免或解决有关分歧和争议起着不可替代的作用。对水道国不履行上述程序义务采取事后补救的方法一来不甚可行，二来也往往已属"亡羊补牢"。为确保水道国履行程序义务，有关各方应比照 1997 年《国际水道非航行使用法公约》规定的各项程序，结合本流域的具体情况制定适当的程序，并为该程序的有效执行构建相应的框架和机制。

本案还涉及水道国对其境内跨境水资源的主权与其他水道国相关权利之间的冲突。水道国对位于其境内的跨境水资源享有主权，并可依据公平合理原则在适当考虑他国权利、利益和需求的基础上，主动决定是否实施水资源开发项目。其他水道国有权要求项目规划国不对水资源和本国造成重大损害，并有权在规划项目过程中提出反对或修改意见。基于国家主权原则，项目开发国有权判定项目是否公平合理地照顾了他国在跨境水资源上的使用和环保权益；同样，其他水道国有权判定项目是否可能对本国造成重大损害。

换言之，水道国对他国开发跨境水资源的活动不享有否决权，它们仅有权要求项目规划国在规划和实施项目过程中适当考虑本国的权利、利益和需求，不对本国造成重大损害，并对项目的规划和实施提出反对或修改意见。在法国与西班牙的拉努湖仲裁案中，仲裁庭特别强调，承认一国对他国开发跨境水资源享有"同意权"或"否决权"是对该国主权的严格限制，国际法上并不存在此类习惯法规则或国际习惯。[1]

在本案中，阿根廷认为，在双方走完 1975 年条约第 7－12 条规定的程序之前，即在国际法院做出最终判决之前，乌拉圭不得继续建设俄里翁纸浆厂。乌拉圭认为，阿根廷对乌拉圭规划实施的项目不具有否决权，也不可主张乌拉圭在国际法院做出判决前不得实施项目。法院认为，自条约第 12 条规定的谈判程序于 2006 年 2 月 3 日失败后，乌拉圭并不担负不得建设纸浆厂的责任。换言之，阿根廷对乌拉圭开发跨境水资源的活动不具有否决权，但在双方约定的程序履行完毕之前，乌拉圭不应恢复纸浆厂的建设活动。

（三）跨境水资源开发中的环境影响评价责任及其实施

环境影响评价是指分析、预测和评估规划活动可能造成的环境影响，

---

[1] *Lake Lanoux Arbitration* (France/Spain), 12 R. I. A. A. (1957), p. 308, para. 13.

列明预防、控制或减轻不良影响的措施，提出更好的替代方案，并跟踪评价结果实施的一项预防性程序。① 环评发轫于美国 1969 年的《国家环境政策法》，② 如今，大多数国家已经制定了本国的环境影响评价法。环评制度不仅在国家之间横向传递，还逐步渗透到建立在主权基础上的国际法之中。尤其是，随着非歧视、非损害、代际和代内公平、合作与可持续发展等国际环境法律原则的确立和发展，环评作为实施这些原则的重要工具被纳入国际法的众多传统和新兴领域，如海洋法、国际水道法、气候变化、生物多样性保护、跨境损害与国家责任、南北极生态保护等。

　　环评制度在保障跨国界水资源公平合理与可持续利用上的重要作用得到了学界的认可。例如，斯蒂芬·麦卡弗里教授认为，不论环评是不是一般性的国际法律责任，若各国有责任就可能产生境外负面影响的规划活动事先通知他国，它们就必须首先断定该活动是否可能产生此类影响。除非这种可能性比较明显，那么断定它的最好方法莫过于环评。即使这种可能比较明显，为了确定与损害相关的信息并告知受影响国，为了便于公众及其他利益攸关方参与决策程序，环评程序往往也是必要的。③ 欧文·麦金泰尔教授（Owen McIntyre）也认为，若一项目或规划活动可能给国际水道或其他水道国的环境造成损害，要求评估其环境影响可更好地确保环境保护因素在确定国际水道公平合理利用过程中得到适当考量。随着跨境环评责任在国际法各领域的确立和发展及其在实践中的不断细化，国际社会已经形成了越来越完善的环评程序，以保障环保因素得到决策者的充分考量。④ 此外，麦金泰尔教授还指出，随着环评等程序法律责任不断完善，国际水法的程序化趋势日益凸显，程序义务的有效执行也成为保障国际水

---

① UNEP, Governing Council Decision: Goals and Principles of Environmental Impact Assessment, Principle 4, UNEP/GC. 14/17 Annex Ⅲ, UNEP/GC/DEC/14/25, 1987.

② United States of America, National Environmental Policy Act, 42 USC §§4321 – 4370（f）（2000）.

③ McCaffrey S C., *The Law of International Watercourses*, New York: Oxford University Press, 2007, pp. 474 – 476.

④ McIntyre O., *Environmental Protection of International Watercourses under International Law*（Aldershot: Ashgate, 2007）, pp. 367 – 368.

道公平合理利用的重要途径。①

根据联合国水道法公约，环评仅是公约建议水道国采取的用以通知其他水道国，以避免给其造成重大损害的措施之一。换言之，环评责任并非一项具有强制性的法律义务，它只不过是公约第 12 条规定的水道国获取"必要技术数据和资料"的一种方式。根据《柏林水规则》，对于可能给跨国界水资源的环境和可持续利用造成重大影响的项目、计划和活动，规划国应对其实施事先和持续性的评估。所应评估的影响不仅包括环境，而且涵盖了社会、经济影响以及对人类健康、安全和水可持续利用的影响。柏林水规则还在参照相关国际立法和实践的基础上，结合跨国界水资源开发和保护的具体需要，对环评的范围和具体实施做出了较为详细的规定。

在多瑙河案中，双方争论的一个焦点问题就是对主体工程及斯洛伐克的变通方案是否实施了适当的环境影响评价。作为该工程基础的 1977 年条约并未明确规定环评责任，但双方均不反对在该案涉及的情形下需要对该工程实施环评。法院并未认定双方之前实施的环评是否适当，也未指明实施环评的标准和程序，而仅要求双方根据环境保护标准评价现有工程可能造成的环境影响。法院认为，环评并非履行可持续发展原则的唯一方式，但是它可以确保双方在协商过程中充分考虑环境保护的各项原则。威罗曼特法官特别指出，环评是一个过程，由于该工程在实施过程中存在不确定因素，应对其可能造成的环境影响进行持续性的评估。作为一项国际习惯法律责任，环评不能限于项目的规划阶段，只要项目在实施过程中就应当监督其对环境造成的影响。②

在本案中，法院明确指出，近年来的国家实践表明，一般国际法要求对可能导致跨境负面影响的工业活动，尤其是对共享资源的开发活动实施环评。乌拉圭若不对该项目可能给乌拉圭河体系及其水质造成的影响实施环评，它就未履行条约规定的谨慎义务及其包含的事先预防义务。然而，1975 年条约和一般国际法均未明确环评的范围和内容，双方并非《埃斯波

---

① McIntyre O. , "The Proceduralisation and Growing Maturity of International Water Law", *Journal of Environmental Law*, Vol. 22, 2010, pp. 475 – 497.

② *Gabčíkovo-Nagymaros Project* (Hungary/Slovakia), Judgment, I. C. J. Reports 1997, Separate Opinion of Vice-President Weeramantry, p. 114.

公约》的缔约国，而且 1987 年联合国环境规划署制定的《环评目标与原则》不具有法律约束力。因此，各国有权依据本国的法律和项目批准程序确定环评的具体内容，并应考量计划项目的性质、规模及其可能造成的负面环境影响与谨慎实施环评的需要。项目计划国在批准项目之前应实施环评，而且在项目启动后和运营过程中，也应在必要情形下持续监测其环境影响。麦金泰尔教授认为，国际法院关于环评义务及其实施的判决是本案对国际水法和国际环境法的发展做出的最重要的贡献。①

（四）水道国利益共同体理念与国际流域委员会的性质和作用

在 1929 年的奥德河案中，常设国际法院提出并界定了沿岸国利益共同体理念。在 1997 年多瑙河案中，国际法院明确指出利益共同体已经成为国际水道非航行使用法的基本原则。在本案中，国际法院不仅继承了这一原则，还依据国际组织法的相关原则论述了流域委员会的国际法性质和地位。

正如国际法院在本案判决中所强调的，阿根廷与乌拉圭具有通过乌拉圭河委员会的协调展开合作的传统和成功经验。通过 CARU 联合开展行动，双方在乌拉圭河管理及其环境保护上已经构建起了权利和利益的共同体。基于这一原则，阿根廷认为，1975 年条约不仅给双方设定了权利和义务，它还给双方创设了一个合作机制，而该机制的核心与灵魂就是 CARU。

法院认为，CARU 并非一个介于双方之间的单纯的信息传送器，它具备法律人格，永久存在，并依照条约规定行使权力和职责。虽然只有两个成员国，CARU 也同样适用关于国际组织权限的"专一性原则"，即它的权力源自创设国，而该权力应以促进创设国的共同利益为限。通过创设 CARU 并保证向它提供所有必要的资源，双方试图建立一个稳定、持续与有效的合作机制，CARU 在该机制中起着不可或缺的作用，任何一方均不得随意决定选择或抛弃该机制。

应该说，虽然法院只是基于对 1975 年条约有关条款的解释来界定 CA-RU 的国际法性质及其在乌拉圭河利用、保护和管理上的地位和作用，但

---

①　McIntyre O. , "The Proceduralisation and Growing Maturity of International Water Law", *Journal of Environmental Law* , Vol. 22 , 2010 , pp. 475 – 497.

法院做出的结论无疑有助于我们认识和理解其他流域委员会的性质和作用。毋庸置疑，在避免水道国之间的跨境水资源冲突、促进跨境水资源合作上，具备独立的法律人格、拥有必要的权限和资源、具有适当的决策权、调查权和争议解决权的国际流域委员会将在国际法和相关条约框架下发挥越来越重要的作用。

尼加拉瓜在边境地区实施的特定
活动及哥斯达黎加沿圣胡安河
修建道路案

张　帆

【案件导读】本案是国际法院对哥斯达黎加诉尼加拉瓜在边境地区实施的特定活动案和尼加拉瓜诉哥斯达黎加沿圣胡安河修建道路案的合并审理和判决。① 前案涉及两国边境地区争议领土的主权归属，以及尼加拉瓜在边境地区开凿、疏浚水道等活动的争端；后案涉及哥斯达黎加沿圣胡安河修建道路的争端。案件双方都诉称对方违反了不造成重大跨境损害义务、环境影响评价义务和通知与磋商义务，法院在判决中讨论了这三项国际义务在不同情形下的适用以及三者之间的关系，系统阐释了国际习惯法上"环境影响评价"义务的内涵、地位和适用方式，丰富了相关国际法的法理和实践。继乌拉圭河纸浆厂案之后，本案再次凸显了国际水法与国际环境法的交融，以及国际水法"程序化"的发展趋势。

【关键词】边界河流　领土争端　环境影响评价　谨慎义务　重大跨境损害　重大跨境损害风险　紧急状态　不造成重大损害原则　通知与磋商　程序化　《拉姆萨尔公约》(《湿地公约》)《生物多样性公约》　航行权

---

① *Certain Activities Carried Out by Nicaragua in the Border Area* (Costa Rica v. Nicaragua) and *Construction of a Road in Costa Rica along the San Juan River* (Nicaragua v. Costa Rica) , Judgment, I. C. J. Reports 2015 , p. 665.

一 哥斯达黎加—尼加拉瓜边境活动及筑路争端的产生与发展

哥斯达黎加和尼加拉瓜是以圣胡安河右岸为界的相邻国家。根据两国1858年签订的边界条约及解释该条约的克利夫兰裁决与亚历山大裁决，圣胡安河水域的主权属于尼加拉瓜，但哥斯达黎加在该河上享有自由航行权。

2010年10月，哥斯达黎加指称尼加拉瓜为连接圣胡安河与港头潟湖（Harbor Head Lagoon），在哥方领土上开凿了一条人工水道（下称"2010年水道"），并且派军队侵占了水道附近的哥方领土。但尼加拉瓜主张，该水道是存在多年的自然水道，尼方只是对其进行了疏浚，尼加拉瓜对该水道拥有主权，尼加拉瓜军队进入的地区也在尼方领土范围之内。2010年11月18日，哥斯达黎加向国际法院提起诉讼，请求法院判定尼加拉瓜侵犯了哥斯达黎加的领土主权，且尼加拉瓜在边境地区疏浚水道的活动违反了国际法上的多项实体与程序义务。①

2010年12月，哥斯达黎加开始沿圣胡安河修筑道路，并声称其筑路活动是为应对边境紧急状态而采取的措施。2011年12月22日，尼加拉瓜也向国际法院提起诉讼，诉称哥斯达黎加的筑路活动对其造成了重大跨境损害，且哥方未履行环境影响评价、通知与磋商等义务。②

因哥斯达黎加诉尼加拉瓜案与尼加拉瓜诉哥斯达黎加案的事实基础和地理、历史背景相同，国际法院于2013年4月决定将两案合并审理。③

在案件审理期间，国际法院先后发出了两项临时措施命令。在2011年3月的第一项临时措施命令中，国际法院指示案件双方避免向争议领土派遣人员或采取任何可能恶化争端的行动。④ 但其后尼加拉瓜又在争议领土

---

① Judgment, p. 673, para. 1.
② Judgment, p. 674, para. 9.
③ Judgment, p. 675, para. 19.
④ *Certain Activities Carried Out by Nicaragua in the Border Area*（Costa Rica v. Nicaragua）, Provisional Measures, Order of 8 March 2011, I. C. J. Reports 2011（I）, p. 27, para. 86.

上开凿了两条新的水道，并在争议领土上建立了军事存在。2013 年 11 月，国际法院发出第二项临时措施命令，要求尼加拉瓜"不再在争议领土上开凿疏浚水道或进行任何其他活动"，并"将争议领土上的人员，包括平民、警察和安全人员，全部撤离争议领土"。①

2015 年 12 月 16 日，国际法院做出最终判决，判定争议领土属于哥斯达黎加，尼加拉瓜在争议领土上开凿水道及建立军事存在的行为侵犯了哥斯达黎加的领土主权，也违反了 2011 年 3 月法院临时措施命令要求尼加拉瓜履行的义务；但尼加拉瓜在本国境内疏浚水道的活动并没有违反国际法上的环境影响评价义务、通知与磋商义务和不造成重大跨境损害的义务。同时，法院判定哥斯达黎加在圣胡安河沿岸修筑道路的活动没有造成实际的重大跨境损害，但哥方没有及时履行环境影响评价义务。

二　争议领土的主权归属

根据国际法院 2011 年 3 月临时措施命令的定义，尼加拉瓜与哥斯达黎加之间的"争议领土"是"争议水道右岸、圣胡安河右岸……与港头潟湖三者环绕的面积约 3 平方千米的湿地。"② 其中"争议水道"即为"2010 年水道"。尼哥双方均未对"争议领土"的定义提出异议，且双方对争议领土的主张都以 1858 年边界条约、克利夫兰裁决及亚历山大裁决为依据。

1858 年边界条约第 Ⅱ 条规定："两国之间从北海开始的分界线，起点应为尼加拉瓜圣胡安河（San Juan de Nicaragua river）河口处卡斯蒂略海岬（Punta de Castilla）的末端，沿该河右岸而行，直至距老卡斯蒂洛（Castillo Viejo）三英里处的终点。"③

1888 年克利夫兰仲裁的结论是："哥斯达黎加和尼加拉瓜之间的边界线，在大西洋一侧始于尼加拉瓜圣胡安河河口处的卡斯蒂略海岬末端，它

---

① *Certain Activities Carried Out by Nicaragua in the Border Area*（Costa Rica v. Nicaragua）；*Construction of a Road in Costa Rica along the San Juan River*（Nicaragua v. Costa Rica），Provisional Measures，Order of 22 November 2013，I. C. J. Reports 2013，p. 369，para. 59.

② I. C. J. Reports 2011（I），p. 19，para. 55.

③ Art. II of 1858 Treaty of Limits.

们的地理位置以 1858 年 4 月 15 日的状态为准。卡斯蒂略海岬的添附归属
于哪一方，应根据该事项应适用的法律来确定。"①

1896 年，尼加拉瓜和哥斯达黎加依据《帕切科—马图斯公约》（Pa-
checo-Matus Convention）建立了勘界委员会，并由美国总统指定亚历山大
将军对勘界委员会的分歧进行终局裁决。亚历山大将军前后做出了五项相
关裁决。②

在第一项裁决中，亚历山大指出这条边界线"必须沿被称为下圣胡安
河的支流而行，穿过它的海港延伸到海洋"。③ "在整个条约中，圣胡安河
被当作或视为一个商业通道。这意味着它在通常状态下是可航行的。"④
"它（边界线）的方向应当是从正东北到正西南，穿过沙洲，从加勒比海
进入港头潟湖。抵达港头潟湖后，边界应当转向左侧，即东南方向，沿湖
水边缘前行，直到抵达圣胡安河的第一条河道。然后边界线继续按照条约
的指引，沿这条河道而上，即沿圣胡安河而上。"⑤ 该裁决附有一张描绘这
段边界当时地理位置的草图。⑥ 在该图中，"第一条河道"是指当时流入港
头潟湖的下圣胡安河支流。

第二项亚历山大裁决讨论了这样的可能性，即圣胡安河可能逐渐扩宽
或缩窄，还可能发生整个河道的剧烈变化。亚历山大指出："今天的边界
线在未来肯定会受到渐进或突发的各种变化的影响，但这些变化的影响只
能依据可适用的国际法原则，以个案分析的方式，根据具体情况来确定。
现在的测界与勘界不影响上述原则的适用。"⑦

在第三项裁决中，亚历山大指出，"依据水道划定的边界可能会因这
些水道河床的变化而发生变化。换句话说，影响边界变化的是河床，而非
河水，无论这些河水是在河岸以内、以上或以下"。⑧ "圣胡安河必须被视

① United Nations, Reports of International Arbitral Awards (RIAA), Vol. XXVIII, p. 209.
② Art. II, RIAA, Vol. XXVIII, p. 212.
③ RIAA, Vol. XXVIII, p. 217.
④ RIAA, Vol. XXVIII, pp. 218 - 219.
⑤ RIAA, Vol. XXVIII, p. 220.
⑥ RIAA, Vol. XXVIII, p. 221.
⑦ RIAA, Vol. XXVIII, p. 224.
⑧ RIAA, Vol. XXVIII, p. 229.

为可航河流。因此我裁定，两国管辖范围的准确分割线应当是河水处于通常状态并且可供一般目的船舶航行时该河流的右岸。在这种状态下，河流中的全部河水都属于尼加拉瓜，河流右岸的全部土地都属于哥斯达黎加。"①

法院认为，根据 1858 年条约、克利夫兰裁决与亚历山大裁决，应当将 1858 年条约第 Ⅱ 条与第 Ⅵ 条结合起来解读。第 Ⅱ 条规定尼哥两国边界为"河流右岸"，而第 Ⅵ 条规定哥斯达黎加对从河口到距老卡斯蒂洛三英里处的河段拥有永久性的自由航行权。且根据亚历山大裁决的解释，1858 年条约将"通常水流状态下"的圣胡安河视为一个"商业通道"。因此法院认为，哥斯达黎加的航行权是与其对圣胡安河右岸领土的主权相关联的，构成两国边界的只能是圣胡安河可作为"商业通道"的某个航道的右岸。②

哥斯达黎加认为，圣胡安河目前没有自然河道通往港头潟湖，而且自亚历山大裁决以后，下圣胡安河主要航道的河床并无显著变化，2010 年尼加拉瓜为连接圣胡安河与港头潟湖而开凿的人工水道不应对两国边界产生任何影响。③ 但尼加拉瓜辩称，作为争议领土地理形态自然变化的结果，"2010 年水道"即亚历山大在其第一项裁决中提及的"第一条河道"，该水道已存在数年，现在它就是边界的标志；尼加拉瓜只是为了提高该水道的通航能力而在 2010 年对其进行疏浚。④

为证明本国的主张，尼加拉瓜提供了卫星与航拍图片以及尼加拉瓜官员的书面陈述，但法院认为这些证据都不足以证明"2010 年水道"已存在数年。⑤ 尼加拉瓜还提供了两项地图证据。其中，哥斯达黎加地理机构 1949 年制作的一幅地图显示，在"2010 年水道"所在的位置，当年就曾有一条水道存在。该地理机构 1971 年出版的另一幅地图则显示了一条与尼加拉瓜现在主张的边界相近的边界线。然而，法院注意到上述地图证据与尼加拉瓜的一些官方地图相矛盾，特别是尼加拉瓜地图制作理事会 1967 年制作的地图，及尼加拉瓜领土研究院 2003 年出版的地图——在这些尼加拉

---

① RIAA, Vol. XXVIII, p. 230.

② Judgment, p. 700, para. 76.

③ Judgment, p. 700, para. 77.

④ Judgment, pp. 700 – 701, para. 78.

⑤ Judgment, p. 701, para. 81.

瓜的官方地图上，争议领土都在哥斯达黎加的管辖范围之内。①

法院还注意到，2010 年尼加拉瓜在开凿水道之前，曾清除河床上树龄相当长的大型树木，且该水道到 2011 年夏季就已不再连接圣胡安河与港头潟湖，这些事实足以证明，在这一位置曾有可航水道存在数年的主张是值得怀疑的。法院也认可了哥斯达黎加委任的首席专家的观点，即如果"2010 年水道"曾是圣胡安河的一个支流，那么"冲积物应当已经填满了港头潟湖南部，或至少填充了其中一部分"，因此"2010 年水道"不大可能是前文中提到的"圣胡安河可作为'商业通道'的某个航道"。②

基于上述分析，最后法院判定：尼加拉瓜 2010 年开凿的水道的右岸不构成两国之间的边界；争议领土的主权属于哥斯达黎加；③ 尼加拉瓜 2010 年后在争议领土上开凿水道和建立军事存在的活动侵犯了哥斯达黎加的领土主权。④

三 环境影响评价义务

（一）尼加拉瓜是否违反了环境影响评价义务

哥斯达黎加诉称，尼加拉瓜 2006 年进行的"环境影响研究"不能支持"疏浚水道不会对科罗拉多河水流造成影响"的结论，且没有评估疏浚水道可能对湿地产生的影响，因此尼方没有适当履行环境影响评价义务。哥斯达黎加还援引 2011 年 4 月的《拉姆萨尔咨询工作组第 72 号报告》作为哥方观点的佐证。⑤

尼加拉瓜辩称，其 2006 年的"环境影响研究"及相关文件全面论述了水道疏浚工程的潜在跨境影响，包括对哥斯达黎加环境的影响，及对科罗拉多河水流可能产生的减损效应。这项研究的结论是：疏浚水道没有造成重大跨境损害的风险，而且实际上会给圣胡安河及周围地区带来益处。至于《拉姆萨尔咨询工作组第 72 号报告》，尼加拉瓜认为它只是一份报告

---

① Judgment, p. 702, para. 84.

② Judgment, p. 703, para. 90.

③ Judgment, p. 703, para. 92.

④ Judgment, p. 703, para. 93.

⑤ Judgment, pp. 705 – 706, para. 102.

草案，尼加拉瓜向拉姆萨尔秘书处及时提交了对草案的评论，但秘书处至今没有完成最终报告，因此该报告不应在法院考虑范围之内。此外，尼加拉瓜提出，该报告的结论"尼加拉瓜没有分析疏浚水道对该地区水文的影响"是不正确的，且尼加拉瓜在提交给拉姆萨尔秘书处的评论中已就这一点做出了说明。[1]

法院分四个层次分析了尼加拉瓜的环境影响评价义务。

首先，法院援引乌拉圭河纸浆厂案（Pulp Mills Case）的结论，指出每个国家都负有利用一切可能手段预防重大跨境损害的谨慎义务：[2]

> 预防损害原则是一项习惯国际法规则，它源自一国在本国内开展活动时应遵守的谨慎义务。"每个国家皆有义务不在知情的情况下允许本国领土被用于有损他国权利的行为。"［Corfu Channel（United Kingdom v. Albania），Merits，Judgment，I. C. J. Reports 1949，p. 22］国家有义务利用一切可能的手段来预防发生在本国领土内的行为或本国管辖下的行为给另一国的环境造成重大损害。[3]

紧接着，法院又援引乌拉圭河纸浆厂案的结论，重申环境影响评价义务是一般国际法上的一种要求：[4]

> 可将它视为一般国际法上的一种要求，即在某计划采取的工业活动可能在跨境环境下造成重大负面影响时，特别是对共享资源而言，应当进行环境影响评价。[5]

法院指出，乌拉圭河纸浆厂案结论中的基本原则普遍适用于所有可能在跨境环境中造成重大负面影响的行为。因此：

---

① Judgment, p. 706, para. 105.
② Judgment, pp. 706 – 707, para. 104.
③ *Pulp Mills on the River Uruguay*（Argentina v. Uruguay），Judgment, I. C. J. Reports 2010（I），pp. 55 – 56, para. 101.
④ Judgment, pp. 706 – 707, para. 104.
⑤ I. C. J. Reports 2010（I），p. 83, para. 204.

为履行预防重大跨境环境损害的谨慎义务，一个国家在其行为有对他国环境造成负面影响的潜在可能时，应在行为前查明是否存在造成重大跨境损害的风险，一旦该风险存在，进行环境影响评价的要求即被触发。[①]

然后，法院援引乌拉圭河纸浆厂案的判决，重申环境影响评价的内容应由行为国依据其国内法、根据每个案件的具体情况来确定：[②]

应由各国依据本国的法律或项目批准程序，考虑计划项目的性质、规模及其可能造成的负面环境影响与谨慎实施环评的需要，来确定个案中环境影响评价的具体内容。[③]

最后，法院认定，尼加拉瓜的水道疏浚工程并无造成重大跨界损害的风险，因此尼加拉瓜并没有进行跨界环境影响评价的义务。哥斯达黎加主张的水道疏浚工程的主要风险是其对科罗拉多河水流的影响，以及因此对哥斯达黎加境内湿地产生的影响。2006 年，尼加拉瓜对水道疏浚工程对其国内环境可能造成的影响进行了一次评估，结论是该工程不会对科罗拉多河水流造成重大影响。这一结论得到了双方专家的证实。法院审阅了案件卷宗中的证据，包括双方专家提交的报告和证词，最后认定尼加拉瓜的水道疏浚工程对科罗拉多河水流和哥斯达黎加的湿地都没有造成重大跨境损害的风险。[④]

（二）哥斯达黎加是否违反了环境影响评价义务

1. 哥斯达黎加是否违反了一般国际法上的环境影响评价义务

（1）哥斯达黎加的筑路活动是否存在造成重大跨境损害的风险

法院回顾了国家预防重大跨境损害的谨慎行为义务，并指出，根据这

---

① Judgment, pp. 706 - 707, para. 104.
② Judgment, pp. 706 - 707, para. 104.
③ I. C. J. Reports 2010 (I), p. 83, para. 205.
④ Judgment, p. 707, para. 105.

种义务的要求：

> 国家在开展有可能对他国环境造成负面影响的活动以前，应当确认该项活动是否有导致重大跨境损害的风险。如果存在这种风险，则所涉国家必须进行环境影响评价。确认风险的义务应由行为国承担。[①]

因此法院认为，在本案中应由哥斯达黎加而非尼加拉瓜，在修筑道路之前，基于对所有相关情况的客观评估来确认导致重大跨境影响的风险是否存在。[②]

在庭审中，哥斯达黎加的律师提出，该国曾在决定修筑道路之前进行过项目风险的初步评估，该评估考虑了项目的性质及其对河流可能造成的影响，得出的结论是该项目没有造成重大损害的风险。为支持这一主张，哥斯达黎加强调工程规模不大，修筑的道路并非高速公路，工程所在位置原本就有一些道路存在，唯一可能的风险是为已有大量沉积物的圣胡安河带来更多沉积物。法院认为，进行初步风险评估是国家确认其计划行为是否有造成重大跨境损害风险的途径之一。然而，哥斯达黎加并未提供证据证明它确实进行了该项初步评估。[③]

那么，哥斯达黎加的筑路工程是否存在造成重大跨境损害的风险？为回答这一问题，法院考虑了该工程的性质、规模，以及开展该工程的环境。[④]

首先，法院注意到，该工程的规模非常可观。它长近 160 千米，其中 108.2 千米沿河而行。近一半的道路为全新建设。

其次，法院注意到，该道路位于圣胡安河沿岸，它对周围环境造成的任何损害都很容易影响河流，并影响尼加拉瓜领土。道路沿圣胡安河而行的部分近一半位于距河岸 100 米的范围之内，而有约 18 千米道路在距河流 50 米的范围之内，有部分道路甚至距河岸不到 5 米。道路距河流如此之近，而且经常建于斜坡之上，因此存在增加河流泥沙沉积的风险。要评估

---

① Judgment, p. 720, para. 153.
② Judgment, p. 720, para. 153.
③ Judgment, p. 720, para. 154.
④ Judgment, pp. 720 – 721, para. 155.

因水土流失造成泥沙沉积的可能性，应当考虑的另一个相关因素是：近四分之一的道路建于曾有森林覆盖的区域。同样还应当考虑因飓风、热带风暴和地震在该地区造成自然灾害的可能性，因为这些自然灾害可能增加泥沙侵蚀的风险。

最后，法院认为必须考虑道路所在流域的地理条件。该道路要穿过哥斯达黎加领土上的一个重要湿地，而且与尼加拉瓜领土上的西尔维斯特圣胡安河湿地（Refugio de Vida Silvestre Río San Juan）非常接近。这两个湿地都位列《关于特别是作为水禽栖息地的国际重要湿地公约》（简称《国际湿地公约》，又称《拉姆萨尔公约》）的国际重要湿地名录之中，它们的存在进一步提升了筑路工程造成重大损害的风险，因为这意味着受工程影响的环境特别敏感。工程可能产生的主要损害是来自道路的大量泥沙淤积、因此给河流生态与水质带来的风险以及河流形态的改变。

综上，法院认为哥斯达黎加的筑路工程有造成重大跨境损害的风险。①

（2）哥斯达黎加的环境影响义务是否因紧急状态而免除

哥斯达黎加主张其环境影响评价义务可以免除，因为哥方修建道路可归因于尼加拉瓜占领争议领土所导致的紧急状态（emergency）：首先，紧急状态可使一国免除进行环境影响评价的义务，或者因为国际法在这个问题上指向国内法，或者因为国际法自身包含这个例外；其次，筑路行为是对上述紧急状态的适当反应，因为两国之间军事对抗造成的真实风险意味着哥斯达黎加随时可能要撤离圣胡安河右岸，而筑路的目的正是便于通达该地区的岗哨和边远社区。哥斯达黎加据此提出，它有权在没有进行环境影响评价的前提下开展筑路活动。②

尼加拉瓜则主张并不存在真正的紧急状态，因为哥方所筑道路并不在国际法院 2011 年法令定义的"争议领土"附近，且哥方宣布紧急状态是在筑路开始的 7 个月后。尼加拉瓜还提出，在国际法上紧急状态并不是免除环境影响评价义务的理由，哥斯达黎加根据国内法宣布紧急状态并据此为不履行国际法义务的行为辩解是不适当的。③

---

① Judgment, p. 721, para. 156.
② Judgment, p. 719, para. 148.
③ Judgment, p. 719, para. 150.

为回答哥斯达黎加是否因紧急状态而免除其环评义务的问题，法院首先回顾了自己援引乌拉圭河纸浆厂案判决做出的判定："应由各国依据本国的法律或项目批准程序，考虑计划项目的性质、规模及其可能造成的负面环境影响与谨慎实施环评的需要，来确定个案中环境影响评价的具体内容。"①就此法院指出，

> 上文对国内法的提及与是否应当进行环境影响评价这一问题无关。因此，在哥斯达黎加国内法上可能存在紧急状态豁免的事实并不影响哥斯达黎加进行环境影响评价的国际法义务。②

接下来，法院考察了案件的具体情况，判定并不存在某种紧急状态使哥斯达黎加有必要立刻开始筑路而不进行环评：

> 实际上，该工程的完成需要数年，实际上也确实经历了数年。此外，在哥斯达黎加开始修路时，国际法院已在了解争议领土的情况并很快发出了临时措施命令。虽然哥斯达黎加坚持认为修路是为便于其人员撤离圣胡安河畔的哥方领土，但法院注意到这条道路只能为该地区的部分区域提供通道，因此只能在有限范围内构成对哥方主张的紧急状态的反应。而且，哥斯达黎加并未证明在道路穿过的地区存在军事对抗的紧迫威胁。最后，法院注意到，哥斯达黎加宣布紧急状态的行政法令颁布于 2011 年 2 月 21 日，是在筑路工程开始以后。③

因此法院认为哥斯达黎加主张的紧急状态并不存在，从而也无须裁决在国际法上紧急状态是否构成免除环境影响评价义务的理由。④

（3）哥斯达黎加是否已履行其环境影响评价义务

法院注意到哥斯达黎加进行了数次环境研究，包括 2012 年 4 月制定的

---

① I. C. J. Reports 2010（I），p. 83，para. 205.

② Judgment，pp. 721 – 722，para. 157.

③ Judgment，p. 722，paras. 159.

④ Judgment，p. 722，paras. 159.

环境管理计划，2013 年 11 月进行的环境诊断评估，以及 2015 年 1 月进行的后续研究。这些研究评估了筑路活动对环境造成的负面影响，并提出了减少这些影响的对策建议。①

法院援引乌拉圭河纸浆厂案判决，肯定了环境影响评价义务的持续性，即如有必要，应当在工程的整个过程中持续监测工程对环境的影响。② 但法院强调，环境影响评价义务要求对造成重大跨境损害的风险进行事前评估，因此"环境影响评估必须在工程开始之前进行"。③ 结合本案情况，法院认为哥斯达黎加有义务在其筑路工程开始之前进行环境影响评价，以确保工程的设计和实施能让造成重大跨境损害的风险最小化；但哥斯达黎加的环境诊断评估及其他研究均是对已建道路造成的环境影响的事后评估，因此，就其筑路工程而言，哥斯达黎加没有履行一般国际法上的环境影响评价义务。④

2. 哥斯达黎加是否违反了《生物多样性公约》中的环境影响评价义务

本案双方都是《生物多样性公约》缔约国。《公约》第 14 条规定：

> 每一缔约国应尽可能并酌情：（a）采取适当程序，要求就其可能对生物多样性产生重大不利影响的拟议项目进行环境影响评价，以避免或尽量减轻这种影响，并酌情允许公众参加此种程序。

尼加拉瓜认为该条款要求哥斯达黎加进行环境影响评价，但哥斯达黎加辩称，该条款只是关于就可能对生物多样性产生重大不利影响的拟议项目采取适当程序，而哥斯达黎加已经有了这种"适当程序"，只是这种程序并不适用于本案中涉及的筑路活动，因为该项目不可能对生物多样性造成重大不利影响。⑤

法院认为，《公约》第 14 条并没有创设这样一种义务，即在进行可能

① Judgment, p. 722, para. 160.
② I. C. J. Reports 2010 (I), p. 83, para. 204.
③ I. C. J. Reports 2010 (I), p. 83, para. 204.
④ Judgment, pp. 722 - 723, paras. 161 - 162.
⑤ Judgment, p. 723, para. 163.

对生物多样性造成重大不利影响的活动之前进行环境影响评价，因此哥斯达黎加并没有违反《公约》。[1] 法院没有为这一结论说明理由，而是直接援引了《公约》第 14 条的条文，其依据应是对《公约》第 14 条的文本解释，即按第 14 条的字面意思，其对缔约国施加的义务是"采取适当程序，要求就……进行环境影响评价"，而非直接规定缔约国的环境影响评价义务。这种"适当程序"应当包括缔约国的国内立法和项目审批程序，也包括缔约国之间的具体协定。

（三）违反环境影响评价义务的救济措施

法院认为，宣布哥斯达黎加违反了进行环境影响评价的国际法义务即是对尼加拉瓜的适当救济措施。[2]

尼加拉瓜请求法院命令哥斯达黎加"停止所有进行中的，影响或可能影响尼加拉瓜权利的国际不法行为"，但法院认为，哥斯达黎加对环境影响评价义务的违反目前并没有对尼加拉瓜的权利造成负面影响，也不可能在未来影响尼加拉瓜的权利，因此没有理由支持尼加拉瓜要求的救济措施。[3]

尼加拉瓜还请求法院命令哥斯达黎加按道路修建以前的状况在可能范围内恢复原状，并对无法恢复原状的部分做出损害赔偿。法院认为恢复原状和损害赔偿都是对实际损害的救济措施；虽然哥斯达黎加没有履行环境影响评价义务，但不能认定筑路工程对尼加拉瓜造成了重大损害或违反了国际法上的任何实体义务，因此恢复原状和损害赔偿都不是违反环境影响评价义务的适当救济措施。[4]

此外，尼加拉瓜要求法院裁定哥斯达黎加不进行适当的环境影响评价则不能再在边境地区进行任何开发，但法院认为，哥斯达黎加进行环境影响评价的义务仅适用于有造成重大跨境损害风险的活动，没有理由假设哥斯达黎加在该地区未来的活动中不会履行国际法上的义务，因此法院驳回

---

① Judgment, p. 723, para. 164.
② Judgment, pp. 738 - 739, para. 224.
③ Judgment, p. 739, para. 225.
④ Judgment, p. 739, para. 226.

了尼加拉瓜的这项请求。①

四 通知与磋商义务

(一) 尼加拉瓜是否违反了通知与磋商义务

本案当事双方都认同，依据一般国际法，如果一国计划进行的活动有产生重大跨境损害的风险，那么它有义务通知可能受到影响的国家并与之进行磋商。除此以外，哥斯达黎加提出，因为尼哥双方均为《拉姆萨尔公约》和《中美洲生物多样性与野生动物优先区域保护公约》的成员国，尼加拉瓜还负有条约法上的通知与磋商义务：其一，《拉姆萨尔公约》第3条第2款和第55条规定了通知与磋商义务；其二，《中美洲生物多样性与野生动物优先区域保护公约》第13条g款与第33条规定了关于可能损害生物资源的行为的信息分享义务。②

尼加拉瓜不否认一般国际法上通知与磋商义务的存在，但它认为本案中这项义务受限于1858年条约，因为1858年条约构成程序义务的特别法。1858年条约没有规定关于开凿水道或任何其他"改善工程"的通知或磋商义务，所以国际习惯法或条约法上的通知与磋商义务都不适用于本案。此外，尼加拉瓜主张，《拉姆萨尔公约》第3条和第5条不适用于本案；《中美洲生物多样性与野生动物优先区域保护公约》并没有确立关于可能损害生物资源的行为的信息分享义务，最多只是鼓励成员国进行这样的信息分享。③

在前面讨论环境影响评价义务时，法院已明确指出通知与磋商是环评确认重大跨境损害风险后的后续义务：

> 如果环境影响评价确认某项活动存在造成重大跨境损害的风险，计划开展该项活动的国家为履行其预防重大跨境损害的谨慎义务，应

---

① Judgment, p. 739, para. 227.
② Judgment, pp. 705 – 706, para. 106.
③ Judgment, p. 708, para. 107.

当通知可能受影响的国家，并在必要时与其进行诚意磋商，以确定防止或减轻风险的适当措施。①

针对尼加拉瓜的主张，法院讨论了 1858 年条约对该义务的影响。法院认为，虽然 1858 年条约可能只规定了特定情形下有限的通知与磋商义务，但这一事实并不排除国际条约或习惯法上存在的关于跨境损害的任何其他程序义务。不过法院指出，因为尼加拉瓜疏浚水道的活动并无造成重大跨界损害的风险，所以根据一般国际法，尼加拉瓜并不承担通知和磋商义务。②

然后法院分析了尼加拉瓜是否负有条约法上的通知与磋商义务。法院认为，《拉姆萨尔公约》第 3 条第 2 款的规定仅限于通知拉姆萨尔秘书处关于"湿地的生态特征"的变化或可能变化，但在本案中，没有证据显示尼加拉瓜疏浚水道的工程引起了或可能引起湿地生态特征的变化，除非该工程进一步扩大。因此法院判定，尼加拉瓜没有对拉姆萨尔秘书处进行通知的义务。③ 法院继而讨论了《拉姆萨尔公约》第 5 条的规定。法院认为该条款只规定了"就如何执行公约义务"进行磋商的一般义务，而并未规定就某项特定工程进行磋商的具体义务，因此在《拉姆萨尔公约》项下，尼加拉瓜并没有在启动水道开凿工程之前通知哥斯达黎加并与其磋商的义务。④ 此外，法院认为，《中美洲生物多样性与野生动物优先区域保护公约》中哥斯达黎加援引的两个条款都未规定有约束力的通知与磋商义务。⑤ 所以尼加拉瓜在本案中并不负有任何条约法上的通知与磋商义务。

（二）哥斯达黎加是否违反了通知与磋商义务

尼加拉瓜诉称，哥斯达黎加的筑路活动存在造成重大跨境损害的风险，而哥方没有在活动开始之前通知尼方并与尼方磋商，违反了它基于国

---

① Judgment, pp. 706 - 707, para. 104.
② Judgment, p. 708, para. 108.
③ Judgment, pp. 708 - 709, para. 109.
④ Judgment, p. 709, para. 110.
⑤ Judgment, pp. 709 - 710, para. 111.

际习惯法、1858 年条约与《拉姆萨尔公约》应承担的国际义务。①

但哥斯达黎加认为，本案中并不存在触发通知与磋商义务的"重大负面影响风险"；而且哥斯达黎加曾邀请尼加拉瓜进行磋商，但尼加拉瓜没有回应；此外，哥斯达黎加修筑道路的原因正是尼加拉瓜造成的紧急状态。②

法院首先重申，在环境影响评价确认存在重大跨境损害风险的前提下，行为国负有一般国际法上的通知与磋商义务。但法院认为在本案中并不需要讨论哥斯达黎加是否履行了这项义务，因为法院已经确认哥斯达黎加没有在筑路工程开始以前履行其环境影响评价义务。③

其次，针对尼加拉瓜认为哥斯达黎加没有履行 1858 年条约中通知义务的主张，法院认为 1858 年公约并不要求哥斯达黎加将其在自己领土上的活动提前通知尼加拉瓜。④

最后，针对尼加拉瓜基于《拉姆萨尔公约》提出的主张，法院判定，尼加拉瓜没有证明哥斯达黎加的筑路活动改变了或有可能改变其领土上湿地的生态特征，而且哥斯达黎加曾将其穿过湿地的道路走向通知拉姆萨尔秘书处，因此哥斯达黎加没有违反《拉姆萨尔公约》第 3 条第 2 款；《拉姆萨尔公约》第 5 条则并没有要求成员国就某个正在进行的特定项目履行磋商义务。⑤

五　不造成重大跨境损害义务

尼加拉瓜和哥斯达黎加都诉称对方违反了习惯国际法上不造成重大跨境损害的义务。经过审理，法院驳回了双方的诉求，延续了国际法院适用不造成重大跨境损害规则时一贯的谨慎风格。

（一）尼加拉瓜在下圣胡安河的疏浚活动是否造成了重大跨境损害

在本案判决的第一部分，法院已判定尼加拉瓜在哥斯达黎加领土上开

---

① Judgment, p. 724, para. 165.
② Judgment, p. 724, para. 167.
③ Judgment, p. 724, para. 168.
④ Judgment, p. 725, para. 171.
⑤ Judgment, p. 725, para. 172.

凿水道等活动的违法性。法院还需要裁判尼加拉瓜在本国领土上的活动，即在下圣胡安河及其左岸的活动。①

　　哥斯达黎加诉称，尼加拉瓜在下圣胡安河的疏浚工程对哥斯达黎加在圣胡安河右岸的领土以及科罗拉多河造成了跨境影响，违反了尼加拉瓜在习惯国际法上的义务及 1888 年克利夫兰裁决。② 尼加拉瓜辩称，疏浚工程并没有对包括科罗拉多河在内的哥斯达黎加领土造成任何损害，反而对下圣胡安河及其下游有国际重要性的湿地都有益处。尼加拉瓜还主张，疏浚工程是为了维持和改善圣胡安河的状况，因此根据克利夫兰裁决中的特别规则，它即使对哥斯达黎加领土造成损害也并不违法。③

　　法院首先援引乌拉圭河纸浆厂案判决，重申了"不造成重大跨境损害"规则在国际习惯法上的地位以及该规则的内涵，即在国际习惯法上：

　　　　国家有义务采取其可支配的一切手段来预防在其领土上或其管辖范围之内的活动对其他国家的环境造成重大损害。④

　　案件双方在这里都援引了克利夫兰裁决，但法院认为没必要讨论 1858 年条约、克利夫兰裁决与国际习惯法规则之间的关系，因为尼加拉瓜在其本国领土上的活动并未对哥斯达黎加造成跨境影响。

　　法院指出，哥斯达黎加没有提供令人信服的证据证明河流中挖掘出的沉积物堆积在河流右岸，也没有证明疏浚工程对其湿地造成了损害。另据尼加拉瓜估算，疏浚工程对科罗拉多河水量的影响，不到该河总流入水量的 2% 。哥斯达黎加没有提出更高的数字，且它委任的首席专家承认："没有证据显示疏浚工程对科罗拉多河的水流造成了重大影响。"哥斯达黎加举证证明 2011 年 1 月到 2014 年 10 月间科罗拉多河水流剧减，但法院认为哥斯达黎加并没有证明河水减少与疏浚工程之间存在因果关系，而其他因

---

① Judgment, p. 710, para. 113.

② Judgment, p. 710, para. 114.

③ Judgment, p. 710, para. 115.

④ I. C. J. Reports 2010 (I), p. 56, para. 101; see also *Legality of the Threat or Use of Nuclear Weapons*, Advisory Opinion, I. C. J. Reports 1996 (I), pp. 241–242, para. 29.

素也可能与水流减少有关，特别是那段时间降水的减少。法院还认定，不管科罗拉多河水流是否因疏浚工程而减少，这种影响都远不至于严重影响科罗拉多河的适航性，或对哥斯达黎加造成其他损害。[1]

综上，法院判定尼加拉瓜在下圣胡安河的疏浚活动并没有违反国际习惯法上不造成重大跨境损害的义务。[2]

（二）哥斯达黎加在圣胡安河沿岸的筑路活动是否造成了重大跨境损害

尼加拉瓜诉称，哥斯达黎加修筑道路导致大量泥沙沉积物进入圣胡安河，特别是因为哥方忽略基本的工程原则，造成了严重的水土流失。[3] 哥斯达黎加则提出，泥沙沉积并非污染物，而且道路造成的泥沙沉积与圣胡安河既有的泥沙沉积相比是微不足道的。[4]

筑路工程究竟使圣胡安河泥沙沉积量增加了多少？双方委任的专家就水土流失区域和水土流失率提供了截然不同的关键数据，从而计算出了完全不同的结果。法院认为没必要详细讨论双方专家不同估算方式在科学与技术方面的正确性，而是采用了哥方专家基于尼方专家提供的数据计算出的结果，即筑路造成的泥沙沉积不超过圣胡安河泥沙沉积总量的2%，这一结果也没有受到尼方质疑。[5]

基于这个判断，法院分四步讨论了筑路造成的沉积物是否对尼加拉瓜造成了重大跨境损害。

1. 含沙量增加导致的损害

尼加拉瓜认为，筑路造成的泥沙沉积不论准确数量为多少，它都污染了圣胡安河，从而对尼加拉瓜造成了重大损害；在衡量道路造成的影响时，还要考虑哥斯达黎加砍伐森林和不科学使用土地而造成圣胡安河泥沙沉积增加的情况。据尼方专家估算，现在圣胡安河的泥沙沉积量约为13700000 吨/年。尼加拉瓜提出，圣胡安河可容纳的泥沙沉积量有一个最

---

① Judgment, p. 712, para. 119.
② Judgment, p. 712, para. 120.
③ Judgment, pp. 726 - 727, para. 177.
④ Judgment, pp. 727 - 728, para. 179.
⑤ Judgment, p. 729, para. 186.

大限度，如果从道路冲刷进入圣胡安河的泥沙沉积在这个最大限度之外，那么对河流来说必然是有害的。①

哥斯达黎加辩称，尼加拉瓜没有证明圣胡安河泥沙沉量容纳限度的存在，更没有证明现有沉积量已经超过该限度。哥斯达黎加认为法院应当回答的问题是，道路导致的沉积对圣胡安河沉积总量的相对影响是否导致了重大损害。哥斯达黎加指出，鉴于这一地区的地理状况，特别是圣胡安河干流与支流集水区的地震与火山喷发，圣胡安河在自然状态下就是一条多沙河流。据哥方估算，圣胡安河的沉积总量约为 12678000 吨/年，道路造成的沉积最多只占该数额的 0.6%，因此道路造成的沉积相较于河流沉积总量而言是无足轻重的。此外哥方提出，从其他来源进入圣胡安河的沉积量变化非常大，道路造成的沉积量很难确认；即使采用尼加拉瓜提供的数据，道路造成的沉积也仅占圣胡安河沉积总量的1%到2%，如此小的比例不可能导致重大损害。②

尼加拉瓜进一步提出，根据国际法委员会《关于避免危险活动跨界损害的条款草案》的评论，筑路对圣胡安河的有害影响只要能够被测算，就可以说是重大损害；③ 既然双方专家都估算出了筑路造成的泥沙沉积量，那么这个数量显然是可测算的。④

哥斯达黎加反驳称，尼加拉瓜没有依据事实和客观标准证明重大损害的存在：尼方本可以在筑路工程的上游和下游分别进行测量，以确定筑路工程对圣胡安河沉积水平的影响，但尼方并没有这样做。⑤

法院认为，圣胡安河有相当大的自然沉积量，尼加拉瓜没有证明从哥斯达黎加新筑道路冲刷进入河流的沉积达到了会对河流造成损害的程度。此外，圣胡安河泥沙沉积容纳限度并未确定，因此本案并不涉及沉积物是否超过该限度的问题。因此，法院并未认可筑路造成的河流沉积的绝对数

---

① Judgment, pp. 729 – 730, para. 188.

② Judgment, p. 730, para. 189.

③ Text of the Draft Articles on Prevention of Transboundary Harm from Hazardous Activities with Commentaries Thereto, Arts. 7 – 9, *Yearbook of the International Law Commission* (*YILC*), 2011, Vol. II, Part Two, pp. 148, 157 – 161.

④ Judgment, p. 730, para. 190.

⑤ Judgment, p. 730, para. 191.

量本身导致了重大损害。那么道路造成的沉积物对圣胡安河现有沉积总量的相对影响如何？法院注意到圣胡安河的沉积总量并未确定。哥斯达黎加的首席专家根据科罗拉多河的测量结果估算圣胡安河的总沉积量约为12678000 吨/年。尼加拉瓜没有提供河流沉积水平的直接测量值，但其委任的专家认为圣胡安河的现有沉积总量应为大约 13700000 吨/年。根据法院看到的证据和双方专家对筑路导致的沉积量以及圣胡安河总沉积量的估算，法院发现道路导致的沉积量最多只占圣胡安河总沉积量的 2%。基于这一结论，并考虑到圣胡安河的沉积量有非常高的自然变化率，法院认为不能确认重大损害的存在。[1]

当事国提交给法院的实际测量结果仅有 2011 到 2012 年的报告。2011年道路尚未修建，2012 年道路在修建之中，这两年测量值的比较显示，圣胡安河的沉积量是处于变化中的，而且沉积的主要来源是圣胡安河的支流，特别是圣卡洛斯河与萨拉皮基河。这些数据不能证明筑路对河流泥沙沉积水平造成了重大影响。此外，在道路坡度最大的地区埃尔卡斯蒂约（El Castillo）和上游博卡圣卡洛斯（Boca San Carlos）的测量结果也没有显示重大损害的存在。[2]

因此法院判定，尼加拉瓜没有证明筑路导致圣胡安河含沙量增加这一事实本身和本质上导致了重大跨境损害。[3]

2. 对圣胡安河形态、航运以及尼加拉瓜疏浚工程的损害

尼哥双方大致都认可：如果假设在科罗拉多三角洲（Delta Colorado）圣胡安河 10% 的河水流入下圣胡安河，那么圣胡安河中大约 16% 的悬浮沉积物和 20% 的粗沙沉积物将进入下圣胡安河。与水量较大的科罗拉多河不同，下圣胡安河缺乏输沙能力，因此粗沙沉积物就沉降在下圣胡安河的河床上。留在河床上的沉积物分布并不均匀，而是更多聚积于浅滩和沙洲，因此可能会阻碍航运，特别是在旱季。然而，更细小的悬浮沉积物是否也留在了河床上？沉积的程度如何？更广泛地说，筑路工程对下圣胡安河的

---

[1]　Judgment, pp. 730 – 731, para. 192.

[2]　Judgment, p. 731, para. 195.

[3]　Judgment, p. 731, para. 196.

悬浮沉积物影响如何？双方对这些问题存在分歧。①

尼方专家认为，因筑路而进入下圣胡安河的所有粗沙沉积物和60%的细沙悬浮沉积物都留在了河床上。为维持河流的适航性，尼加拉瓜不得不对下圣胡安河中累积的沉积物进行疏浚。对于下圣胡安河这样沉积物已经过多的河流而言，任何来自道路的额外沉积物都对尼加拉瓜造成了重大损害，因为它加重了尼加拉瓜的疏浚负担。此外，道路导致的沉积物累积还减少了注入下游湿地的淡水，从而影响这些湿地的生态平衡。② 尼加拉瓜还提出，从道路冲刷下的沉积物沿河道形成了"巨大的"三角洲，阻断了航运，从而对尼加拉瓜造成了重大损害。③

哥斯达黎加依据其首席专家提供的证据辩称，下圣胡安河的泥沙淤积是不可避免的自然现象，与筑路无关，而且尼方专家夸大了道路造成的泥沙在下圣胡安河的沉积量：第一，只有粗沙沉积物聚集在下圣胡安河河床上，而绝大多数细沙沉积物被冲入了加勒比海；第二，没有证据证明道路造成的粗沙沉积物实际到达了下圣胡安河，因为沉积物沉降并不是线性过程，它在被冲往下游之前，往往会在某个河段停留数年；此外，双方的估算都是基于没有经过科学验证的假设的数字，比如，在"科罗拉多三角洲"圣胡安河的水量和沉积量分别进入科罗拉多河和下圣胡安河的比例就只是一种假设，尼加拉瓜主张下圣胡安河河床上累积的沉积物必然需要疏浚，也是一种错误的假设。④

法院注意到，尼加拉瓜没有提供筑路开始后下圣胡安河形态发生变化或航运能力恶化的直接证据。尼加拉瓜在这一点上的主张又是完全基于专家的建模与估算，而这些模型与估算并没有得到实际数据的证实。法院认为，从道路冲刷进入下圣胡安河并沉降在河床上的沉积物实际数量存在很大的不确定性。尼加拉瓜并没有提供科学证据证明在"科罗拉多三角洲"水流与沉积物的分配比例，而只是依据哥斯达黎加电力机构的一份报告做

---

① Judgment, p. 732, para. 198.
② Judgment, p. 732, para. 199.
③ Judgment, p. 732, para. 200.
④ Judgment, pp. 732 – 733, para. 201.

出估算，且这份报告的依据仅仅是在科罗拉多河进行的测量结果。①

法院依据当事国提交的专家证据进一步认定，沉积物累积是下圣胡安河长期存在的自然特征，沉积物沿圣胡安河的输送并非线性过程。道路带来的沉积物只是可能影响下圣胡安河泥沙淤积的数个因素之一。因此法院认为，尼加拉瓜提供的证据没有证明下圣胡安河的任何形态改变是由筑路工程造成的。②

至于尼加拉瓜关于筑路工程加重其疏浚负担的主张，法院注意到，尼加拉瓜的疏浚活动始于筑路工程开始之前，尼方没有提供证据证明它因为筑路工程而增加了疏浚活动。法院再次回顾了它关于筑路最多造成河流沉积物增加2%的判断，注意到没有证据证明道路造成的沉积物比其他来源的沉积物更有可能沉降在河床上，由此得出结论：道路造成的沉积物最多占到尼加拉瓜在下圣胡安河疏浚的沉积物总量的2%，不能认定筑路工程对下圣胡安河河床或尼加拉瓜的疏浚负担造成了重大影响。③

关于沉积三角洲问题，法院注意到，尼加拉瓜提出在道路坡度最大处存在八个"巨大的"三角洲，但并不能明确指出有几个三角洲是因筑路造成的；而且卫星影像显示在筑路开始之前有两个三角洲业已存在。不论这些三角洲是否因筑路而形成，法院注意到它们仅在哥斯达黎加一侧河岸占据了河道的边缘，因此法院认定，尼加拉瓜并未充分证明这些三角洲对河道的形态或航运能力造成了重大的负面影响。④

综上，法院得出结论：尼加拉瓜没有证明道路导致的泥沙沉积对圣胡安河与下圣胡安河的河流形态或航运能力造成了重大损害，或显著加重了尼加拉瓜的疏浚负担。⑤

3. 对圣胡安河水质和水域生态系统的损害

尼加拉瓜在其诉状中提出，筑路导致的河流泥沙沉积增加对河流中生活的鱼类、大型无脊椎动物和藻类都造成了重大损害；沉积物也造成了河

---

① Judgment, p. 733, para. 203.
② Judgment, p. 733, para. 204.
③ Judgment, pp. 733 – 734, para. 205.
④ Judgment, p. 734, para. 206.
⑤ Judgment, p. 734, para. 207.

流水质的恶化。尼方提供了一份专家报告作为证明水生生物和水质受到损害的重要依据。这份专家报告以圣胡安河 16 个三角洲所取样本为依据，得出的结论是：圣胡安河南岸大型无脊椎动物的物种多样性和丰度显著低于北岸。① 在庭审阶段，尼加拉瓜的主张从河流生态系统受到实际损害转变为有受到损害的风险。双方都承认，到目前为止尚没有相关调查可以证明圣胡安河内的鱼类是否易受泥沙沉积水平提高的影响，然而尼加拉瓜认为，根据哥斯达黎加的环境诊断评估及 2015 年 1 月由热带科学中心（Tropical Science Centre）进行的后续研究可以判断，哥方新修道路对圣胡安河支流内的大型无脊椎动物和水质有损害。热带科学中心在哥斯达黎加境内新建道路上游与下游的圣胡安河支流分别进行了水质监测，据其记录，道路下游的水质相对较差。在尼加拉瓜看来，这项研究的结果可以证明圣胡安河有受到损害的风险，因为这些支流都将汇入圣胡安河。②

哥斯达黎加认为尼加拉瓜的证据不足。依其专家意见，哥方提出，圣胡安河内的生物很有可能正在适应泥沙沉积水平提高且不断变化的情况，并对这些情况有很高的容忍度。至于大型无脊椎动物和水质，哥斯达黎加认为它所做的环境诊断评估并没有显示道路产生的重大影响，并且这项研究的结果是基于哥斯达黎加境内小型支流的样本，并不能移植到比支流体量大得多的圣胡安河干流。③

法院接受了哥斯达黎加的观点。它注意到尼加拉瓜没有提供关于圣胡安河鱼类受到实际损害的证据，也没有指明因筑路工程受到损害的鱼的具体种类。④ 尼加拉瓜所依据的环境诊断评估及其后续研究仅仅显示，筑路工程对哥斯达黎加境内圣胡安河小型支流内的大型无脊椎动物种群和水质有区域性影响。法院并不认为上述结论可移植到平均宽度近 300 米的圣胡安河。对于尼加拉瓜提交的专家报告，法院认为，很难将圣胡安河北岸与南岸大型无脊椎动物物种多样性和丰度的区别仅仅归因于筑路工程，而忽

---

① Judgment, pp. 734 – 735, para. 208.
② Judgment, p. 735, para. 209.
③ Judgment, p. 735, para. 210.
④ Judgment, p. 735, para. 211.

略集水区规模、水中养分含量等其他因素。①

4. 其他损害

尼加拉瓜主张筑路工程对沿河居民社区的健康状况造成了负面影响，因为这些社区的健康依赖于河流本身的健康。尼加拉瓜还提出，道路对这一地区的自然景观造成了视觉上的负面影响，因此严重影响了该地区的旅游业发展潜力。除此以外，尼加拉瓜认为该道路有在未来进一步造成跨境损害的风险，因为如果危险物质经由该道路运输，可能会让有毒物质进入圣胡安河；道路的存在也可能导致圣胡安河右岸农业和商业活动的不断增加。②

哥斯达黎加辩称，尼加拉瓜没有就道路对旅游业和沿河社区健康状况的实际影响给出任何证据，也没有解释其主张的法律依据；此外，尼加拉瓜提出有毒物质进入圣胡安河的风险纯属臆测，因为哥斯达黎加的国内法规已规定有害物质只能通过经批准的道路运输，而本案中涉及的道路并不在上述道路范围之内。③

法院认为尼加拉瓜没有证实其关于旅游业和健康问题的主张。关于道路在未来造成跨境损害的风险也仅是猜测，而没有证实可能存在的任何损害。因此法院没有支持尼加拉瓜的这些主张。④

六 航行权问题

哥斯达黎加诉称尼加拉瓜侵犯了"哥斯达黎加根据 1858 年边界条约、1888 年克利夫兰仲裁裁决和 2009 年国际法院判决享有的在圣胡安河上的永久航行权"。⑤

1858 年边界条约第 V 条规定："尼加拉瓜共和国对圣胡安河从湖泊源头到大西洋入海口的河水拥有完全的所有权和统治权；但哥斯达黎加共和国对圣胡安河从河口到老卡斯蒂洛下游三英里处的河段享有商业目的永久

---

① Judgment, pp. 735 – 736, para. 212.
② Judgment, p. 736, para. 214.
③ Judgment, p. 736, para. 215.
④ Judgment, p. 736, para. 216.
⑤ Judgment, p. 714, para. 130.

自由航行权，无论是与尼加拉瓜通航还是与哥斯达黎加境内河流通航，这些河流包括圣卡洛斯河、萨拉皮基河及哥斯达黎加境内与圣胡安河该河段连接的任何其他水道。两国的船舶都可以在该河段常用航道的任意一边河岸停泊，不用缴纳任何税赋，除非两国政府另有约定。"克利夫兰裁决援引了上述规定。①

2009 年，国际法院曾就哥斯达黎加诉尼加拉瓜关于航行权与相关权利的争议做出判决，其中提到，"根据 1858 年条约第Ⅵ条，自由航行权涵盖两种私人航行：以商业交易为目的的货运船只航行，以及付费乘船的客运船只航行"。② 虽然 1858 年条约第 Ⅵ 条的措辞仅涉及商业航行，但法院认为："在河岸构成两国边界的地段，考虑到当地的地理情况，1858 年条约的拟定者不可能有意剥夺河畔的哥斯达黎加居民为满足基本需求而使用河流的权利，即使他们的活动并非商业性质。"③ "为满足需要快速通勤的日常基本需求，圣胡安河河岸的哥斯达黎加居民有权在河岸的社区之间航行。"④

哥斯达黎加称，它的航行权先后五次遭到侵犯。尼加拉瓜在强调这个数量微不足道的同时，没有否认其中两次事件的存在。第一次事件发生在 2013 年 2 月，一个在河畔居住的农民和他的叔叔在一个尼加拉瓜军事据点被拘留数小时并遭到羞辱对待。关于这次事件，哥斯达黎加提交了一份证言。第二次事件发生在 2014 年 6 月，尼加拉瓜官员阻止一名哥斯达黎加的产权所有人和一些当地农业合作组织的成员在圣胡安河航行。这次事件有五份证言证实。⑤

尼加拉瓜没有为上述两次事件提供有说服力的辩护，因此法院判定，这两次事件表明尼加拉瓜侵犯了哥斯达黎加在圣胡安河的航行权。同时法院认为没有必要再讨论哥斯达黎加提到的其他事件。⑥

---

① Judgment, pp. 714 – 715, para. 133.

② *Dispute regarding Navigational and Related Rights* (Costa Rica v. Nicaragua), Judgment, I. C. J. Reports 2009, p. 245, para. 73.

③ I. C. J. Reports 2009, p. 246, para. 79.

④ I. C. J. Reports 2009, p. 270, para. 156 (1) (f).

⑤ Judgment, p. 716, para. 135.

⑥ Judgment, p. 716, para. 136.

七 本案的意义及其对国际水法发展的影响

（一）本案丰富和发展了跨境环境影响评价制度

1. 环境影响评价义务国际法地位的巩固

在乌拉圭河纸浆厂案中，对可能造成重大跨境影响的活动进行环境影响评价，被肯定为"一般国际法上的一种要求"。国际法院在本案中重申了这一结论：

> 可将它视为一般国际法上的一种要求，即在某计划采取的工业活动可能在跨境环境下造成重大负面影响时，特别是对共享资源而言，应当进行环境影响评价。①

杜加尔德法官（Judge Dugard）在其特别意见中对"一般国际法"的确切含义展开了详细讨论。他认为，法院使用的"一般国际法"一词不能等同于国际法院规约第38条中的"一般法律原则"，而是包括一般法律原则和习惯国际法，也可能包括一般性国际公约，特别是那些编纂国际法原则的公约，以及被普遍接受的司法判决，特别是国际法院的判决。② 多诺雷法官（Judge Donogue）则更直截了当地认为，法院使用的"一般国际法"一词与"习惯国际法"的含义没有任何区别。③

2. 环境影响评价义务来源与法律基础的明确

在述及国家的环境影响评价义务之前，法院援引乌拉圭河纸浆厂判决，论证国家负有"预防造成重大跨境损害"的谨慎义务：

> 预防损害原则是一项习惯国际法规则，它源自一国在本国内开展活动时应遵守的谨慎义务。"每个国家皆有义务不在知情的情况下允

---

① Judgment, pp. 706 – 707, para. 104, citing I. C. J. Reports 2010（I）, p. 83, para. 204.

② Dugard, J., sep. op., para. 16.

③ Donoghue, J., sep. op., para. 2.

许本国领土被用于有损他国权利的行为。"［*Corfu Channel*（*United Kingdom v. Albania*），*Merits*，*Judgment*，*I. C. J. Reports 1949*，p. 22.］国家有义务利用一切可能的手段来预防发生在本国领土内的行为或本国管辖下的行为给另一国的环境造成重大损害。①

法院在其结论中再次强调，在行为前进行环境影响评价是"为履行预防重大跨境环境损害的谨慎义务"，从而指明了环境影响评价义务的来源与法律基础：

> 因此，为履行预防重大跨境环境损害的谨慎义务，国家在其行为有对他国环境造成负面影响的潜在可能时，应在行为前确认是否存在造成重大跨境损害的风险，一旦该风险存在，进行环境影响评价的要求即被触发。②

3. 环境影响评价义务适用范围的拓展

法院认为，乌拉圭河纸浆厂案关于一般国际法上环境影响评价义务的结论不仅适用于工业行为，而且适用于所有可能造成重大跨境损害的行为，从而拓展了环境影响评价义务的适用范围：

> 虽然法院在乌拉圭河纸浆厂案中的论述仅指向工业行为，但其中的基本原则普遍适用于所有可能在跨境环境中造成重大负面影响的行为。③

4. 环境影响评价内容决定权的确认与突破

在乌拉圭河纸浆厂案中，法院非常谨慎地指出：

> 应由各国依据本国的法律或项目批准程序，考虑计划项目的性

---

① Judgment, pp. 706 – 707, para. 104, citing I. C. J. Reports 2010（I），p. 56, para. 101.

② Judgment, pp. 706 – 707, para. 104.

③ Judgment, pp. 706 – 707, para. 104.

质、规模及其可能造成的负面环境影响与谨慎实施环评的需要，来确定个案中环境影响评价的具体内容。①

在对哥斯达黎加诉尼加拉瓜案的判决中，法院重申了上述立场，再次确认了行为国对于环境影响评价内容的自主决定权。②

然而在尼加拉瓜诉哥斯达黎加案中，法院在认定哥斯达黎加没有进行初步风险评估后，自己承担起确认"重大跨境损害风险"的责任。法院为确认筑路工程是否有导致"重大跨境损害"的风险，考察了该工程的性质、规模以及开展该工程的环境。③ 这些考察内容明显参考了乌拉圭河纸浆厂案提及的环境影响评价应当考虑的内容。法院的做法证明，虽然环境影响评价的内容取决于行为国自身，但触发环境影响评价的"重大跨境损害风险"可能会受到国际司法审查。

5. 环境影响评价义务适用方式的创新

在本案中，法院为判定当事国是否违反了环境影响评价义务和通知与磋商义务，论证了三项程序义务的序列关系，即确认"重大跨境损害风险"—环境影响评价—通知与磋商。第一项义务与第二项义务之间构成触发机制，而第三项义务是第二项义务的后续义务。

首先，法院认为："为履行预防重大跨境环境损害的谨慎义务，一个国家在其行为有对他国环境造成负面影响的潜在可能时，应在行为前查明（ascertain）是否存在造成重大跨境损害的风险。"④ 换言之，习惯国际法上"预防重大跨境损害"的谨慎义务首先决定了行为国负有在行为前查明"重大跨境损害风险"的义务。这是一种预备性的风险查明义务。

紧接着，法院指出："一旦查明存在造成重大跨境损害的风险，进行环境影响评价的要求即被触发。"⑤ 即通过预备性风险查明过程确认的"重大跨境损害风险"是环境影响评价义务的触发条件（threshold）。

---

① I. C. J. Reports 2010（I），p. 83，para. 205.
② Judgment，pp. 706 – 707，para. 104.
③ Judgment，pp. 720 – 721，para. 155.
④ Judgment，pp. 706 – 707，para. 104.
⑤ Judgment，pp. 706 – 707，para. 104.

最后，法院指出："如果环境影响评价确认（confirm）某项活动存在造成重大跨境损害的风险，计划开展该项活动的国家为履行其预防重大跨境损害的谨慎义务，应当通知可能受影响的国家，并在必要时与其进行诚意磋商，以确定防止或减轻风险的适当措施。"① 在这段论述中，触发通知与磋商义务的是环境影响评价正式确认的"重大跨境损害风险"。这里"环境影响评价"与"通知与磋商义务"之间存在时序关系，通知与磋商义务是环境影响评价的后续义务。

采用"触发条件"和"基于触发条件的程序义务序列"都不是本案的创新。多年以来，跨境损害制度一直以"重大跨境损害"为国家责任的触发条件。② 将这一触发条件应用于程序义务，并加上"风险"一词，也并非独创。联合国国际法委员会在 2001 年的《关于避免危险活动跨界损害的条款草案》中即采用了"义务序列"概念。该草案规定了基于触发条件的两步程序：第一，由来源国对可能的跨界损害进行评估（包括环境影响评估）；第二，如果该评估显示有重大损害风险，那么来源国有通知与磋商义务。③

本案的创新之处在于：第一，把"重大跨境损害风险"视为环境影响评价义务的触发条件，将环境影响评价义务与预备性的风险查明义务明确区分开来；第二，将三步式义务序列作为习惯国际法规则予以采用。

（二）本案体现和推动了国际水法的"程序化"趋势

继乌拉圭河纸浆厂案之后，国际法院对本案的判决再次肯定了沿岸国程序义务的重要性，体现和推动了国际水法"程序化"的发展趋势。

首先，国际水法的程序规则日益丰富和明确。国际水法上的程序义务包括合作义务、环境影响评价义务、通知与磋商义务等。乌拉圭河纸浆厂案首次在司法判决中肯定"通知义务"与"环境影响评价义务"是一般国际法的要求。本案在此基础上，进一步阐释了环境影响评价义务及通知与

---

① Judgment, pp. 706 – 707, para. 104.

② Neil Craik, *The International Law of Environmental Impact Assessment: Process, Substance and Integration* (Cambridge University Press, 2008), pp. 60 – 61.

③ Text of the Draft Articles on Prevention of Transboundary Harm from Hazardous Activities with Commentaries Thereto, Arts. 7 – 9, *Yearbook of the International Law Commission* (*YILC*), 2011, Vol. Ⅱ, Part Two, pp. 148, 157 – 161.

磋商义务在习惯国际法上的地位、内涵与适用方式，体现了国际水法上程序规则内容的发展。

其次，国际水法程序规则在司法实践中的作用提升。国际法院在乌拉圭河纸浆厂案中判定乌拉圭未违反实体义务，但违反了"通知义务"；在本案中判定哥斯达黎加的行为未造成重大跨境损害，但违反了"环境影响评价义务"。这种处理方式传递了一种信号，即国际法院越来越倚重程序规则判断当事国行为的合法性。因为相较于实体规则，程序规则的可操作性更强、更适宜司法审查且对主权国家而言敏感度较低。

再次，国际水法程序规则对实体规则的支撑更加有力。如果某个沿岸国的活动造成了重大跨境损害，那么损害来源国是否遵守了环境影响评价、通知和磋商等程序规则就成为检验其是否履行了"预防跨境损害的谨慎义务"的关键要素。程序规则越发达，实体规则得到的支撑就越有力，从而不断增加规范的清晰度与可裁判性。从这个角度来看，"程序化"是国际水法日益成熟的标志。

最后，国际水法程序规则的独立价值日益凸显。如乌拉圭河纸浆厂案与本案所体现的，程序义务可以独立存在——即使某项活动最终没有造成重大跨境损害，沿岸国在计划采取行动时，仍然必须遵循程序规则。"环境影响评价不仅保证预防损害原则的遵守，而且即使某项工程实施后确无损害，它也通过要求国家评估损害的风险，起到提升国家环境意识的作用。"[1]

八 本案引发的值得讨论的问题

本案虽然较好地解决了当事国之间的争端，丰富和发展了国际法上的环境影响评价制度，是体现和推动国际水法"程序化"的重要案件，但也留下了一些悬而未决的问题。

（一）环境影响评价是否为习惯国际法上的独立义务？

乌拉圭河纸浆厂案和本案都肯定环境影响评价为"一般国际法上的一

---

[1] Dugard, J., sep. op., para. 10.

种要求"。这种表述与"习惯国际法上的一种要求"基本同义。但这一论断是否意味着习惯国际法上存在独立的环境影响评价义务?[①]

关于这个问题，本案几位法官在其特别意见中给出了截然不同的解读。多诺雷法官和大和田法官（Judge Owada）认为预防重大跨境损害的谨慎义务是国际环境法上的首要行为义务，环境影响评价、通知与磋商都是履行这一义务的要求，而不是单独的法律义务。杜加尔德法官的意见正好相反，他认为谨慎义务源于预防损害原则，是实施预防损害原则的行为标准，环境影响评价、通知与磋商都必须遵循这一行为标准，但它们本身是独立的程序义务。特林达德法官（Judge Trindade）也将环境影响评价看作独立义务，但认为它根植于谨慎义务的要求。

大和田法官对比了乌拉圭河纸浆厂案判决、本案判决与国际海洋法法院的咨询意见，认为国际海洋法法院明确指出了环境影响评价义务既是《海洋法公约》上的直接义务，又是"习惯国际法上的一般义务";[②] 而乌拉圭河纸浆厂案及本案的判决在这个问题上采取了"更细致的方法"，"限制了环境影响评价的范围和内容",[③] 且本案判决强调项目实施之前、之中和之后环境影响评价过程的持续性，是将谨慎义务的履行视为一个"整体性过程"，因此"进行环境影响评价是源自国家预防或减轻重大跨境损害的谨慎义务的过程的一项重要构成要素，而非单独的和独立的一般国际法义务"。[④]

杜加尔德法官的意见与之截然相反。他认为，"国家的环境影响评价义务是一项独立义务，目的在于当重大跨境损害风险存在时预防这种损害。谨慎义务是国家为预防重大跨境损害而必须在任何阶段都遵循的行为标准"。[⑤] 为了论证环境影响评价义务的独立性，他指出，《关于避免危险活动跨界损害的条款草案》（第 7 条）、《里约宣言》（第 17 原则）、《生物多样性公约》（第 14 条）和《跨境环境影响评价公约》（《埃斯波公约》）

---

① I. C. J. Reports 2010（I），p. 83，para. 205.

② *Responsibilities and Obligations of States with respect to Activities in the Area. Advisory Opinion*，1 *February* 2011，*ITLOS Reports* 2011，p. 49，Para. 145. See Owada，J.，sep. op.，para. 16.

③ Owada，J.，sep. op.，para. 17.

④ Owada，J.，sep. op.，para. 18.

⑤ Dugard，J.，sep. op.，para. 9.

（第2条）等国际法律文件在描述环境影响评价义务时均未提及谨慎义务；乌拉圭河纸浆厂案判决虽然把谨慎义务视为环境影响评价义务的基础，但判决中也提及环境影响评价义务的内容应"考虑……谨慎实施环评的需要"，[1] 这意味着法院在判定当事国是否适当履行环评义务时要适用谨慎义务标准，因此"谨慎义务是进行环境影响评价必须遵循的标准，而不是环评义务本身"。[2]

杜加尔德法官还特别指出将谨慎义务视为环评义务之来源的弊端，即这种解读将允许一国在事后辩称：因为在法律程序启动时没有证明损害存在，所以在项目计划时自己并不负有谨慎行为义务。他认为法院在哥斯达黎加诉尼加拉瓜边境活动案（Certain Activities Carried Out by Nicaragua in the Border Area）中就采取了这种"往回看"方式，才判定尼加拉瓜在项目计划时不负有环评义务。"如果环境评价义务被视为独立义务，那么明显一国在项目计划之时、实施项目之前，就必须查明风险。"[3]

杜加尔德法官担心的情况并不符合事实，在这一点上他对法院的指责是不公平的。法院对尼加拉瓜边境活动风险的事实判断或有简单化的嫌疑，但法院在讨论尼加拉瓜义务时明确指出："为履行预防重大跨境环境损害的谨慎义务，一个国家在其行为有对他国环境造成负面影响的潜在可能时，应在行为前查明是否存在造成重大跨境损害的风险，一旦该风险存在，进行环境影响评价的要求即被触发。"[4] 只是法院认为该案中触发环境影响评价义务的标准并未达到，所以尼加拉瓜才在项目计划时不负有环评义务。

事实上，将环境影响评价义务视为谨慎义务的构成要素或履行谨慎义务的方式并无不妥，但不能据此否认环境影响评价义务成为国际法上独立义务的可能性。要判断习惯国际法上独立的环境影响评价义务是否存在，应当依据判断习惯国际法规则是否形成的一般规则，即是否已"作为通例

---

[1]　I. C. J. Reports 2010（I），p. 83，para. 205.

[2]　Dugard, J., sep. op., para. 9.

[3]　Dugard, J., sep. op., para. 10.

[4]　Judgment, pp. 706 - 707, para. 104.

之证明而经接受为法律"，① 具体而言，即是否存在足够的国家实践和法律确信。

多诺雷法官虽然否认环评义务的独立性，但他关于谨慎义务与环评义务关系的论述是比较公允的。他认为谨慎义务作为习惯国际环境法上支配性的首要规范，是项目计划、影响评价、决定、实施和监测等各个阶段都适用的行为义务。② 他不否认习惯国际法上可能会有一些具体的程序和实体规则来确保谨慎行为义务的履行，但他认为这些具体规则的存在与内容取决于国家实践和法律确信，③ 而现有的国家实践和法律确信尚不足以证明习惯国际法上存在独立的环境影响评价规则：

> 这一论断（指乌拉圭河纸浆厂案中关于环境影响评价国际法地位的论断——编者注）被普遍认为是一种宣告，即一般（或习惯）国际法规定了重大跨境损害风险存在时进行环境影响评价的特定义务。然而我并不确信，在基础性的谨慎行为义务以外，国家的实践和法律确信能够支持这一具体规则的存在。④

遗憾的是，多诺雷法官仅简单宣称"我不确信（confident）"环境影响评价规则的存在，而没有展开论证环境影响评价国家实践和法律确信的缺乏。在这一点上，杜加尔德法官为其所持的相反观点给出了更有说服力的论证。

杜加尔德法官认为："毫无疑问在习惯国际法上存在一种义务，即当重大跨境损害风险存在时应当进行环境影响评价。"⑤ 他从四个层面论证了这一观点。首先，国际海洋法法院海底争端分庭曾判定环境影响评价是"习惯国际法上的一般义务"。其次，国际法委员会在《关于避免危险活动跨境损害的条款草案》的评论中曾指出"要求环境影响评价的实践已经非

---

① 《国际法院规约》第38条。
② Donoghue, J., sep. op., para. 9.
③ Donoghue, J., sep. op., para. 10.
④ Donoghue, J., sep. op., para. 13.
⑤ Dugard, J., sep. op., para. 17.

常普遍"，它援引了部分发达国家包含环评义务的法律，并宣称 70 个发展中国家也有类似的立法。[①] 再次，越来越多的多边条约确认了环境影响评价义务，例如《埃斯波公约》、《关于环境保护的南极条约》（《南极议定书》）、《跨境水道和湖泊保护和利用公约》（第 6 条第 1 款 b 项）、《生物多样性公约》（第 14 条）和《海洋法公约》（第 206 条）。最后，国际法院判决强有力地支持了习惯国际法上环评义务的存在，例如乌拉圭纸浆厂案和本案判决都肯定环评是"一般国际法上的一种要求"。

习惯国际法上的环境影响评价制度仍在发展演变之中。环境影响评价一方面具有以履行谨慎义务即"预防重大跨境损害"为目标的工具价值，另一方面还具有促进国家环境保护意识的独立价值，它在国际社会受到更加普遍的认同和重视是历史发展的趋势。虽然现在关于环评义务在习惯国际法上的地位还存在一些争议，但随着国家实践的普及和法律确信的增强，环境影响评价作为独立法律义务的地位必然日渐明确。同时，环境影响评价对于履行谨慎义务的重要性将更加巩固。

（二）习惯国际法上是否存在关于环境影响评价的具体规则？

在乌拉圭河纸浆厂案中，法院声称一般国际法没有"确定环境影响评价的范围和内容"，因此"应由各国依据本国的法律或项目批准程序确定个案中环境影响评价的具体内容"。[②] 本案判决重申了这一观点。[③] 但这种论述能否被解释为：习惯国际法上没有任何关于环境影响评价的具体规则，衡量行为国是否达到环评要求仅仅依靠向国内法的"反致"（revoi）？

杜加尔德法官认为，关于环评实施的某些事项确实必须由国内法决定，例如环评的责任机构、形式、时限和程序的确定，然而：

> 有一些特定事项是环境影响评价本质属性的必然要求，需要考察环境影响评价是否真正完成，以及在环评准备中谨慎义务的要求是否

---

① Commentary on Article 7, para. 4, *YILC*, 2001, Vol. Ⅱ, Part Two, p. 158.

② I. C. J. Reports 2010 (I), p. 83, para. 205.

③ Judgment, pp. 706 – 707, para. 104.

满足。①

国际法委员会在《关于避免危险活动跨界损害的条款草案》评论中对环境影响评价的实施提出了一些具体要求：环境影响评价应当将活动涉及的风险与"该风险可能导致的损害"联系起来，应当包含"对活动可能产生的跨境有害影响的评估"，不仅应当包括对人和财产的影响评价，还应包括对他国环境的影响评价。②

在本案中，法院确认的以下规则也属于环境影响评价本质属性的必然要求。①环境影响评价必须在所涉活动开始以前进行。③ ②行为国必须在实施行为以前"基于对所有相关情况的客观评估"评价其行为造成重大跨境损害的风险。④ ③证明环境影响评价已完成的举证责任由行为国承担。⑤ ④评估环境影响评价的触发条件是否达到时，应当考虑特定环境的情况。⑥ ⑤如果工程地点涉及《拉姆萨尔公约》规定的受保护湿地，那么重大损害风险会比较高，因为这意味着工程承受环境特别敏感。在这种情况下，触发环境影响评价的标准应当降低。⑦ ⑥国家在进行环评时必须履行谨慎义务，考虑计划项目的性质、规模及其可能造成的负面环境影响。⑧ ⑦在确定是否需要进行环评时，必须考虑造成损害的风险（risk），而非基于损害发生的可能性（likelihood/probability）。⑨ ⑧即使事后证明某项行为没有造成重大跨境损害，也不能免除行为国因未在行为开始前进行环境影响评价而应承担的国际责任。⑩

杜加尔德法官认为，法院在尼加拉瓜诉哥斯达黎加筑路案（Construction of a Road in Costa Rica along the San Juan River）中正确适用了上述规

---

① Dugard, J. , sep. op. , para. 18.

② *YILC*, 2001, Vol. Ⅱ, Part Two, pp. 158 – 159, paras. 6 – 8.

③ Judgment, pp. 706 – 707, para. 104; p. 720, para. 153.

④ Judgment, p. 720, para. 153.

⑤ Judgment, p. 720, para. 154.

⑥ Judgment, pp. 706 – 707, para. 104; pp. 720 – 721, para. 155.

⑦ Judgment, pp. 720 – 721, para. 155.

⑧ Judgment, pp. 706 – 707, para. 104; pp. 720 – 721, para. 155.

⑨ Judgment, pp. 706 – 707, para. 104; p. 720, para. 153.

⑩ Dugard, J. , sep. op. , para. 19.

则，在哥斯达黎加诉尼加拉瓜边境活动案中却采用了不一致的路径。在讨论哥斯达黎加的筑路活动时，法院表现得相当积极主动，考察了各种客观的、实证的和可以科学验证的因素和可能性，进行了详尽的事实和证据评估。但在讨论尼加拉瓜的水道疏浚活动时，法院仅粗略提及当事国提交的证据，便简单宣布了它对于事实的判断结论，而没有对它评估证据的方法进行任何解释或说明。①

法院对于两案做法有明显的区别，这可能是由于《埃斯波公约》将筑路列为必须进行环境影响评价的风险活动之一，而疏浚水道则一般不被视为特别可能造成风险的活动。② 然而这只是解读者的猜测，我们有理由认为，法院应当为其评估风险的路径的区别更明确地说明理由；如果它确实参考了《埃斯波公约》，还应当特别阐明《埃斯波公约》的规定与国际习惯的关系。

（三）环境影响评价和通知磋商之间是否存在时序关系？

本案判决确认了三项程序义务的序列关系，即确认"重大跨境损害风险"—环境影响评价—通知与磋商，但没有对其习惯国际法基础进行系统解释。"三步式义务序列"虽然清晰但有过度简化的嫌疑。

多诺雷法官在其个别意见中表达了他的怀疑："本判决可能会被解读为，仅在一种情况下，跨境影响的来源国必须通知可能受到潜在影响的国家，即仅在环境影响评价确认某项活动有造成重大跨境损害的风险的情况下。"③ 多诺雷法官认为，最好不要将本判决解读为包含这种绝对的限制，因为在其他情况下，通知义务也可能会基于预防跨境损害的谨慎义务而产生。④ 例如，潜在受损国提供的信息可能对来源国做出可靠的风险评估殊有必要，因此来源国需要在环境影响评价以前通知潜在受损国。作为环境影响评价领域的"最佳实践"代表，《埃斯波公约》（第3条）就要求在

---

① Dugard, J., sep. op., para. 34.

② Rumiana Yotova, "The Principles of Due Diligence and Prevention in International Environmental Law", *The Cambridge Law Journal*, Vol. 75, 2016, p. 448.

③ Donoghue, J., sep. op., para. 21.

④ Donoghue, J., sep. op., para. 24.

环境影响评价之前进行通知，以使潜在受损国可以参与环评。尼加拉瓜诉哥斯达黎加一案的事实也显示了在环评完成之前进行通知的重要性。因为尼加拉瓜享有对圣胡安河的主权，因此只有它可以对河流进行测量、取样，或授权哥斯达黎加进行这类活动。如果不提前通知尼加拉瓜以征得其帮助，哥斯达黎加很难充分完成环境影响评价。

多诺雷法官还论述了在环评完成前进行磋商的重要性。当事国在磋商中除了讨论如何预防或减轻重大跨境损害风险，还可以就其对受影响国家环境敏感性的不同看法交换意见，或讨论环境影响评价的程序细节，环评完成前的磋商因此可为当事国履行谨慎行为义务发挥重要作用。①

杜加尔德法官特别指出，《湿地公约》第 5 条的磋商义务并不以环评证明重大跨境损害风险存在为前提条件。公约第 5 条的磋商义务是关于"如何履行公约义务"的，结合第 3 条第 1 款的前半句"各缔约国应制定和执行规划，以促进对列入《目录》的湿地的保护"，应当把第 5 条理解为：只要为了履行"促进湿地保护"义务，就要进行磋商。② 换言之，必要时应当在环评之前进行磋商，甚至在环评证明项目不存在重大跨境损害风险的时候也要进行磋商。具体到本案，尼加拉瓜 2006 年的环境影响研究虽然得出工程不会造成重大跨境损害的结论，但在其完成后，至少应将副本提供给哥斯达黎加，以在确定规划之前征求哥方意见。

上述意见关于环评之前或环评得出无风险结论时通知与磋商重要性的论述是非常有意义的。因此本案判决不宜被解读为"行为国仅在环境影响评价确认重大跨境损害风险存在时才负有通知与磋商义务"。事实上，法院描述的义务序列重在强调环评确认风险时必然触发通知与磋商义务，而并未将环评确认风险视为通知与磋商义务的唯一适用条件。环境影响评价义务和通知磋商义务的基础和来源都是国家预防重大跨境损害的谨慎义务，具体案件中当事国是否负有通知和磋商义务，以及通知和磋商的时间和内容细节，应当按照履行谨慎义务的要求，依案件的具体情况来确定。

---

① Donoghue, J., sep. op., para. 23.
② Dugard, J., sep. op., paras. 41 – 42.

（四）法院是否应当进一步说明环境影响评价义务的触发条件？

"跨境损害风险"达到什么程度才触发环境影响评价义务？法院没有给出评估方法和标准。有学者为此感到遗憾，认为在近年来各国对跨境影响评估的需求越来越迫切的背景下，法院没有把握这个机会给国家提供观念与操作方法上的指导。[①] 但法院不给出确定"触发条件"的具体方法，可能恰恰是关键性的"留白"，因为确定性不仅在技术上难以实现，而且可能会产生反效果。国际法委员会曾明确拒绝列出有重大跨境损害风险的行为清单，"因为可能无法穷尽，且科技发展将使其很快过时"。[②] 此外，保留触发条件的模糊性，还有可能会让行为国由于担心构成重大跨境损害的风险而在做决定时更加谨慎。

---

① Jacob Katz Cogan, "Certain Activities Carried Out by Nicaragua in the Border Area (Costa Rica v. Nicaragua) and Construction of a Road in Costa Rica along the San Juan River (Nicaragua v. Costa Rica)", *The American Journal of International Law*, Vol. 110, No. 2 (April 2016), p. 326.

② Commentary on Article 1, *YILC*, 2001, Vol. Ⅱ, Part Two, pp. 149 – 150.

案件八

尼加拉瓜在边境地区实施的
特定活动案

——尼加拉瓜应向哥斯达黎加支付的赔偿

赵雨晴　孔令杰

【案件导读】本案涉及尼加拉瓜在哥斯达黎加领土上进行不法活动造成的生态环境损害赔偿争端。① 在 2015 年尼加拉瓜在边境地区实施的特定活动案的判决中，国际法院判定尼加拉瓜在两国边境地区开凿水道和建立军事存在等活动侵犯了哥斯达黎加的领土主权，有义务赔偿其不法行为所造成的损害。两国就赔偿金额磋商失败后，请求法院裁判赔偿问题。双方的主要分歧在于生态环境损害的量化和计算方法。法院基于损害赔偿的一般国际法原则，明确指出生态环境损害具有可赔偿性，界定了生态环境损害的赔偿范围，确定了生态环境损害的估值方法。本案是国际法院裁判的第一起关于生态环境损害赔偿的案件。法院对于生态系统服务方法、生态系统服务替代成本、修正分析法、整体性评估等生态环境损害赔偿计算方法的解释和适用，是对生态环境损害量化这一问题的有益探索，对于将来的生态环境损害求偿案件亦有指导意义和参考价值。

【关键词】边界河流　领土主权　生态环境损害赔偿　国际义务

---

① Certain Activities Carried Out by Nicaragua in the Border Area (Costa Rica v. Nicaragua) Compensation Owed by the Republic of Nicaragua to the Republic of Costa Rica, Judgment, I. C. J. Reports 2018, p. 15.

国际不法行为　充分救济　全面救济　举证责任　湿地保护
生物多样性　损害评估　生态系统服务　生境等价分析法　整体
性评估　修正分析　环境产品和服务

一　哥斯达黎加和尼加拉瓜河流生态环境
损害争端的产生与发展

哥斯达黎加和尼加拉瓜地处中美洲，两国毗邻，拥有一条东西走向、长达309千米的边界线。圣胡安河发源于尼加拉瓜湖，自西向东流经哥、尼两国边界后注入加勒比海，全长约205千米。

19世纪以来，哥、尼两国围绕该河流的边界、航行权、利用和保护等事宜纷争不断。1858年签署的《边界条约》①沿圣胡安河的右岸确定了两国的边界，规定除靠近哥斯达黎加岸边的部分外，尼加拉瓜对圣胡安河水域拥有领土主权，哥斯达黎加享有以商业为目的的自由航行权。此后，因尼加拉瓜多次质疑《边界条约》的效力，两国于1886年同意将该条约的效力问题提交仲裁。美国总统格罗弗·克利夫兰（Grover Cleveland）于1888年做出裁决，确认了1858年《边界条约》的有效性。②

2005年，哥斯达黎加将两国有关圣胡安河上的航行权利及相关权利的争端提交至国际法院，指控尼加拉瓜违反1858年《边界条约》第Ⅵ条的规定，对哥斯达黎加在圣胡安河上所享有的航行权施加了诸多限制。国际法院于2009年做出判决，澄清了哥斯达黎加所享有的航行权及尼加拉瓜行使航行管制权的范围。③

本案所涉争端始于2010年10月18日，尼加拉瓜为了提高圣胡安河的

---

① Treaty of Territorial Limits between Costa Rica and Nicaragua, signed at San José, 15 April 1858.

② Award in regard to the validity of the Treaty of Limits between Costa Rica and Nicaragua of 15 July 1858, United Nations, Reports of International Arbitral Awards (RIAA), Vol. XXVIII, pp. 189 – 236.

③ *Dispute regarding Navigational and Related Rights* (Costa Rica v. Nicaragua), Judgment, I. C. J. Reports 2009, p. 213.

通航能力对河道进行疏浚，在波蒂略岛（Isla Portillos）① 北部进行施工，开凿了一条连接圣胡安河与港头潟湖的水道。对此，哥方认为尼加拉瓜在哥斯达黎加境内人为开凿了一条水道，而尼方认为其仅仅是疏通了本国境内一条现有的水道。尼加拉瓜还派驻军队和其他人员占据该区域。

2010 年 11 月 18 日，哥斯达黎加将争端诉至国际法院，指控尼加拉瓜军队侵占哥斯达黎加的领土，在侵占的领土上非法开凿水道和疏浚圣胡安河，并对哥斯达黎加境内受保护的雨林和湿地造成严重损害等。同日，哥斯达黎加向法院提出临时措施请求。

2011 年 3 月 8 日，法院发布临时措施命令，指示双方当事国的义务，其中包括双方应避免采取任何可能恶化或扩大争端的行动。② 此外，法院将本案的"争议领土"界定为"波蒂略岛北部，即介于 2010 年争议水道的右岸、圣胡安河右岸直到加勒比海河口与港头潟湖之间的面积约 3 平方千米的湿地"。③

2011 年 12 月 22 日，尼加拉瓜提出反诉，指控哥斯达黎加沿圣胡安河在两国边境地区修筑道路的工程侵犯尼加拉瓜主权并对其领土造成重大生态环境损害。2013 年 4 月 17 日，法院决定将两案（哥斯达黎加诉尼加拉瓜案与尼加拉瓜诉哥斯达黎加案）的诉讼程序合并。2013 年 11 月 22 日，法院重申 2011 年临时措施并发布新的临时措施命令。法院发现，在 2011 年临时措施命令发布之后，尼加拉瓜在争议领土上又开凿了两条新的水道并设立了一个军事营地。④

2015 年 12 月 16 日，法院对合并后的两案做出判决，判定尼加拉瓜 2010 年开凿的水道右岸不构成两国之间的边界，争议领土的主权属于哥斯

---

① 科罗拉多河和圣胡安河下游之间的一块面积大约 150 平方千米的区域被称为卡莱罗岛（Isla Calero），卡莱罗岛内一块约 17 平方千米的区域被哥方称为波蒂略岛，被尼方称为港头。波蒂略岛位于哥尼两国边境的最东段、圣胡安河的入海口处。

② *Certain Activities Carried Out by Nicaragua in the Border Area*（Costa Rica v. Nicaragua），Provisional Measures, Order of 8 March 2011, I. C. J. Reports 2011（I），pp. 27 – 28, para. 86.

③ *Certain Activities Carried Out by Nicaragua in the Border Area*（Costa Rica v. Nicaragua），Provisional Measures, Order of 8 March 2011, I. C. J. Reports 2011（I），p. 19, para. 55.

④ *Certain Activities Carried Out by Nicaragua in the Border Area*（Costa Rica v. Nicaragua）; *Construction of a Road in Costa Rica along the San Juan River*（Nicaragua v. Costa Rica），Provisional Measures, Order of 22 November 2013, I. C. J. Reports 2013, p. 354.

达黎加。尼加拉瓜开凿三条水道并在哥斯达黎加领土上建立军事存在的行为侵犯了哥斯达黎加的领土主权，也违反了 2011 年临时措施命令所规定的义务。① 法院指出，尼加拉瓜侵犯哥斯达黎加领土主权的行为足以证明哥斯达黎加遭受了非物质损害，但哥斯达黎加仅有权获得尼加拉瓜违反国际义务所造成的物质损害赔偿，且该义务须为法院判定的尼加拉瓜应担负的义务。关于哥斯达黎加遭受的相关物质损害及应获得的赔偿问题，若双方自判决之日起 12 个月内无法达成协议，应任何一方的请求，法院可在单独的诉讼程序中进行评估。法院将根据仅限于此问题的进一步书面诉状确定赔偿金额。②

2017 年 1 月 16 日，哥斯达黎加表示双方未能就赔偿金额达成一致，请求法院对此做出判定。哥斯达黎加的求偿范围包括两个部分：（1）尼加拉瓜修建 2010 年水道、2013 年东部水道造成的可量化的生态环境损害；（2）尼加拉瓜不法行为导致的成本和费用，包括监控和补救上述生态环境损害所产生的费用。③ 尼加拉瓜则主张，哥斯达黎加仅有权获得物质损害赔偿，即对国家财产或其他国家利益造成的且能够以货币估值的损害。此外，尼加拉瓜认为 2015 年判决已从事项和归因方面将赔偿的范围限定为经法院认定的不法行为所导致的损失或费用。④

二　关于损害赔偿的一般国际法原则

在裁断尼加拉瓜应对哥斯达黎加进行赔偿的问题之前，法院首先回顾了国际法上关于损害赔偿的相关原则。

首先，法院强调，"违反国际义务即应承担充分救济的义务"是国际

---

① *Certain Activities Carried Out by Nicaragua in the Border Area* (Costa Rica v. Nicaragua) and *Construction of a Road in Costa Rica along the San Juan River* (Nicaragua v. Costa Rica), Judgment, I. C. J. Reports 2015, p. 740, para. 229.

② *Certain Activities Carried Out by Nicaragua in the Border Area* (Costa Rica v. Nicaragua) and *Construction of a Road in Costa Rica along the San Juan River* (Nicaragua v. Costa Rica), Judgment, I. C. J. Reports 2015, pp. 717 – 718, paras. 139 and 142.

③ Judgment, p. 27, para. 36.

④ Judgment, p. 27, para. 37.

法上一项行之已久的原则。常设国际法院曾在判决中明确指出：

> 国际实践，尤其是国际仲裁法庭的裁决中，似乎已经确立了这样一项关于不法行为的基本原则：救济必须尽可能地消除不法行为所造成的全部后果，并尽可能使状况恢复至该行为没有发生之前的状态。①

接着，法院指出，国际法院曾在多起案件中承认了全面救济原则（principle of full reparation），即不法行为的实施者应全面救济不法行为所造成的损害。②

法院还指出，损害赔偿是救济的适当形式之一，特别是在恢复原状客观上无法实现或者会造成不合理负担的情况下，但损害赔偿不应是惩罚性或惩戒性的。③

本案中，当事方请求法院依据其 2015 年 12 月 16 日的判决确定尼加拉瓜不法活动造成损害的赔偿问题。为此，法庭需要查明：（1）原告诉称的各项损失是否存在以及在何种程度上存在；（2）各项损失与被告不法行为之间是否存在足够直接和确定的因果关系；（3）被告应当赔偿的金额。④

关于举证责任，法院认为举证义务的一般原则是"谁主张谁举证"，但在特定情况下，可以灵活适用该原则，例如，在某些情形下，被告可能具有证明某些事实更有利的条件。⑤

三　生态环境损害的可赔偿性

法院特别强调，在生态环境损害案件中，损害的存在和因果关系的证明过程可能会出现一些特殊问题，例如，生态环境损害可能由多个并存的原

---

① *Factory at Chorzów*, Merits, 1928, P. C. I. J., Series A, No. 17, p. 47; see also *Avena and Other Mexican Nationals* (Mexico v. United States of America), Judgment, I. C. J. Reports 2004 (I), p. 59, para. 119.

② Judgment, p. 26, para. 30.

③ Judgment, p. 26, para. 31.

④ Judgment, p. 26, para. 32.

⑤ Judgment, p. 26, para. 33.

因导致，或者科学发展的现状可能尚不足以确定不法行为与损害之间的因果关系。这些问题必须依据案件事实以及当事方向法院提交的证据来判断。最终，应当由法院判定不法行为与损害结果之间是否存在足够的因果关系。①

关于损害赔偿的依据，虽然此前国际法院从未做出关于生态环境损害赔偿的判决，但法院认为生态环境损害赔偿符合国际法上关于"国际不法行为之结果"的原则，包括全面救济原则。因此，法院认为生态环境损害应是可赔偿的，赔偿范围包括不法行为造成的生态环境损害以及受损国因损害而产生的费用。双方对此无异议。②

法院指出，缺乏确定物质损害程度的充分证据，并不必然影响法庭做出损害赔偿的判决。例如，在迪亚洛案中，法院基于公平考虑确定了赔偿金额。③ 在特莱尔冶炼厂仲裁案（Trail Smelter Arbitration）中，仲裁庭援引了美国最高法院的判例，并指出：

> 在某项侵权行为因其性质导致无法确定损失数额的情况下，如果因此而拒绝给予受害者任何救济，并使违法者免于对其行为做出任何补救，这是对基本的正义原则的曲解。在这种情况下，虽然并不能完全基于猜测来确定赔偿金额，但只要有证据证明赔偿数额在公正合理推断的范围内就够了，即使有关结果仅是一个近似值。④

关于损害赔偿的范围，法院认为，对生态环境造成的损害本身以及生态环境损害所导致的环境提供产品和服务的能力的损害或丧失，均属于国际法上生态环境损害可赔偿的范围。生态环境损害赔偿可以包括对环境恢复期间环境提供产品和服务能力受损或丧失的补偿，以及恢复受损环境的费用。⑤

---

① Judgment, p. 26, para. 34.

② Judgment, p. 28, para. 41.

③ See *Ahmadou Sadio Diallo* (Republic of Guinea v. Democratic Republic of the Congo), Compensation, Judgment, I. C. J. Reports 2012 (I), p. 337, para. 33.

④ *Trail Smelter case* (United States, Canada), 16 April 1938 and 11 March 1941, United Nations, Reports of International Arbitral Awards (RIAA), Vol. Ⅲ, p. 1920.

⑤ Judgment, p. 28, para. 42.

法院注意到:

　　恢复受损环境的费用弥补了环境自身的恢复能力未必能够将环境恢复原状的不足。在环境的自然恢复能力不足的情况下,有必要在可能的范围内采取积极措施,以使环境恢复到受损前的状态。①

四　生态环境损害赔偿的计算方法

(一)哥斯达黎加的主张

　　首先,哥斯达黎加承认,生态环境损害的评估方法并非单一的、不变的,国际社会和国家曾采用过多种方法,而适当的生态环境损害估值方法应取决于损害的性质、复杂性和同质性。

　　在本案中,哥方采用了哥斯达黎加非政府组织新热带基金会(Fundación Neotrópica)出具的专家报告中的意见,主张最恰当的生态环境损害计算方法是"生态系统服务方法"(ecosystem services approach),也称"环境服务框架"(environmental services framework)。哥方声称,生态系统服务方法是国际上公认的最新的生态环境损害评估方法,并且它也适用于被尼加拉瓜的活动所损害的受《拉姆萨尔公约》保护的湿地。

　　根据生态系统服务方法,生态环境价值包括可交易的和不可交易的产品和服务。可交易的产品和服务,如木材,具有"直接使用价值"(direct use value);而不可交易的产品和服务,如防洪或气体调节,则具有"间接使用价值"(indirect use value)。哥方认为,生态环境损害的评估必须同时考虑环境产品和服务的直接和间接使用价值,以便准确反映生态环境价值。

　　哥方声称,生态系统服务方法得到了国际和国家实践的支持。首先,联合国环境规划署于2010年通过了一份《关于有害环境活动所造成损害之责任、应对行动和赔偿的国内法制订准则》(简称"UNEP准

①　Judgment, pp. 28 – 29, para. 43.

则"）。①

UNEP 准则旨在突出各国在选择起草关于环境损害活动的责任、应对行动和赔偿的国内法时必须解决的核心问题，讨论了可能纳入此类国内法的关键要素，并提供了具体的文字表述，以备立法者参考。该准则将"环境损害"一词定义为：

（a）在经由公共主管部门认可的、科学上已确立的并顾及其他任何人为造成的变化和自然变化的基准下，对环境产生的可测量的不利或负面影响；

（b）根据以下因素确定的对环境产生的重大不利或负面影响：

……

（3）环境提供产品和服务的能力的永久性或暂时性减损或丧失；……②

依据 UNEP 准则，哥斯达黎加认为生态环境损害可基于"环境提供产品和服务的能力的减损或丧失"等因素来计算。

其次，《生物多样性公约》缔约方大会第Ⅻ/14 号决议援引了 UNEP 准则，建议各成员方酌情考虑该准则的内容。③ 此外，第Ⅻ/14 号决议还建议各成员方考虑一份关于生物多样性损害和生物多样性损害的估值和恢复方法的技术性信息综合报告，该报告指出，"责任与救济规则也可以考虑生态系统提供实际或潜在的产品和服务的能力的丧失"。④

---

① Guidelines for the Development of Domestic Legislation on Liability, Response Action and Compensation for Damage Caused by Activities Dangerous to the Environment, adopted by the Governing Council of the United Nations Environment Programme in decision SS. Ⅺ/5, part B of 26 February 2010.

② Guidelines for the Development of Domestic Legislation on Liability, Response Action and Compensation for Damage Caused by Activities Dangerous to the Environment, p. 3.

③ Decision Ⅻ/14, Liability and redress in the context of paragraph 2 of Article 14 of the Convention, UNEP/CBD/COP/DEC/XII/14, 17 October 2014, p. 2.

④ Synthesis report on technical information relating to damage to biological diversity and approaches to valuation and restoration of damage to biological diversity, as well as information on national/domestic measures and experiences, UNEP/CBD/COP/9/20/Add. 1, 20 March 2008, p. 3, para. 14.

再次，部分国家在关于生态环境损害的国内立法中采用了生态系统服务方法，例如，哥斯达黎加和厄瓜多尔近年来的国内环境法实践对该方法有所体现。

最后，哥方指出，《拉姆萨尔咨询工作组第 69 号报告》① 在评估 2010 年争议水道造成的生态环境损害时采用了生态系统服务方法。

为了使尼加拉瓜对环境产品和服务造成的损害货币化，哥斯达黎加以"价值转移方法"（value transfer approach）计算大多数所涉环境产品和服务的经济价值。价值转移方法研究一个具有相似条件的生态系统，通过参考其价值来确定受损生态环境的货币价值。但当能够获得损害价值的数据时，便可采用直接估值方法。

哥方认为，尼方采用的方法与联合国赔偿委员会（UNCC）② 在处理环境损害求偿案件中所采用的方法相同。但是，UNCC 处理的环境损害求偿与本案的争议标的存在根本区别。此外，自 UNCC 2005 年处理完环境损害求偿之后，关于生态环境损害计算方法的国际实践在不断演变，新的计算方法，如生态系统服务方法，能够"评估全面的环境损害和可能长期持续存在的环境损害"。③

（二）尼加拉瓜的主张

尼方认为，哥斯达黎加有权获得补偿用以替代受损区域恢复期间已丧失或可能丧失的环境服务。尼加拉瓜称这种方法为"生态系统服务替代成本"（ecosystem service replacement cost）或"替代成本"（replacement costs）。这种方法参照保护一个同等区域的费用来计算生态环境损害赔偿，直至受损区域提供的服务得到恢复。

尼方认为此方法是自然资源损害评估的标准方法，也是 UNCC 在评估环境损害求偿时所遵循的方法之一。针对哥方主张，尼方反驳称，这一方

---

① Ramsar Advisory Mission Report No. 69: North-eastern Caribbean Wetland of International Importance (Humedal Caribe Noreste), Costa Rica, Gland, Suiza: Ramsar Convention Secretariat, 2010.

② 联合国赔偿委员会创建于 1991 年，任务是处理索赔和支付因伊拉克非法入侵和占领科威特而直接遭受的损失。

③ Judgment, p. 30, para. 48.

法并未被较新的方法取代。

UNCC 处理的环境损害求偿范围包括因伊拉克非法入侵并占领科威特所造成的直接环境损害和自然资源枯竭。[①] UNCC 共审理了 168 项环境损害求偿，索赔总额高达 850 亿美元。最终，伊朗、约旦、科威特和沙特阿拉伯等国获赔共计约 53 亿美元。[②]

UNCC 在《专员小组就第五批"F4"类索赔提出的报告和建议》中指出，国际法并未针对国际不法行为的损害赔偿规定任何具体的和排他性的计量方法。然而，即使没有关于损害评估方法的准确规则和规定，法院和法庭也有权并应当进行损害评估。[③]

UNCC 在审理暂时性自然资源丧失的索赔中，采用"生境等价分析法"（Habitat Equivalency Analysis，HEA）来确定生态服务损失补偿修复措施的性质和程度。生境等价分析法通常用于量化石油泄漏和污染物排放所造成的生态服务损失，其主要理念是根据损害程度确定一个相当的恢复规模，一旦适当的恢复规模得以确定，便可以基于恢复性工程的相关成本来估算损害赔偿的金额。

在石油泄漏造成沙特阿拉伯沿海陆地环境受损的求偿中，UNCC 指出，虽然沙特阿拉伯高估了周边地区的受损程度，但采用生境等价分析来量化其损失这一做法是恰当的。[④] 在另一项石油泄漏造成潮间带海岸线栖息地受损求偿中，UNCC 采用生境等价分析法来评估沙特阿拉伯潮间带受损的

[①] Decision taken by the Governing Council of the United Nations Compensation Commission during its third session, at the 18th meeting, held on 28 November 1991, as revised at the 24th meeting held on 16 March 1992, S/AC. 26/1991/7/Rev. 1, 17 March 1992, pp. 7 – 8, para. 35.

[②] Peter H. Sand, Compensation for Environmental Damage from the 1991 Gulf War, 35 Envtl. Pol'y & L. 244, 245 (2005).

[③] Report and Recommendations Made by the Panel of Commissioners Concerning the Fifth Instalment of "F4" Claims, S/AC. 26/2005/10, 30 June 2005, p. 24, para. 80.

[④] See the terrestrial resources unit of Saudi Arabia's claim No. 5000463; Report and Recommendations Made by the Panel of Commissioners Concerning the Fifth Instalment of "F4" Claims, p. 100, para. 606. Saudi Arabia uses Habitat Equivalency Analysis ("HEA") to quantify its losses. In the view of the Panel, while the use of HEA for this purpose is appropriate, some of Saudi Arabia's assumptions and inputs used regarding intensity of damage and recovery periods are inappropriate. In particular, the Panel finds that Saudi Arabia has overestimated the intensity of damage in peripheral areas.

规模。① 约旦在其提出的自然资源损失索赔中，采用生境等价分析法来计算牧场和野生动物保护区的受损面积。UNCC 原则上接受此种方法，但由于约旦的土地储备面积不足以实施恢复性工程，因而改为利用合作管理牧场工程的成本来估算损害赔偿的数额。② 在审理科威特提出的索赔项之一时，UNCC 认为科威特夸大了其陆地自然资源的受损程度，最终并未支持其请求，但肯定了生境等价分析法作为估算损害赔偿方法的适当性。③

尼加拉瓜反驳称，哥斯达黎加采用的方法是一种"效益转移方法"（benefits transfer approach），通过参考其他地区在其他情形下环境服务的价值来确定受损环境服务的价值，这种方法是不可靠的，在实践中也未得到广泛的采用。此外，UNCC 在伊朗提出的陆地资源损害求偿中也曾拒绝采用价值转移方法（效益转移方法最简单的形式之一）来量化环境损失。④

（三）法院的判决

国际法院指出，双方主张的生态环境损害评估方法均有国家和国际机构采用，与本案具有相关性。但是，国家或国际机构并未将它们作为评估生态环境损害的唯一手段，而且它们的适用范围也不限于此，例如在公共政策背景下进行环境项目和方案的成本/效益分析也会用到这些方法。⑤ 因此，法院没有在二者之间做出选择，或将二者之一专门用于评估哥斯达黎加受保护湿地遭受的损失。法院注意到：

---

① See the intertidal shoreline habitats unit of Saudi Arabia's claim No. 5000463；Report and Recommendations Made by the Panel of Commissioners Concerning the Fifth Instalment of "F4" Claims，p. 104，para. 632.

② See the terrestrial resources unit of Jordan's claim No. 5000304；Report and Recommendations Made by the Panel of Commissioners Concerning the Fifth Instalment of "F4" Claims，pp. 64 – 65，paras. 353 – 366.

③ See the terrestrial resources unit of Kuwait's claim No. 5000460；Report and Recommendations Made by the Panel of Commissioners Concerning the Fifth Instalment of "F4" Claims，p. 74，para. 424.

④ See the terrestrial resources damaged by refugees unit of Iran's claim No. 5000288；Report and Recommendations Made by the Panel of Commissioners Concerning the Fifth Instalment of "F4" Claims，pp. 38 – 39，paras. 171 – 184.

⑤ See for example UNEP，"Guidance Manual on Valuation and Accounting of Ecosystem Services for Small Island Developing States"（2014），p. 4.

两种方法各自都为环境损害评估提供了一定的合理依据，法院会将它们一并纳入考量。采取这种路径是由两个因素决定的：其一，国际法尚未规定任何具体的环境损害赔偿评估方法；其二，法院认为有必要考虑每个案件的具体情况和特点。[①]

因此，法院将遵循前文所述的原则和规则，评估恢复受损环境所需的费用，以及在环境恢复之前环境提供产品和服务能力的减损或丧失所对应的价值。

五 生态环境损害的评估与赔偿金额的确定

本案中，受尼加拉瓜不法活动影响地区的面积为6.19公顷。哥斯达黎加主张共有22类环境产品和服务因尼加拉瓜的不法行为而受损，但它仅对其中六类提出索赔。这六类受损的环境产品和服务分别为：（1）活立木；（2）其他原材料（纤维和能源）；（3）气体调节和空气质量；（4）减轻自然灾害；（5）土壤形成和侵蚀控制；（6）生物多样性（栖息地和繁育条件）。

法院指出，在将尼加拉瓜不法行为造成的生态环境损害货币化之前，首先应当查明损害是否存在以及损害的程度，并判断损害与尼加拉瓜的不法行为之间是否存在直接和确定的因果关系。

当事国之间就两个问题存在分歧：

（1）某些环境产品和服务，即减轻自然灾害和土壤形成与侵蚀控制，是否受到损害；

（2）考虑到环境恢复所需时间的长短，如何对已经减损或丧失的环境产品和服务进行估值。[②]

---

① Judgment, p. 31, para. 52.
② Judgment, p. 36, para. 73.

对于第一个问题，法院认为哥方未能证明受影响地区减缓自然灾害的功能因其生态特征的改变而丧失或被削弱。关于土壤形成和侵蚀控制，尼加拉瓜承认它从 2010 年水道和 2013 年东部水道地区清除了约 9500 立方米的土壤。但证据显示，水道已重新填满土壤，并且植被已得到大量恢复。虽然此前移除土壤的质量优于后来重填的土壤，但哥方未证明这一区别影响了土壤的侵蚀控制，关于这两种土壤质量的证据也不足以让法院认定哥方受到了任何损失。

对于第二个问题，证据显示，尼方为开凿水道，移除了近 300 棵树木，清理了 6.19 公顷植被。此行为对受损地区提供下列环境产品和服务的能力产生了重大影响：活立木，其他原材料（纤维和能源），气体调节与空气质量，生物多样性（栖息地和繁育条件）。然而，双方提出的估值方法均未被法院采纳。法院认为：

> 应将生态系统视为一个整体，对环境恢复以前所有环境产品和服务的损失进行整体性的评估，而非单独确定每项环境产品和服务的价值。[1]

法院指出哥方主张的估值方法具有不可靠性。首先，哥方未提供清晰证据证明尼方实施不法行为之前该地区环境产品和服务的基准状态。其次，哥方将受损环境产品和服务的必要恢复时间统一估算为 50 年。生态系统不同组成部分的恢复时间不同，给不同种类的产品和服务确定同一恢复时间是错误的。

法院继而反驳了尼方主张的每年每公顷 309 美元的计算方法。该方法主要基于哥方在其国内环境保护计划下向受损地区的土地所有人和社区支付的保护生物栖息地的奖励金，但这笔钱是为了补偿个人和群体为保护环境而付出的机会成本，并不能适当反映生态系统提供的产品和服务的价值。[2]

除以上两种估值方法外，尼方还提出了一种替代性估值方法"修正分

---

① Judgment, p. 37, para. 78.

② Judgment, p. 37, para. 77. The Court also stated, "Compensation for environmental damage in an internationally protected wetland, however, cannot be based on the general incentives paid to particular individuals or groups to manage a habitat."

析法"。该方法采取了哥方主张的"生态系统服务方法",即在四项环境产品与服务的基础上计算生态环境损害,但对具体计算方式做出了重大调整。法院指出,该方法低估了特定种类的产品和服务的价值。第一,修正分析法认为其他原材料(纤维和能源)在第一年后再没有损失,但并无证据支持这一主张。第二,修正分析法没有充分考虑国际保护湿地内生态服务的特殊重要性。无论该地区自然恢复的状态如何,其生物多样性的丰富程度在短期内不可能达到受损之前的水平。第三,关于气体调节和空气质量服务,修正分析法将生态系统碳吸存功能的损失视为一次性的,而没有考虑未来每年的损失。

法院注意到,尼加拉瓜造成的最重大的环境损害是在开凿水道的过程中移除树木,其他生态环境损害均来源于此。因此,采取整体性评估能够反映移除树木与其他生态环境损害之间的关联,例如对其他原材料、气体调节和空气质量服务、生物多样性的损害。

再者,采取整体性评估也是由受损地区的特点决定的。该地区位于《拉姆萨尔公约》的保护湿地"东北加勒比海湿地"(Northeast Caribbean Wetland)内,当地有各种紧密关联的环境产品和服务。湿地是世界上最多样和最丰饶的生态系统之一,湿地的物理、生物和化学元素之间的互动,使其能够实现大量关键性的功能,包括支持丰富的生物多样性,调节水文状况以及滞留沉积物和污染物。

最后,整体性评估使法院可以考虑受损地区自然恢复的能力。基于以上理由,法院认为应采取整体性评估方法。法院指出,为所有受影响的环境产品和服务确定一个相同的恢复期是不现实的,虽然它们之间联系密切,但恢复至受损前的状态所需时间必然有所不同。①

法院再次强调前述的原则,即缺乏损害程度的确定性并不必然影响法院裁定一个近似反映环境产品和服务受损价值的赔偿数额。本案中,法院保留了尼加拉瓜"修正分析法"的部分要素,但为实现"整体性评估"的目的,对该方法计算出的赔偿总额做出了调整,以弥补该方法的缺陷。

最终,法院判决,在受损地区环境产品和服务恢复期间,哥斯达黎加

---

① Judgment, p. 38, para. 82.

应获补偿金额为 12 万美元。对于环境恢复费用，法院驳回了哥方关于"土壤替换"费用的请求，约 54 万美元，但支持了哥方关于湿地恢复措施的请求，计 2708.39 美元。

另外，法院计算了尼加拉瓜不法行为导致的成本和费用以及判决前的利息，分别为 236032.16 美元和 20150.04 美元。哥斯达黎加应获赔款合计约 38 万美元。据悉，尼加拉瓜于 2018 年 3 月 22 日致函法院，声明该国已于 2018 年 3 月 8 日一次性偿付所有赔款。

六　生态环境损害赔偿的一般国际法原则与赔偿金额的计算方法

本案是 2015 年哥斯达黎加诉尼加拉瓜在边境地区实施特定活动案后续的司法程序。在 2015 年判决的基础上，法院应当事方请求对赔偿的金额做出裁判。由于 2015 年判决已经判定尼加拉瓜违反了国际义务且应为其不法行为造成的损害承担相应的赔偿责任，本案仅解决赔偿数额问题。因此，本案的焦点问题是如何评估尼加拉瓜不法行为所造成的生态环境损害，即生态环境损害的量化方法。法院首先回顾了生态环境损害赔偿适用的国际法原则，继而论述了生态环境损害的可赔偿性，界定了生态环境损害的赔偿范围，最后重点厘清了适用何种生态环境损害评估方法的问题。

（一）关于生态环境损害赔偿的一般国际法原则

目前，关于跨境生态环境损害赔偿责任尚不存在普遍适用的国际公约，当事国之间也未缔结相关条约，本案所涉国际生态环境损害赔偿争端适用损害赔偿的一般国际法原则。

法院首先援引的是常设国际法院在霍茹夫工厂案中确立的关于国际不法行为责任的一般国际法原则，即不法行为的实施者应提供充分的救济。法院强调，救济应尽可能地消除不法行为造成的全部后果，使状况恢复至不法行为发生前的状态。[①] 对于何为"充分形式的救济"，国际法院在阿韦

---

① Judgment, p. 25, para. 29.

纳案（Avena and Other Mexican Nationals Case）中观察到：

> 什么构成"充分的救济"显然因个案的具体情况及损害的准确性质和范围而异，因为必须从什么构成"充分形式的救济"才与损害相适应这种角度来回答这个问题。①

虽然本案中法院仅讨论了金钱赔偿的问题，但值得注意的是，依据国际不法行为救济的习惯国际法，对生态环境损害的救济应当优先考虑恢复原状。国际法院在乌拉圭河纸浆厂案中指出：

> 根据习惯国际法，恢复原状是修复损害的一种方式，它是指要恢复到不法行为发生前的状态。法院还注意到，若恢复原状在实际上是不可能的，或涉及的责任与恢复原状带来的利益不成比例，救济便可采取赔偿或补偿的形式，或者甚至同时采取两种形式。②

法院还强调：

> 与其他救济方式一样，恢复原状必须与受到的损害相当，并考虑造成损害的不法行为的性质。③

除了国际法院，UNCC 在其环境损害求偿报告中也确认，国际不法行为救济的一般规则是恢复已受损部分的完整性，若不可能，则应提供等效的替代物。总体的救济标准是对不法行为进行有效的救济。④

---

① *Avena and Other Mexican Nationals*（Mexico v. United States of America），Judgment, I. C. J. Reports 2004（I），p. 59，para. 119.

② *Pulp Mills on the River Uruguay*（Argentina v. Uruguay），Judgment, I. C. J. Reports 2010（I），pp. 103 – 104，para. 273.

③ *Pulp Mills on the River Uruguay*（Argentina v. Uruguay），Judgment, I. C. J. Reports 2010（I），p. 104，para. 274.

④ Report and Recommendations Made by the Panel of Commissioners Concerning the Fifth Instalment of "F4" Claims, S/AC. 26/2005/10，30 June 2005，p. 24，para. 80.

在评估本案所涉生态环境损害时，法院采用了迪亚洛案中的裁判标准，即判断"不法行为与损害结果之间是否存在充分直接和确定的因果关系"。① 另外，在这起人权保护案件中，国际法院基于公平的考虑确定了损害赔偿的金额。法院援引该案并指出，关于具体损失数额的证据不足并不影响法院对赔偿金额做出裁断。② 与迪亚洛案不同的是，法院在评估本案的损害赔偿金额时并未明确适用公平原则。然而，在其他的生态环境损害赔偿案件中，不排除法院将公平原则作为一般原则的可能性。

（二）生态环境损害赔偿金额的计算方法

本案的重要意义在于，国际法院首次就跨境生态环境损害和生态系统修复的金钱赔偿问题做出判决，对于未来的生态环境损害赔偿案件具有借鉴价值。

首先，本案肯定了生态系统服务的重要价值，明确了环境提供产品和服务的能力的可赔偿性。环境产品和服务能够预防、减少和消除污染，预防环境退化，保护自然资源并防范其枯竭。法院在界定生态环境损害赔偿范围时指出，生态环境损害所导致的环境提供产品和服务的能力的受损或丧失应获得补偿。③

在损害评估阶段，哥斯达黎加主张采用生态系统服务方法，将环境价值分为可交易的和不可交易的产品和服务，分别并同时考虑二者的价值以准确衡量环境的价值。尼加拉瓜则主张采用生态系统服务替代成本计算受损地区恢复期间已丧失或可能丧失的环境服务。无论哪种方法都反映了环境提供产品和服务能力的重要性和可赔偿性。因此，法院既没有在两种方法中做出选择，也没有否定其中的一种方法，而是承认两种方法都具有可采之处，应当结合案件的具体情况和特点加以综合考量。

其次，本案观察到不同的环境要素受损后的恢复速度也不尽相同。法院在对受损的环境产品和服务进行估值时，将环境恢复所需时间的长短作

---

① *Ahmadou Sadio Diallo* (Republic of Guinea v. Democratic Republic of the Congo), Compensation, Judgment, I. C. J. Reports 2012 (I), p. 332, para. 14.

② Judgment, pp. 26 – 27, para. 35.

③ Judgment, p. 28, para. 42.

为重要的影响因素来考察。哥斯达黎加主张的生态环境损害评估方法将受损生态的恢复时间统一估算为 50 年，法院反对此种做法并强调，生态系统不同要素的恢复时间不同，无法为不同种类的产品和服务确定统一的恢复时间。最终，法院采取了能够调和受损地区内部多种生态要素不同恢复能力的评估方法。

最后，也最为重要的是，本案第一次明晰了量化跨境生态环境损害赔偿的方法。法院将生态环境损害赔偿分为两部分，其一为对环境恢复期间受损环境产品和服务的补偿，其二为采取恢复措施所需的费用。争议的核心在于前者的估值方法。法院厘清了生态系统服务方法、生态系统服务替代成本、修正分析法、整体性评估等计算方法的内容以及它们在环境产品和服务受损价值评估中的适用问题。

如前所述，法院拒绝采用哥斯达黎加或尼加拉瓜提出的估值方法，而是从整个生态系统的角度对生态环境损害进行全面评估。然而，本案对于整体性评估方法存在一些尚未阐明之处。

第一，法院认为尼加拉瓜提出的修正分析法低估了某些环境产品和服务的价值，因而保留了修正分析法的某些要素，并以整体性评估的目的对其计算总额做了调整。但是，关于修正分析法中的哪些要素应做保留，如何确定这些要素的取舍标准，以及对该方法做出何种调整才能弥补其缺陷等问题，法院均没有给出解释。

第二，修正分析法采取了哥方主张的生态系统服务方法，即在四项环境产品与服务的基础上计算生态环境损害，但对具体计算方式做出了重大修正。法院指出，该方法低估了其他原材料（纤维和能源）、生物多样性、气体调节和空气质量等特定种类的产品和服务的价值。然而，法院采用的整体性评估方法是如何对上述特定种类环境产品和服务进行估值并最终确定了 12 万美元的补偿数额，判决中没有详述估算的具体标准和过程。

无论如何，本案是国际水法和国际环境法领域中具有里程碑意义的一起国际司法判决，它丰富了生态环境损害赔偿的理论和实践，也对将来的生态环境损害求偿案件具有重要的指导意义和参考价值。

第三部分

国际河流航行争端成案

案件九

法伯尔案

张 帆

【**案件导读**】本案是德国政府代表其国民法伯尔在德国—委内瑞拉国际混合委员会向委内瑞拉提起的索赔案件。[①] 法伯尔居住在哥伦比亚，利用从哥伦比亚经委内瑞拉通向大西洋的水道开展进出口贸易。委内瑞拉政府为阻止其国内反叛力量在哥伦比亚和委内瑞拉之间往来，颁布法令关闭其境内港口，从而阻断了法伯尔等德国商人的贸易通道。混合委员会中的德国委员主张，德国商人在经委内瑞拉通海的水道上享有自由航行权，委内瑞拉无权禁止；委内瑞拉委员则主张，国际河流自由航行权理论并未被接受为国际法上的一般规则。首席仲裁员认为本案涉及的并非限制内河航运的问题，而是主权国家对商业航运进行管理的问题，因此无须以国际河流自由航行权为裁决依据。首席仲裁员裁定，委内瑞拉有权在其认为对本国国民的和平、安全与便利有必要的情况下关闭其主权管辖范围内的港口以中止航运。首席仲裁员在裁决最后对国际河流自由航行权进行了理论上的探讨。他系统梳理了国际河流自由航行权的理论根源以及后世法学家对它的批判，在此基础上指出，国际河流自由航行权的理论前提是不真实的；基于需求创制权利的理论是不合逻辑的；将国际河流自由航行权定义为"不完全权利"也是不恰当的。

---

① *Faber Case*, Reports of International Arbitral Awards, Vol. X, p. 444.

【关键词】国际河流　通海水道　自由航行权　航运管理权
商业航行　自然权利　无害通过　无害使用　不完全权利

一　争端的起源与发展

哥伦比亚和委内瑞拉是南美洲北部的两个相邻国家。在本案争议发生的历史阶段，它们之间的边界始于马拉开波湾（Gulf of Maracaibo）西岸的帕雷特（Peret），沿佩里哈山脉（Sierra of Periga）向南行至库库塔（Cúcuta）以南不远处，然后向东到奥里诺科河（Orinoco），最后沿奥里诺科河向南延伸至巴西的北部边界。

委内瑞拉西部的卡塔通博河（Catatumbo）经马拉开波湖（Lake Maracaibo）流入马拉开波湾，是一条重要的通海商业水道。苏利亚河（Zulía）发源于哥伦比亚—委内瑞拉边境的哥伦比亚一侧，它向东穿越两国边界进入委内瑞拉国境后，在恩孔特拉多斯（Encontrados）附近汇入卡塔通博河。卡塔通博河适于吃水深度5英尺的船只航行，而苏利亚河的一般深度仅2英尺，只适于小型蒸汽机船、驳船和独木舟航行。

哥伦比亚的内陆省份桑坦德省（Santander）毗邻委内瑞拉，该省的进出口贸易主要依赖委内瑞拉境内的通海水道。从桑坦德省首府库库塔市到大西洋的货运一般通过以下方式完成：首先用铁路将货物运送到苏利亚河上的哥伦比亚边境海关所在地维拉米扎尔港（Villamizar），使用吃水深度不超过2英尺的小型蒸汽机船、驳船或独木舟装载，经苏利亚河运至它与卡塔通博河的交汇处，然后在委内瑞拉边境海关所在地恩孔特拉多斯港换装到较大船只上，经卡塔通博河进入马拉开波湖，最后在马拉开波港换装到出海船舶上。此外，一条名为乌雷尼亚的高速公路（Urena road）可将货物从库库塔市直接运送到马拉开波港出海。

19世纪末，委内瑞拉的卡塔通博河与苏利亚河附近地区经历了相当长时间的政治动乱，同时委内瑞拉和哥伦比亚之间的关系也变得十分紧张，因为委内瑞拉指责哥伦比亚是委内瑞拉国内反叛力量获得精神与物质支持的大本营。为了阻止反叛力量在哥伦比亚和委内瑞拉之间往来，委内瑞拉于 1900 年 9 月 11 日颁布法令，暂停恩孔特拉多斯港向上下游的所有航运，从而中断了从哥伦比亚经苏利亚河与卡塔通博河通往大西洋的进出口贸易。

经这条通海水道开展的贸易相当大部分由德国公司经营或有德国资本参与，因此德国政府对委内瑞拉提出了抗议："关闭苏利亚河与卡塔通博河妨碍了德国和哥伦比亚之间的商业，从而违反了国际法原则，因此德国政府保留要求委内瑞拉对上述行为所致损失承担责任的权利。"（1901 年 2 月 4 日）

作为答复，委内瑞拉主张其作为独立的主权国家，颁布上述法令是合乎国际法的。（1901 年 2 月 16 日）但委内瑞拉还是对原法令进行了修改，以"不出现新的公共秩序动乱威胁"为前提，允许采用驳船或独木舟进行商业航运，仅禁止使用蒸汽机船。（1901 年 3 月 4 日）

1901 年 7 月，兰赫尔·戈比拉斯（Rángel Garbiras）将军从哥伦比亚境内发动起义，他的部分军队经苏利亚河和卡塔通博河进入委内瑞拉。于是委内瑞拉在 1901 年 7 月 29 日撤销了对驳船和独木舟航运的许可，恢复了 1900 年 9 月 11 日颁布的第一项法令，再次中断了恩孔特拉多斯港的所有航运。

1902 年 6 月 14 日，委内瑞拉"暂时允许使用库库塔与马拉开波之间的乌雷尼亚高速公路"。1903 年 1 月 15 日，委内瑞拉再次颁布法令，其中第一条撤销了 1901 年 7 月 29 日法令对恩孔特拉多斯港与维拉米扎尔港之间航运的绝对禁止，第二条恢复了对驳船和独木舟航运的许可，第三条允许在马拉开波港和恩孔特拉多斯港之间使用蒸汽机船和帆船为哥伦比亚运送进口货物。1903 年 4 月 3 日，委内瑞拉颁布了与本案相关的最后一条法令，废止了 1903 年 1 月 15 日法令的第二条。综上，到仲裁之时，桑坦德省可以借由委内瑞拉领土进行通海贸易的范围仅包括：在马拉开波港与恩孔特拉多斯港之间使用蒸汽机船和帆船运送进口货物（1903 年 1 月 15 日法令第三条），以及在库库塔与马拉开波之间经乌雷尼亚高速公路往来运送货物（1902 年 6 月 14 日法令）；而从桑坦德省经苏利亚河与卡塔通博河通海的出口贸易仍然无法开展。

德国政府认为，委内瑞拉的"商业封锁"对法令颁布以前长期利用

"苏利亚河—卡塔通博河—马拉开波湖"从事进出口贸易的德国商人的利益造成了严重损害，因此代表这些德国国民诉诸德国—委内瑞拉国际混合委员会（International Mixed Commission），对委内瑞拉提起了一系列索赔请求。其中，本案申请人乔治·法伯尔（George Faber）在哥伦比亚的库库塔市居住和营业，其他索赔申请人则都在委内瑞拉的马拉开波市居住和营业。

德国—委内瑞拉国际混合委员会是依据《华盛顿议定书》（Washington Protocol）成立的仲裁庭。它由三名成员组成，其中德国和委内瑞拉各有一位委员（Commissioner）代表本国立场，还有一位首席仲裁员（Umpire）居中裁断。

德国委员在其对本案陈述的意见中指出：

> 首先要承认主权国家对其河流和水道位于其边界以内的部分享有绝对权力。但这条原则在两种意义上受到国际法的限制。如果一条河流构成另一国或该国一部分领土的唯一交通途径且对其生存而言不可或缺，那么就不能完全禁止该河流的使用。此外，如果对可航河流的使用是为了与其他友好人民通航，且通过独立国家时并无冒犯，那么这种使用不能被禁止。①

他据此主张委内瑞拉无权禁止其国内河流与哥伦比亚港口之间的商业航运，并请求首席仲裁员"在原则上确认委内瑞拉对因其商业封锁对德国国民造成的损失应当承担的责任"。② 委员会于受案当年（1903 年）对本案做出了裁决。

二 委员会对本案争议的管辖权

委内瑞拉委员主张，德国以库库塔的德国商人利益受损为借口介入委

---

① Reports of International Arbitral Awards, Vol. X, p. 444.
② Reports of International Arbitral Awards, Vol. X, p. 446.

内瑞拉与哥伦比亚之间的争端，强迫委内瑞拉开放苏利亚河航线，是一种不合理、不合法的第三方干涉。他认为这是委内瑞拉与哥伦比亚之间的问题，如果要解决，只能由这两个国家自己决定。同时他指出，根据《华盛顿议定书》，德国无权就任何可能有损委内瑞拉主权的事项提出争议，或就委内瑞拉对其河流与湖泊享有绝对主权的法律地位提出争议，然而：

> 为支持库库塔商人的索赔请求而要求苏利亚河对国际商业开放，是偷偷将关于委内瑞拉主权的问题引入了一个遵循绝对平等原则负责事实审查的仲裁庭，这类问题需要另一类研究和另一种裁决标准，因此当然应被排除在本委员会管辖范围以外。[①]

德国委员则否认德国政府代表其国民提出仲裁请求是在哥伦比亚—委内瑞拉两国的争端中偏帮哥伦比亚，他强调不干涉其他国家之间的争议是德国的一贯原则，德国仅要求委内瑞拉为其商业封锁损及德国利益的部分负责。为了不损及委内瑞拉的主权，德国委员认为：

> 委员会的适当做法是不宣布委内瑞拉政府要求商业封锁的法令无效，而只确定委内瑞拉是否应当赔偿德国公司因其商业封锁遭受的损失。[②]

首席仲裁员肯定了委员会对本案争议的管辖权，他认为：

> 虽然委员会的任何决定都可能会对哥伦比亚与委内瑞拉之间的争端产生直接影响，但如果德国国民因为委内瑞拉的行为被剥夺财产或财产权，那么本委员会就对这位德国国民的仲裁请求有管辖权。本委员会并不裁决委内瑞拉和哥伦比亚之间的争端。在委员会的实体裁决中，可能会附带对两国间的问题表达意见。虽然委内瑞拉和哥伦比亚

---

① Reports of International Arbitral Awards, Vol. X, p. 457.
② Reports of International Arbitral Awards, Vol. X, p. 452.

可能会援引其中对自己有利的观点，但这些观点并没有权威效力，而仅基于其论证逻辑具有说服力。①

首席仲裁员还指出，虽然除法伯尔以外，其他索赔申请人都在委内瑞拉的马拉开波市居住和营业，但考虑到他们共同的德国国籍，在对本案的讨论中，并不需要区分"哥伦比亚居民"和"委内瑞拉居民"而适用不同的规则。②

三 委内瑞拉对内河航运的管理权

首席仲裁员认为本案裁决应当基于委内瑞拉管理其内河航运的权利，而不是对国际河流自由航行权国际法地位或适用条件的判断。

首席仲裁员首先强调了一个双方均无异议的事实：委内瑞拉的法令并没有切断直接的通海航运。受地理条件限制，所有经苏利亚河和卡塔通博河通往大西洋的船只都必须在马拉开波港停船换装，所以哥伦比亚并不享有经委内瑞拉领土直接通海的便利。因此在首席仲裁员看来，本案并不存在外国人被委内瑞拉法令剥夺了直接通海水道使用权的情形。首席仲裁员认为委内瑞拉实际上从未试图限制这种权利，因为它允许外国人在自然条件允许的范围内使用船只运送货物进入其领土。本案申请人认为，因为委内瑞拉法令不允许他在委内瑞拉领土上进行两次货物换装，所以他遭受了损失。首席仲裁员认为他主张的并不是自然条件允许下的自由航行权，而是"经委内瑞拉内水运送货物，并依水深变化的要求一次又一次把货物换装到较小船只上"的权利。首席仲裁员指出：

> 显然这是非常不同的一件事。第一，它必然涉及对委内瑞拉土地的使用，这不仅是航运的附带使用，而是要在委内瑞拉河岸上完成重新装船、运输和货物处理。第二，它将河流上的自由航行主张延伸到

---

① Reports of International Arbitral Awards, Vol. X, p. 459.

② Reports of International Arbitral Awards, Vol. X, p. 467.

一种新的情况，而这种情况我从未见过任何先例……这似乎是一个对商业进行管理的问题，而不是限制内河航运的问题。[1]

此外，委内瑞拉法律要求在其内河港口间航行的船只及其船长都必须拥有委内瑞拉国籍。首席仲裁员认为这种规定并未超过委内瑞拉适当行使主权的范围。

最后，首席仲裁员回顾了委内瑞拉 1900～1903 年一系列法令出台的历史背景。他指出，委内瑞拉在 1900 年 9 月 11 日颁布第一个禁航法令前经历了相当长时间的政治动乱，而且在委内瑞拉看来，哥伦比亚领土已成为委内瑞拉革命者的安全基地。显然委内瑞拉的一系列法令都是为了控制船只（尤其是蒸汽机船）在哥伦比亚和委内瑞拉之间通行，以阻止敌对力量在两国之间往来。

首席仲裁员认为，本案中的具体问题是，在上述地理和政治条件下，委内瑞拉是否有权关闭其主权管辖范围内的港口以中止航运。首席仲裁员对这个问题给出了肯定的答案：

> 关于国家对通海河流进行管理的权利，以及在对其国民的和平、安全与便利有必要的情况下暂时禁止河流航运的权利，没有任何学者提出实质性的反对意见。至于什么是对其国民的和平、安全与便利有必要的情况，应由该国自己判断。在首席仲裁员看来，似乎很清楚，在任何需要它做出这种判断的情形下，其决定都是终局性的。[2]

四　国际河流自由航行权理论

德国委员与委内瑞拉委员就国际河流自由航行权的国际法地位展开了激烈争论。德国委员认为，当河流及其支流流经多个国家时，它的全部可

---

[1]　Reports of International Arbitral Awards, Vol. X, p. 462.

[2]　Reports of International Arbitral Awards, Vol. X, p. 463.

航河段对商业航行而言都应是自由的，这被视为一条国际法原则（international doctrine）。① 委内瑞拉委员则认为，国际河流自由航行权理论并未被接受为国际法上的一般规则。② 首席仲裁员虽然认为本案无须以国际河流自由航行权为裁决依据，但还是对其进行了理论上的探讨。

（一）国际河流自由航行权的理论根源

1. 保留自然权利理论

国际河流自由航行权的理论根基是格劳秀斯（Grotius）提出的"保留自然权利理论"。③ 首席仲裁员对格劳秀斯的这种理论进行了概括：

> 他（格劳秀斯）认为分割财产权是根据协议从人类最初的共同财产权中发展起来的，而在这一过程中，一部分既有的自然权利因为公共利益被保留下来，其中就包括通过领土的权利，不论是经由陆地还是水域，也不论是为商业目的在河流上航行，还是军队通过中立国，他都认为是无害使用，并认为国家无权拒绝许可这种通过。④

基于这一理论，很多国际法学家对国际河流自由航行权原则表示支持，但也提出了不同的限定条件。有学者认为无害使用权仅限于和平时期，有学者认为只有河流流经国的居民享有无害使用权，还有学者认为国家有权为其境内河流的使用制定必要和适当的规则。首席仲裁员介绍了其中的代表性观点。⑤

格若诺维斯（Gronovius）和巴贝拉克（Barbeyrac）在他们对格劳秀斯理论的注释中考虑了航行许可征税权，这似乎暗示着国家有禁止航行的权利。美国最高法院在对彩票案（Lottery Case）的判决中，也判定商业管理权包含禁止权。

---

① Reports of International Arbitral Awards, Vol. X, p. 444.
② Reports of International Arbitral Awards, Vol. X, p. 449.
③ Hall's Treatise on International Law, p. 137.
④ Reports of International Arbitral Awards, Vol. X, p. 464.
⑤ Reports of International Arbitral Awards, Vol. X, pp. 464 – 465.

布伦茨奇利（Bluntschli）大体上认为流入海洋的河流以及与海洋相连的通航河流应当对所有国家的商业航行开放，但他认为这种权利仅限于和平时期。

卡尔沃（Calvo）认为，当一条河流流经两个及以上国家领土时，其河岸上的所有居民都享有航行权和经商权；但如果一条河流完全位于一国境内，那么该国对这条河流享有排他性主权。他将这种主权的行使限定于财政管理，但似乎他认为财产权从属于航行权。费奥雷（Fiore）基本同意卡尔沃的观点，认为如果河流只流经一国，那么该国有权选择关闭河流入口。在这一点上，要区分通海河流与不通海河流是很困难的。

赫夫特（Heffter）指出，河流所在国有权管理河流的使用，而享有河流使用权的仅限本国居民，但至少在原则上，他还是赞同格劳秀斯、普芬道夫（Puffendorf）和瓦特尔（Vattel）的观点，即为了全世界的商业利益，不应绝对拒绝给予一个国家及其国民无害使用河流的优待（privilege）。

惠顿（Wheaton）宣称，对于穿过不同国家领土的河流，位于河岸不同部分的国家都享有商业目的航行权。但他称这种权利为"不完全权利"（imperfect right），认为行使这种权利必然要服从于受影响国家的安全和便利，只有通过双边条约的规制，这种权利的行使才能得到有效保证。[①]

哈利克（Halleck）同样认为，在可航河流河岸上的所有国家都享有商业目的航行权，但应当接受受影响国家为保障其安全和便利而制定的必要规定。

马登斯（De Martens）认为，每个国家基于对自己领土享有的排他性权利，有权拒绝他国居民入境，这是一条一般规则；但是他认为不应拒绝他国居民的无害通过。他承认，主权国有权自己判定什么样的通过是"无害的"，但似乎他认为另一国的地理位置能够赋予它一种权利，即为商业目的可以要求（demand）通过，甚至在需要时可以强求（force）通过。

伍尔西（Woolsey）指出，当一条河流发源于一国境内而在另一国流入海洋，国际法仅允许上游国对河流航行提出道义上的主张或享有不完全权利。

---

① Elements of International Law, pt. 2. Ch. 4, par. 11, Lawrence's ed.

菲利莫尔（Phillimore）就英国拒绝向美国无条件开放圣劳伦斯河的决定做出了这样的评价："似乎很难否认，大英帝国可以为其拒绝找到严格法（strict law）上的理由，但同样难以否认的是，她执行了一项极端而严苛的法律（extreme and hard law），与其在密西西比河上的做法不一致。"

克虏伯（Kluber）强调，在对水道行使权利时，要特别注意国家的独立性，而且，"如果一个国家禁止所有他国船只在自己的水道上航行，那么不能指责它是不公正的"。

推斯（Twiss）宣称，"一个国家如果享有一条河流的两岸，那么它在法律上就享有河岸中的这部分河道，并且有权随其意愿禁止任何其他国家使用自己领土上的水道"。

2. 无害使用理论

格劳秀斯还提出了另一种支持自由航行权的理论，即将河流航行定性为一种"不会造成损害的使用"（utilitatis innoxiæ）。瓦特尔这样表述这种理论：

　　　　河流对于所有者的价值不会因为他人的无害使用而造成任何减损，只要这种使用是非消耗性的（inexhaustible）。①

基于这种理论，格劳秀斯和瓦特尔认为一个国家通过其他国家领土的权利是严格法律上的权利，而不是基于礼让的权利，这种权利涉及的范围包括海滩、湖泊、河流，甚至陆地。但首席仲裁员强调，从瓦特尔开始，权威学者一般认为河流所在国是对"无害使用"的唯一裁判者。

3. 人类共同利益理论

支持自由航行权的第三种理论是：一个国家对其境内河流享有的所有权应当服从于人类共同利益，就如同在有组织的社会中，个体的所有权受制于共同利益的要求。首席仲裁员援引了著名法学家哈尔（Hall）关于这个问题的论述：

---

①　Reports of International Arbitral Awards, Vol. X, p. 465.

为他国商业活动开放水道对人类的重要性，就和个人牺牲个体权利对公民社会的重要性一样。①

（二）对国际河流自由航行权理论的批判

1. "保留自然权利理论"的前提是不真实的

首席仲裁员认为，格劳秀斯关于国际河流自由航行权的理论"没有被最好的国际法注解者采纳"。②他赞同哈尔的观点："它（指格劳秀斯的理论）已不再被接受为论证的起点。"③菲利莫尔甚至把格劳秀斯的理论前提称为"这位伟大人物相信的一种假想（fiction）"：

因为这一观点的基础已经被普遍认为是一种假想，而它的论证是基于其假设的前提是一种事实，所以这种论证是无效的。④

2. 需求不能创制法定权利

首席仲裁员指出，大多数对河流无害使用权的支持者都曾提出这样一个理由：河岸居民对于河流的其他部分享有一种特殊的权利，因为这种使用对他们来说是非常有利的（highly advantageous）。首席仲裁员基于哈尔的论述，阐明了这种观点的不合逻辑性：

如果一个人所处的位置决定了他使用他人财产会对自己特别有利，他就可以以此为依据享有要求使用他人财产的权利，这真是一种新奇的主张。一个人的权利不会因为他的需要（want）甚至必需（necessities）而被创制或决定。一个挨饿的人拿了别人的面包，在法律上仍然是个小偷，虽然这种行为的不道德性非常轻微。个体的需要或必

---

① Hall's Treatise on International Law, p. 139.
② Reports of International Arbitral Awards, Vol. X, p. 465.
③ Hall's Treatise on International Law, p. 139.
④ Phillimore's Com. on International Law, p. 190, Sec. CLVII.

需不能为他们创制法律权利，或者影响他人的既有权利。①

3. "不完全权利"理论

要证明自由航行权是严格法上的权利是非常困难的。虽然自由航行权的支持者们并不明确承认，但大多数都默认这一点。于是，瓦特尔、惠顿和伍尔西等学者将这种权利定义为"不完全权利"，即认为它要受制于河流所在国的权利，而且河流所在国对于某种使用是否属于"无害通过"拥有专属决定权。但首席仲裁员认为这种理论是不恰当的，他援引哈尔的描述揭示了"不完全权利"概念的荒谬之处：

> 一种权利被宣称是存在的，但它是不完全的，因此它的享有要受制于财产受影响国决定要求的条件，而且，如果有充分理由，它还可以被完全否认。②

（三）国际河流自由航行权理论在本案中的适用性

1. 苏利亚河并非桑坦德省的唯一出海通道

德国委员提出，如果一条河流构成另一国或该国一部分领土的唯一交通途径且对其生存而言不可或缺，那么依据国际法，该河所在的主权国家就不能完全禁止其使用。他认为"苏利亚河—卡塔通博河—马拉开波湖"是哥伦比亚桑坦德省出海的唯一通道，因此委内瑞拉无权禁止其商业航行。

但首席仲裁员指出，哥伦比亚的通海条件其实比委内瑞拉更为有利。该国的商业水道主要是马格达莱纳河（Magdalena）与其主要支流考卡河（Cauca），以及梅塔河（Meta）和瓜维亚雷河（Guaviare）。马格达莱纳河与考卡河由南向北几乎贯穿整个哥伦比亚，最后注入加勒比海。梅塔河和瓜维亚雷河从西向东流入哥伦比亚—委内瑞拉的界河奥里诺科河，并经由奥里诺科河入海。此外，哥伦比亚北临大西洋（加勒比海），西濒太平洋，拥有

---

① Hall's Treatise on International Law，p. 149.

② Hall's Treatise on International Law，p. 140.

绵长的海岸线。具体到苏利亚河对桑坦德省的意义，首席仲裁员认为：

> 说苏利亚河对桑坦德省的生存不可或缺，或它是桑坦德省通向海洋的唯一通道，都是不准确的。为哥伦比亚大部分富饶地区提供入海航道的马格达莱纳河可通航至位于维拉米扎尔港以南一百多英里处的宏达（Honda），且从宏达到河流入海口都可供大吨位船只航行。[①]

2. 委内瑞拉拥有"无害通过"的判定权

首席仲裁员通过对不同法学家观点的梳理，发现他们似乎都同意，船只通过的国家应当是判断这种通过是否无害的唯一裁判者（sole judge）。首席仲裁员认为，从这个角度来说，即使通海船只在苏利亚河与卡塔通博河上享有自由航行权，委内瑞拉仍然有权颁布它在本案中被诉及的那些法令。[②]

3. 小结

首席仲裁员承认，如果本案必须依据这个国际法上的一般问题（指国际河流自由航行权问题）来解决，他倾向于支持委内瑞拉对卡塔通博河和苏利亚河享有完全的控制权。但他也强调，本案无须在此基础上裁决，因为关于委内瑞拉管理内河航运的权利，和在对其国民的和平、安全与便利有必要的情况下完全禁止河流航运的权利，理论上不存在任何争议；而且，关于什么是"对其国民的和平、安全与便利有必要的情况"，委内瑞拉做出的判断不受本委员会或任何其他法庭或仲裁庭的审查，委内瑞拉对此享有自由裁量权。

[①]　Reports of International Arbitral Awards, Vol. X, p. 461.

[②]　Reports of International Arbitral Awards, Vol. X, p. 466.

案件十

奥德河国际委员会地域管辖权案

孔令杰

【案件导读】　本案是常设国际法院和国际法院受理的有关国际河流航行问题的第一案，涉及英国等六国与波兰关于奥德河国际委员会管辖权地域范围的争端。争议的焦点问题是委员会对奥德河的上游支流瓦尔塔河和内切河在波兰境内的部分是否具有管辖权。争端的主题事项为《凡尔赛和约》中关于奥德河国际化的第 331 条等条款的解释。法院基于条约解释的一般规则，结合沿岸国利益共同体原则及沿岸国在国际水道航行自由上的共同权利，解释了《和约》第 331 条中"给一个以上的国家提供入海通道"的意思，并判定奥德河国际化的地域范围及奥德河国际委员会的管辖权拓展至瓦尔塔河与内切河在波兰境内的部分。法院关于国际河流系统、航行自由原则、沿岸国利益共同体理念及沿岸国在国际河流航行上的共同法律权利方面的判决和说理，对国际河流航行和非航行使用的国际法均产生了重要而深远的影响，对各国在当今本着平等互利、公平合理、诚信合作、命运与共的原则和精神解决国际河流面临的新威胁、新挑战、新问题亦有重要启示。

【关键词】　奥德河　国际河流　航行自由　适航性　《凡尔赛和约》　《国际可航水道制度规约》　条约解释　国际河流系统　入海通道　利益共同体　共同法律权利

一　奥德河国际委员会管辖权地域范围争端的产生与发展

本案所涉奥德河（Odra，Oder）发源于捷克，[①] 流经波兰西部，构成波兰与德国之间长约 187 千米的北部国界，流入波兰境内的什切青湖（Szczecin Lagoon），后经波兰和德国境内的三条支流注入波罗的海。奥德河全长 854 千米，捷克段长 112 千米，波兰段长 742 千米。奥德河大部分河段适航，也是波兰重要的入海通道之一。

本案中备受当事各方争议的瓦尔塔河（Warthe/Warta）与内切河（Netze/Noteć）是奥德河的重要支流。它们发源于波兰，构成波兰与德国的边界，而后在德国境内汇合并流入奥德河。

一战后，协约国于 1919 年缔结《凡尔赛和约》（简称 "《和约》"），将易北河、伏尔塔瓦河、奥德河、尼曼河、多瑙河、莱茵河等欧洲境内的主要跨境河流国际化，规定其他国家与沿岸国在这些河流上享有同等的自由航行权，并要求相关国家设立专门的国际委员会来管理这些河流的航行事务。

根据《和约》第 341 条，奥德河的航行事务由奥德河国际委员会（International Commission of the River Oder）管理，委员会由普鲁士、波兰、捷克斯洛伐克、英国、法国、丹麦和瑞典等的代表组成。根据《和约》第 343 和 344 条，奥德河国际委员会自 1920 年起着手清理和重构关于该河航行事务的管理制度。其中，委员会必须确定的是奥德河国际管理制度适用的地域范围，即委员会对奥德河的哪些组成部分具有管辖权。

在奥德河国际委员会对瓦尔塔河与内切河位于波兰境内的部分是否具有管辖权问题上，波兰与其他六国持截然相对的立场和主张。波兰坚持认为，委员会对瓦尔塔河与内切河位于波兰境内的部分不具有管辖权，委员会对奥德河的管辖权止于波兰和德国的边界；六国则主张委员会对两条河流位于波兰境内的部分具有管辖权。

[①] *Case relating to the Territorial Jurisdiction of the International Commission of the River Oder* (United Kingdom, Czechoslovak Republic, Denmark, France, Germany, Sweden and Poland), 1929 P. C. I. J. (ser. A), Judgment No. 16.

鉴于各方无法就上述争议达成一致，奥德河国际委员会于 1924 年被迫决定暂停制订奥德河航行协定的相关工作，并建议各国寻求其他解决方案。为此，英法两国政府先后照会国际联盟秘书长，请求将该事项提交国联的通信和交通咨询与技术委员会（Advisory and Technical Committee for Communications and Transit of the League of Nations）审议。咨询与技术委员会以多数票通过决议，建议就此争端启动调解程序。由于波兰反对调解，而且当时的情势已导致委员会无法继续制订奥德河航行协定，奥德河国际委员会于 1925 年决定提请各国代表向本国政府通报该情况，以便它们可采取必要的应对措施。同时，国联的咨询与技术委员会也宣布调解程序失败，并提请各方注意这一事实。

经奥德河国际委员会协调，英国、捷克斯洛伐克、丹麦、法国、德国、瑞典等六国（简称"六国"）与波兰于 1928 年在伦敦达成特别协定，约定将奥德河国际委员会地域管辖权争端提交常设国际法院，并请求法院就如下两个问题做出裁断：

其一，奥德河国际委员会对奥德河两大支流（瓦尔塔河与内切河）位于波兰境内的部分是否具有管辖权？

其二，如果委员会具有管辖权，那么应依据什么原则确定该管辖权在两大支流的上游界限？

法院认为两个问题显然具有密切的联系。只有在判定奥德河国际委员会的管辖权扩展至瓦尔塔河与内切河位于波兰境内的河段时，法院才有必要考虑并回答第二个问题。若法院对第一个问题给出否定的回答，委员会在两河上游的管辖界限将是波兰和德国的边界。此外，鉴于各方对委员会"管辖权"的内涵并无异议，有关争议仅涉及管辖权的地域范围，法院仅需裁判此地域的界限。

二　当事方的诉求和主张与本案应适用的法律

六国与波兰在案件所涉主要事实上不存在根本分歧，有关分歧主要集中在应适用的法律及《凡尔赛和约》相关条款的解释和适用上。

（一）当事方的主张及依据

对请求法院判决的第一个问题，六国依据《凡尔赛和约》和/或1921年《国际可航水道制度公约与规范》（简称"《巴塞罗那公约》"《公约》）所附《国际可航水道制度规约》（简称"《规约》"）① 提出了如下主张：

（1）根据《和约》相关条款，奥德河国际委员会对瓦尔塔河、内切河位于波兰境内的部分具有管辖权，若这些部分属《规约》第1条所指的国际性的可航行水道；或

（2）根据《和约》相关条款，奥德河国际委员会对瓦尔塔河、内切河位于波兰境内的部分具有管辖权，若这些部分满足《和约》第331条所规定的适合航行的条件。

针对第二个问题，六国认为：

（1）根据《和约》相关条款尤其是第338条及《规约》第1条第（2）段，应依据《和约》第331条或《规约》第1条第（2）段确定奥德河国际委员会管辖权的地域界限，即委员会管辖的地域范围应包括这两个条款涵盖的瓦尔塔河和内切河的所有河段；或

（2）根据《和约》相关条款尤其是第338条及《规约》第1条第（2）段，应依据《规约》第1条第（1）段确定奥德河国际委员会管辖权的地域界限；或

（3）根据《和约》相关条款，应依据《和约》第331条判定奥德河国际委员会管辖权的地域界限，即委员会在瓦尔塔河和内切河上游的界限应在河流终止通航的地方。

波兰的主张共包括四点：

（1）根据《和约》第331条，奥德河系统中只有可给一个以上的国家提供入海通道的部分才属于国际水道，这就自然排除了奥德河位于波兰境内的支流；

（2）不得单纯依据《和约》第338条的一般性概念去更改《和约》

---

① Convention and Statute on the Regime of Navigable Waterways of International Concern Barcelona, 20 April 1921, *League of Nations Treaty Series*, vol. 7, p. 35.

第331条对国际河流系统地理属性所做的界定，除非这涉及航行体系，但它在任何情形下均不涉及奥德河的国际管理问题；

（3）奥德河国际委员会的管辖权并不适用于纯粹属于波兰内河的奥德河支流，即瓦尔塔河与内切河；

（4）若法院对第一个问题给出肯定的回答，波兰不能接受六国的主张，即同时适用《和约》第331条与《规约》第1条第（2）段。

从当事方的上述主张和抗辩意见可以看出，当事各方均同意依据《和约》的相关条款解决争端，尤其是关于奥德河国际委员会国际航行制度的第338条及关于奥德河国际化的第331条，但六国与波兰对有关条款的意思存在分歧。此外，对于经《和约》第338条援引的《规约》能否适用于本案，各方亦存在分歧。

（二）1921年《国际可航水道制度规约》能否适用于本案

根据《和约》第338条，协约国可用在将来制定的一般性公约中的相关条款取代、修改或完善《和约》中关于国际水道航行问题的有关条款，若该公约经国联批准且关涉《和约》中规定的国际水道。六国正是基于本条的规定主张对本案适用《巴塞罗那公约》所附的《国际可航水道制度规约》。

在国联咨询技术委员会建议对争议进行调解过程中，波兰已经明确指出它并非《巴塞罗那公约》的缔约国，其他国家不得以之为据提出对波兰不利的诉求。由于波兰在答辩状中并未以书面形式重申这一主张，六国以有违程序正义为由要求法院在庭审过程中不再接受波兰的这一主张。

法院指出：

> 波兰未批准《巴塞罗那公约》这一事实未被挑战，（波兰可否提出该主张的）问题显然属于纯粹的法律问题，法院可以而且应当依职权进行审查。[①]

---

① Judgment, p. 19.

　　法院还注意到，并无证据表明波兰已明确放弃它不是《巴塞罗那公约》缔约国的主张。因此，法院驳回了六国的上述抗辩意见。

　　对《巴塞罗那公约》应否适用于本案，法院首先对《和约》第338条进行了文本解释，在明确了关键问题后，依据国际法（条约法）的一般原则，结合《和约》第338条与《巴塞罗那公约》的性质及其相关条款，最终判定《巴塞罗那公约》不适用于本案。

　　法院认为，《和约》第338条表明，缔约国旨在用将来签署的特定公约中的条款来取代《和约》中的某些条款，而本案涉及的问题是《巴塞罗那公约》是否须经波兰的批准方可取代《和约》中的条款。此外，仅当《巴塞罗那公约》可能扩大或变更《和约》自身规定的奥德河国际委员会的管辖权时，该问题才可能影响判决结果。[①]　由此，法院就需要判定波兰依据《和约》第338条所承担的义务是否足以导致《巴塞罗那公约》在该条的意境下适用于本案。

　　法院注意到《和约》第338条使用了"公约"一词，除非该条有其他明确的用语表示相反的意思，它所援引公约的生效问题应适用一般性的国际法规则，即条约仅在经当事国批准后方可对它们产生法律拘束力。[②]　法院接着考察了《和约》第338条对援引的未来缔结的公约的限定，并指出"协约国制定"与"国联批准"均未表明该条意在规避上述一般性的国际法规则。[③]

　　法院还考察了《巴塞罗那公约》的性质及其生效条款，认为它们进一步佐证了上述结论的正确性。由此，法院判定，既然波兰未批准《巴塞罗那公约》，就不得依据该公约提出对波兰不利的主张，本案所涉奥德河国际委员会地域管辖权问题应只适用《凡尔赛和约》进行裁断。

三　奥德河国际委员会管辖权的地域界限

　　为回答本案涉及的第一个问题，即奥德河国际委员会对奥德河两大支

---

① Judgment, p. 20.
② Judgment, p. 20.
③ Judgment, pp. 20 – 21.

流（瓦尔塔河与内切河）位于波兰境内的部分是否具有管辖权，法院：

（1）考察了《和约》相关章节的结构并确定与本案最相关的条款，指出奥德河国际化的地域范围与奥德河国际委员会管辖权的地域界限属同一问题的两个侧面；

（2）对关于奥德河国际化的《和约》第331条进行文本解释，确定案件涉及的关键问题，并援引国际水法上的国际水道航行自由原则，推导出各国对国际水道作为一个整体系统在航行使用上具有共同利益；

（3）基于该国际水法的基本原则，结合《和约》的具体情形，确定缔约国在第331条上的真实意思，进而明确奥德河国际化的地域范围，并最终判定奥德河国际委员会对瓦尔塔河、内切河位于波兰境内的部分具有管辖权。

（一）奥德河国际化的地域范围与奥德河国际委员会管辖权的地域界限

为明确奥德河国际化的地域范围与奥德河国际委员会管辖权的地域界限之间的关系，法院首先从整体上考察了《和约》中与本案相关的章节。法院指出，《和约》第七部分第三章的条款可分为三组，各条款均可能与本案相关。① 鉴于各组条款紧密相关，在解释其中的某一条款时应注意到本章的这一结构和特点，并应加以通盘考虑：第一组为"一般性条款"，规定了同时适用于易北河、奥德河、尼曼河、多瑙河的规则；第二组规定了分别适用于易北河、奥德河与尼曼河的具体规则；第三组是关于多瑙河的特殊条款。

其中，《和约》第341条属于第二组，它将奥德河置于国际委员会的管理之下，但未明确该管辖权的地域界限。《和约》第331条属于第一组，它规定了奥德河系统的国际化问题。

鉴于此，法院认为：

> 既然将奥德河置于国际委员会管理之下的第341条未界定该管理机构的地域界限，就必须援引第331条，该条是该章第一个条款，它

---

① Judgment, p. 23.

指明了奥德河系统国际化的范围。①

对此,波兰辩称,《和约》中有关奥德河国际化问题的第 332 ~ 337 条并非必须适用于奥德河的国际管理问题。

法院认为:

> 当设立一个委员会后,可以很自然地假定"制度"的地域范围与委员会"管理的地域范围"是一致的,因为委员会的功能是具体适用该制度中的原则。在无法从相关情形得出相反结论的情况下,必须做如下理解,即具有此种职能的河流委员会的职权延伸至该河流和河流系统国际化的所有部分。②

换言之,奥德河国际化的地域范围与奥德河国际委员会管辖权的地域界限属同一问题,在第 341 条未界定委员会职权地域界限的情况下,可依据第 331 条规定的奥德河国际化的地域范围加以确定。

此外,关于奥德河国际委员会具体职责的第 344 条(c)要求委员会确定该国际化体系应适用于该河及其支流的特定部分。这也进一步佐证了两个问题的相关性和统一性。

据此,法院裁定,波兰不得单纯依据第 341 条仅使用了"奥德河"一词而未提及其支流便断定奥德河国际委员会的管辖权仅限于奥德河的干流。法院可基于对第 331 条的解释,来确定奥德河国际化的地域范围,进而确定奥德河国际委员会管辖权的地域范围。

(二)《和约》第 331 条的解释与奥德河国际化的地域范围

为判定奥德河国际化的地域范围,法院运用文本和目的解释方法重点考察了《凡尔赛和约》第 331 条的意思。

《和约》第 331 条规定:

---

① Judgment, p. 23.

② Judgment, p. 23.

以下河流被宣布为国际河流：易北河（Elbe/Labe），从其与伏尔塔瓦河（Vltava/Moldau）交汇处起，伏尔塔瓦河，从布拉格起；奥德河，从其与欧巴河（Oppa）交汇处起；尼曼河（Niemen/Russstrom-Memel-Niemen），从格罗德诺（Grodno）起；多瑙河，从乌尔姆（Ulm）起。

这些河流系统中可航行的所有组成部分，它们的自然状况可以为一个以上的国家提供入海通道，不论是否需要从一艘船向另一艘船进行转运；以及为了复制或提高某河流系统自然可航行部分的运载能力而建设的平行的运河与渠道，或为了连接同一条河流两个天然可航行部分而建设的运河与渠道。

以上规定应适用于莱茵河—多瑙河可航行的水道，如果按第 353 条规定的条件建设了该水道。①

法院认为，第 331 条的上述实际用语表明：

河流的国际化取决于两个条件：水道必须是可航行的，而且必须天然地为一个以上的国家提供入海通道。这两个特征……对于回答如何区分所谓国际河流与国内河流的问题具有不可或缺的重要作用。②

本案中，备受案件当事各方争议的瓦尔塔河与内切河发源于波兰，构成波兰与德国的边界，而后内切河在德国境内与瓦尔塔河汇流，一并流入奥德河。由于各方对其可航性不存在异议，瓦尔塔河与内切河位于波兰境内部分的国际性就取决于它们能否为一个以上的国家提供入海通道。

对此，波兰政府认为，它们仅为波兰一国提供了入海通道；六国则坚持，"给一个以上的国家提供入海通道"指的是水道本身而非特指其某个组成部分。因此，法院必须判定第 331 条指的是包括各支流在内的河流系统作为一个整体，还是作为河流系统的各个特定的部分，能够为一个以上的国家提供入海通道。③

---

① Judgment, p. 24.
② Judgment, p. 25.
③ Judgment, pp. 25 – 26.

法院首先考察了六国的主张和抗辩意见。六国辩称，第331条中的"组成部分"（part）一词指的是"河流系统"（river systems），而且某个河流系统的一个组成部分，依其通常含义，指的是构成该系统的某个单位，即支流或二级支流。第331条在表示水道一部分时，用的不是"part"，而是"section"。法院认为这一抗辩意见具有一定的价值，但它并不认为可单凭这一点来证明《和约》缔约方的意图是将奥德河的一级支流和二级支流国际化。①

法院接着分析并驳回了波兰的主张和抗辩意见。波兰辩称，在《和约》第331条意思模糊、难以明辨的情况下，应采用对国家自由做最小限制的解释。法院强调：

> 虽然这种主张其自身是合理的，但必须极为谨慎地适用。若对某文本进行单纯的语法分析无法得出确定的结果，这并不足以支持适用它；还有很多其他的解释方法，尤其是应适当考虑关于文本所涉事项的原则；若即便已经考虑了全部的相关因素，缔约方的意图仍然模糊不清，只有在这种情况下才可以采用对国家自由最有利的那种解释。②

在本案中，法院认为，在无法单凭文本和上下文分析来确定《和约》第331条有关用语的意思的情况下，"必须诉诸规制国际河流法律的一般性的原则，并考虑《凡尔赛和约》在这些原则上采取了什么立场"，③来进一步探明缔约方的真实意图，进而确定第331条有关条款用语的意思。

（三）国际河流航行自由原则、沿岸国利益共同体及《和约》的立场

法院注意到河流给有关国家提供入海通道与国际河流航行自由原则的关系：

> 给上游国家提供自由的入海通道的可能性在有关所谓国际河流航

---

① Judgment, p. 26.
② Judgment, p. 26.
③ Judgment, p. 26.

行自由原则（the principle of freedom of navigation）的确立过程中扮演了十分重要的角色。①

法院提出了旨在确保航行自由原则得以实现的基本法律原则，即沿岸国利益共同体：

> 考虑到国家如何看待因如下事实所产生的具体情形，即某一条水道跨越或分割一个以上国家之间的领土，考虑到实现正义要求的可能性，考虑到这一事实对解决方法"功效"的影响，我们很快就会发现各国并未基于保护上游国通行权的理念来寻求解决该问题的答案，而是一直基于沿岸国利益共同体（a community of interest of riparian States）的理念来寻找答案。②

法院接着明确了利益共同体理念的地位和作用：

> 关于通航河流的利益共同体成为共同法律权利的基础，该共同法律权利的重要特征包括所有沿岸国在利用该河的整个河道上的地位完全平等，排除任何一个沿岸国在其与其他沿岸国的关系中享有任何优先性的特权。③

法院强调，"毋庸置疑，利益共同体理念构成国际河流法的法律基础"，它经 1815 年维也纳会议《最后议定书》（Act of the Congress of Vienna）创设，并在后续的条约中得以适用和发展。对于利益共同体理念为何构成有关国际河流航行的法律基础，法院未做进一步的说明和解释，仅全文参照了《最后议定书》的第 108 条和第 109 条——这两个条款规定了国际河流全部适航河道的航行和贸易自由。

法院进一步分析道：

---

① Judgment, p. 26.

② Judgment, p. 27.

③ Judgment, p. 27.

既然该共同法律权利以分割或跨越多国边界的可航行的水道为基础，很显然，该共同法律权利适用于该河流所有可航行的部分，而不在最后一个边界停止。[①]

法院还特别提及，没有一个条约基于此种边界来确定某条河流国际化的上游界限，相反，它们均基于有关可航行性的特定条件来确定该界限。[②]

法院考察了《凡尔赛和约》是否依循了该共同利益原则，并重点分析了其第332条、第341条与第344条（c）。

法院强调《和约》的目的是将有关河流彻底国际化：

相较于先前仅将该共同法律权利赋予沿岸国的条约，《和约》采取了彻底的国际化立场，即各国均可自由利用这些河流，不论其是否为沿岸国。针对前一条款宣布为国际河流的水道，《和约》第332条赋予了各国完全平等的自由航行权利。假设该自由在最后一个政治边界停止的话，该条款的规定即使不是武断的，也将是不适当的。[③]

法院接着强调，沿岸国和非沿岸国在这些国际河流上享有的航行自由是双向的：

将非沿岸国的缔约方代表引入河流委员会并非只是或主要出于给内陆国提供更强的保护的目的；非沿岸国可能在有关河流的航行上拥有利益，这才是真正的原因。非沿岸国的此种利益如果不能及于最后一个上游国家的港口，那么承认这种利益就显得难以理解了。所有国家在双向的航行自由上均具有利益。[④]

---

① Judgment, pp. 27 - 28.
② Judgment, p. 28.
③ Judgment, p. 28.
④ Judgment, p. 28.

法院还注意到,《和约》第 331 条在宣布国际化时仅明确了有关河流国际化的起点,并未考虑河流的最后一个政治边界。

最后,法院从上下文的角度分析了《和约》第 343 条和第 344 条（c）对第 331 条解释的影响。根据第 344 条（c），奥德河国际委员会在依据第 343 条修改既有国际协定和规章过程中应"确定应适用国际制度的河流组成部分或其支流（sections of the river or its tributaries）"。

法院认为：

> 该款同等对待干流与支流,对支流而言,与干流一样,有关界限取决于特定的实质条件,确定该界限或多或少涉及自由裁量的因素；然而,如果支流国际化的地域界限是基于最后的政治边界来确定的话,那么,该款的规定将变得毫无意义。[①]

综上,法院认为,应依据利益共同体原则解释《和约》第 331 条,奥德河国际化的地域范围涵盖了该河流系统的各个组成部分,自然应包括瓦尔塔河与内切河位于波兰境内的部分,奥德河国际委员会对瓦尔塔河与内切河位于波兰境内的部分具有管辖权。

在判定了本案应适用的法律并对第一个问题给出肯定回答后,对第二个问题,法院直接判定应适用的法律为《凡尔赛和约》第 331 条。根据该条,奥德河国际委员会的管辖权止于瓦尔塔河与内切河不再具有天然的可航行性,或借助旁支运河、渠道也不具有可航行性,不论它们旨在保障或改善某河流天然可航行的部分,或者是为了连接同一河流天然可航行的两个部分。[②]

四　沿岸国利益共同体理念与国际水道的利用和保护

由于法院判定《巴塞罗那公约》及其所附《国际可航水道制度规约》

---

① Judgment, p. 29.

② Judgment, p. 31.

不适用于本案，法院仅适用《凡尔赛和约》判案，并重点解释了《和约》第331条，表面上看，法院未能依据《国际可航水道制度规约》进一步明确国际航行水道的概念。然而，在通过文本、上下文等解释方法仍无法明确该条用语的意思的情况下，法院采取了目的解释方法，结合国际水道的跨国属性、各国在国际河流上共同的航行利益，推导出沿岸国利益共同体理念，并据此判定奥德河国际委员会的管辖范围应涵盖该河全部可航行的部分，指出该理念已经成为国际河流法的法律基础。

从法院的推理和论证过程可以看出，沿岸国利益共同体理念主要基于三个前提：一是国际水道跨越或形成了两个及以上国家的边界；二是依据单纯保护上游或下游沿岸国利益的方法根本无法公平合理地解决国际水道所涉的问题；三是坚持沿岸国在国际水道上的共同利益是解决有关问题、实现公平和正义并满足各国现实需要的唯一出路。显然，沿岸国利益共同体理念不仅适用于国际水道的航行使用，也可以而且应当适用于国际水道的非航行使用。

法院认为，对可航行河流而言，该共同利益属一项共同的法律权利，为各国共享，其核心要素是所有沿岸国在利用整条河流上地位完全平等，任何沿岸国相对于他国不享有任何特权。应该注意到，沿岸国在国际水道航行与非航行使用上的共同利益存在一定的区别。例如，对航行而言，沿岸国在整条国际水道上享有航行自由权；对非航行使用而言，沿岸国仅得利用国际水道在本国领土内的部分。然而，法院所界定的利益共同体理念的上述核心要素同样适用于国际水道的非航行使用，如所有沿岸国在河流利用上地位完全平等，任何沿岸国不享有任何特权，各国在河流的利用和保护上具有平等的参与权。

当然，法院对该原则内涵的界定也仅限于此，它并未在判决中明确"平等"的内涵，我们也无法从中推导出沿岸国在国际水道非航行使用上具有哪些具体的共同利益以及如何保障和实现这些共同利益。从推理过程来看，法院在提出和界定沿岸国利益共同体原则时仅考量了国际水道跨越国界的自然属性，援引了国际法上一般性的公平原则，考虑了各国的现实需要，并参照了1815年维也纳会议《最后议定书》及后续的法律文件，并未诉诸相关的国家实践。[①]

实际上，常设国际法院在本案中提出的沿岸国利益共同体理念不仅在后续案件中得到了国际法院的确认和发展，还被纳入了 1997 年《国际水道非航行使用法公约》等国际法律文件之中，成为指导国际河流沿岸国合作与处理争端的一项基本原则。

在 1997 年的多瑙河案（Gabčíkovo-Nagymaros Project Case）中，国际法院讨论了水道国在国际水道利用上的权利及其特性，直接引用了常设国际法院在奥德河案中关于沿岸国利益共同体的判决，并进一步指出：

> 当代国际法的发展已经为国际水道的非航行使用同样强化了这一原则（利益共同体），联合国大会于 1997 年 5 月 21 日通过《国际水道非航行使用法公约》即是最好的证明。[②]

如果说在 1929 年，常设国际法院尚主要从理论和航行自由角度论证沿岸国利益共同体这一理念，那么，到了 1997 年，国际法院已经明确地将该理念的适用范围拓展至国际水道的非航行使用，将其提升为国际法关于国际水道使用和保护的一项基本原则。

当然，国际法院在多瑙河案中并未指明《国际水道非航行使用法公约》的哪些条款证明了该原则。公约序言所载明的宗旨及公约针对国际水道非航行使用所规定的公平合理利用、不造成重大损害、合作等原则及其给水道国设定的关于水道利用和保护的程序和实体义务均体现了沿岸国利益共同体这一基本原则。尤其是，《国际水道非航行使用法公约》第 5 条明确要求水道国在使用和开发国际水道时应着眼于与充分保护该水道相一致，并考虑到有关水道国的利益，使该水道实现最佳和可持续的利用；水道国应公平合理地参与国际水道的使用和保护。

本案所涉的奥德河就是证明沿岸国利益共同体原则已经成为国际水法上一项基本原则的最佳例证之一。自常设国际法院在 1929 年对本案做出判

---

① J. G. Lammers, *Pollution of International Watercourses* (Hague: Martinus Nijhoff Publishers, 1984), pp. 505–507.

② Judgment, p. 56, para. 85.

决后，奥德河的流域国（德国、波兰、捷克、斯洛伐克）先后针对该河的使用、保护和管理基于公平合理等基本原则签订了一系列双边和多边条约，如1996年的《保护奥德河免受污染协定》与1992年联合国欧经委《关于跨境水道和国际湖泊保护和利用的公约》等。①

此外，常设国际法院在本案中提出的沿岸国利益共同体理念不仅同样适用于国际水道的非航行使用、环境保护、管理调控，对国际社会共同应对气候变化带来的新挑战，对流域国携手努力解决水短缺、水污染、水灾害等紧迫问题，亦具有不可忽视的指导意义。如法院在判决中所指出的，由于国际河流跨越、位于、构成国家之间的边界，为了实现公平正义，各国从未基于保护上游国或下游国某一方面的利益来寻求解决有关问题的答案，而是一直基于沿岸国利益共同体的理念来寻找答案。② 显然，沿岸国要解决好上述问题仍需诉诸该理念，共同寻找答案，因此国际社会和流域国贯彻和落实好利益共同体理念将越发重要。③

---

① Agreement between Germany, Czech Republic and Poland on the Protection of the Oder River from Pollution, 1996; Agreement between Germany and Poland on Cooperation in the Field of Water Management at Border Waters, 1992; Agreement between Czechoslovak Republic and Poland Concerning the Use of Water Resources in Frontier Waters, 1958; Agreement between Poland Republic and Germany Concerning Navigation in Frontier Waters and the Use and Maintenance of Frontier Waters, 1952; Treaty between Germany and Poland for the Settlement of Frontier Questions, 1926.

② Judgment, p. 27.

③ Stephen C. McCaffrey, "Case relating to the Territorial Jurisdiction of the International Commission of the River Oder", *Max Planck Encyclopedia of Public International Law*, September 2007.

案件十一

航行及相关权利争端案

张 帆

【**案件导读**】 本案涉及哥斯达黎加和尼加拉瓜关于圣胡安河航行权及其他相关权利的争端。① 依据哥斯达黎加与尼加拉瓜1858 年签订的边界条约，两国在圣胡安河下游的边界为哥斯达黎加一侧河岸，尼加拉瓜对该河段享有主权，但哥斯达黎加享有"商业"航行权。法院依据条约解释的一般规则，采用"条约演化解释"方法，认为应当考虑条约中一般性术语含义的演化，因此"商业"一词应依其现代含义解释为既包括货物贸易，也包括运送乘客的服务贸易。法院没有讨论适用于国际河流航行的一般规则，但基于对 1858 年条约的目的解释判定哥斯达黎加河岸居民享有满足日常生活需要的"最低限度航行权"，并依据一般国际法裁定哥斯达黎加河岸居民的生存性捕鱼权是一种习惯法权利。

【**关键词**】 边界河流 航行权 商业航行权 航行管理权 沿岸居民权利 最低限度航行权 生存性捕鱼权 条约演化解释 条约目的解释 条约系统解释

---

① *Dispute Regarding Navigational and Related Rights* (Costa Rica v Nicaragua), Judgment, I. C. J. Reports 2009, p. 213.

348

一　圣胡安河航行权与相关权利争端的产生与发展

哥斯达黎加和尼加拉瓜是以圣胡安河右岸为界的相邻国家。依据两国1858 年签订的边界条约（1858 Treaty of Limits），圣胡安河下游河段的主权属于尼加拉瓜，但哥斯达黎加在该河段上享有永久性的"商业"航行权。

因尼加拉瓜质疑 1858 年条约的有效性，两国曾将争议提交美国总统克利夫兰（Cleveland）仲裁。1888 年，克利夫兰裁定 1858 年条约有效，并就条约涉及的圣胡安河航行权问题做出以下解释：哥斯达黎加的军事船只无权在圣胡安河上航行，但其税务船只可以在圣胡安河上航行，只要它的航行是"以商业为目的"。

1914 年，尼加拉瓜与美国签订《查莫罗—布莱恩条约》（Chamorro-Bryan Treay），赋予美国经圣胡安河修建和维护洋间运河的永久性、排他性的权利。1916 年，哥斯达黎加将尼加拉瓜诉至中美洲法院，称其违反了1858 年条约第 8 条规定的义务，即在圣胡安河两国边界河段启动任何运河项目前必须先与哥斯达黎加磋商。中美洲法院于同年做出判决，支持了哥斯达黎加的主张。

1956 年，哥斯达黎加和尼加拉瓜签订《福涅尔—塞维利亚协定》（Fournier-Servilla Agreement），同意促进圣胡安河交通的便利和快捷，并合作保卫双方的共同边界。

20 世纪 80 年代，两国之间发生了一系列影响圣胡安河航行权的事件。尼加拉瓜以保护其在武装冲突背景下的国家安全为由，采取了一些限制哥斯达黎加航行权的"临时性特别措施"。在哥方抗议下，这些措施被部分中止。但 20 世纪 90 年代中期，尼加拉瓜又采取了进一步的措施，包括对哥斯达黎加船只上的旅客收取费用，以及要求哥斯达黎加船只在尼加拉瓜的军事站点停船接受检查。

1998 年，两国争端升级，尼加拉瓜禁止哥斯达黎加运送警务人员的船只在圣胡安河上航行。两国经协商签订了一项部长级协议《夸德拉—利萨诺联合声明》（Cuadra-Lizano Joint Communique），允许哥斯达黎加的警务船只在一定条件下通过圣胡安河为边界站点运送补给，但尼加拉瓜随即单方面宣布该协定无效。

2005 年 9 月 29 日，哥斯达黎加向国际法院提起诉讼，要求法院判定尼加拉瓜"剥夺了哥斯达黎加在圣胡安河上的自由航行权及相关权利，从而违反了它承担的国际义务"。[①]

2009 年 7 月 13 日，法院对该案做出判决，首先确定了"哥斯达黎加在圣胡安河上自由航行权的范围"，继而查明"尼加拉瓜是否有权且在何种程度上有权管理哥斯达黎加船只的航行，以及争议期间尼加拉瓜的具体行为是否损害了哥斯达黎加的权利"，最后讨论了哥斯达黎加河岸居民的生存性捕鱼权问题。[②]

二　法院关于哥斯达黎加自由航行权的判决

（一）哥斯达黎加自由航行权的法律基础

哥斯达黎加请求法院考虑"一般国际法上'国际河流'的航行规则"，[③] 但法院认为并没有必要判断"在习惯国际法上是否存在适用于'国际河流'航行的制度"，也没有必要判断"圣胡安河是否属于'国际河流'"，因为两国 1858 年签订的边界条约完整地确定了适用于圣胡安河争议河段的航行权规则，结合两国间的其他条约、克利夫兰裁决和中美洲法院判决来对 1858 年条约进行解释，足以解决哥斯达黎加自由航行权的范围问题。[④]

1858 年边界条约中确定哥斯达黎加自由航行权的主要条款是第 6 条：

> 尼加拉瓜共和国对圣胡安河从湖泊源头到大西洋入海口的河水拥有完全的所有权和统治权；但哥斯达黎加共和国对圣胡安河从河口到老卡斯蒂洛下游三英里处的河段享有永久性的商业（con objetos de comercio）自由航行权，无论是与尼加拉瓜通航还是与哥斯达黎加境

---

① Judgment, p. 221, para. 12.
② Judgment, pp. 231 – 232, para. 29.
③ Judgment, pp. 232 – 233, para. 32.
④ Judgment, p. 233, paras. 34 – 36.

内河流通航，这些河流包括圣卡洛斯河、萨拉皮基河及哥斯达黎加境内与圣胡安河该河段连接的任何其他水道。两国的船舶都可以在该河段常用航道的任意一边河岸停泊，不用缴纳任何税赋，除非两国政府另有约定。

除此以外，法院认为 1858 年条约中还有一些条款与圣胡安河航行权相关，特别是第 5 条、第 8 条和第 2 条。第 5 条要求尼加拉瓜在"属于它的河岸"努力捍卫河流安全。第 8 条要求尼加拉瓜在与第三方达成任何关于修建运河或通过权的协议之前都必须与哥斯达黎加协商。第 2 条则是划界条款，它确定本案争议河段上的两国边界为哥斯达黎加一侧的河岸。[①]

法院认为还应参考两国间的其他相关条约，例如双方约定合作促进圣胡安河交通之便利和快捷的《福涅尔—塞维利亚协定》;[②] 应当依据 1888 年的克利夫兰仲裁裁决和 1916 年的中美洲法院判决来解释 1858 年条约和其他的相关条约。[③]

关于哥斯达黎加援引的《夸德拉—利萨诺联合声明》等部长级联合声明，法院则认为它们不属于哥斯达黎加自由航行权的条约基础，因为这些声明仅是一些为履行条约义务而做出的务实安排，特别是为履行 1956 年《福涅尔—塞维利亚协定》条约中的合作义务而做出的安排，但这些务实安排的法律意义与条约本身相比非常有限，其中规定的合作形式是可以依当事方需要而改变的；而且尼加拉瓜在《夸德拉—利萨诺联合声明》发布后已立即宣布它无效。[④]

（二）法院关于"商业"航行权范围的判决

1858 年条约第 6 款中哥斯达黎加"商业"航行权的范围是本案的争议焦点。在该条约的西班牙语作准文本中，限定哥斯达黎加"自由航行权"

---

① Judgment, p. 234, para. 38.
② Judgment, p. 234, para. 39.
③ Judgment, p. 235, para. 41.
④ Judgment, pp. 234 – 235, para. 40.

的表述是"con objetos de comercio"。法院分别分析了"con objetos"与"comercio"的含义。

1. 法院对"con objetos"一词的解释

尼加拉瓜认为"objetos"一词仅表示物质性的货物或商品,"con objetos"是指"有物品的"(with ariticles of)。而哥斯达黎加认为"con objetos"应取其抽象意义,即"为了某种目的"(for the purposes of)。①

就单独的词义来看,"con objetos"既有具体含义,也有抽象含义。法院对其进行了系统解释。首先,1858年条约的其他条款,即条约第8条,也使用了这一措辞,而该措辞在第8条中只可能取抽象含义。② 其次,在未生效的1857年条约中,两国用"articulos de comercio"一词来表示"物品"或"货物",这说明,假如两国想要使用"objetos"的具体含义,它们会用另一词来表示。③ 最后,两国在1887年向美国总统克利夫兰提请仲裁时,在各自提交的1858年条约英文版中都将"con objetos de comercio"翻译成"为了商业目的"。④ 基于上述分析,法院接受了哥斯达黎加的主张,认为"con objetos"应解释为"为了某种目的"。

2. 法院对"商业"(comercio)一词的解释

在考虑"商业"一词的含义时,法院既未接受哥斯达黎加"过于宽泛"的解释,也未接受尼加拉瓜"过分狭义"的解释。⑤

哥斯达黎加提出,"商业"至少应包括"为追求商业目的的任何行为",除此之外,它还应扩展到非营利性行为,包括"哥斯达黎加河岸村庄之间的人员流动和往来"以及"为本地居民提供必要服务的公务航行"。法院认为,接受哥斯达黎加的这种解释意味着任何形式的航行都在"为商业目的的航行"范围之内,从而让这一用语完全失去意义,无法解释条约制定者为何特别使用"为商业目的的航行"来限定哥斯达黎加自由航行权的范围。⑥

---

① Judgment, p. 238, para. 50.
② Judgment, p. 239, para. 54.
③ Judgment, pp. 239 – 240, para. 55.
④ Judgment, p. 240, para. 56.
⑤ Judgment, p. 241, para. 60.
⑥ Judgment, p. 241, para. 61.

尼加拉瓜认为应依据条约签订时"商业"一词的通行含义，将其限定为"商品的购买与销售"，但法院认为这里应当对条约用语进行"演化解释"。

法院首先承认，解释条约用语确实应当依据当事国缔结条约时的共同意愿，且在国际法院过去审理的部分案件中，虽然条约用语的含义已发生改变，法院仍然坚持使用其原始含义。[①]

但法院认为：

> 这并不意味着，如果某个用语的含义已不同于条约缔结时，不应考虑解释适用条约时该用语的含义。[②]

法院指出了应当考虑条约用语演化含义的两种情况：

> 一方面，基于当事国的默示合意，《维也纳条约法公约》第31条第3款b项所指的当事国嗣后惯例可使（条约用语）偏离原始含义。另一方面，在一些情形下，当事国缔结条约之时的意愿是，或者可以推定它们的意愿是，使其采用的措辞或部分措辞的含义或内容可以演化，而非一成不变，从而为国际法的发展留有余地。[③]

法院特别强调，在后一种情况下："这其实是为了尊重当事国缔结条约时的共同意愿，而非偏离这种意愿。"[④]

为进一步论证条约演化解释的合理性并说明其适用条件，法院援引了1978年爱琴海大陆架划界案（Aegean Sea Continental Shelf Case）中国际法院为演化解释"领土地位"一词所做的论证：

> 一旦确认"希腊的领土地位"这一表述在希腊加入（1928年一

---

① Judgment, p. 242, para. 63.
② Judgment, p. 242, para. 64.
③ Judgment, p. 242, para. 64.
④ Judgment, p. 242, para. 64.

般议定书）的文件中被用作一个一般性术语（a generic term），用来指代一般国际法上包含在领土地位概念中的任何事宜，那么必然可以推定，起草者有意让它的含义遵循法律的演变，符合特定时间有效的法律赋予该表述的含义。在法院看来，当忆及 1928 年议定书的性质，上述推定显得更有说服力，因为 1928 年议定书是一项和平解决争端的公约，具有一般性和延续性（continuing duration），很难想象在这样的公约中，起草者会有意让类似"国内管辖权"和"领土地位"之类的用语有固定含义而不顾及国际法的嗣后发展。①

法院认为，虽然上述论证涉及的是对条约保留中用语的解释，但也完全适用于对条约自身用语的解释。法院对该案适用演化解释的理由进行了归纳：

> 当缔约国在条约中使用一般性术语（generic terms）时，其必然已经意识到这些术语的含义有可能与时俱进，如果该条约已经历史久远或具有"延续性"（continuing duration），作为一般原则，必须推定缔约国有意使这些术语具有不断演化的含义。②

法院继而指出，本案同样满足上述条件，因而也应适用演化解释：

> 在当前案件中，1858 年条约第 6 条使用的"商业"一词也是如此。首先，这是一个一般性的术语，用来指代一类活动；其次，1858 年条约具有无限延续性（unlimited duration），从一开始它就意在创设一个以永久性为特征的法律制度。③

据此，法院得出结论："商业"一词在 1858 年当事国缔约条约时可能

---

① *Aegean Sea Continental Shelf*（Greece v. Turkey），Judgment, I. C. J. Reports 1978, p. 32, para. 77.

② Judgment, p. 243, para. 66.

③ Judgment, p. 243, para. 67.

是狭义的，但是"为满足条约适用的目的，应当接受它现在的含义"。① 法院将"商业"一词的现代含义适用于圣胡安河下游的航行行为，从而判定哥斯达黎加在条约第 6 条项下的权利不仅包括"货物运输"，还包括"运送乘客"：

> 根据 1858 年条约第 6 条，自由航行权涵盖两种私人航行：以商业为目的的货运船只航行，以及付费乘船的客运船只航行。②

（三）法院关于河岸居民非商业航行权的判决

在界定 1858 年条约中"商业"航行权的范围后，法院又对 1858 年条约进行了目的解释，从而判定哥斯达黎加河岸居民享有为满足基本需求的非商业航行权：

> 在河岸构成两国边界的地段，考虑到当地的地理情况，1858 年条约的拟定者不可能有意剥夺河畔的哥斯达黎加居民为满足基本需求而使用河流的权利，即使他们的活动并非商业性质。③

法院还参考 1858 年条约的背景、目标和其他条款，对其进行了系统解释。法院指出，虽然条约第 6 条无法推导出河岸居民的非商业性航行权，但如果把 1858 年条约各条款视为一个整体，特别是考虑条约确定边界的方式，就能推导出这种权利：

> 鉴于 1858 年条约缔结的历史背景、条约序言与条约第 1 条确定的条约目标和目的，既然当事国在第 2 条中选择以河岸作为边界，就应当推定当事国在条约缔约时的意图是为哥斯达黎加一侧河岸的居民保

---

① Judgment, p. 244, para. 70.
② Judgment, p. 245, para. 73.
③ Judgment, p. 246, para. 79.

留在河岸村庄维持正常生活的最低限度航行权。①

（四）法院关于公务船只航行权的判决

法院认为，1858 年条约第 6 条并没有规定适用于公务船只的特别制度，它为"商业"航行确定的唯一判断标准是航行的商业目的，而非船只的所有权性质，因此以商业为目的的公务船只航行也包括在第 6 条许可的商业航行范围之内。②

法院进一步确认，除 1888 年克利夫兰裁决涉及的税务船只以外，1858 年条约第 6 条许可的范围不包括为维护公共秩序的航行，或提供非经济获利目的公共服务的航行。③

法院认为哥斯达黎加不享有经圣胡安河为其河岸警务站点运送给养和人员的一般性权利，因为它没有证明河流运输是满足上述需求的唯一方式；④ 但哥斯达黎加的公务船只在特定情况下，为了给河岸居民提供满足日常生活必需的服务，有权在圣胡安河上航行。⑤

三　法院关于尼加拉瓜航行管理权的判决

（一）法院关于尼加拉瓜航行管理权一般属性的判决

法院认为，根据 1858 年条约，尼加拉瓜有权对哥斯达黎加在圣胡安河上行使自由航行权的行为进行管理，但这种权力并非没有限制，本案涉及的每项管理措施都应当具有以下属性：

（1）它不应使自由航行权无法行使或实质阻碍其行使；（2）它应与条约条款一致，例如条约第 6 条中禁止单方面收税的规定；（3）它必

---

① Judgment, p. 246, para. 79.

② Judgment, p. 247, para. 80.

③ Judgment, pp. 247 – 248, para. 83.

④ Judgment, pp. 247 – 248, para. 83.

⑤ Judgment, p. 248, para. 84.

须有合法目的，例如航行安全、避免犯罪、公共安全和边境控制；
（4）它应是非歧视性的，航行时间表等规定应当对两国船只同样适
用；（5）它不应是不合理的，即它对航行权产生的负面影响不应明显
超过它为实现管理目的产生的正面效果。①

哥斯达黎加称，尼加拉瓜的管理措施产生的影响超过了必要限度，因
而缺乏合理性。但法院认为，根据国际法上已确立的一般原则，哥斯达黎
加对该主张负有举证义务。② 法院还进一步指出："管理者（在本案中是河
流主权享有者）对于评估管理措施的必要性承担主要职责，也对基于具体
情况选择它认为最适当的方式来满足上述需求承担主要职责。"③ 因此，仅
仅简单声称某项管理措施缺乏合理性是不够的，需要提供明确而具体的事
实才能说服法院。

（二）法院关于尼加拉瓜通知义务的判决

哥斯达黎加与尼加拉瓜关于航行管理权的核心争议是，尼加拉瓜是否
有义务将其管理措施通知哥斯达黎加，或在措施出台之前与哥斯达黎加进
行磋商。虽然 1858 年条约没有规定当事国的通知义务，但法院基于三个因
素判定尼加拉瓜应将其管理措施通知哥斯达黎加。第一，1956 年《福涅
尔—塞维利亚协定》规定两国应合作促进圣胡安河交通的便利化。第二，
尼加拉瓜的管理措施涉及圣胡安河这样一条特殊河流，一国对它享有主
权，另一国享有自由航行权，基于实际需要应当将管理措施通知另一国。
第三，尼加拉瓜既然想要将某种行为纳入其管理范围，理所当然应当通知
实施这些行为的主体。然而，法院认为尼加拉瓜并不担负在出台管理措施
之前就通知哥斯达黎加或与之磋商的义务。④

---

① Judgment, pp. 249 – 250, para. 87.
② Judgment, p. 253, para. 101. cf. *Maritime Delimitation in the Black Sea* (Romania v. Ukraine),
Judgment of 3 February 2009, p. 86, para. 68, and cases cited there.
③ Judgment, p. 253, para. 101.
④ Judgment, pp. 250 – 252, paras. 91 – 97.

（三）法院关于尼加拉瓜具体管理措施合法性的判决

法院依次讨论了哥斯达黎加指控的尼加拉瓜采取的各项具体管理措施，希望在尼加拉瓜的主权与哥斯达黎加的自由航行权之间实现平衡。

1. 停船与证件要求

法院判定尼加拉瓜有权要求哥斯达黎加船只在进入及驶离圣胡安河时停船接受检查，有权要求船员与乘客登记和携带身份证件，因为：

> 尼加拉瓜作为主权国家，有权知道进入其领土者的身份，有权知道他们是否离开。要求出示护照或其他身份证件是行使这种权力的合法方式。尼加拉瓜也有执法和环保方面的相关责任。①

2. 离境许可

哥斯达黎加认为，尼加拉瓜无权要求哥方船只取得尼方颁发的离境许可，但尼加拉瓜指出，这项要求是为确保进入圣胡安河的船只具有适航性，不会发生燃料泄漏，并且没有携带非法货物。法院认为，尼加拉瓜宣称的这些管理目的，包括航行安全、环境保护和刑事法律执行，都是合法目的；此外，颁发离境许可并没有对哥斯达黎加行使自由航行权造成重大阻碍。② 因此法院没有支持哥斯达黎加的主张。

3. 签证与游客卡

尼加拉瓜要求在圣胡安河上航行的哥斯达黎加船上人员取得尼加拉瓜签证和购买尼加拉瓜游客卡，哥斯达黎加认为这是对其自由航行权的非法限制，因为"这意味着自由航行权成为尼加拉瓜可以任意决定是否授予的特权"。③

法院认为，应当区分签证和游客卡两个问题，游客卡没有任何合法目的支撑，因此与尼加拉瓜的条约义务不符，④ 而签证涉及的问题较为复杂。

关于签证要求，法院首先承认："每个国家都享有对非国民进入其领

---

① Judgment, p. 254, para. 104.
② Judgment, p. 256, para. 109.
③ Judgment, p. 257, para. 111.
④ Judgment, pp. 258 - 259, para. 119.

土的控制权，而给予或拒绝签证的权力正是这种控制权的实际表现。"①

继而法院讨论了"谁享有 1858 年条约规定的商业目的自由航行权以及谁可以从中受益"的问题：

> 根据 1858 年条约第 6 条，自由航行权的权利主体是哥斯达黎加。哥斯达黎加船只的拥有者和运营者在圣胡安河上进行商业目的航行时可以从自由航行权中受益，船上乘客同样可以从自由航行权中受益，即便乘客不是哥斯达黎加国民。②

法院认为签证权蕴含自由裁量权，尼加拉瓜不能要求这些"可以从哥斯达黎加自由航行权中受益"的人取得尼方签证，因为如果不让他们享受这种利益，即是对自由航行权的阻碍，是对 1858 年条约义务的违反。③ 虽然哥斯达黎加并未证明尼加拉瓜有武断拒签的情形，且哥斯达黎加河岸社区居民、经常在圣胡安河运送货物的哥斯达黎加商人以及大多数圣胡安河游客都享受例外或免签，但法院认为这些情况都没有改变尼加拉瓜签证要求的违法性质。④

作为补充说明，法院指出，尼加拉瓜有权为了执法或环保等合法目的拒绝某个特定人员进入其领土，正如前面提到的，尼加拉瓜有权为了这些合法目的要求哥斯达黎加船上人员出示身份证件。尼加拉瓜可以在查看身份证件时基于合法目的做出拒绝某人进入圣胡安河的决定，这就不涉及对自由航行权的侵犯。类似分析也适用于紧急情况下自由航行权的减损。⑤

法院关于签证要求的判决受到了法官塞普尔韦达－埃莫（Judge Sepulve-da-Amor）和专案法官纪尧姆（Judge *Ad hoc* Guillaume）的质疑。

塞普尔韦达－埃莫法官在其单独意见中指出，法院关于签证要求的判决与关于其他管理措施的判决不一致：尼加拉瓜的签证要求是基于合法目

---

① Judgment, p. 257, para. 112.
② Judgment, para. 114.
③ Judgment, pp. 257 – 258, para. 115.
④ Judgment, p. 258, para. 116.
⑤ Judgment, p. 258, para. 118.

的，即边界和移民管理，哥斯达黎加没有举出任何证据证明签证要求对其自由航行权造成了实质性损害，也没有证明签证要求的不合理性或歧视性，法院在判决中声称"要求自由航行权的受益人取得签证会阻碍自由航行权"，但并没有说明原因。① 判决中也没有说明为什么非哥斯达黎加国民也有权从自由航行权中受益，从而不遵循圣胡安河主权所有者的要求。② 塞普尔韦达－埃莫法官认为，禁止尼加拉瓜对圣胡安河上航行的外国人加以签证要求，将增加尼加拉瓜的公共安全风险，将免予签证的权利扩展到除哥斯达黎加以外的所有外国人尤其如此，这可能将迫使尼加拉瓜沿圣胡安河左岸建立一系列移民关卡，即使这样也不一定能完全阻止外国人从圣胡安河非法进入尼加拉瓜的陆地领土。③

纪尧姆法官提出了两个观点。其一，自由航行权的受益权人（benefi-ciaries）仅是哥斯达黎加船只及其运营者，而不包括船上人员，因此尼加拉瓜可以在任何情况下要求这些人员取得签证。其二，主权国家对外国人进入其领土设置条件是最牢固确立的主权权利之一。纪尧姆法官认为，本案判决事实上也承认了尼加拉瓜基于执法和环保等理由拒绝某些人进入其领土的权利，这样处理并非没有好处；但更简明的处理方式是：直接支持尼加拉瓜的签证要求，同时在判决中指出尼加拉瓜执行签证规则时不得实质阻碍哥斯达黎加行使自由航行权。④

4. 收费

哥斯达黎加请求法院宣布，尼加拉瓜不得对圣胡安河上航行的哥斯达黎加船只及乘客收取任何费用。这一请求主要涉及离境许可、签证和游客卡的费用。尼加拉瓜认为，这些并非是为航行付费，而是为提供各种文件的服务付费。如前所述，法院已判定尼加拉瓜无权要求哥斯达黎加船上人员购买游客卡或取得签证，但有权要求哥方船只取得离境许可，那么尼加拉瓜是否有权对离境许可证收费？⑤

---

① Sepulveda-Amor, J., sep. op., paras. 8－12.
② Sepulveda-Amor, J., sep. op., para. 13.
③ Sepulveda-Amor, J., sep. op., paras. 14－15.
④ Guillaume, J., decl., para. 21.
⑤ Judgment, p. 259, para. 120.

法院讨论了双方争议的 1858 年条约第 6 条最后一句话的含义：

　　两国的船舶都可以在该河段常用航道的任意一边河岸停泊，不用缴纳任何税赋/费用和关税，除非两国政府另有约定。

　　其中"不用缴纳"的对象，尼加拉瓜翻译为"税赋（impost）"，哥斯达黎加则翻译为"费用（charge）和关税（duty）"，即尼加拉瓜认为这句话只涉及税赋，而哥斯达黎加认为，依据这句话，尼加拉瓜不得对哥方船只收取"任何费用"。不论如何翻译，法院认为这句话包含的核心意思有两个：一是赋予双方船只在对侧河岸停泊的权利，二是规定行使这种特定权利是免费的，不用缴纳钱财的。法院认为不能将这句话进行延伸解读为禁止尼加拉瓜对圣胡安河上航行的船只收取任何费用。①

　　具体到本案涉及的费用，即离境许可证费用，法院认为，虽然尼加拉瓜有权在圣胡安河上为了安全、环境和执法等目的检查船只、颁发离境许可，但这些属于主权国家行使警察权的行为，不包括对船只运营者提供服务，因此收费是违法的。②

5. 航行时间表

　　尼加拉瓜为圣胡安河上的航行设置了时间表，禁止船只在晚上航行，哥斯达黎加认为这是对其"永久"和"自由"航行权的侵犯。③ 但法院认为，管理者有权对管理对象施以限制。尼加拉瓜设置航行时间表是为了合法目的，即航行安全和环境保护，且其普遍适用于圣胡安河上航行的所有船只，具有非歧视性。虽然哥斯达黎加的自由航行权受到一定影响，但法院认为这种影响没有构成"非法阻碍"。④ 哥斯达黎加提出，设置时间表是"不合理的"，航行安全目的可以通过其他方式实现，例如要求船只在晚上航行时打开灯光，以及在危险地段设置灯光指示等。但法院认为哥斯达黎加没有论证这些措施的可行性，包括其成本和有效性等，因此不能证明尼

---

① Judgment, pp. 259 – 260, paras. 121 – 122.
② Judgment, p. 260, para. 123.
③ Judgment, p. 261, para. 125.
④ Judgment, p. 261, paras. 126 – 127.

加拉瓜管理措施的不合理性。①

6. 悬挂国旗

法院判定,尼加拉瓜作为圣胡安河的主权享有者,有权要求哥斯达黎加船只悬挂尼加拉瓜国旗。"这一要求从任何方面来说都不能被视为哥斯达黎加船只行使 1858 年条约下的自由航行权的阻碍。"②

四 法院关于哥斯达黎加沿岸居民
生存性捕鱼权的判决

本案判决中讨论的沿岸居民生存性捕鱼不包括商业性捕鱼或竞技垂钓,也不包括在河上使用船只捕鱼,而只包括哥斯达黎加河岸居民为生存目的从该侧河岸进行的捕鱼活动。③

当事国双方都承认哥斯达黎加居民生存性捕鱼实践的长期存在,它们的争议在于这种实践对尼加拉瓜是否有约束力。④

为解决这一争议,法院做出了以下论证:

> 这种实践因其性质,特别是因其发生的区域遥远,涉及的人口稀少,所以不可能在任何官方文件中以任何正式形式被记录。在法院看来,从这种延续了非常长时间未被打扰和未被质疑的实践中产生了一种权利,尼加拉瓜对此从未提出反对,这一点是特别重要的。法院从而判定哥斯达黎加拥有一项习惯法权利。⑤

法院补充说明,这种权利受制于尼加拉瓜基于适当目的,特别是为保护资源和环境而采取的渔业管理措施。⑥

---

① Judgment, p. 262, para. 128.
② Judgment, p. 263, para. 132.
③ Judgment, pp. 265 – 266, para. 141.
④ Judgment, p. 265, para. 140.
⑤ Judgment, pp. 265 – 266, para. 141.
⑥ Judgment, pp. 265 – 266, para. 141.

五　圣胡安河航行权与相关权利案的影响与启示

（一）条约演化解释

1. 条约中意义演化用语的两种解释方法

如果条约订立后，其中某些用语的含义随着时间流逝发生了演化，对于是应当依据这些词汇在条约订立之时的意义来解释（当时意义解释），还是依据它们在条约适用之时的意义来解释（演化解释/当代意义解释），《维也纳条约法公约》第31条和32条所反映的条约解释习惯法规则并未给出明确答案。

当时意义解释方法在国际司法实践中应用广泛。例如，国际法院在1952年美国国民在摩洛哥权利案（*Rights of Nationals of the United States of America in Morocco*）中对"争议"一词的解释，[①] 国际仲裁庭在1994年阿根廷—智利边界案（*Boundary Dispute between Argentina and Chile*）中对"分水岭"（water-parting）一词的解释，[②] 都是依据其在条约签订时的意义。在1999年卡西基利岛/塞杜杜岛案（*Kasikili/Sedudu Island Case*）中，国际法院考虑到1890年条约缔结时的情况，将英文文本中的"主航道中间线"（centre of the main channel）和德文文本中使用的"主航道中心线"（thalweg）二词认定为同义词。[③] 2002年厄立特里亚—埃塞俄比亚划界仲裁案（*Delimitation of the Border between Eritrea and Ethiopia*）[④] 和2002年喀麦隆与尼日利亚领土和海洋边界争端案（*Land and Maritime Boundary between Cameroon and Nigeria*）[⑤] 同样采用了当时意义解释方法。

[①] *Rights of Nationals of the United States of America in Morocco*（France v. United States of America），Judgment，I. C. J. Reports 1952，p. 176.

[②] *Case concerning a boundary dispute between Argentina and Chile concerning the delimitation of the frontier line between boundary post 62 and Mount Fitzroy*，RIAA，Vol. 22，1994，p. 130.

[③] *Kasikili/Sedudu Island*（Botswana/Namibia），Judgment，I. C. J. Reports 1999（Ⅱ），p. 1062，para. 25.

[④] *Delimitation of the Border between Eritrea and Ethiopia*，Award of 13 April 2002，25 R. I. A. A. pp. 83 – 195.

[⑤] *Land and Maritime Boundary between Cameroon and Nigeria*（Cameroon v. Nigeria：Equatorial Guinea intervening），Judgment，I. C. J. Reports 2002，Para. 59.

相对来说，演化解释/当代意义解释是比较新的一种条约解释方法。国际法院首次运用条约演化解释方法是在 1971 年纳米比亚案（Namibia Case）中：

> 《国际联盟盟约》第 22 条中所指"今世特别困难状况"和人民的"福祉与发展"并非一成不变的概念，而是从定义上就具有演化性（by definition evolutionary），"神圣的信任"概念也是如此。①

继该案之后，国际法院适用演化解释方法的典型案例还有本案判决援引的爱琴海大陆架划界案，以及 1997 年多瑙河案（Gabčíkovo-Nagymaros Project Case）。在后案中，国际法院注意到当事国 1977 年条约中的第 15、19 和 20 条都由关于环境保护的"演进性条款"组成，因此判定：这个领域新涌现的理念应当"包含在共同合作计划中"。②

2. 条约演化解释的适用条件

虽然国际司法实践对条约中意义演化用语采用的解释方法并不一致，但它们都遵循一个同样的原则，即"解释条约用语应当依据当事国缔结条约时的共同意愿"。③

至于如何确定当事国缔约时的共同意愿，国际法委员会在其报告中指出，应当通过条约解释的一般方法来解决：

> 解释者必须从 1969 年《维也纳公约》第 31 条和第 32 条所指的物质材料中找到关于当事方这方面意愿的确凿证据，即条约用语、上下文、条约目的与宗旨，必要时可以使用条约准备材料。④

---

① *Legal Consequences for States of the Continued Presence of South Africa in Namibia* (*South West Africa*) *notwithstanding Security Council Resolution* 276 (1970), Advisory Opinion, I. C. J. Reports 1971, para. 53.

② *Gabčíkovo-Nagymaros Project* (Hungary/Slovakia), Judgment, I. C. J. Reports 1997, para. 112.

③ Judgment, p. 242, para. 63. See also, Guillaume, J. , decl. , para. 10, and *Legal Consequences for States of the Continued Presence of South Africa in Namibia* (*South West Africa*) *notwithstanding Security Council Resolution* 276 (1970), Advisory Opinion, I. C. J. Reports 1971, para. 53.

④ Report of the International Law Commission on the Work of Its Fifty-seventh Session, 2005, A/CN. 4/SER. A/2005/Add. 1 (Part 2), p. 88, para. 474.

国际法学会在经过热烈讨论后，也在其关于"国际法上的时际法问题"的决议中做出类似表述：

当条约提及某个法律或其他概念且并未定义它时，应当依据条约解释的通常方法来确定这个概念是应当依据条款起草时的含义来解释，还是依据条约适用时的含义来解释。①

国际法院在司法实践中适用"条约解释的通常方法"探究缔约国关于条约解释的意愿，逐渐明确了条约演化解释方法的适用条件。② 法院在纳米比亚案中提到，"从定义上具有演化性"的概念应做演化解释。在爱琴海大陆架划界案中，法院除了从解释对象自身性质出发，指出"一般性术语"（generic term）应当进行演化解释，还首次提出，因为某些条约具有"延续性"（continuing duration），起草者不太可能让其中的一般性术语有固定含义而不顾及国际法的嗣后发展。③ 在本案中，法院对爱琴海大陆架划界案的论证逻辑进行了梳理，清晰地归纳出条约演化解释的两个适用条件，即条约用语的"一般性"和条约的"延续性"，并以此为前提论证了条约演化解释方法在本案中的适用。④

3. 本案的影响与争议

本案确认和巩固了条约演化解释方法的两个适用条件，对后续国际争端案例中条约演化解释的适用产生了重要影响。

在本案判决做出的同一年（2009 年），WTO 上诉机构即援引本案判决，适用条约演化解释方法在中美出版物市场准入案（*China-Measures Affecting Trading Rights and Distribution Services for Certain Publications and Audiovisual Entertainment Products*）中做出了对中国的不利裁决。中国认为自己

① Resolution of the Institut de droit international, Wiesbaden, 11 August 1975, *International Problem in Public International Law*, Vol. 56, p, 536, para. 4.
② 吴卡：《条约解释的新动向：当代意义解释对当时意义解释》，《法学评论》2013 年第 2 期，第 85 页。
③ Judgment, p. 243, para. 66.
④ Judgment, p. 243, para. 67.

在《服务贸易总协定》（GATS）下就"录音产品分销服务"（sound record-ing distribution service）所做承诺只适用于物质产品，而不包括电子产品，因为 2001 年中国入世时后者并不存在。然而，WTO 专家组和上诉机构都认为，"录音产品"和"分销"等术语具有充分的通用性（sufficiently ge-neric），它们使用的情形会随着时间的变化而变化，而且 GATS 及其承诺表属于无期限的多边条约，成员承担的都是延续性、开放性的义务，若因成员加入时间不同而对相同用语赋予不同含义，必然破坏 GATS 具体义务承诺的可预见性、稳定性和明确性，因此"录音产品分销服务"依其当代意义应当适用于电子方式分销的产品。[①]

该案再次确认了由爱琴海大陆架划界案提出、经本案确认和巩固的两个条约演化解释适用条件，即条约用语的"一般性"（或"通用性"），以及条约的"延续性"（或"无期限性"）。有学者认为，在当事国并未在约文中明确表达演化解释意图时，"国际法院和 WTO 上诉机构主要根据条约用语的性质来直接推定当事国有按条约用语演化后的含义解释的意图，进而运用该方法，显然不符合条约解释的法理"。[②]

纪尧姆法官也对本案判决确认的演化解释适用条件提出了质疑。[③] 他认为在当事国没有明确表达当时意义解释或演化解释意图时，只能用"推定"方式确认当事国缔约时的意图，在本案中法院采用的演化解释适用条件即为"推定"，但法院没有解释为什么要适用这种推定，而不能适用其他的推定。他援引 1923 年常设国际法院温布尔登案（Wimbledon Case）的判决，指出"对主权的限制"是采用限制性解释的充分条件，[④] 据此他认为本案中对尼加拉瓜领土主权的限制也应当进行限制性的解释。

（二）沿岸居民的权利

法院对 1858 年条约第 6 条的具体解释在本案之外没有广泛适用意义，

---

① *China-Measures Affecting Trading Rights and Distribution Services for Certain Publications and Aud-iovisual Entertainment Products*（DS363），Appellate Body Report，paras. 395 – 397.

② 吴卡：《条约演化解释方法的最新实践及其反思》，《法学家》2012 年第 1 期，第 161 页。

③ Guillaume, J., decl., para. 15.

④ S. S. "*Wimbledon*"，Judgments，1923，P. C. J. J.，Series A，No. 1，p. 24.

但法院关于沿岸居民最低限度航行权和生存性捕鱼权的判决对处理沿岸国与沿岸居民之间的关系有一定的普适性。

1. 沿岸居民的最低限度航行权

虽然1858年条约第6条的措辞仅涉及商业航行，但法院对1858年条约进行了目的解释和系统解释，认为：

> 在河岸构成两国边界的地段，考虑到当地的地理情况，1858年条约的拟定者不可能有意剥夺河畔的哥斯达黎加居民为满足基本需求而使用河流的权利，即使他们的活动并非商业性质。①

表面上看，这一结论仍然基于对特定条约的解释，但它的适用范围可能超越特定的条约关系，因为1858年条约采用的划界方式及适用的地理情况并非孤例，在世界其他地方也存在以河岸为界且该侧河岸居民日常利用河流通航的情况。有学者考证，在世界各国的现行边界中，共有25段国际边界以河岸为界，其总长度达到约4000千米。② 纪尧姆法官在其声明中列举了其中七段，它们分别存在于瑞士与法国、冈比亚与塞内加尔、塞内加尔与毛里塔尼亚、利比里亚与科特迪瓦、马来西亚与印度尼西亚、阿富汗与巴基斯坦以及危地马拉与洪都拉斯之间。他还列举了联邦国家不同法域之间的类似安排，例如瑞士的苏黎世与沙夫豪森之间，美国的弗吉尼亚州与哥伦比亚特区之间、亚拉巴马州与乔治亚州之间、佛蒙特州与新罕布什尔州之间的边界。③ 如果对这些国家（州）之间的边界条约或协定参照本案判决进行目的解释和系统解释，在条约约文没有相反表示的前提下，一般来说也应当肯定沿岸居民为满足日常基本需求的最低限度航行权。

纪尧姆法官表示理解法院支持"沿岸居民最低限度航行权"的根源，即人道主义考虑，但他批评法院在这个问题上的论证"极为薄弱"。在他看来，1858年条约的唯一目的是确定当事国之间的边界，对条约的目的解

---

① Judgment, p. 246, para. 79.

② Coalter G. Lathrop, "Dispute Regarding Navigational and Related Rights (Costa Rica v. Nicaragua)", *The American Journal of International Law*, Vol. 104, No. 3 (July 2010), p. 459.

③ Guillaume, J., decl., para. 6.

释无法推导出缔约双方与约文本身相反的意图，即赋予哥斯达黎加在尼加拉瓜领土上进行"非商业性航行"的权利。他认为法院最多只能从1858年条约序言和国际法一般原则中推导出双方当事国为解决沿岸居民交通困难问题进行谈判的义务。①

2. 沿岸居民的生存性捕鱼权

哥斯达黎加提出，有一种实践长期存在，即允许圣胡安河哥方一侧河岸居民为生存目的在河内捕鱼。哥斯达黎加认为这种实践不受1858年条约影响，是一种习惯法权利（customary right）。哥斯达黎加强调这种实践的延续性，并指出在本案提起以前，尼加拉瓜从未对这种实践提出反对。尼加拉瓜则认为，哥斯达黎加并未证明这种实践已成为一种对尼加拉瓜有约束力的习惯（custom）。尼加拉瓜承认其过去一般都会容忍哥斯达黎加河岸居民在圣胡安河进行非商业性捕鱼，但认为这种容忍不能被视为法律权利的来源。而且尼加拉瓜认为哥斯达黎加一贯接受，它除了条约规定的权利以外，再没有任何其他习惯法权利。在庭审中，尼加拉瓜重申它"绝对没有任何禁止哥斯达黎加居民生存性捕鱼活动的意图"。②

法院判定哥斯达黎加居民为生存目的从哥方一侧河岸在圣胡安河捕鱼是哥斯达黎加拥有的"一项习惯法权利"。法庭认为"从这种延续了非常长时间未被打扰和未被质疑的实践中产生了一种权利"，并强调"尼加拉瓜对此从未提出反对"特别重要。③

作为对比，法院分析了哥斯达黎加居民在圣胡安河用船只进行捕鱼的实践。法院认为这种实践只有"有限的和晚近的证据"，而且这些证据主要还是关于尼加拉瓜当局对这种捕鱼活动的反对，因此不足以产生相应的权利。④ 通过这种对比，法院强调了"长期的"、"未被反对的"实践对于证明习惯法权利的重要性。

法院这种论证习惯法权利的方式受到纪尧姆法官和塞普尔韦达-埃莫法官的质疑。纪尧姆法官认为生存性捕鱼权的习惯法地位并不确定，因此法

---

① Guillaume, J. , decl. , para. 19.
② Judgment, p. 265, para. 140.
③ Judgment, pp. 265 - 266, para. 141.
④ Judgment, p. 266, para. 143.

院判决不应有先例作用。① 塞普尔韦达-埃莫法官认为法院未论证习惯法规则必要构成要素的存在，与国际法院以往确认习惯法规则的方式不一致，并指出法院应考虑其他"更可靠的法律基础"来支持哥斯达黎加居民的生存性捕鱼权，即依据"既得权原则"（principle of acquired or vested rights），或基于尼加拉瓜在庭审中做出的"不阻碍哥斯达黎加沿岸居民生存性捕鱼"的承诺。②

纪尧姆法官和塞普尔韦达-埃莫法官的质疑有其合理性，因为法院的确没有充分论证习惯法规则必要构成要素的存在，即关于生存性捕鱼权的普遍国家实践和法律确信。事实上，生存性捕鱼权并不是源于习惯国际法的权利，而是因为在特定地域由特定人群长期使用资源产生的既得权。享有这项权利的主体并非作为主权国家的哥斯达黎加，而是作为个人的哥斯达黎加河岸居民。相应地，尼加拉瓜负有容忍这项私权利在其主权范围内行使的义务。

国际司法实践曾多次涉及对国家主权范围内他国民众传统权利或既得权利的认可。在 1992 年土地、岛屿和海洋边界争端案（*Land, Island and Maritime Frontier Dispute*）中，国际法院指出，在领土划界将一方当事国国民的财产划归另一当事国领土的情况下，双方当事国应当"充分尊重既得权利，以人性和有序的方式"采取必要措施。③ 1998 年厄立特里亚—也门仲裁案（Eritrea v. Yemen Case）确认了红海海域的传统捕鱼权："在对这些岛屿行使主权时，也门应当维护传统捕鱼制度，允许厄立特里亚和也门两国的渔民自由进入和使用这些岛屿，从而让这些贫穷而勤勉的渔民能够维持生活和生计。"④ 2002 年厄立特里亚—埃塞俄比亚划界仲裁案的裁决指出，在两国间的河流内划定边界时，"应当考虑当地民众进入河流的习

---

①　Guillaume, J., decl., para. 22.

②　Sepulveda-Amor, Sep. Op., paras. 20 – 36.

③　*Land, Island and Maritime Frontier Dispute* (El Salvador/Honduras; Nicaragua intervening), Judgment, I. C. J. Reports 1992, para. 66.

④　*Award of the Arbitral Tribunal in the first stage of the proceedings between Eritrea and Yemen (Territorial Sovereignty and Scope of the Dispute)*, decision of 9 October 1998, 22 R. I. A. A., p. 329, para. 526.

惯法权利"。① 上述案例涉及陆地边界、边界河流、岛屿和领海等不同地域范围，但都反映了同样的习惯法原则，即在国家边界与民众传统活动范围不符的情况下，当地民众的传统权利应当受到权利行使地主权国家的尊重，除非当事国通过条约或协议做出了新的安排。

（三）国际河流航行制度

在本案中，哥斯达黎加要求法院考虑"一般国际法上适用于'国际河流'航行的规则"，② 但法院认为并没有必要判断"在习惯国际法上是否存在适用于'国际河流'航行的制度"，也没有必要判断"圣胡安河是否属于'国际河流'"。③

事实上，习惯国际法上并没有关于"国际河流"的明确定义，也不存在规定"国际河流"航行权的制度。一些河流基于条约对所有国家的商业船只开放航行；一些河流对沿岸国船只开放；还有一些河流由沿岸国享有绝对主权，不对任何国际航行开放。在这方面，拉丁美洲和欧洲国家对待跨境河流航行权的态度有鲜明区别。欧洲的主要跨境河流都存在自由航行制度，但在拉丁美洲不存在"自由航行"的普遍实践，因此，如果没有国家特许或条约规定，在拉美大陆上是不存在所谓国际河流自由航行权的。

---

① *Delimitation of the Border between Eritrea and Ethiopia*, Award of 13 April 2002, 25 R. I. A. A. , p. 172, para 7. 3.

② Judgment, pp. 232 – 233, para. 32.

③ Judgment, p. 233, para. 34.

第四部分

河流边界与岛屿主权争端成案

案件十二

阿根廷—智利边界案

张　帆　贺舒婷

【案件导读】 本案涉及阿根廷和智利之间的陆地边界争端，[①]关键问题是对仲裁裁决的解释与适用，以及界河主河道的确定。1902 年，两国就陆地边界争端完成了第一次仲裁，但其后，它们就裁决涉及的部分边界产生了新的争议。1964 年，两国再次发起仲裁，请求仲裁庭依据对 1902 年裁决的解释与适用，在第 16 号界桩和第 17 号界桩之间未确定边界的范围内确定边界线的走向。1966 年，仲裁庭做出裁决，认为应当假定 1902 年裁决已确定了它所涉及的全部边界，仅在裁决无法适用于实际地理情况时才存在例外，即仲裁庭要解决的主要问题是：在 1902 年裁决指定的界河恩古安特罗河分为两个河道的部分，边界应沿哪个河道而行。仲裁庭确认了在这种情况下边界应沿主河道而行的原则，并详细讨论了确定主河道的方法，指明了确定主河道的主要标准，丰富了国际水法中有关界河的法理与规则。本案对国际法的另一贡献是关于仲裁裁决解释规则的论述，其结论"仲裁裁决解释应适用比条约解释更为严格的规则"对于仲裁裁决的解释有普遍指导意义。

【关键词】 边界争端　界河　分水岭　主河道　裁决解释　裁决履行　裁决适用　河道长度　流域面积　流量　直系连续性　河流分级法

---

① *Argentine-Chile Frontier Case*, 16 R. I. A. A. (1966)，p. 109.

一 阿根廷与智利边界争端的产生与发展

自 1810 年脱离西班牙独立之日起，阿根廷和智利一直力图依据保持占有原则（*Uti Possidetis Doctrine*）确定双方的领土边界。两国 1855 年签订的《友好、贸易与航行条约》（Treaty of Friendship, Trade and Navigation）确认，"缔约方 1810 年脱离西班牙时的边界即为各自的领土边界"（第 39 条）。

1881 年，两国缔结了边界条约（Boundary Treaty），其中第一条规定：

> 阿根廷与智利之间从北至南到南纬 52 度的边界是安第斯山脉的雁列山脉（Cordillera）。边界线应当在上述范围内沿雁列山脉中的最高峰而行，它能分开水域（may divide the waters）并在向两边下倾的边坡（slopes）之间穿行……①

该条款对边界位置进行了双重界定，它预设的前提是边界沿线的地形线与水文线互相吻合，即安第斯山脉的山脊与分水岭一致，然而事实并非如此。两国就其南段的准确位置产生了争议，阿根廷主张以分水岭为界，智利则主张以山脊为界。1896 年，两国政府签订了一项《边界协议》（Boundary Agreement），把关于南纬 26°52′45″以南边界的争议提交英国国王仲裁解决。

1902 年，英王爱德华七世做出了仲裁裁决（award），② 并附以详细描述边界线位置的仲裁庭报告（report）和地图。③ 此外，英国政府应阿根廷和智利要求，指定四名英国官员组成勘界委员会，于 1903 年就裁决涉及的边界进行了勘界。

---

① Art. 1 of the Boundary Treaty of 1881. See *Case concerning a boundary dispute between Argentina and Chile concerning the delimitation of the frontier line between boundary post 62 and Mount Fitzroy*, 22 R. I. A. A. (1994) 14, para 21.

② *Cordillera of the Andes Boundary Case* (Argentina v Chile), Award by His Majesty King Edward VII (1902), 9 R. I. A. A 37.

③ *Cordillera of the Andes Boundary Case* (Argentina v Chile), Report of the Arbitral Tribunal Appointed by the Arbitrator (1902), 9 R. I. A. A 39.

依据 1902 年裁决和仲裁庭报告，帕莱纳—加利福尼亚段（Palena-California sector）的边界应从帕莱纳河（River Palena）与恩古安特罗河（River Encuentro）的交汇处开始，沿恩古安特罗河到达维尔根峰（Virgen），然后沿分水岭（local water-parting）到达帕兹将军湖（Lake General Paz）。[①] 据此勘界委员会在帕莱纳河北岸、恩古安特罗河河口对面树立了第 16 号界桩，在帕兹将军湖北岸树立了第 17 号界桩。

其后阿根廷和智利就 1902 年裁决涉及的部分边界又产生了新的争议，特别是关于第 16 号界桩的位置，以及第 16 号界桩与第 17 号界桩之间边界线的走向，两国分歧严重。

1964 年 11 月 6 日，两国发布共同宣言，依据 1902 年两国签订的《关于仲裁的一般条约》（The General Treaty of Arbitration between the Argentine Republic and Chile，下称《仲裁条约》），将争议提交英国政府解决。1965 年 3 月 2 日，英国政府指定了仲裁庭。因为双方当事国无法就仲裁协议达成一致，英国政府于 1965 年 4 月 1 日依据《仲裁条约》确定了《仲裁协议》（Agreement for Arbitration/Compromiso）。《仲裁协议》第 1 条第 1 款规定，仲裁庭应当审议以下问题：

> 如果自 1902 年裁决以来，双方当事国间位于第 16 号界桩和第 17 号界桩之间的边界未能完全确定（unsettled），那么在未确定边界的范围内，依据对 1902 年裁决的适当解释与履行（fulfillment），该段边界线的走向如何？

1966 年 11 月 24 日，仲裁庭将其报告提交英国女王伊丽莎白二世，女王于 12 月 9 日做出裁决，并附以仲裁庭报告作为裁决的组成部分。

二　未确定边界的范围

仲裁庭指出，仲裁协议要求它审议的问题中包含一个先决问题：

---

① Article Ⅲ, Award（1902）, 9 R. I. A. A 39.

如果自 1902 年裁决以来，双方当事国位于第 16 号界桩和第 17 号界桩之间的边界未能完全确定，那么未确定边界的范围包括哪些部分？①

仲裁庭认为，既然 1902 年裁决是一个有效裁决，那么应当假定它已确定了它所涉及的全部边界（包括第 16 号界桩与第 17 号界桩之间的边界），仅在裁决无法适用于实际地理情况时才存在例外。换句话说，第 16 号界桩与第 17 号界桩之间未确定的边界范围是 1902 年裁决无法通过勘界落实在地面的部分。

1902 年裁决对第 16 号界桩与第 17 号界桩之间的边界是这样界定的：

> 从帕莱纳河上的这个确定位置开始，边界应当沿恩古安特罗河直达维尔根峰，然后连接我们已在帕兹将军湖上确定的边界线……②

仲裁庭报告对这段边界做出了更为详细的描述：

> 从帕莱纳河与恩古安特罗河接合点（junction）的对面开始，边界应当沿恩古安特罗河西部支流而行，直到它位于维尔根山西坡的源头。到达峰顶后，它应当沿当地的分水岭（local water-parting）向南，直到帕兹将军湖北岸。③

根据以上描述，在第 16 号界桩（即帕莱纳河与恩古安特罗河接合点的对面）与维尔根山之间，两国边界应当沿恩古安特罗河而行，但是恩古安特罗河在其间某一点分成了两个河道，仲裁庭将该点称为汇流点（Confluence）。

仲裁庭裁定，位于第 16 号界桩与汇流点之间的边界，以及位于维尔根山与第 17 号界桩之间的边界，均已由 1902 年裁决和 1903 勘界确定：从位

---

① *Argentine-Chile Frontier Case*, 16 R. I. A. A. (1966), p. 163.
② Article Ⅲ, Award (1902), 9 R. I. A. A 39.
③ Report of the Arbitral Tribunal Appointed by the Arbitrator (1902), 9 R. I. A. A 39.

于帕莱纳河北岸的第 16 号界桩开始，边界线应当穿过帕莱纳河到达恩古安特罗河河口，然后沿恩古安特罗河到达汇流点；从维尔根山开始，边界应当沿当地的分水岭向南直至位于帕兹将军湖北岸的第 17 号界桩。

那么未确定边界的范围就是从汇流点到维尔根峰的部分，即第 16 号界桩与第 17 号界桩之间边界的中段。本案仲裁庭的任务就是通过解释与履行 1902 年裁决来确定这段边界。

三　仲裁裁决的解释规则

虽然当事国双方都同意仲裁裁决解释与条约解释有一定共通性，但阿根廷认为，仲裁裁决的特点使其不宜适用条约解释的一些原则，例如准备材料和当事国的嗣后实践不宜用来解释仲裁裁决。与之相反，智利主张仲裁庭在解释 1902 年裁决时应当考虑其背景文件，以及双方当事国嗣后解释裁决的方式。

仲裁庭认为，解释仲裁裁决的规则应当比解释条约的规则更加严格。因为条约是两个或更多的当事国谈判达成的结果，条约解释可能需要从准备材料或缔约方的嗣后行为中寻找证据以确定缔约国缔约时的共同意愿；而仲裁裁决解释仅涉及仲裁员意愿的确定，背景材料或当事方的嗣后行为对此并无意义。就本案而言，仲裁庭认为，要确定仲裁员的意愿，只应考虑构成 1902 裁决的三项文件，即裁决自身、仲裁庭报告和裁决第 5 条提及的地图，而不需要考虑任何其他文件或当事方嗣后行为。[①]

四　仲裁裁决的"履行"问题

仲裁协议第 1 条提及应当"解释与履行 1902 年仲裁裁决"以确定争议边界的走向。关于其中"履行"一词的含义，当事国双方存在不同理解。智利认为它主要是指当事国的"履行"，而非仲裁庭的"履行"。阿根廷则援引《简明牛津英语词典》，指出该用语的含义为"使完整，弥

---

① *Argentine-Chile Frontier Case*, 16 R. I. A. A. (1966), p. 174.

补缺失的部分"。阿根廷认为，在这种意义上，"'履行'应当被视为一种强有力的表达方式，它准确地表述了阿根廷请求仲裁庭在边界线中段完成的任务"。①

仲裁庭认为，本案仲裁协议提及的"解释与履行"与其他众多仲裁协议中使用的"解释与适用"意义相同。之所以加上"适用（履行）"一词，是因为当事方有彻底解决争端的意愿，那么仅授权仲裁庭"解释"仲裁裁决是不够的。特别是对于边界争端而言，因为既涉及划界，又涉及勘界，仅仅对仲裁裁决进行"解释"可能无法彻底解决争端。因此，仲裁庭认为"解释与履行"是一个综合性的表述，它授权仲裁庭既考察 1902 年裁决，又考察 1903 年勘界，而且授权（甚至要求）仲裁庭在避免修改裁决的前提下，以尽可能符合仲裁员意图的方式弥补裁决的不足。仲裁庭同时指出，解释与履行裁决主要是仲裁庭的任务，虽然它在完成这一任务时当然要考虑当事方试图解释与履行裁决的方式。

五 1902 年仲裁庭报告与地图的错误及其影响

阿根廷认为，第 16 号界桩建在了错误的位置，因为依据 1902 年仲裁庭报告，从帕莱纳河与恩古安特罗河接合点的对面开始，边界应当沿恩古安特罗河西部支流的水道直到它位于维尔根山西坡的源头，② 而第 16 号界桩对面河流的源头并不在维尔根山的西坡，与仲裁庭报告的描述不符。智利则反复强调，第 16 号界桩的位置是正确的。

经仲裁庭确认，第 16 号界桩的对面是 1894 年智利探险家史蒂芬（Steffen）最早命名为"恩古安特罗河"的河流，这条河流及其支流的源头均不在维尔根山西坡；而 1902 年仲裁报告中源头位于维尔根山西坡的河流，事实上在 1886 年被智利探险家塞拉诺（Serrano）命名为萨尔托河（Salto）。与之相应，裁决所附地图上名为"恩古安特罗河"的界河实际上是塞拉诺命名的"萨尔托河"，而史蒂芬命名的恩古安特罗河在该地图上

---

① Memorial, para. 220.
② Report of the Arbitral Tribunal Appointed by the Arbitrator (1902), 9 R. I. A. A 39.

显示为无名河流。[①]

仲裁庭指出，如果勘界委员会当初将第 16 号界桩树立在萨尔托河河口对面，也许会免去接下来的很多争议，但是另一种争议又会产生。仲裁庭认为双方当事国关于第 16 号界桩位置的争论是不会有结果的，特别是由于《仲裁协议》并未授权它审议第 16 号界桩的位置正确与否，更未授权它移动界桩。阿根廷自己也承认"它已无权迫使第 16 号界桩移动"。[②] 因此，仲裁庭并未就当事国双方关于第 16 号界桩的争议做出裁定，而是直接接受1903 年勘界委员会的决定，将第 16 号界桩对面的河流视为真正的"恩古安特罗河"。[③]

关于 1902 年仲裁裁决与仲裁报告和地图之间的矛盾，仲裁庭的处理方式是决定不考虑仲裁庭报告中的描述，而专注于解释裁决中简明、直接的表述："边界应当沿恩古安特罗河直达维尔根峰"。[④] 这样一来，仲裁庭要解决的核心问题就集中于确认从汇流点到维尔根峰的边界应当沿哪个河道而行。

六 恩古安特罗河主河道的确定

(一) 双方当事国的主张

从汇流点往维尔根峰方向，恩古安特罗河分为两个河道，阿根廷认为其中的南河道 (Southern Channel) 是作为界河的恩古安特罗河，智利则认为边界应沿恩古安特罗河的主河道即东河道 (Eastern Channel) 而行。

阿根廷的主要依据是 1903 年以来该地区河流命名法的发展、南河道的物理特征，以及南河道与恩古安特罗河干流的直系连续性 (lineal continuity)。阿根廷主张："对长度和流量的考虑都应从属于直系连续性……"[⑤] 智利则指出，东河道的历史更久，流量更大，长度更长，源头位置更高。

---

① *Argentine-Chile Frontier Case*, 16 R. I. A. A. (1966), pp. 149 – 150.

② *Argentine-Chile Frontier Case*, 16 R. I. A. A. (1966), p. 153.

③ *Argentine-Chile Frontier Case*, 16 R. I. A. A. (1966), p. 154.

④ *Argentine-Chile Frontier Case*, 16 R. I. A. A. (1966), pp. 176 – 177.

⑤ Argentine Supplementary Volume of Additional Documents, Annex No. 63, p. 12.

智利认为，这些因素，尤其是流量和长度因素，科学地证明了东河道是恩古安特罗河的主河道。

智利和阿根廷各自应用了一种河流分级方法来支持自己的主张。智利选择的是霍顿分级法（Horton method）。根据霍顿分级法，与河道分级相关的因素是河道数量、河道长度和流域面积。阿根廷则主张斯特拉勒分级法（Strahler method）是确定河道重要性级别的唯一客观方法。斯特拉勒认为："河道分级系统的有效性基于一个前提，即一般来说，当考虑一个足够大的样本时，河道的级别与分水岭规模、河道容积（channel dimension）以及河道在水系中的流量成正比。"

（二）确定界河主河道的原则与方法

仲裁庭首先确认了一个原则，即当一个文件（如条约或裁决）规定边界沿河流而行，而河流分为两个或更多河道，且该文件没有指明边界应当沿哪条河道而行时，边界通常应当沿主河道（major channel）而行。

仲裁庭认为主河道既可以在历史依据的基础上确定，也可以在科学依据的基础上确定。

在历史依据方面，决定河流名称的首先是传统，如果有可靠证据证明河流的传统命名方法，例如河流的土著名或者第一发现者的命名，那么这些将是决定性的。如果这方面的证据缺失，其他历史证据也可以作为确定主河道的依据。

在科学依据方面，仲裁庭认为确定主河道的三项主要标准是河道长度、流域面积以及流量（最好按年度流量计算），尽管专家们对这三项标准的相对重要性有不同看法。[①] 这些因素也是霍顿分级法和斯特拉勒分级法的基础。但在仲裁庭看来，这两种河流分级法对解决本案中的问题并无帮助。智利应用霍顿分级法确定东河道为主河道，阿根廷通过应用斯特拉勒分级法却并没有得出南河道是主河道的结论，而是确认两个河道的层级相同。而且，当事国使用的地图都不足以达到应用这些河流分级方法所需

---

① M. Roche, *Hydrologie de surface*, Paris, 1963, p. 152; Stephen B. Jones, *Boundary-Making*, Washington, 1945, pp. 129 – 130

的比例尺和精度。

（三）确定恩古安特罗河主河道的历史依据

在本案中，关于河流传统命名方法的历史证据缺失。没有人知道恩古安特罗河河系中任何河流的印第安名称或者第一发现者对它们的命名，唯一可知的是 1894 年史蒂芬将其下游命名为"恩古安特罗河"。在 1902 年仲裁所附地图上，恩古安特罗河的两个支流同样没有名字。

然而仲裁庭认为，在 1902 年仲裁之后 10 年内，有一些其他的历史证据可以帮助确定恩古安特罗河的主河道。

第一项证据是 1907 年《阿根廷—智利边界——1894~1906 年综合勘界》（The Argentine-Chile Frontier-General Demarcation 1894 – 1906）第一卷的一篇文章及其所附地图。智利在其仲裁申请的第 31 号附件中汇编了该书的第 228 至 235 页。这篇文章来源于阿根廷边界办公室的阿尔瓦雷斯（Al-varez）工程师向布宜诺斯艾利斯的边界主管人撒迦利亚·桑切斯（Zacharí Sáchez）提交的一份报告。阿尔瓦雷斯负责第 16 号界桩周边的测绘工作，他的报告所附地图是对恩古安特罗河河系的第一次合理而可靠的呈现。这张地图显示了 1902 年仲裁中提到的恩古安特罗河，它在第 16 号界桩西面与帕莱纳河交汇。地图中界桩对面这条真正的恩古安特罗河有两条河道，其中东河道的源头位于塞罗·赫雷罗山（Cerro Herrero）。阿尔瓦雷斯在报告中写道："草图上的红线表明了这次仲裁的结果，同时可以看到界桩树立处的河流发源于赫雷罗山（Herrero）附近。"[1] 因此，1907 年，即勘界四年后，负责对该地区进行官方测绘的阿根廷测绘人员确认东河道为恩古安特罗河的主河道。

第二项证据同样来源于阿根廷，因为智利在混合边界委员会成立之前没有在该地区进行过任何勘探或测绘。这项证据摘录于 1913 年 12 月 9 日从圣地亚哥的阿根廷公使馆发往智利外交部的一份正式备忘录。提及第 16 号界桩时，备忘录称，"这个界桩的位置并不在仲裁裁决指明的地方，即恩古安特罗河口的对面，而是在这一位置的东边，在发源于赫雷罗峰附近

---

[1]　*Argentine-Chile Frontier Case*, 16 R. I. A. A. (1966), p. 178.

的另一条河的河口对面"。这也证明了东河道为恩古安特罗河的主河道。

上述证据都指明恩古安特罗河的源头位置在赫雷罗山附近,从而可以确认源头位于赫雷罗山附近的东河道为主河道。1941年左右阿根廷外交部技术顾问柯伯斯(Cobos)工程师向外交部长提交的报告也证实了这种说法。柯伯斯在报告中指出:"自1903年勘界以来,所有测绘与勘探都证明恩古安特罗河的源头位于塞罗·赫雷罗山。"

(四)确定恩古安特罗河主河道的科学依据

仲裁庭按照确认河流主河道的三项主要标准,依次比较了东河道与南河道的河道长度、流域面积以及流量。

在河道长度方面,东河道长度约为21.2千米,而南河道长度仅有8.5千米。在流域面积方面,东河道的集水区面积有8000公顷,而南河道的集水区面积仅有5300公顷,二者的比例接近5:3。

阿根廷并不接受河道长度、流域面积和流量为适当的分级标准。为了给南河道长度较短、流域面积较小的不利情况辩护,阿根廷提及前冰川时期的河道容积以及后来水系类型(drainage pattern)的改变:"恩安古特罗河以前长约36千米。"[①] 仲裁庭认为,阿根廷的这些说法无论是否属实,都与仲裁庭目前要解决的问题无关,因为仲裁庭要确定的,是1902年裁决之时及之后恩古安特罗河两河道的相对重要性。无论南河道是否为前冰川时期更长的恩古安特罗河的遗迹,重要的是,自1902年以来,包括在此之前的很长一段时间内,南河道的长度和流域面积都比东河道小很多。

关于流量的问题比较复杂,因为仅智利提交了测量数据,这些数据不足以作为计算年度流量的依据,且其中很多数据是在仲夏时取得,融雪期的大降雨会使东河道水量上涨得更快。然而,其他数据测于融雪因素可以忽略不计的干燥秋季,即1966年3月、4月和5月,这些数据显示东河道与南河道流量之比约为2:1。仲裁庭认为,将这些数据与河道长度、流域面积数据,以及气候、降雨、海拔等因素结合起来考虑,可以得出东河道流量更大的可靠结论。这也与仲裁庭实地特派团(Field Mission)的观察

---

① *Argentine-Chile Frontier Case*, *Counter-Memorial*, Vol. I, p. 60.

一致。

　　智利为论证东河道的主河道地位，还提出了关于年代、坡度、水位与河床性质的论据，但仲裁庭认为这些都不具重要性。仲裁庭认为阿根廷倚重的"直系连续性"是一个值得考虑的重要因素。在单一河道向上游与较低层级河道连接时，斯特拉勒将直系连续性视为与河道长度同等重要的决定主河道的因素。然而，仲裁庭认为，斯特拉勒所说的"连续性"指的主要是河流两侧峡谷（containing valley）在其地貌发育史中形成的连续性。仲裁庭更加重视河道水流与干流之间一般动力（general force）的连续性，并认为这一点在东河道表现更为明显。

　　基于以上历史和科学证据，仲裁庭最终认定东河道是恩古安特罗河的主河道，即阿根廷与智利之间的界河。从汇流点到河流开始偏离维尔根峰方向的地点，两国间的边界线应沿该河的深泓线（thalweg）而行。

案件十三

卡西基利岛/塞杜杜岛案

孔令杰

【案件导读】本案的主题事项是博茨瓦纳和纳米比亚关于河流边界和界河岛屿主权归属的争端，关键问题是界河主航道的认定。国际法院基于对相关条约的解释，依据判定河流主航道的相关标准，判定界河北部的航道为1890年条约规定的主航道，两国的边界为该航道的中心线，争议岛屿为博茨瓦纳的领土。对于纳米比亚的替代性主张，即本国基于时效取得争议岛屿的主权，法院并未确认时效取得在国际法上的地位，也未认定时效取得应满足的条件，而是参照纳米比亚提出的四项标准，结合有关证据，认定纳米比亚未能证明本国及其前属国对争议岛屿行使了主权活动，并据此驳回了纳米比亚提出的时效主张。

【关键词】边界争端　边界条约　河流边界　河流主航道主航道中心线　地图证据　时效取得　主权活动

一　卡西基利岛/塞杜杜岛主权争端的产生与发展

本案所涉乔贝河为博茨瓦纳和纳米比亚的界河，河岸以北为纳米比亚，以南为博茨瓦纳。[①] 卡西基利岛/塞杜杜岛为乔贝河中的岛屿，面积约

---

① *Kasikili/Sedudu Island* (Botswana/Namibia), Judgment, I. C. J. Report, 1999, p. 1045.

3.5 平方千米。在该岛的西南端，乔贝河分为南北两条支流，两支流在该岛的东北端汇合。在岛屿周围的河段，河南岸 1.5 千米处坐落有博茨瓦纳的卡萨尼镇，河岸西北是纳米比亚的卡斯卡村。乔贝河国家公园位于卡西基利岛/塞杜杜岛南方的博茨瓦纳一侧，纳米比亚的卡普里维地带位于该岛北侧。

纳米比亚在 1990 年独立建国后，两国才因卡西基利岛/塞杜杜岛的主权归属及其周围地区的边界产生争端，但该争端的历史可追溯至欧洲列强在 19 世纪对非洲的瓜分活动。1890 年，德国和英国缔结条约，划分了两国在西南非洲的势力范围。根据该条约，两国在本案所涉的卡西基利岛/塞杜杜岛周围地区应以乔贝河的主航道中心线为界，但条约并未明确乔贝河在当地的主航道到底是南部航道还是北部航道。

1966 年，博茨瓦纳摆脱英国的殖民统治独立建国。1921～1966 年，根据国联"授权"，西南非洲的领土由南非托管。1919～1921 年，南非曾授权英属贝专纳保护地管理卡普里维地带。1966 年，联大特别会议决定成立西南非洲理事会（后改称联合国纳米比亚理事会）作为该地行政当局，负责结束南非的非法占领；但纳米比亚的领土事实上仍由南非控制，直到纳米比亚在 1990 年独立建国。

纳米比亚独立建国后，博茨瓦纳和纳米比亚便因卡西基利岛/塞杜杜岛周围的边界发生争端。1992 年，经津巴布韦总统斡旋，两国同意和平解决争端，并成立了技术专家联合工作组来确定该地区的边界。1993 年 9 月至 1994 年 8 月，联合工作组经实地调查提交了最终的报告，称工作组未能就该问题达成一致意见，并建议双方依据相关国际法和平解决该争端。1996 年，博茨瓦纳和纳米比亚达成特别协定，约定将争端提交国际法院。同年 5 月，两国将该争端提交国际法院，请求法院依据 1890 年的英德条约及相关的国际法确定卡西基利岛/塞杜杜岛周围的边界及该岛的法律地位。

博茨瓦纳依据 1890 年英德条约第Ⅲ（2）条主张乔贝河在卡西基利岛/塞杜杜岛周围的北部航道构成该河的主航道，博茨瓦纳拥有卡西基利岛/塞杜杜岛的主权，两国在卡西基利岛/塞杜杜岛周围的边界为乔贝河北部主航道的中心线。纳米比亚主张，依据 1890 年条约，卡西基利岛/塞杜杜岛南部的支流为乔贝河的主航道，两国在卡西基利岛/塞杜杜岛周围的边界线为乔贝河南部主航道的中心线，卡西基利岛/塞杜杜岛为纳米比亚的领土。此外，作为一种替代性的诉求，纳米比亚主张本国及其之前所属国占据和利用了卡西基利岛/塞杜杜岛，并对其行使了主权管辖，博茨瓦纳及其之前所属国了解该事实并对此表示默认，纳米比亚基于时效取得了卡西基利岛/塞杜杜岛的主权。显然，双方争论的焦点集中于两个问题：一是1890年条约相关条款的解释及乔贝河在卡西基利岛/塞杜杜岛周围主航道的确定；二是纳米比亚是否基于时效取得了卡西基利岛/塞杜杜岛的主权。

1999年，国际法院做出判决，判定博茨瓦纳和纳米比亚在卡西基利岛/塞杜杜岛周围的边界为乔贝河北部航道的深泓线，卡西基利岛/塞杜杜岛属于博茨瓦纳的领土，博茨瓦纳和纳米比亚的国民和船只在卡西基利岛/塞杜杜岛周围的两个航道均享有国民待遇。

二 1890年条约的解释

（一）条约解释规则

双方在特别协定中要求国际法院依据1890年英德条约和相关国际法原则和规则解决两国的争端。因此，法院应首先依据1890年条约判案。法院注意到两国均不是1969年《维也纳条约法公约》的缔约方，但双方均认为公约第31条反映了习惯国际法，并可适用于1890年条约的解释。国际法院也在过去案件中指出，公约第31条已经构成关于条约解释的习惯国际法。①

公约第31条规定：

一、条约应依其用语按其上下文并参照条约之目的及宗旨所具有

---

① *Territorial Dispute* (Libyan Arab Jamahiriya/Chad), Judgment, I. C. J. Reports 1994, p. 21, para. 41; *Oil Platforms* (Islamic Republic of Iran v. United States of America), Preliminary Objections, Judgment, I. C. J. Reports 1996 (II), p. 812, para. 23.

之通常意义，善意解释之。

二、就解释条约而言，上下文除指连同弁言及附件在内之约文外，并应包括：

（a）全体当事国间因缔结条约所订与条约有关之任何协定；

（b）一个以上当事国因缔结条约所订并经其他当事国接受为条约有关文书之任何文书。

法院注意到，国际法院在利比亚/乍得领土争端案（Territorial Dispute Case）中指出："条约应依其用语按其上下文并参照条约之目的及宗旨所具有之通常意义，善意解释之。条约解释应基于条约的文本。作为辅助手段，法院可借助条约的准备工作。"①

为明确缔约双方在1890年达成用语的意思，法院可考虑当今的科学知识，双方提交的证据反映了这些知识。②

（二）文本解释

1890年条约第Ⅲ条规定：

德国在西南非洲的势力范围包括：

1. 南部界限为以奥兰治河河口为起点的一条线，该线沿该河北岸延伸，直至与东经20°线交汇。

2. 东部界限为以第1段所指的点为起点，沿东经20°线延伸，直至该线与南纬22°线交汇；自该点，该线沿南纬22°线向东延伸，直至其与东经21°交汇；自该点，该线沿东经21°线北行，直至其与南纬18°线交汇；该线沿南纬18°线东行，直至其抵达乔贝河，然后沿该河的主航道中心线前行，直至乔贝河与赞比西河的交汇点，该线在该点终止。

---

① *Territorial Dispute*（Libyun Arab Jamahiriya/Chad），Judgment，I. C. J. Reports 1994，pp. 21 – 22，para. 41.

② 部分法官对法院依据当前的技术手段确定缔约方在1890年缔约时关于主航道的合意提出了不同看法。

双方一致认为根据这一安排，德国享有自其被保护国通过某宽度不小于 20 英里的一块领土进出赞比西河的自由。

英国的势力范围位于该线以西和西北。其势力范围包括恩加米湖。

应依据英国政府 1889 年制作的官方地图确定上述边界。

显然，该条第 2 段将乔贝河的主航道作为缔约双方在本案所涉地区势力范围的分界线。然而，该条款及条约中的其他条款均未明确确定河流主航道的标准。法院还注意到，条约的英文本使用的是主航道的中间线（centre of the main channel），德文本使用的是主航道的中心线（Thalweg des Hauptlaufes）。

在诉讼过程中，双方对该条款的解释方法提出了不同的意见。博茨瓦纳提出，乔贝河在卡西基利岛/塞杜杜岛周围的两个航道均有自己的中心线。从逻辑上讲，只有主航道的中心线可以在该岛的西南和东北端连接乔贝河上游和下游的主航道中心线。因此，为确定两国在卡西基利岛/塞杜杜岛周围的边界线，法院仅需确定乔贝河主航道的中心线。博茨瓦纳认为 1890 年条约第Ⅲ条的德文和英文文本在意思上并无差异。纳米比亚认为，法院应先确定乔贝河在卡西基利岛/塞杜杜岛周围的主航道，再确定该航道的中心线。

法院注意到，在划界条约中，水道的主航道中心线与水道的中间线并非同一概念。主航道中心线一般是指河流最适合航行的航道，并依据"深泓线"或"船只向下游航行所沿的主航道的中间线"来确定。如今的条约在确定水道的边界时，若该水道是可航行的，一般会将主航道的中心线作为边界，若该水道是不可航行的，一般将河岸的中间线作为边界，当然相关的国家实践并不完全一致。①

法院还注意到，双方在缔结 1890 年条约时可能将"主航道中间线"和"主航道中心线"作为相互替代的用语使用。1887 年，国际法学会通过

---

① *Kasikili/Sedudu Island（Botswana/Namibia）*, Judgment, I. C. J. Report, 1999, p. 1062, para. 24. 值得注意的是，不可航的界河以河道中间线为界，可航界河以主航道中心线为界，这只是各国关于界河划界的一般做法，并不构成强制性的习惯国际法规则。

了《关于河流航行国际惯例的草案》。该草案的第 3 条第 2 段规定："两国界河的边界应为主航道的中心线，即该航道的中间线。"[①] 事实上，1890年条约的缔约双方把"主航道中间线"和"主航道中心线"作为同义词使用。双方在诉讼过程中对此实际上并不存在真正的分歧。为此，法院在解释 1890 年条约时把二者认定为同义词。

双方真正的争议在于主航道和边界的位置。对此，博茨瓦纳主张以乔贝河的北部航道的中心线为两国的边界，纳米比亚则主张以南部航道的中心线为界。

虽然博茨瓦纳提出法院仅需确定乔贝河在该河段的中心线的位置即可，并将据此判定的北部航道的中心线作为两国的边界，法院认为这并非唯一的标准。此外，既然缔约双方在条约中使用了"主航道"一词，它们肯定赋予了该词准确的意思。为此，法院需要先确定乔贝河在争议地区的主航道。法院将依据国际法律和实践中最常用的意思来界定"主航道"一词的通常意义。

对于确定河流主航道的标准，双方对很多标准看法一致，但对某些标准与本案的关联性和具体适用存在异议。博茨瓦纳认为相关的标准包括航道的最大宽度和深度、河床结构、适航性、水流量。博茨瓦纳还强调航道的运输能力、水流速度和流量在确定河流的主航道上具有重要地位。其中，航道的运输能力取决于航道的宽度和深度。

纳米比亚认为，应根据航道的最大宽度、深度、年度径流量来确定河流的主航道。在多数情况下，主航道会同时满足三个标准。然而，考虑到乔贝河的水深变化较大，航道的宽度和深度均不是确定主航道的适当标准。可根据宽度、深度、流速、排水量、沉积物运载能力等标准确定河流的主航道。由于排水量取决于航道的宽度、平均深度和流速，它是运输能力的决定因素，也是最直接和应用最广的判断标准。对于各种标准，纳米比亚认为最重要的当属水流量，主航道应具有河流最大的年度径流量。此外，还应考虑主要用于水上交通的航道。

---

① Annuaire de l'Institut de droit international, 1887 – 1888, p. 182.

　　法院认为，不能依据某个单一的标准确定乔贝河在卡西基利岛/塞杜杜岛四周的主航道，因为该河不同河段的自然特征在不同情况下存在重大差异。有关科学著作在界定主航道这一概念时往往参照不同的标准，如马森1986年编纂的《法、英、西班牙和德语水力学词典》将"主航道"定义为最宽和最深的航道，特别是水流量最大的航道；① 根据《水和废水控制技术术语》，② "主航道"是指居中、最深或最适合航行的航道。类似地，在阿根廷—智利边界案（Argentine-Chile Frontier Case）的裁决中，仲裁庭根据多个标准确定了界河的主航道。③ 法院注意到双方提出了不同的标准，但对应参照的主要标准存在分歧。为此，法院将根据所有相关的标准确定乔贝河在争议地区的主航道。

　　法院首先考察了航道的深度标准。博茨瓦纳提出，乔贝河北部航道的平均深度为5.70米，明显大于南部航道2.13米的平均深度。南部航道的最浅河段深度约1.5~2.0米，明显比北部航道浅。纳米比亚承认北部航道平均深度更大，但它认为更为重要的考量因素并非平均深度，而是航道在旱季最浅河段的深度，南北航道在这一点上并无明显区别。基于双方提交的证据，法院认为北部航道的平均深度和最小深度均大于南部航道。

　　法院接着考察了航道的宽度标准。河流的宽度因河水的深度不同而增大或减小。为解决这一问题，人们一般依据低水位线或平均水位线来计算河流的宽度。早在1912年，贝专纳警察局的某警官在访问该地区后认为北部航道的宽度是南部航道的两倍。1925年和1985年对相关区域的航拍图片也显示北部航道的宽度大于南部航道。1975年、1995年和1996年拍摄的卫星图片显示，北部航道在旱季和雨季的宽度均大于南部航道。法院认为，除洪水季之外，北部航道的宽度大于南部航道。

---

① Dictionnaire français d'hydrologie de surface avec équivalents en anglais, espagnol, alleman, Masson, 1986.

② Water and Wastewater Control Engineering Glossary, Joint Editorial Board Representing the American Public Health Association, American Society of Civil Engineers, American Water Works Association and Water Pollution Control Federation, 1969.

③ *Argentina-Chile Frontier Case* (1966), United Nations, Reports of International Arbitral Awards (RIAA), Vol. XVI, pp. 177 – 180; International Law Reports (ILR), Vol. 38, pp. 94 – 98.

双方均认为水流量在确定主航道上具有重要地位，纳米比亚甚至认为它具有决定性的作用。法院认为，应依据低水位线而不是高潮线来确定主航道。有关证据表明，在洪水季，卡西基利岛/塞杜杜被洪水淹没，两航道合二为一，无法确定哪个是主航道。法院发现，南部航道在每年的大部分时间里多数河段的河床无水。法院认为，鉴于这种情况，很难将南部航道视为乔贝河的主航道。

法院接着考察了博茨瓦纳提出的河床结构标准。法院发现，相对于南部航道，北部航道中的曲流较少。纳米比亚承认南部航道更为弯曲，但依据河道的沉积物淤积量得出了不同的结论。依据双方提交的地图、图片及双方的抗辩，法院认为无法据此确定南部航道构成乔贝河的主航道。

水道的适航性取决于其深度、宽度、径流量以及水道中的瀑布、急流、浅滩等自然障碍。双方对适航性标准的重要性持不同的意见。博茨瓦纳主张缔约方在签订1890年条约时最基本的考虑是航道的适航性及进出航道的便利。纳米比亚认为，对在大多数河段均无法航行的一条界河适用适航性标准是不同寻常的做法，而且旅游船只更多地利用南部航道。

法院注意到水道的适航性取决于相关的自然条件，并存在重大的差异。这些条件可能导致运输大宗货物的船舶无法利用某水道。在本案中，双方提交的资料表明，水位较浅限制了乔贝河在卡西基利岛/塞杜杜岛周围南北两个航道的适航性。在这种情况下，法院认为拥有更好的航行条件的航道才是乔贝河在争议岛屿四周的主航道，而且北部航道满足了这一标准。

（三）目的和宗旨

法院接着分析了条约的目的和宗旨与主航道一词的解释。法院注意到，经英国政府建议，"主航道中心线"才被纳入1890年条约的草案中，这表明英国和德国均试图确保本国进出赞比西河的自由和便利。为划定两国势力范围的界限，缔约方选择了乔贝河的"主航道中心线"，以在该可航行的河流上划定明确和可识别的边界。虽然有合理的理由认为航行问题是缔约双方做出上述决定的一种考虑，但航行并非条约第Ⅲ条第2段的唯一目的。双方以乔贝河的主航道为界，一方面旨在确保本国的航行自由，另一方面也希望准确划定两国的势力范围。法院注意到，条约的准备材料也支持上述推理。

（四）嗣后惯例

在诉讼过程中，博茨瓦纳和纳米比亚均提交了缔约方及其继任者在1890 年条约缔结后的大量活动，并主张利用它们来解释该条约。

1969 年《维也纳条约法公约》第 31 条第 3 段规定：

> 应与上下文一并考虑者尚有：
> （a）当事国嗣后所订关于条约之解释或其规定之适用之任何协定；
> （b）嗣后在条约适用方面确定各当事国对条约解释之协定之任何惯例……

事实上，国际法院在过去的案例中也经常参照缔约方嗣后的惯例来解释条约。①

博茨瓦纳主要依据如下三份文件来支持本方关于 1890 年条约第Ⅲ条第2 段的解释：（1）贝专纳警察局警官在 1912 年 8 月关于乔贝河的测量报告；（2）东卡普里维的某治安官和贝专纳保护地某地方官员在 1951 年达成的安排，及二者达成该安排前后的通信；（3）博茨瓦纳和南非在 1984年达成的关于对乔贝河进行联合测量的协定及其完成的测量报告。

纳米比亚在申请书中提出，缔约方嗣后的活动在本案中有三种作用：一是辅助解释 1890 年条约；二是支持纳米比亚依据时效、默认和承认取得

---

① *Corfu Channel*, Merits, Judgment, I. C. J. Reports 1949, p. 25; Arbitral Award Made by the King of Spain on 23 December 1906, Judgment, I. C. J. Reports 1960, pp. 206 – 207; *Case concerning the Temple of Preah Vihear* (Cambodia v. Thailand), Merits, Judgment of 15 June 1962: I. C. J. Reports 1962, pp. 33 – 35; *Certain Expenses of the United Nations* (Article 17, Paragraph 2, of the Charter), Advisory Opinion, I. C. J. Reports 1962, pp. 157, 160 – 161 and 172 – 175; *Military and Paramilitary Activities in and against Nicaragua* (Nicaragua v. United States of America), Jurisdiction and Admissibility, Judgment, I. C. J. Reports 1984, pp. 408 – 413, paras. 36 – 47; *Territorial Dispute* (Libyan Arab Jamahiriya/Chad), Judgment, I. C. J. Reports 1994, pp. 34 – 37, paras. 66 – 71; *Legality of the Use by a State of Nuclear Weapons in Armed Conflict*, Advisory Opinion, I. C. J. Reports 1996 (I), p. 75, para. 19.

领土的主张；三是证明纳米比亚在殖民统治终结时实际占据卡西基利岛/塞杜杜岛，纳米比亚可依据保持占有原则取得该岛的主权。在庭审阶段，纳米比亚强调，本国的基本主张是以条约为基础的权源，时效取得只是替代性的主张。纳米比亚依据的嗣后活动包括卡普里维的马苏比亚部落对卡西基利岛/塞杜杜岛的控制和利用，纳米比亚对该岛实施的管辖，博茨瓦纳及其前任国在知情的情况下对此在近一个世纪中保持沉默。

1890年至20世纪40年代末，来自卡普里维地带东部的马苏比亚部落的成员经常在卡西基利岛/塞杜杜岛上出现。依据众多官方文件、探险家的记录和证人证言，纳米比亚提出，至少自殖民时期以来，东卡普里维的居民一直将卡西基利岛/塞杜杜岛上的土地用于农业用途，鉴于该岛的地理条件，他们对该岛的占据是连续的、专属的及未被打断的，形成了具有良好组织的村落，拥有自己的首领，有时岛上还建有学校，且洪水导致他们的生产生活中心从岛的一边移到另一边。1909年，德国将当地的马苏比亚部落纳入殖民管理，并通过该部落对卡西基利岛/塞杜杜岛行使管辖权。纳米比亚强调，在河对岸的贝专纳当局了解上述事实，但他们至少到20世纪末均未表示反对或提出抗议。因此，东卡普里维居民对卡西基利岛/塞杜杜岛的控制和利用、卡普里维地带当局对该岛行使的管辖以及博茨瓦纳持续的沉默，均确认了本国关于1890年条约第Ⅲ条第3段的解释，即卡西基利岛/塞杜杜岛为纳米比亚的领土。

对此，博茨瓦纳辩称，纳米比亚的上述主张缺乏法律和事实根据。纳米比亚关于嗣后行为的主张实际上是时效取得主张。与既有法律文件相关的嗣后行为与时效取得相互冲突，因为时效取得的目的是破坏和取代既有的权源。博茨瓦纳并不否认卡普里维的居民有时会耕种卡西基利岛/塞杜杜岛上的土地，但它强调这种使用是零星和分散的，而且河对岸的贝专纳居民也同样利用了岛上的土地。博茨瓦纳否认卡西基利岛/塞杜杜岛上有永久居民或村落。此外，根据1912年的报告、1948～1951年的外交谈判及其他证据，卡西基利岛/塞杜杜岛一直是贝专纳保护地和博茨瓦纳的领土。

法院首先考察了马苏比亚部落在卡西基利岛/塞杜杜岛上长期且未经反对的存在是否构成有关1890年条约解释的嗣后惯例。法院认为，此类嗣后惯例应满足两个条件：一是，马苏比亚部落占据卡西基利岛/塞杜杜岛必须与卡普里维当局的一种认知相关联，即该当局认为1890年条约沿乔贝河南部航道划定了两国的边界；第二，贝专纳当局对此完全知情，且同意这种做法符合1980年条约的规定。基于以上分析，法院认为马苏比亚部落长期和平、公开地利用卡西基利岛/塞杜杜岛并不构成1890年条约的嗣后惯例。双方在缔约后的行为不构成"嗣后在条约适用方面确定各当事国对条约解释之协定之任何惯例"，它们也不构成"嗣后在条约适用方面确定各当事国对条约解释之协定之任何惯例"。①

然而，法院注意到，至少1912年、1948年和1985年的测量活动将乔贝河的北部航道视为该河在卡西基利岛/塞杜杜岛周围地区的主航道。法院认为，这些行为虽然并不构成关于1890年条约解释的嗣后惯例，但它们支持法院关于1890年条约第Ⅲ条第2段的解释结论。

三 地图证据的证明价值

本案双方均提交了大量的地图证据。早期的地图多数是德国地图，也有英国地图。近期的地图包括英国和南非制作的地图、博茨瓦纳在独立后出版的地图及联合国的地图。

纳米比亚指出，本案中的大多数地图，甚至连英国殖民地图，表明两国在卡西基利岛/塞杜杜岛周围的边界是沿乔贝河的南部航道。纳米比亚认为，这构成一种特殊形式的嗣后惯例，也属于行使管辖的一个方面，并构成时效取得所要求的默认。纳米比亚特别提及了贝专纳战争办公室在1933年制作的地图，贝专纳到1965年前一直使用该地图；如其他官方地图一样，该图将卡西基利岛/塞杜杜岛排除在贝专纳的领土范围之外。纳米比亚还参照了国际法院在柏威夏寺案（Temple of Preah Vihear Case）中的做法，法院在该案中判定，"若缔约方接受了标绘了边界的某地图，它可以构成与该条约明确的用语不同的解释"。② 由此，纳米比亚主张，与博

---

① *Kasikili/Sedudu Island*（Botswana/Namibia），Judgment, I. C. J. Report, 1999, p. 1096, para. 79.

② *Case concerning the Temple of Preah Vihear*（Cambodia v. Thailand），Merits, Judgment of 15 June 1962；I. C. J. Reports 1962, pp. 6 et seq.

茨瓦纳和纳米比亚边界存在最密切关联的三个国家（德国、英国和南非）的连续行为强有力地支持了本国对 1890 年条约第Ⅲ条第 2 段的解释。同时，它也强有力地支持纳米比亚依据时效取得和保持占有原则取得卡西基利岛/塞杜杜岛主权的主张。

相对而言，博茨瓦纳更少依赖地图证据。它认为，多数早期的地图不够详细，比例尺太小，证明价值低。然而，根据现有的地图和草图，自欧洲探险者在 19 世纪 60 年代开始对该地区进行测量，乔贝河在卡西基利岛/塞杜杜岛周围的北部航道便是为人所知的，地图也经常标绘出该航道。博茨瓦纳认为，这并不能证明北部航道是两国的边界，但地图证据同样并非一致地表明南部的航道才是两国的边界。

法院首先回顾了国际法院专庭在布基纳法索/马里边界争端案（Frontier Dispute Case）中关于地图证据证明价值的总结：

> 地图仅构成在个案中准确性各异的信息；地图自身，仅基于它们的存在，并不能构成领土的权源，即国际法认可的具有创设领土权利内在法律效力的文件。当然，在某些情形下，地图可取得此种法律效力，但在这种情况下，该法律效力并不只源自地图自身的内在价值，这是因为此种地图构成有关一国或多国意思的外在表示。例如，若地图是官方文件的附图并构成该文件不可分割的一部分，它便可能产生此种效力。除了这种明确的情形外，地图只是可靠性各异的外在证据，可利用它们及其他证据来确定或重新确立真正的事实。[1]

在本案中，1890 年条约第Ⅲ条第 2 段要求根据英国在 1889 年制作的官方地图划定边界。该图并未标绘两国在本案所涉争议地区的边界线，它也不是 1890 年条约的附件。1909 年的赫斯莱特（Hertslet）所著的《非洲地图：以条约为据》（*Map of Africa by Treaty*）（第三版）中附有一幅名为"1890 年英德条约示意图"的地图。双方对该图的准确来源存在不同看法，但它们均认为该图并未标绘乔贝河在卡西基利岛/塞杜杜岛周围的航道，

---

[1] *Frontier Dispute* (Burkina Faso/Republic of Mali), I. C. J. Reports 1986, p. 582, para. 54.

也未划定该地区的边界。法院注意到，1890 年的条约没有通过附图界定英国和德国在该地区的边界及各自的领土。

由于不存在此种地图，且双方提交的地图证据存在不确定性和不一致性，法院认为无法从地图证据得出确切的结论。换言之，地图证据并不能佐证法院通过与地图不相关的其他证据得出的结论，[①] 或确认法院关于1890 年条约的文本解释。

基于以上分析，法院判定双方在卡西基利岛/塞杜杜岛周围地区的边界线是乔贝河北部航道的中心线。

四　纳米比亚的时效取得主张

纳米比亚不仅基于1890 年条约主张卡西基利岛/塞杜杜岛的权源，还将时效取得作为一种替代性的主张。纳米比亚提出，由于本国自20 世纪初对卡西基利岛/塞杜杜岛实施了持续、专属性的占据和利用并行使了主权管辖，贝专纳和博茨瓦纳对此完全知情且表示接受和默认，纳米比亚基于时效取得了该岛的权源。

博茨瓦纳主张，法院不应考虑纳米比亚提出的时效取得和默认主张，因为它们不属于双方依据特别协定提交法院裁决的问题。双方请求法院仅依据1890 年条约确定两国的边界，时效取得与特别协定的规定不符。此外，博茨瓦纳主张，不得将后续的活动视为时效取得的证据，因为时效取得原则适用的前提是博茨瓦纳拥有卡西基利岛/塞杜杜岛的主权，纳米比亚基于时效取代了博茨瓦纳的主权。

法院注意到，根据特别协定第1 条，法院应依据1890 年条约及国际法规则和原则确定两国的边界及卡西基利岛/塞杜杜岛的法律地位。即便特别协定未提及国际法规则和原则，法院也有权依据国际条约解释的一般规则解释1890 年条约。此外，特别协定第3 条明确规定本争端应适用《国际法院规约》第38 条第1 段所列明的国际法规则和原则。因此，双方并不意在请求法院仅依据1980 年条约确定两国的边界及争议岛屿的主

---

① *Frontier Dispute* (Burkina Faso/Republic of Mali), I. C. J. Reports 1986, p. 583, para. 56.

权归属。

纳米比亚提出，时效取得须满足四个条件："（1）主张时效取得的国家必须实际行使了主权活动，（2）占据必须是和平的、未中断的，（3）占据必须是公开的，（4）占据必须在一定长的时期内持续存在。"①

纳米比亚提出，德国自20世纪初便和平占据了卡西基利岛/塞杜杜岛，自该国在卡普里维于1909年设立第一个殖民站点对该岛行使了主权，贝专纳在卡萨那的管理当局距离该岛仅一两千米的距离，对此完全知情。直到纳米比亚继承该领土，德国的继任国对该岛继续实施和平、公开的占据，对该岛的主权行使是连续的、未中断的。博茨瓦纳在1966年获得独立后对有关事实完全知情，并在20年中一直保持沉默。

纳米比亚还强调，东卡普里维的马苏比亚部落成员至少自殖民初期便在该岛出现。德国、英国和南非当局的殖民档案以及卡斯卡的马苏比亚部落的成员在1994年的证词清楚地表明，东卡普里维的马苏比亚部落自古便利用卡西基利岛/塞杜杜岛上的土地，马苏比亚部落将该岛视为自己的岛屿，并控制和利用了岛上的土地。纳米比亚承认，个人为了私人目的利用争议领土并不足以为一国依据时效、默认和承认创设领土主权，但它认为，纳米比亚之前所属国对卡西基利岛/塞杜杜岛行使了连续的主权和管辖。自1909年至1966年托管终结，德国、贝专纳和南非的官员一直通过马苏比亚部落的首领管辖东卡普里维，且其管辖范围包括卡西基利岛/塞杜杜岛。自托管终结直至纳米比亚在1990年获得独立，南非不断加强对该地区的直接管控。

纳米比亚指出，本国之前所属国主要通过马苏比亚的首领和政治机构对卡西基利岛/塞杜杜岛实施间接统治，但它实质上仍属于殖民统治和管理。1984年以前，博茨瓦纳及其之前所属的殖民当局在近一个世纪中均未对此表示反对，提出保留，或进行抗议。

纳米比亚还提及，南非国防军的巡逻艇和博茨瓦纳国防军于1984年在该岛发生冲突，这表明南非通过在乔贝河的南部航道进行军事巡逻对卡西基利岛/塞杜杜岛行使管辖。它还提交了卡普里维的众多官方地图，这些

---

① *Kasikili/Sedudu Island* (Botswana/Namibia), Judgment, I. C. J. Report, 1999, p. 1103, para. 94.

地图自 20 世纪初均将卡西基利岛/塞杜杜岛标绘为纳米比亚的领土。

博茨瓦纳认为时效取得并不适用于本案，但它接受纳米比亚提出的依据时效取得领土主权权源须满足的条件。博茨瓦纳认为，并无证据表明纳米比亚及其之前所属殖民当局对卡西基利岛/塞杜杜岛行使了国家主权，即便纳米比亚证明了卡普里维的居民对该岛进行了和平、公开和连续的占据，它也不属于主权活动，因此，纳米比亚并未满足自身提出的条件。

博茨瓦纳并不质疑卡普里维的居民有时会将卡西基利岛/塞杜杜岛上的土地用于农业生产，但乔贝河对岸的贝专纳人同样利用了该岛，而且岛上从未形成村落或永久居民点。博茨瓦纳强调，除非国家随后批准了这些行为，无论如何，私人行为并不能创设权源；并无证据表明德国或其继承国承认马苏比亚部落的首领有权实施创设领土主权权源的活动，也无证据表明德国及其继承国真正相信本国拥有卡西基利岛/塞杜杜岛的权源。

对于南非在乔贝河南部航道的巡逻，博茨瓦纳称它只是打击游击武装的行动，并非行使管辖的活动；1984 年的事件也不构成和平占据证据。博茨瓦纳认为地图证据在本案中并不具有证明价值，因为这些证据相互冲突、模糊不清，而且贝专纳和博茨瓦纳当局从未承认或默认将乔贝河南部航道标绘为两国边界的地图。

法院注意到，双方均同意时效是国际法认可的一种领土取得方式，且博茨瓦纳同意纳米比亚提出的时效取得应满足的条件，但博茨瓦纳并不赞同纳米比亚提交的证据满足了这些条件。双方争议的一个关键事实是马苏比亚部落在卡西基利岛/塞杜杜岛上的活动，纳米比亚认为这种间接统治构成国家主权活动，而博茨瓦纳则主张它只是私人活动，并无国际法意义。①

法院认为，无须在本案中认定时效取得在国际法上的地位及通过时效取得领土权源须满足的法定条件，因为纳米比亚并未满足该国自己提出的

---

① *Kasikili/Sedudu Island* (Botswana/Namibia), Judgment, I. C. J. Report, 1999, p. 1105, para. 96.

条件，法院驳回了纳米比亚提出的时效取得主张。[①] 即便马苏比亚部落和卡普里维当局存在效忠关系，纳米比亚也未能证明该部落的成员占据卡西基利岛/塞杜杜岛属于主权活动，即他们代表卡普里维当局行使了国家权威。事实上，有关证据表明马苏比亚部落仅依据季节和自身的需要不时利用该岛从事农业活动，该活动在建立卡普里维地带殖民管理机构前便开始实施，并在此后得以延续，但这与卡普里维当局关于卡西基利岛/塞杜杜岛的主张毫无关系。1947～1948 年，当贝专纳保护地和南非在当地的政府首次对该地的边界产生争议时，乔贝河的北部航道被视为主航道，南非当局以岛上有马苏比亚部落为由提出本国基于时效拥有该岛的主权。然而，自此之后，贝专纳当局将北部航道视为两国的边界，并将卡西基利岛/塞杜杜岛视为本国的领土；它们承认应保护卡普里维的部落的利益，但拒绝

---

① *Kasikili/Sedudu Island* (Botswana/Namibia), Judgment, I. C. J. Report, 1999, p. 1105, para. 97. 由于双方同意纳米比亚提出的时效取得应满足的条件，且纳米比亚未证明本国满足了这些条件，法院认为无须认定时效取得在国际法上地位及时效取得应满足的条件。从法律推理的角度看，法院的这种做法并无不妥；然而，对于纳米比亚提出的时效取得主张，除了应认定其是否具备必要的事实支撑外，法院似乎有必要首先从国际法角度明确该主张是否具有相应的法律依据。若时效取得并非国际法认可的领土取得方式，纳米比亚根本无权提出该主张；若时效取得是国际法认可的一种领土取得方式，法院需要明确其构成要件，并依据相关的法律和事实判定该主张是否满足了相应的法定条件。无论如何，从完善领土争端解决国际法的角度而言，法院在本案中未能明确时效取得的国际法地位及其构成要件不得不说是一个遗憾。类似地，在其他领土争端成案中，当事国也曾以纳米比亚在本案中提出的相关条件为据主张既有的权源发生了转移，但它们并未明确提出时效取得主张，国际法庭也未在任何案件中讨论时效取得的国际法地位及其构成要件。例如，在柏威夏寺案中，泰国虽然主张本国对争议地区实施了管理活动，但并不主张本国基于时效取得了争议地区的权源。在喀麦隆与尼日利亚领土和海洋边界争端案 (Land and Maritime Boundary between Cameroon and Nigeria) 中，尼日利亚以本国的主权活动及喀麦隆的沉默和默认为据主张争议领土的主权，喀麦隆将其定性为时效取得中的逆向占据，但法院也未讨论该问题。在白礁案 (Middle Rocks and South Ledge Case) 中，新加坡提出，若马来西亚未证明本国拥有白礁的原始权源，新加坡认为本案并不适用时效取得原则。实际上，新加坡主张马来西亚并不拥有白礁的原始权源，并主要基于本国的主权活动主张白礁的主权权源。最终，国家法院依据新加坡的主权活动证据及马来西亚的立场和态度判定白礁的主权由马来西亚转移至新加坡，但并未指明判决的国际法依据为时效取得。*Case concerning the Temple of Preah Vihear* (Cambodia v. Thailand), Merits, Judgment of 15 June 1962；I. C. J. Reports 1962, p. 30; *Land and Maritime Boundary between Cameroon and Nigeria* (Cameroon v. Nigeria：Equatorial Guinea intervening), Judgment, I. C. J. Reports 2002, p. 413, para. 219; *Sovereignty over Pedra Branca/Pulau Batu Puteh*, *Middle Rocks and South Ledge* (Malaysia/Singapore), Judgment, I. C. J. Reports 2008, p. 51, para. 123.

承认南非对该岛的主权。法院据此认为，贝专纳将马苏比亚部落在岛上的活动视为与岛屿权源不同的问题，在南非对该岛正式提出主权要求后，贝专纳并未接受该要求，因而也不构成对南非主张的默认。

法院认为，纳米比亚未能清楚和确定地证明本国及其之前所属国对卡西基利岛/塞杜杜岛实施了时效取得所要求的国家主权活动。[①] 此外，地图证据和博茨瓦纳和南非军队在南部航道发生冲突均与本案无关。

---

① *Kasikili/Sedudu Island* (Botswana/Namibia), Judgment, I. C. J. Report, 1999, p. 1106, para. 99.

第五部分

关于国际河流其他事项争端的成案

案件十四

锡拉拉水的地位和使用争端案[*]

贺舒婷　孔令杰

【案件导读】本案涉及玻利维亚和智利关于锡拉拉水的法律地位及其水资源使用问题的争端。智利主张锡拉拉水是一条源起玻利维亚、流入智利境内的国际河流，本国对该河水资源的利用不需经玻利维亚政府批准，更不需向其支付任何费用。玻利维亚则主张锡拉拉水是其独有的原始地下水，因此对它的水资源享有完全的使用权利，并要求智利为使用锡拉拉水的水资源进行补偿。本案的焦点问题是锡拉拉水是否构成两国之间的跨境水资源及两国关于锡拉拉水资源的相关权利和义务。2016 年 6 月，智利将该争端提交国际法院。截至 2022 年 3 月，该案仍在审理中。

【关键词】国际河流　国际水道　国际流域　跨界地下水跨界含水层　跨界水资源利用　国家权利　公平合理利用原则不造成重大损害原则　互通信息与资料义务

一　锡拉拉水争端的产生与发展

锡拉拉水（Silala Water）位于分隔玻利维亚和智利的阿塔卡马沙漠

---

[*] *Dispute over the Status and Use of the Waters of the Silala* (Chile v. Bolivia), ICJ, 2016, 简称"锡拉拉水案"。

（Atacama Desert），发源于玻利维亚阿尔蒂普拉诺地区（Altiplano）地下水泉形成的高海拔湿地。[1] 锡拉拉水总长 8.5 千米，大约 3.8 千米部分位于玻利维亚境内，4.7 千米位于智利境内。[2]

1904 年，智利和玻利维亚签署了《和平友好条约》（the Treaty of Peace and Friendship），并确立了两国间的国际边界。[3] 1906 年，智利授予了玻利维亚安托法加斯塔铁路公司（Ferrocarril de Antofagasta a Bolivia，下称"FCAB"）在智利境内使用锡拉拉水资源的特许权，为无限期地增加安托法加斯塔港的水流量。[4] 1908 年，玻利维亚波托西（Potosi）地区当局批准 FCAB 公司在玻利维亚境内使用锡拉拉水资源用于蒸汽机操作，从采矿作业中提取硝酸盐，并准许该公司建造出水口和开凿运河工程。[5] 锡拉拉水是智利 FCAB 公司和国营铜矿公司（Coporación Nacional del Cobre，下称"CODELCO"）管理的丘基卡马塔（Chuquicamata）矿的重要水源。[6] 为了收集水源，FCAB 建造了一条明渠、一条南运河和一条北运河，以注入一条主运河，并在其他地方用爆破岩石建造水库。[7] 南运河长近 3 千米，占主运河流量的 2/3 左右，北运河长度不足 1 千米，占主运河流量的 1/3 左右。主运河引导玻利维亚境内约长 700 米的河段，然后穿过国际边界流入智利安托法加斯塔Ⅱ区。在智利境内，主运河流至 7 千米至其与塞拉多河

---

[1] B. M. Mulligan & G. E. Eckstein, "The Silala/Siloli Watershed: Dispute over, the Most Vulnerable Basin in South America", *Water Resources Development*, Vol. 27, No. 3, September 2011, p. 595.

[2] *Dispute over the Status and Use of the Waters of the Silala*（Chile v. Bolivia）, Application, 2016 I. C. J, p. 10, para. 10.

[3] Treaty of Peace and Friendship entered into by Bolivia and Chile, 20 October 1904 and published in the Official Gazette No. 8169 of 27 March 1905, application（Annex 9. 1）.

[4] Deed of Concession by the State of Chile of the waters of the Siloli（No. 1892）to the Antofagasta（Chili）and Bolivia Railway Company Limited, 31 July 1906, application（Annex 11）.

[5] Deed of Bolivian Concession of the waters of the Siloli（No. 48）to the Antofagasta（Chili）and Bolivia Railway Company Limited, 28 October 1908, p. 2, application（Annex 12）.

[6] B. M. Mulligan & G. E. Eckstein, "The Silala/Siloli Watershed: Dispute over, the Most Vulnerable Basin in South America", *Water Resources Development*, Vol. 27, No. 3, September 2011, p. 597.

[7] Fernando Urquidi Barrau, "Water Resources in Bolivia: A Strategic Viewpoint of the Issues Associated with Transboundary Waters", in *Diagnosis of Water in the Americas* 91, 115（Blanca Jiménez-Cisneros & José Galizia-Tundisi eds. , 2013）; Ellie Burnham Allen, *South America* 275（1918）（created reservoirs）.

（Helado）交汇处，形成了圣佩德罗—伊纳卡利里瑞河（San Pedro de Ina-caliri）[①]。1961 年后，FCAB 公司用柴油机取代了蒸汽机，但那时，智利已经把锡拉拉水水用于其他工业和饮用水用途。[②]

1996 年 5 月 7 日，玻利维亚政府发布的一份正式新闻稿指出，锡拉拉水的水流被人为地转移到智利境内，且确信智利在过去一个多世纪里一直使用锡拉拉水的河水，而没有给玻利维亚任何好处，并宣布将这一问题列入双边磋商议程。1997 年 5 月 14 日，玻利维亚撤销了 FCAB 在玻利维亚境内使用锡拉拉水的特许权，理由是该公司的原开采目标和宗旨不复存在。在此决议中，玻利维亚将锡拉拉水称为"泉水"（springs），避免将其称为河流。1999 年，玻利维亚政府首次声称锡拉拉水完全属于玻利维亚。2000 年，玻利维亚批准了其国内私营的 DUCTEC S. R. L 公司（下称"DUCTEC"）使用锡拉拉水资源的特许权，为期 40 年，特许 DUCTEC 将工业用水和人类消费用水商业化地排向智利。此特许权明确了在没有公用事业特许权时，禁止在玻利维亚境内使用饮用水和进行排污服务，以及禁止第三方在玻利维亚境内的采矿活动。[③] 2000 年 5 月，DUCTEC 试图向 CODELCO 公司和 FCAB 公司开具使用锡拉拉水的发票，无视这两家公司在智利领土上使用锡拉拉水的现有权利。[④] 智利正式反对 DUCTEC 公司的特许权，因为它无视了锡拉拉水的国际性质和智利使用其水资源的权利。[⑤]

玻利维亚外交部在 2002 年公开否认存在与锡拉拉水有关的任何形式的双边谈判。双方试图就锡拉拉水问题达成谅解，譬如成立联合技术工作组，把锡拉拉水问题列入双边议程，但并没有解决有关分歧。[⑥] 2010 年，

① B. M. Mulligan & G. E. Eckstein, "The Silala/Siloli Watershed: Dispute over, the Most Vulnerable Basin in South America", *Water Resources Development*, Vol. 27, No. 3, September 2011, p. 596.

② Gustavo Meza Bórquez, *Chile/Bolivia: ¿Es el río Silala un factor de tensión secundario？* 2 REVISMAR 154, 154 (2014).

③ Concession Contract for the Use and Exploitation of the Springs of the Silala between the Bolivian Superintendent of Basic Sanitation and DUCTEC S. R. L., 25 April 2000, application (Annex 23).

④ Application, p. 14, para. 25.

⑤ Note No. 006738 from the Ministry of Foreign Affairs of the Republic of Chile to the Ministry of Foreign Affairs and Worship of the Republic of Bolivia, 27 April 2000, application (Annex 24).

⑥ Application, p. 16, para. 28.

玻利维亚主张对锡拉拉水拥有 100% 的主权，智利需要为长达一个世纪使用锡拉拉水支付历史债务（historic debt）。①

2016 年 3 月 23 日，玻利维亚总统宣布将向国际法院起诉智利"偷水"。2016 年 6 月 6 日，智利向国际法院提交诉状，正式启动其与玻利维亚关于锡拉拉水法律地位和水资源使用问题的争端解决程序。

二　智利的主张和依据

智利认为两国的争端涉及锡拉拉水的性质以及由此产生的双方根据国际法产生的权利和义务。智利在起诉书中请求法院裁定并宣布：

（1）锡拉拉水系统，包括该系统的地下组成部分，属于国际水道（international watercourse），其使用受制于习惯国际法；

（2）智利有权根据习惯国际法公平合理地利用锡拉拉水的水资源；

（3）根据公平合理利用原则，智利有权对锡拉拉水的水资源进行目前的使用；

（4）玻利维亚有义务采取一切适当措施来避免和控制其在锡拉拉水附近的活动对智利造成污染和其他形式的损害；

（5）玻利维亚有义务进行合作，及时向智利通报计划采取的措施；若措施可能会对共享水资源造成负面影响，须交换数据和信息，并酌情进行环境影响评价。②

显然，智利提起的第 2~5 项诉求皆以第 1 项诉求为前提，只有在本国证明及法院认定锡拉拉水属于国际水道的情况下，智利才可基于相关国际法及有关事实对锡拉拉的水资源主张相应的权利，才可主张玻利维亚须承担相关的义务。

智利声称锡拉拉水发源于"距离智利—玻利维亚边界东北几千米处"玻利维亚领土内的地下泉水，穿过边界流入智利领土，并在智利境内，"有多支泉水汇入……最后流入伊纳卡利里瑞河"。③

---

① Application, p. 16, para. 32
② Application, p. 22, para. 50.
③ Application, p. 10, para. 10.

智利认为，水文地质、地形坡度和历史资料表明，在 1908 年开渠之前，锡拉拉水的河水经过地表陆路流向智利。一幅早期的由智利委托亚历山大·伯坦兰（Alejandro Bertrand）绘制的锡拉拉水地图显示，玻利维亚领土上的卡宏河（Cajón River，当时锡拉拉水的名称）越过智利根据 1884 年双方《停战协定》管理的领土，并与圣佩德罗河（Río S. Pedro，伊纳卡利里瑞河的延续）相连。[①] 一幅 1890 年的玻利维亚地图上也显示了一条名为"卡宏河"的水道，与圣佩德罗河相连。[②]

1904 年，智利和玻利维亚签署了《和平友好条约》，确定了两国的边界，并附有了一份地图。地图表明锡拉拉水位于智利和玻利维亚的边界上。[③] 1906 年，两国的边界委员会在勘定边界时确定了锡拉拉水的位置，在标界考察期间，玻利维亚的边界委员会也证实了锡拉拉水的存在。[④]

1908 年玻利维亚把特许权授予 FCAB 后，智利在一百多年间把锡拉拉水的水资源用于不同目的，包括向安托法加斯塔市（Antofagasta）、塞拉戈达（Sierra Gorda）和巴基达诺镇（Baquedano）提供水源和用于工业用途。智利声称，1908 年的运河工程并没有改变锡拉拉水的流向，只是沿原航道增加了自然流量，锡拉拉水水来源于跨越两国边界地下含水层的补给。

智利认为玻利维亚多次接受将锡拉拉水绘制成河流的地图，智利—玻利维亚混合边界委员会（the Chile-Bolivia Mixed Boundary Commission）也多次证实边界两侧存在锡拉拉水。玻利维亚长期以来一直承认锡拉拉是国际水道，直到 1997 年才突然改变立场，声称"锡拉拉水是泉水，其水资源完全位于玻利维亚的领土之上"。[⑤] 智利主张锡拉拉水自古以来是一条国际水道，智利合法使用锡拉拉水水资源且不需要向玻利维亚支付任何费用，玻利维亚取消原来的特许权以及玻利维亚最近授予 DUCTEC 的特许权都是非法的。

---

① Alejandro Bertrand, *Mapa de las Cordilleras*, 1884, application (Annex 7).

② Justo Leigue Moreno, *Mapa Geográfico y Corográfico*, 1890, application (Annex 8).

③ Map appended to the Treaty of Peace and Friendship, 20 October 1904, application (Annex 9. 2).

④ Report signed by Quintín Aramayo Ortíz, 14 August 1906, in *Antecedentes Límites Chile-Bolivia*, pp. 14 – 18, application (Annex 10. 2).

⑤ Application, pp. 12 – 13, para. 22.

三 玻利维亚的主张和依据

玻利维亚在反诉状中请求法院裁定:

(1) 玻利维亚对位于其领土上的锡拉拉水的人工渠道和排水系统拥有主权,并有权决定是否维护以及如何维护这些渠道和排水系统;

(2) 玻利维亚对在其领土内产生的锡拉拉水人工水流享有主权,智利无权使用这种人工水流;

(3) 从玻利维亚向智利输送锡拉拉水人工水流的输送方式、条件,包括上述运输的补偿费用,智利均须同玻利维亚协议确定。①

玻利维亚声称锡拉拉水不是一条国际河流,1908 年 FCAB 公司为了修建运河人为地将其改道,从而经运河流向智利。如果没有经过人工改造,锡拉拉湿地会由专属于玻利维亚境内的 70 处泉水形成,仅受蒸发的影响。② 玻利维亚进一步说明,如果锡拉拉是一条国际河流,智利的公司就不需要向玻利维亚当局申请转让源头水域的权利,也不用花大量的资金来引导、调整锡拉拉水流方向。③

四 锡拉拉水的法律地位问题

(一) 国际水资源概念的演进

国际水资源又称国际淡水资源或跨国淡水资源,目前国际上还没有统

---

① *Dispute over the Status and Use of the Water of the Silala* (Chile v. Bolivia) , Order of 15 November 2018 , I. C. J, p. 2.

② Leo Robles Belmar, *Chile prefiere perder una batalla*, LATINOAMÉRICA PIENSA (June 28, 2016) , http://latinoamericapiensa. com/politica/3629-batalla-por-el-silala-a (quoting Bolivian Foreign Ministry Vice Chancellor, Juan Carlos Alurralde) .

③ Leo Robles Belmar, *ibid.*, quoting Bolivian Foreign Ministry Vice Chancellor, Juan Carlos Alurralde: "*Se estima que la compañía gastó alrededor de 5 millones de dólares, lo cual es mucho dinero para esos años, los que se invirtieron en construir canales, redes de drenaje, ampliar obras colectoras, incluso para dinamitar los manantiales y así aumentar el caudal y forzar artificialmente el flujo de agua hacia Chile.*"

一的定义。《联合国环境规划署环境法教程》的定义是，国际水资源就是共享水资源，包括国际河流的出、入口，及两个国家之间管辖的地下水系统、国际湖泊及其支流。① 随着人类对水文科学认识的不断变化及国际河流水资源利用和保护的发展，国际水资源的概念也从最初的国际河流、国际水道，逐步演变为范围更为宽泛的国际流域。

在国际河流开发利用的早期，国际河流的通航和航行自由及管理是国际社会关注的重点。1815 年的《维也纳和会规约》规定，国际河流是"分隔或经过几个国家的可通航的河流"。国际河流的概念在此后基本没有变化，国际河流的地域范围甚至扩大到河流的支流。常设国际法院在 1929 年的奥德河案的判决中指出，奥德河国际委员会的管辖范围应扩大到波兰境内的奥德河支流瓦泰河和奈兹河。② 1934 年《国际河流航行规则》第一条指明，国际河流是指"河流的天然可航部分流经或分隔两个或两个以上国家，以及具有同样性质的支流"。这意味着国际河流也包括可能完全位于一国境内的国际河流的支流。

"国际水道"是与"国际河流"相似的概念，既涉及水道的航行利用，也涉及非航行利用。在资本主义迅速发展时期，各国需要充分利用国际水道扩大国际通商，为了适应当时社会的需要，国际河流的可通航性和商业价值被着重强调。1921 年《国际性可航水道制度公约及规约》直接使用了"国际性可航水道"（navigable waterways of international concern）的用语，并将其定义为"流经几个不同国家的天然可通航水道，以及其他天然可航的通海水道与流经不同国家的天然可航水道相连者"，强调水道的"天然可航"及"分隔或流经不同国家"。

20 世纪 50 年代后，各国逐渐扩大了对国际水道的非航行利用，人类开始大量抽取地下水，国际社会也开始关注水资源生态系统，国际流域的概念开始出现。1966 年的《赫尔辛基规则》第二条指出国际流域是指"跨越两个或两个以上国家，在水系的分界线内的整个地理区域，包括该

---

① 王曦主编/译：《联合国环境规划署环境法教程》，法律出版社，2002，第 272 页。

② *Case relating to the Territorial Jurisdiction of the International Commission of the River Oder* (United Kingdom, Czechoslovak Republic, Denmark, France, Germany, Sweden and Poland), 1929 P. C. I. J. (ser. A), No. 23.

区域内流向同一终点的地表水和地下水"。国际流域概念提出后，扩大了国际水资源的范围，把国际河流和国际水道从干流与支流扩大到整个河流及支流的地表水与地下水系统。随着国际社会日益重视国际流域的生态环境保护，20世纪90年代以来的公约、条约和文件多以国际流域为调整对象，更加强调对国际水资源的综合管理和可持续发展。

综上，随着最初的国际河流概念发展到国际流域概念，国际水法调整的范围不断扩大。人类对国际水资源的关注方向也适应时代的发展而变化，从早期关注河流的可通航性，发展到越来越重视非航行利用，进而重视国际流域的综合管理、生态环境保护及可持续发展。

（二）跨界地下水的利用和保护

地下水是指位于地面之下的含水层中，与地面或土壤直接接触的水。地下水可分为潜水和承压水。潜水又被称为无压水，具有自由水面，直接靠大气降水、地表水和其他水源补给，没有稳定的隔水层。承压水则指封闭的地下水，位于两个隔水层之间，通常情况下不与大气接触，不易受污染。① 在国际水资源的构成中，跨界地下水部分是一个备受关注的焦点问题。国际社会逐渐形成了一些涉及跨界地下水的条约和软法性文件，并把国际水资源的范围扩大到跨界地下水。

20世纪50年代至60年代，地下水作为一个法律概念开始出现于一些边界水域条约中，譬如苏联和东欧国家签订的边界水域条约、德意志民主共和国和波兰之间的边界水域协议等。② 20世纪70年代开始，有关跨界地下水的国际立法迅速发展，其中涉及多项公约。1992年联合国欧经委《关于跨境水道和国际湖泊保护和利用的公约》（简称"联合国欧经委水公约"）第一条第一款指明"跨境水"为"标识、跨越或位于两个或两个以

---

① Gabriel E. Eckstein, "Hydrological Reality: International Water Law and Transboundary Ground-Water Resources", paper and lecture for the conference on "Water: Dispute Prevention and Development", American University Center for the Global South, Washington, D. C. (October 12 – 13, 1998).

② 张晓京、邱秋：《跨界地下水国际立法的发展趋势及对我国的启示》，《河海大学学报》（哲学社会科学版）2012年第1期，第60～64＋91页。

上国家边界的地表或地下水"，①该定义的关键词明显是跨界、地表水和地下水。②该公约调整的对象包括标识、跨越或位于两个及两个以上国家边界的地表水以及封闭和非封闭的含水层。③1995年南部非洲发展共同体《关于共享水道系统的议定书》（1995 SADC Protocol on Shared Watercourse Systems）第一条规定："水道系统是指流域的相互联系的水文组成部分，诸如河流、湖泊、运河、地下水，由于其之间的自然关系，构成一个整体单元"。1997年联合国大会通过《国际水道非航行使用法公约》（简称"联合国国际水道法公约"），该公约的第二条将水道定义为"地表水和地下水的系统，由于它们之间的自然关系，构成一个整体单元，并且通常流入共同的终点"，继而强调国际水道即为"组成部分位于不同国家的地表水和地下水系统，由于自然联系构成一个单一的整体，并且通常流入同一终点"。该公约强调了地下水与地表水的整体关系，其定义的国际水道包含了水流通过的许多不同的组成部分，"不管是在地表，还是地下，包括河流、湖泊、含水层、冰河、水库和运河"，④即涵盖了国际河流的主流及其支流、国际湖泊等地表水，还包括与这些国际地表水有关联（通常流入同一终点）的地下水。在该公约编纂和制订过程中，国际法委员会于1991年通过的公约一读草案明确排除了与地表水不存在关联的地下水。1994年国际法委员会通过了《关于跨界封闭地下水的决议》，建议各国将《国际水道非航行使用法条款草案》的规则适用于封闭地下水。

软法性文件对于推进跨界地下水的国际立法也起了重要作用，主要包括国际法学术团体的决议和规则，集中体现为国际法协会有关文件的制定。《赫尔基辛规则》首次将跨界地下水纳入了国际流域管理的概念，对跨界地下水的立法起到了先导作用。作为《赫尔辛基规则》的补充，1986年国际法协会通过的《关于国际地下水的汉城规则》（简称《汉城规则》）中指明国际流域水资源还应包括不与任何国际地表水有关联的跨界地下水，即封

---

① Convention on the Protection and Use of Transboundary Watercourses and International Lakes, 31 ILM 1312 (1992), Article 1 (1).

② UNECE, Guide to Implementing the Water Convention 14, ECE/MP. WAT/39 (2013), para. 71.

③ UNECE, Guide to Implementing the Water Convention 14, ECE/MP. WAT/39 (2013), para. 73.

④ Report of the International Law Commission on the Work of Its Forty-six Session, UN Doc. A/49/10, *Year Book of the International Law Commission*, Vol. Ⅱ, Part 2 (1994), p. 200.

闭地下水。该规则第 1 条与第 2 条都指明，"为《赫尔辛基规则》之目的，国际流域还包括贯穿两个或两个以上国家之间的边界含水层，即使这一封闭地下水与国际共享地表水都不相连"。此后，诸多双边条约或多边条约都采用了《赫尔辛基规则》中流域的定义方法，涵盖了不与地表水相连的跨界地下水，只是一些条约并未使用"国际流域"这一措辞，而采用了"跨界水体"或"共享水道系统"这一概念，譬如，1990 年《易北河公约》、1994 年《多瑙河保护和可持续利用合作公约》、1998 年《保护莱茵河公约》等。国际法协会于 20 世纪末开始整合与修订《赫尔辛基规则》和《汉城规则》，根据已有的国际水法规则与习惯法，于 2004 年通过了《柏林水规则》。《柏林水规则》第 3 条第 5 款沿用了流域整体方法，规定"流域是指一个延伸到两国或多国的地理区域，其分界由水系（包括流入共同终点的地表水和地下水）流域分界决定"。第 13 条规定，"国际流域"是指一个延伸到两个或多个国家的流域。第 42 条明确指出，如果含水层与国际流域的地表水体部分相连，或者与形成国际流域的地表水体部分没有联系，但与由两个或多个国家的边界来分隔，则也适用跨国共享水体的规则。

综上，基于现有的国际法规则，国际流域应包括国际地表水以及与其相关联的地下水，但并不要求国际地表水与地下水有共同的终点，还包括与地表水无任何关联的封闭的跨国地下水。

随着人们对跨界含水层的开发与利用，对跨界含水层进行管理的法律也日益受到国际社会的重视。2002 年，国际法委员会将"共有的自然资源"列入编纂、发展的专题，该专题首先集中于跨界地下水的研究。2008 年，国际法委员会第 60 届会议二读通过了《跨界含水层法条款草案》。该草案规定跨界含水层和跨界含水层系统定义为组成部分位于不同国家的含水层及含水层系统，"含水层"和"含水层系统"被分别定义为"位于透水性较弱的地层之上的渗透性含水地质构造以及该地质构造饱和带所含之水"，"水力上相连的两个或两个以上含水层"，不仅适用于与地表水存在联系的地下水及封闭的地下水，还适用于含水层的补给区和排泄区。[①] 补

[①] UNILC, Draft Articles on the Law of Transboundary Aquifers, Article 2 (a), (b), (c), *Yearbook of the International Law Commission*, vol. II (2) (2008).

给区即向含水层提供补给的区域，其补给来源于大气降水、地表水的渗入。排泄区指含水层的水排向其出口的区域，排泄出口一般包括水道、湖泊、绿洲、湿地或海洋等。[①] 对于《条款草案》的最终形式，联合国大会通过决议确认无须基于该草案制定国际公约，《条款草案》不具有法律约束力。但该草案对于跨界含水层的定义清楚，涵盖范围广，并且是在广泛采集多国关于跨界地下水的国家实践、双边和多边协议的基础上形成的，一定程度上反映了各国的意见，对于跨界含水层的利用、保护和管理具有重要影响力。

（三）关于锡拉拉水地位的争论

本案中，玻利维亚和智利的主要争论点是锡拉拉水是否为一条国际河流。由于两国并未就锡拉拉水缔结条约或协定，两国也并非《联合国国际水道法公约》或《联合国欧经委水公约》等国际公约的缔约方，法院无法直接适用国际条约来裁断该争议，而须根据习惯国际法或一般国际法来裁判有关争端和问题。

智利在其起诉书中主张《联合国国际水道法公约》、国际判例和国家实践反映了习惯国际法原则。[②] 它对此并未做出解释，仅辩称"依据一般国际法，跨越两个或多个国家的水道应被视为'国际水道'"。[③] 它还直接提及了《联合国国际水道法公约》第2条"水道"的概念，并称该条"反映了习惯国际法"。[④] 智利主张锡拉拉水跨越两国间的边界，这一事实本身便可以支持法院得到该河属于国际水道的结论。[⑤]

目前的信息表明，两国对此条约中"水道"的组成部分没有提出争议，它们对锡拉拉水是否由于天然关系构成一个整体的系统提出争论。玻利维亚坚持认为锡拉拉水是人为地通过排水网进入伊纳卡利里瑞河的。智利坚持认为锡拉拉水是一条天然的越过边界的河流，锡拉拉水从未从原来

---

① Draft Articles on the Law of Transboundary Aquifers, 2008, Article 2.
② Application, p. 20, para. 42.
③ Application, p. 20, para. 43.
④ Application, p. 20, para. 43.
⑤ Application, p. 20, para. 44.

的航道改道，因为运河工程只是增加了锡拉拉水的自然流量，锡拉拉水一直是一条国际水法上的跨界河流。

在本案中，锡拉拉水发源于玻利维亚阿尔蒂普拉诺地区地下水泉形成的高海拔湿地，泉水来源于穿越玻利维亚和智利边界的含水层。锡拉拉水域中地下水与地表水的关系是鉴定其法律性质的关键。然而，目前双方尚未提交关于锡拉拉水的地质、水文状况的资料，关于该处地下含水层的公开资料也很少，我们不能妄下结论。①

根据智利的起诉书，《联合国国际水道法公约》第2条将水道定义为"地表水和地下水的系统，由于它们之间的自然关系，构成一个整体单元，并且通常流入共同的终点"。这一定义相对于国际流域的定义显得非常具有局限性。首先这一定义排除了没有流入同一终点的相关水资源。有自然关系的地表水与地下水由于土壤的渗透性、密度和障碍物的分布不同，会向不同的方向流动，并不一定会流入相同的终点。② 如果锡拉拉的地下水由于各种地理因素没有与其地表水流入同一终点，但在天然关系上仍构成一个统一的整体，那么否认锡拉拉是一条国际河流，则显然是不合理的。再者，此定义说明只有与国际地表水相关并且构成一个整体的地下水才是国际水道，把与地表水无关的含水层排除了国际水道的范围。起草水道公约的国际法委员会曾明确指出"水道"并不包括封闭地下水，即与任何地表水无关的地下水不包括在内。③ 该定义的局限性在于并未考虑干旱地区的特殊情况。在地表水稀少或不存在的地区，地下含水层也可能跨越国际边界。从地质、地理、历史的资料证明，在运河挖掘之前，锡拉拉水沿着主运河相似的路径天然流过边界，并有明显冲积层

① Gabriel Eckstein, "The Silala Basin: One of the Most Hydropolitically Vulnerable Basins in the World", International Water Law Project Blog (2011), http://www.internationalwaterlaw.org/blog/2011/10/27/the-silala-basin-one-of-the-most-hydropolitically-vulnerable-basins-in-the-world/.

② Gabriel E. Eckstein, "Hydrological Reality: International Water Law and Transboundary Ground-Water Resources", paper and lecture for the conference on "Water: Dispute Prevention and Development", American University Center for the Global South, Washington, D. C. (October 12 – 13, 1998).

③ Report of the International Law Commission on the Work of its Forty-six Session, UN Doc. A/49/10, *Year Book of the International Law Commission*, Vol. Ⅱ, Part 2 (1994), p. 201.

侵蚀的证据。[1] 但水流的流动也许是间歇性的，并不是常年的，进一步加大了认定锡拉拉水法律地位的难度。[2] 如果因为锡拉拉的地表水没有跨越边界，而仅有与地表水没有相连的地下水跨越了边界，就断言锡拉拉水不是国际河流，也不合理。目前国际上跨界含水层的习惯法规则相对缺乏，《跨界含水层法条款草案》尚不是向各国开放签署的公约。本案的关键在于明确考察锡拉拉地下水和地表水的关联，是自然的，还是人为。从现有的规则考虑，不排除人为因素对地下水与地表水关联的影响。

　　本案没有直接可适用的国际条约，法院须诉诸一般国际法或习惯国际法上关于国际河流和跨境水资源的定义。依前文所述，在跨界水资源利用和保护领域，相关国际公约和软法文件及国际判例对国际流域均采用了范围较为宽泛的定义，且强调流域系统的整体性及一体化管理。法院在此基础上判定锡拉拉水地位时，需要着重考察它组成部分之间的关系，尤其是地表水和地下水的关系，认证它们是否构成一个统一的整体，并且组成部分是否位于双方国境内，该系统是否构成或跨越两国的边界。第一，锡拉拉水的自然状况显然是处理该问题的出发点，也是决定性的因素，因为若其组成部分不构成单一的整体单元，或者其组成部分仅位于一国境内，它便不属于国际水道。第二，法院必须考察并确定锡拉拉水的地理、水文、水文地理、地质和生态等自然特征，尤其是它的源头、供水、水流过程和终点，它有哪些主要的组成部分，它们是地表水还是地下水，有关地下水是封闭的、半封闭的还是与地表水存在联系，它们之间存在何种物理和水文地理上的联系，是否足以构成单一的整体单元，尤其是当事国在某个部分的利用是否及如何对其他部分造成潜在或实际的影响，各个部分的地理位置及是否位于两国境内，等等。第三，由于双方都提及锡拉拉水的地下

---

① B. M. Mulligan & G. E. Eckstein, "The Silala/Siloli Watershed: Dispute over, the Most Vulnerable Basin in South America", *Water Resources Development*, Vol. 27, No. 3, September 2011, p. 597.

② Gabriel Eckstein, "The Silala Basin: One of the Most Hydropolitically Vulnerable Basins in the World", International Water Law Project Blog (2011), http://www. internationalwaterlaw. org/blog/2011/10/27/the-silala-basin-one-of-the-most-hydropolitically-vulnerable-basins-in-the-world/. (noting, "to the extent that the flow of the pre-canalized Silala was intermittent rather than perennial, applicability of international norms also may be tenuous")

组成部分，在考察和界定有关联系时，法院显然需要着重考虑地表水和地下水之间的水文联系及地下水的补给区和排泄区的情况。第四，法院应当考虑双方关于锡拉拉水的既有利用情况，这有助于确定一方对其某些部分的利用是否会对其他组成部分造成实际的影响。第五，法院还应考虑双方在锡拉拉水国际地位上一贯的立场和态度，若玻利维亚如智利所主张的一贯承认锡拉拉水属于国际水道，那么法院就必须给予该事实相应的分量。总之，法院需要综合考虑以上因素、事实和情况，依据相关的原则、标准和方法，从整体上客观认定锡拉拉水的国际性质。

五　本案涉及的国际水法的基本原则

（一）公平合理利用原则

智利在诉状中请法院裁定：智利有权根据习惯国际法公平合理地利用锡拉拉水的水资源；根据公平合理原则，智利有权对锡拉拉水进行目前的使用。智利也指责了玻利维亚在上游建设的一系列工程会非法剥夺智利对锡拉拉水享有的公平合理开发的权利。

国际法委员会在条款草案的评注中指出，公平合理利用原则是有关国际水道利用和保护的基本原则，它规定了水道国的基本权利和义务。[①] 公平合理利用本为国际习惯法的一般规则，由于其本身的基础性和原则性的特点，贯穿于国际水法制订与实施过程中。联合国欧经委水公约第 2 条中要求各沿岸国以"公平合理的方式利用跨界水体"，《联合国国际水道法公约》第 5 条和第 6 条规定强调合理开发利用和保护国际水资源，平衡各沿岸国的利益与需求。这些国际性的条约有效规制了国际淡水资源开发过程中的国家间权利义务的关系，均具体规定了包括诸如地理、水文、生态、社会经济发展、人口数量等的评价要素清单，以达到辅助认定公平合理利用国际水资源的行为。[②] 在多瑙河案（Gabčíkovo-Nagymaros Project Case）

[①] UNILC, Draft Articles on the Law of the Non-Navigational Uses of International Watercourses with Commentaries, *Yearbook of the International Law Commission*, vol. Ⅱ（2）(1994), pp. 96 ~ 97.

[②] 饶健、曾彤：《国际水资源公平合理利用原则的发展——以国际河流为视角》，《时代法学》2018 年第 2 期，第 106 ~ 112 页。

中，国际法院就从公平合理使用的角度否认了斯洛伐克的单方面建设行为的合法性；认为斯洛伐克无权因为建设施工而改变多瑙河的水流状态，匈牙利和斯洛伐克都有保护多瑙河生态系统资源的义务。①

一旦锡拉拉水被认定为国际水资源，公平合理利用原则作为习惯国际法的一项基本原则，就需要被适用于本案之中。根据习惯国际法，智利有权利公平合理地利用锡拉拉水资源，玻利维亚不应剥夺智利对锡拉拉水合法开发的权利。

（二）不造成重大损害原则

据智利所言，玻利维亚在锡拉拉附近建造了一个鱼塘、一个军事哨所，这些项目可能会对锡拉拉水的水质产生不利影响。② 智利主张，根据习惯国际法，玻利维亚有义务采取一切适当措施来避免和控制其在锡拉拉水附近的活动对智利造成污染和其他形式的损害。③

国际水法中的不造成重大损害原则是指国家在开发利用国际水资源时，应采取措施控制、减少对其他沿岸国造成的环境污染或损害，尽到保护国际淡水资源不给其他沿岸国造成重大损害的义务，其根基来源于"使用自己的财产或行使权利不得伤害邻人或妨碍其享受的财产或权利"（*sic utere tuo ut alienum non laedas*）。④《联合国国际水道法公约》第七条规定水道国在其境内开发利用水资源时，应采取一切措施防止对他国的重大损害；《关于国际水域的非航行利用的决议》第四条规定沿岸国不应为修建工程而严重影响其他国家对水资源的利用；《赫尔辛基规则》第十条强调要防止和阻止对沿岸国的环境污染导致的重大损害。

如果锡拉拉水被认定为国际水资源，则玻利维亚不应该放任本国的建设工程对锡拉拉水质造成不利影响，应当采取一切措施尽可能控制减少其项目对锡拉拉水以及对智利的损害。其具体措施可以包括：建设之前，相

---

① *Gabčíkovo-Nagymaros Project*（Hungary/Slovakia），Judgment，I. C. J. Reports 1997，p. 56，para. 85.

② Application，p. 18，para. 36.

③ Application，p. 22，para. 50.

④ Report of the United Nations Conference on the Human Environment，Stockholm，Part one，Chap. I（1972）.

互通报有关工程，交流相关信息，开展环评并提供必要资料，就可能造成的损害及其预防、减轻和消除措施展开磋商，等等；当损害发生时，玻利维亚应采取积极措施尽可能消除或减轻损害；当造成严重损害时，玻利维亚甚至应承担一定的生态赔偿责任。

（三）互通信息和资料的义务

2012 年，玻利维亚波托西省长（the Governor of the Department of Poto-si）宣布了在锡拉拉水附近的建设项目，包括建造渔场、水坝和矿泉水瓶装厂。[①] 智利指责玻利维亚并未向其提供 2012 年建造水坝和其他项目的信息，也未通知智利建设军事基地的计划，以及建设军事基地可能会对环境造成不利影响的数据信息。[②] 智利认为玻利维亚有义务进行合作，及时向智利通报可能对共享水资源产生不利影响的计划采取的措施，交换数据和信息，并酌情进行环境影响评价，以便智利能够评估这些计划采取的措施可能造成的影响及玻利维亚已经违反的义务。

互通信息与资料是为了确保各流域国能掌握流域的基本信息，对全流域进行统一的管理和规划，进而有效地保护国际水资源的水质、流态、流量等不遭受损害，防止环境污染。各流域国充分分析和交流关于流域的全面情况，有利于他们更好地履行公平合理利用和不造成重大损害等义务，这也是"一般合作义务"的具体表现。

《联合国欧经委水公约》第 6 条规定了信息交换，第 13 条为沿岸缔约国的信息交流。《联合国国际水道法公约》第 9 条规定"水道国应定期交换关于水道状况，特别是关于水文、气象、水文地质和生态性质的，随时可以得到的数据和资料以及有关的预报。"《赫尔辛基规则》第 29 条要求各国向相关的沿岸国通知所属流域的相关情况，信息交换是"为了防止流域国之间由于它们的法定权利与利益而引起的纠纷"。其交换的信息应是有价值的信息，包括"领土内河流的水情、水的利用以及相关的水事活动情况"。《柏林水规则》第 56 条规定"各流域国应当与其他流域国家合作，

---

① Note No. 199/39 from the General Consulate of Chile in La Paz, Bolivia, to the Ministry of Foreign Affairs of the Plurinational State of Bolivia, 7 May 2012, application（Annex 27）.

② Application, p, 22, para. 49.

在适当顾及第5款规定的情形下，尽可能多地提供信息。"其交换的信息应当包括"所有相关项目、规划、计划、行动的技术信息，并包括一切相关影响评价的结果"。在国际流域合作中，流域国在进行可能会对流域生态系统产生不利影响的活动之前，根据一般合作原则的义务要求，应通知可能受影响的沿岸国。并且其通知须附带充分的相关技术资料，有利于受影响的国家能够及时地评估其水资源利用活动将带来的影响，做好充分的准备。

　　本案中，如果锡拉拉水被认定为国际水资源，玻利维亚应履行互通信息与资料的义务，向智利通知其一系列建设工程的决定，并提供其建造水坝和军事基地等项目的重要信息，以及其项目实施会对水生态环境造成损害的数据信息。

案件十五

关于账目审计的莱茵河氯化物仲裁案

赵雨晴　孔令杰

【案件导读】本仲裁案始于莱茵河污染治理，关涉荷兰和法国之间关于 1991 年 9 月 25 日《保护莱茵河免受氯化物污染公约的附加议定书》附件三第 4.2.1 条账目审计条款解释的争端。[①]两国对于法国在账目审计中应退还给荷兰的金额存在争议，协商无果后将争端提交常设仲裁法院解决。仲裁庭适用国际法上关于条约解释的一般规则，从文本解释出发，综合运用上下文、目的、嗣后惯例等条约解释方法探明相关条约用语的意思，并辅以缔约相关的准备工作文件来佐证条约解释的合理性，最终确定了账目审计的计算方法，并据此确定了法国应偿还荷兰的金额。

【关键词】国际河流　水污染　账目审计　《维也纳条约法公约》　条约解释　习惯国际法　解释要素　文本解释　通常意义嗣后惯例　善意原则　整体性规则　辅助解释　准备工作文件情势变更

一　莱茵河氯化物污染治理和账目审计争端的产生与发展

莱茵河发源于瑞士的阿尔卑斯山脉东南部，流经列支敦士登、奥地

---

① *The Rhine Chlorides Arbitration concerning the Auditing of Accounts* (The Netherlands/France), Award, RIAA, Vol. XXV, pp. 267 – 344.

利、德国、法国、卢森堡、比利时、意大利等国，最终在鹿特丹附近注入北海。莱茵河是欧洲最重要的一条国际水道，构成欧洲中部最重要的文化和经济轴线。该河全长 1232 千米，通航里程近 900 千米，流域人口约 6000 万，是沿途多国的饮用水源。

19 世纪中叶起，随着流域内人口增长、工业化和城市化进程加速，大量未经处理的工业废水和生活污水倾入莱茵河，导致莱茵河水氧含量不断下降，水质急剧恶化。与此同时，伴随法国境内钾盐矿的开采，大量副产品—氯化钠的倾倒使得莱茵河的水体氯化物含量超标。至 20 世纪 60 年代初，莱茵河的水环境已经恶化到了极点，其下游水体富含高浓度的重金属污染物，对水生生物及周边生态造成了灾难性的打击。莱茵河一度被冠以"欧洲下水道""欧洲公共厕所"的恶名。

为了治理莱茵河污染，恢复其生态系统，使其重现生机，荷兰、瑞士、法国、卢森堡和德国五国于 1950 年 7 月在瑞士巴塞尔成立了保护莱茵河国际委员会（International Commission for the Protection of the Rhine against Pollution, ICPR）。自此，在 ICPR 国际合作框架下，流域成员国签署了一系列治理莱茵河的多边协定。1963 年 4 月 29 日，各成员国在瑞士首都伯尔尼签署了《莱茵河保护公约》（1963 年伯尔尼公约）。[①] 在此框架公约下，1976 年 12 月 3 日，ICPR 对 1963 年伯尔尼公约补充了附加条款，[②] 并在波恩签署了《保护莱茵河免受化学污染公约》[③] 和《保护莱茵河免受氯化物污染公约》[④]。同年，欧洲共同体加入 ICPR。1991 年 9 月 25 日，ICPR 在布鲁塞尔签署了《保护莱茵河免受氯化物污染公约的附加议定书》。[⑤] 1999 年 4 月 12 日，德国、法国、卢森堡、荷兰、瑞士五国及欧洲共同体在伯尔尼缔结了新的《莱茵河保护公约》，[⑥] 取代了之前的 1963 年伯尔尼

---

① Convention on the International Commission for the Protection of the Rhine against Pollution, Berne, 29 April 1963.

② Additional Agreement concerning the Convention on the International Commission for the Protection of the Rhine against Pollution signed in Berne on 29 April 1963, Bonn, 3 December 1976.

③ Convention on the Protection of the Rhine against Chemical Pollution, Bonn, 3 December 1976.

④ Convention on the Protection of the Rhine against Pollution with Chlorides, Bonn, 3 December 1976.

⑤ Additional Protocol to the Chlorides Convention, 25 September 1991.

⑥ Convention on the Protection of the Rhine, Berne, 12 April 1999.

公约及其 1976 年附加条款和 1976 年《保护莱茵河免受化学污染公约》。

本案争端涉及 1991 年《保护莱茵河免受氯化物污染公约的附加议定书》（简称《附加议定书》）中的条款。ICPR 成立之初，莱茵河的下游国便饱受氯化物污染的困扰，德国—荷兰边界的水体盐含量曾超过 400mg/L，不仅农业灌溉用水受到污染，饮用水生产也面临困难。ICPR 调查发现，法国是造成莱茵河氯化物污染的罪魁祸首，因为它在开采钾盐矿时对氯离子的排放未进行控制。此外，荷兰和德国也对污染负有责任。在此背景下，1976 年签订的《保护莱茵河免受氯化物污染公约》（简称《氯化物公约》）旨在通过加强缔约国之间的合作来治理莱茵河所受的氯化物污染。为督促法国减少阿尔萨斯钾盐矿开采过程中释放的氯化物，《氯化物公约》为其规定了两个阶段性的目标：第一阶段的任务是将氯离子的排量降低 20 千克/秒；第二阶段的任务是在达成第一阶段目标的基础之上，将氯离子排量进一步降低 40 千克/秒。①

由于《氯化物公约》的执行并不顺利，1991 年，ICPR 以《附加议定书》的形式对 1976 年方案做了修改。ICPR 在序言中指出，《附加议定书》的目标是改善莱茵河的水质，促进莱茵河和艾瑟尔湖（Ijsselmeer）对饮用水的供给，并就降低莱茵河氯化物浓度问题达成一个明确的解决方案。②《附加议定书》制定的方案包含两个方面的内容：其一，在法国境内，减少氯化物排放，当德国—荷兰边界的水体盐含量超过 200gm/L 时，暂时将氯化物储存于陆地上；其二，在荷兰境内，将原先由维灵厄梅尔圩地（Wieringermeer polder）向艾瑟尔湖排放的咸水改为向瓦登海（Waddenzee）排放。③

《附加议定书》为法国实施治理工程设定了开支限额。1991 年至 1998 年期间的总开支限额为 40 亿法郎，包括投资成本及储存、清理氯化物所产生的运转成本，其中投资成本的限额为 4000 万法郎。各年度的开支限额分别为：1991 年 9000 万法郎，1992 年 3800 万法郎，1993 年 2700 万法郎，1994 年 7300 万法郎，1995 年 3600 万法郎，1996 年 3600 万法郎，1997 年 5000 万法郎，1998 年 5000 万法郎。当支出超过当年限额时，法国便不再

---

① Award, para. 2.

② Award, para. 1.

③ Award, para. 2.

担负储存氯化物的义务。

各国约定，治理费用由当事国按以下比例分摊：法国30%，德国30%，荷兰34%，瑞士6%。德国、荷兰和瑞士每年按上述开支限额和分摊比例向法国预支储存和清理氯化物的费用。每年年末，法国应发布一份关于储存氯化物数量和相关开支的报告。如果当年的实际支出低于设定的开支限额，那么结余的预付款将加算利息后累积至次年，次年的开支限额也就随之增加。①

《附加议定书》还规定，各国每年向法国预支的费用不是最终款项。当事国应最迟于1998年12月31日完成账目审计工作。账目审计是将实际支出的金额与开支限额（加算结转余额和利息）进行比较，如果实际开支低于开支限额，法国应将差额加算利息后退还给各国。在进行账目审计时，应将通胀率纳入考虑范围。②

实际情况是，在1991年至1998年间，法国实际支出的费用远低于设定的限额，因此法国有义务向各国偿还费用。因就账目审计中实际支出的计算方法存在争议，荷兰和法国在法国应退还荷兰的金额上产生了分歧。

根据《氯化物公约》第13款和《附加议定书》第7款的规定，当事国对于条约的解释或执行存在争议且无法通过协商解决时，除非争议方另有决定，否则经任一争议方提起，可依照《氯化物公约》附件B中的仲裁条款解决争议。鉴于本案所涉争议无法通过协商解决，③荷兰和法国于2000年达成仲裁协定，请求常设仲裁法院裁决有关争议。2004年3月12日，仲裁庭对本案做出裁决。

二　条约解释的一般规则及其在本案中的适用

荷兰和法国请求仲裁庭"依据《附加议定书》及其附件中的所有相关条款，适用国际法上的条约解释规则，以《附加议定书》附件三第4.2.1条为依据、实现账目审计为目的，裁判各国间应转让的金额"。④仲裁庭表

---

① Additional Protocol to the Chlorides Convention, Article 4 and Annex Ⅲ.
② Additional Protocol to the Chlorides Convention, Annex Ⅲ, point 4. 2. 1.
③ Award, para. 4.
④ Award, para. 12.

示，在解释《附加议定书》及其附件之前，有必要简要回顾条约解释应适用的法律。

（一）《维也纳条约法公约》的适用

荷兰主张，虽然法国并非 1969 年《维也纳条约法公约》（简称《维也纳公约》）的缔约国，《维也纳公约》第 31 条和第 32 条因具有习惯法的性质，应当适用于本案。根据《维也纳公约》第 31 条，条约解释应考虑的相关要素包括：约文的通常意义、约文的目的和宗旨、当事国间的惯例。

法国承认《维也纳公约》第 31 条和第 32 条具有习惯法的效力，但提出它们作为习惯法适用时与作为条约法适用时的方法或内容可能存在差别。法国和荷兰均不是《维也纳公约》的缔约国，只受国际习惯法的约束。此外，条约解释的方法不应受限于第 31 条和第 32 条规定的内容，《维也纳公约》中的其他条款也应作用于条约解释。

仲裁庭注意到，总体来看，两国对于《附加议定书》适用的条约解释规则并不存在根本分歧，国际法院以及包括本院在内的国际仲裁法庭在众多判例中也确认了《维也纳公约》第 31 条和第 32 条是对条约解释的习惯法规则的编纂，因此，仲裁庭无须过多讨论两条款是否适用于本案的问题。①

对于法国主张的《维也纳公约》作为习惯法与作为条约法适用时的约束力不同，仲裁庭认为，法国未能证明关于条约解释的习惯国际法规则与《维也纳公约》第 31 条、第 32 条的规定有何差异。而且，第 31 条、第 32 条本质上也并不具有法国试图论证的严苛性，相反，它们在条约解释的过程中赋予了裁判者充分的自由裁量权。由此，仲裁庭总结道，《维也纳公约》第 31 条和第 32 条是对现行习惯国际法的忠实反映，应当适用于本案。②

（二）《维也纳条约法公约》第 31 条

两国对于第 31 条中所罗列的解释要素分别具有何等程度的重要性持不同立场。荷兰主张，条约用语的"通常意义"（ordinary meaning）是条约

---

① Award, paras. 58 – 59.

② Award, para. 77.

解释中的决定性要素，而法国主张，约文本身只是进行条约解释的出发点，其他要素如善意原则、解释对象的上下文以及条约的目的和宗旨都应被考虑在内。

仲裁庭指出，作为国际司法实践所遵循的条约解释一般规则：

> 《维也纳条约法公约》第31条应被视为一个整体，其中的构成要素密不可分。这也是当今国际法院和国际仲裁机构所采取的方法。解释一般规则中的所有要素都为确立缔约方的共同意愿和意图提供了客观且理性的基础。[1]

仲裁庭认为，《维也纳条约法公约》第31条中的各要素之间相互关联：

> 根据国际法委员会的评论，《维也纳条约法公约》第31条的标题之所以使用单数形式（"rule"），是因为第31条下的内容"构成一个独立且紧密联系的整体性规则"。（ILC Yearbook, 1966, vol. II, p. 239）由此可以得出结论，我们在解释条约时不能抛开条约用语的通常意义之外的其他要素，同样地，也不能忽视条约用语的通常意义。虽然文本解释是条约解释的基础，但这并不意味着纯粹的文本解释具有优先地位。条约用语的通常意义也必须结合上下文，参照条约的目的与宗旨，并以善意的方法确定。[2]

仲裁庭还指出，国际法上的条约解释方法不是绝对和一成不变的，各项条约解释要素之间并不存在固定的位阶关系，"一个要素相较于其他要素的重要性依据案情的不同也会有所不同"。[3]

仲裁庭完全肯定善意原则在条约解释中的根本性地位。约定必须遵守原则（*pacta sunt servanda*）就建立在善意原则的基础上，该原则不仅在条约解释中，甚至在整个国际法上都居于主导地位。但是，在条约解释中，

---

① Award, para. 62.
② Award, para. 64.
③ Award, para. 64.

文本解释必须作为条约解释的出发点。①

在本案中，仲裁庭采用了文本解释方法，但同时指出，文本解释并非唯一相关的解释方法，也并非所有案件都必须采用条约用语的通常意义，例如《维也纳公约》第31条第4款规定的情形，"倘经确定当事国有此原意，条约用语应使其具有特殊意义"。

（三）《维也纳条约法公约》第31条与第32条之间的关系

荷兰主张，只有在依据第31条进行解释后约文意义仍不明确或者所得结果显属荒谬或不合理时才能适用第32条，因此本案不应适用第32条。法国则主张不能把第32条与第31条分离开来，应将第32条作为检验条约解释结果是否合理的标准。

仲裁庭认为，第32条规定了辅助性的条约解释方法，但并未将其适用情形限制为"依据第31条进行解释后约文意义仍不明确或者所得结果显属荒谬或不合理之时"。相反，为了验证适用第31条所得解释结果的正确性和合理性，必须诉诸第32条。② 仲裁庭注意到，这与国际司法实践中的做法是一致的。国际法院和国际仲裁机构在判例中都曾多次利用准备工作文件、缔约的历史背景、谈判经过等辅助资料佐证条约解释的结论，或推翻荒谬和不合理的解释结论。③

最后，两国都援引了第33条来论证各自的主张，但仲裁庭认为本案并不属于不同文字的作准文本之间存在意义分歧的情形，所以不需要讨论第33条的习惯法国际地位。尽管本案不适用此条款，仲裁庭特别提及国际法院在拉格朗案④中指出第33条反映了习惯国际法。

三 账目审计的计算方法

为解决本案所涉的争议，仲裁庭在回顾了《附加议定书》确立的费用

---

① Award, para. 65.

② Award, para. 70.

③ Award, paras. 71 – 76.

④ LaCrand（Germany v. United States of America），Judgment, I. C. J. Reports 2001, p. 466.

担负机制后，运用前述的条约解释规则，解释了争议所涉条款的意思。

首先，仲裁庭重申善意原则的重要性，但在本案中，无论是荷兰还是法国对条约的解释，都不存在违背善意原则的问题。继而，仲裁庭秉承善意原则解释了《附加议定书》附件三第4.2.1条。仲裁庭以文本解释为出发点，综合运用上下文、目的、意图等解释方法探明了有关用语的意思。最后，仲裁庭考察了双方提交的与缔约《附加议定书》相关的准备工作文件，以佐证有关条款用语的意思。

（一）文本解释

《附加议定书》附件三第4.2.1条规定，账目审计应当：

> 比较实际开支（"*par comparasion des dépenses engagées*"）与开支限额的数额，实际开支依据上述第1.2.3条、第1.2.4条和第1.2.6条的规定进行计算，开支限额是上述第2条规定的数额加上第3.2.3条规定的结转余额。[①]

《附加议定书》附件三第1.2.6条规定：

> 每一年中，一旦当年的开支（"*dépenses effectuées*"）达到第2条和第3.2.3条所规定的开支限额时，法国便不再担负储存氯化物的义务。为此，运转成本（"*dépenses engagées*"）以每储存一吨氯化物61.5法国法郎（1988年经通货膨胀因素调整后）的费率计算。第一年的开支还要加上投资成本4000万法国法郎（1988年经通货膨胀因素调整后）。[②]

两国争议的主要问题是如何解释附件三第4.2.1条中的"实际开支依据上述第1.2.3条、第1.2.4条和第1.2.6条的规定进行计算"（dépenses

---

① Additional Protocol to the Chlorides Convention, Annex Ⅲ, Art. 4.2.1.
② Additional Protocol to the Chlorides Convention, Annex Ⅲ, Art. 1.2.6.

engagées calculées selon les modalités prévues aux points 1.2.3, 1.2.4 et 1.2.6）。荷兰主张，第4.2.1条中所指的"开支"（dépenses engagées）须以61.5法郎/吨计算。而法国辩称，61.5法郎/吨这一费率仅用于计算每一年的开支限额和结转余额，而非用于账目审计。

第一，法国声称，第1.2.6条的第二句话是关于运转成本的计算方法，仅用于实现本条第一句话中的目的，即计算开支限额。对此，仲裁庭认为，第4.2.1条以实现账目审计为目的援引了第1.2.6条中的计算方法，因此这个计算方法除了具有计算开支限额的作用，在援引时也被赋予了账目审计的作用。换句话说，这并非一个典型的准用性条款的情形。

第二，第4.2.1条规定"预付款支付完毕不等于支付义务履行完毕"（payments are not payments in full discharge）。法国认为这一表述表明《附加议定书》规定了两个不同的计算方法：一个是临时性的，以61.5法郎/吨计算开支限额和结转余额；另一个是在实际开支的基础上用于进行账目审计。仲裁庭认为这项规定与条约的上下文多少存在矛盾之处。各国所支付的预付款即是每年的开支限额，预付款一旦支付完毕各国便不再负有金钱给付的义务。如果法国的实际支出少于开支限额，法国则负有退还差额的义务。因此，这项规定仅对明确法国的义务有意义，而不能佐证法国的抗辩意见。

第三，法国提出，约文在表示"比较"一词时，第4.2.1条中使用的是"comparasion"，而第3.2.3条中使用的是"différence"，这进一步印证存在两个不同的计算机制。荷兰承认这两处措辞上的不同，但将第4.2.1条中使用"comparasion"的原因解释为实际开支未必低于开支限额。

仲裁庭指出，首先，条约中使用了两个不同但意思相近的词语并不必然意味着缔约方意图对这两个词做出明显区分。其次，"comparasion"是一个广义的词汇，在本案中根据其直接语境应理解为"数字上的差异"（mathematical difference），并不具备法国所称的特定含义。在这个问题上，仲裁庭既不赞成荷兰的解释，也不支持法国的主张。

第四，法国主张，第4.2.1条第一句话中的"dépenses engagées"与第二句话中的"dépenses effectuées"含义不同，"dépenses effectuées"意指实际花销。

仲裁庭认为，首先，"engagées"与"effectuées"的意思即使不是完全相同，也可以说是非常相近。在第4.2.1条的语境下，二者都表示实际支出或产生的费用。如果缔约国想要对这两个词做出区分，就应该会以更加明显的方式。其次，仲裁庭观察到，这两个词在约文的德文、法文和荷兰语版本中，都出现了交替使用的情况。最后，如果认为"dépenses effectuées"指实际花销，那么第4.2.1条给出的计算方法将毫无意义，因为账目审计将变成单纯的数字比较，即比较实际花销的数额和第1.2条下规定的开支限额。此外，在第1.2.6条中，"dépenses effectuées"并非以实际花销计算，而是以61.5法郎/吨的费率计算的。

法国提出，第1.2.6条和第4.2.1条所规定的计算方法以及背后的计算逻辑都不同，所以"dépenses effectuées"在这两条约文中的含义也不同。但是，这一主张的前提是，结转余额的计算逻辑和账目审计的计算逻辑不同，而法国没有对此做出论证。仲裁庭总结道，此处"dépenses engagées"与"dépenses effectuées"措辞上的差别没有为法国的主张提供有力的支持。

（二）上下文及相关因素

法国主张，《附加议定书》第4章中规定的费用分摊方法是处理条约下所有资金问题的指导性条款，条约中的其他条款和附件都不能做出与之冲突的规定。荷兰同意第4章的相关性，但认为条约的其他条款也必须得到尊重。此处问题的核心在于第4章的费用分摊方法是否涉及实际花销或第1.2.6条中的开支计算方法。仲裁庭查明，第4章虽然没有明确回答这个问题，但它直接指向了附件三中的支付条款。换言之，对于账目审计应该依据实际花销还是按61.5法郎/吨计算这个问题，第4章没有给出答案，附件三中的内容才是决定性的。

《维也纳公约》第31.2（b）条规定，条约的上下文应包括"一个以上当事国因缔结条约所订并经其他当事国接受为条约有关文书之任何文书"。1991年9月25日的《代表团团长声明》即属于此类文书。然而，仲裁庭认为这份声明对于条约解释的作用非常有限，因其内容与《附加议定书》的内容几乎完全一致。另外，仲裁庭特别指出，寻找可能有助于条约解释的文书不在仲裁庭的职责范围之内。①

依据《维也纳公约》第31.3（c）条，仲裁庭考察了"适用于当事国关系之任何有关国际法规则"。荷兰提出适用"污染者付费"原则，仲裁庭虽不否认该原则在条约法中的重要性，但认为它不是一般国际法的一部分，也不存在于《维也纳公约》或《附加议定书》中，因此与本案无关。

（三）《附加议定书》的目的和宗旨、嗣后惯例及准备性文件

荷兰主张，《附加议定书》的序言表明其目的和宗旨是改善莱茵河水质和增强莱茵河供给饮用水的能力。法国主张，由于污染源不仅来自法国境内，《附加议定书》的目的和宗旨是加强各流域国之间的合作以治理污染，迫使法国承担较多义务有违此目的和宗旨。仲裁庭认为，流域国间的团结协作符合当事方的共同利益，但考察《附加议定书》的目的和宗旨与本案的争议核心无关。此外，两国对账目审计计算方法的解释虽然存在分歧，但均符合条约的目的和宗旨。②

《维也纳公约》第32.3（b）条规定，应与上下文一并考虑的因素包括"嗣后在条约适用方面确定各当事国对条约解释之协定之任何惯例"。荷兰主张，法国出具的年度报告和截至1996年的临时性资产负债表能够支持荷兰的立场。法国反驳称，年度报告是按照《附加议定书》第3.2.2条的要求做出的，在国际法上对法国没有约束力；1996年争议还未出现，因此上述资产负债表也不具有证明力。仲裁庭同意法国的观点，并认为年度报告和临时性资产负债表只能表明当事国就第3.2.2条的履行达成了合意，而不能表明当事国就第4.2.1条的账目审计方法达成了某种共识。③

此外，法国主张，德国和瑞士在1995年至1996年间没有按时支付预付款表明各国默认接受灵活的履约方式。仲裁庭指出这与法国和荷兰间的惯例无关。

根据以上分析，仲裁庭得出结论认为，账目审计应以61.5法郎/吨进行计算。根据《维也纳公约》第32条，仲裁庭依次考察了双方提交的与

---

① Award, para. 95.

② Award, para. 98.

③ Award, para. 101.

签署《附加议定书》相关的共 16 份准备工作文件以验证结论的合理性，并认为无法从准备工作文件中得出相反的结论。最后，仲裁庭重新计算了法国应退还荷兰的金额。

四　情势变更原则

仲裁员纪尧姆法官（Judge Guillaume）在其发表的关于裁决的声明中指出计算结果存在不合理性。他认为，按照《附加议定书》规定的计算方法得出的结果，实际开支为 9904 万法郎，其中荷兰应负担 3367 万法郎。然而，法国的实际花销远不止这些，即便经过修正计算也应该在 16 亿法郎左右。如果荷兰仅需支付 3367 万法郎，那么其分摊费用的比例就不是 34% 而是 21%，法国负担了 57% 的费用而非 30%。

在缔约的准备工作中，缔约国根据莱茵河的流量系数预测了法国境内储存氯化物的数量可能在 410~560 万吨，并排除了极端情形。最终，各国决定以 510 万吨的储量计算实际开支。而事实是，莱茵河的流量系数在 1991 年至 1998 年发生了急剧变化，1989 年的预测是完全错误的，这才导致了本案关于计算方法的争端。

纪尧姆法官认为，在这种情况下，条约选定的计算方法不能反映缔约方的真实意图。缔约方的意图是，在预测的储量范围内按 61.5 法郎/吨进行计算，而不是无论储量多少都以这个费率计算。因此，本案应当适用情势变更原则（rebus sic stantibus clause）。作为同样得到国际司法实践确认的习惯国际法，《维也纳公约》第 62（1）条规定：

> 条约缔结时存在之情况发生基本改变而非当事国所预料者，不得援引为终止或退出条约之理由，除非：
> （a）此等情况之存在构成当事国同意承受条约拘束之必要根据；及
> （b）该项改变之影响将根本变动依条约尚待履行之义务之范围。①

---

① Vienna Convention on the Law of Treaties, Art. 62 (1).

纪尧姆法官认为，在国内法中，适用情势变更条款的后果是合同解除或法院判决变更相关条款，而在国际法的语境下，当缔约情况发生了根本性改变时，当事国有义务进行协商，在协商无果的情况下，才可以依据《维也纳公约》第62（3）条退出条约或停止执行条约。除非缔约方一致同意，否则法院无权变更条约的条款。

五　条约解释规则的确认和适用

本案涉及荷兰和法国之间在《附加议定书》中规定的费用分摊公式的解释和执行方面存在的分歧，以及荷兰向法国预先支付的费用最终如何进行审计的问题。仲裁庭适用国际法上条约解释的一般规则对争议文本做出解释，裁决对于国际法条约解释规则的发展做出了如下贡献。

第一，仲裁庭确认了《维也纳公约》第31～33条的习惯国际法性质。其中，第31条是条约解释的关键性条款，规定了条约解释应考虑的相关要素；第32条规定了条约解释的辅助方法；第33条规定了两个以上作准文本之间存在分歧的情形。本案中，双方当事国都是《维也纳公约》的非缔约国，只受到国际习惯法的约束，不能直接适用《维也纳公约》，而公约中涉及条约解释的相关条款具有习惯法的性质。对此，双方的立场不存在本质上的区别，仲裁庭也确认第31～33条都是对现行国际习惯法的编纂。[①]

第二，仲裁庭明确了条约解释应采用系统性的解释方法，尤其是应将《维也纳公约》第31条作为一个整体性规则适用。第31条是条约解释应适用的首要规则，囊括了条约用语的通常意义、解释对象的上下文、条约的目的和宗旨、善意解释原则等诸多解释要素。仲裁庭指出，第31条中的各要素相互关联、密不可分，不具有固有的优先性或固定的位阶关系，而是随案情的不同而变化。因此，解释条约时应将第31条视为一个独立的整体，综合考虑各项要素，结合上下文，参照条约的目的与宗旨，并以善意的方法确定相关条约用语的通常意义。仲裁庭既反对将文本解释置于优先地位，也强调文本解释是条约解释的出发点，条约解释不能抛开条约用语

---

① Award, paras. 58–59.

的通常意义。[①]

第三，本案也凸显了《维也纳公约》第 32 条的重要性。仲裁庭认为，虽然第 32 条仅作为条约解释的辅助手段，但其适用范围不限于适用第 31 条后约文意义仍不明确或者所得结果显属荒谬或不合理之时，国际司法实践的普遍做法是将其作为检验解释结果的正确性和合理性的重要依据。[②]

[①]　Award, paras. 64 – 65.
[②]　Award, paras. 70 – 76.

附件　案件列表

1. 锡拉拉水的法律地位和使用争端案（智利诉玻利维亚），简称"锡拉拉水案"，国际法院在审。

Dispute over the Status and Use of the Waters of the Silala (*Chile v. Bolivia*), pending before the I. C. J. ('Silala Case')

2. 尼加拉瓜在边境地区实施的特定活动案（哥斯达黎加诉尼加拉瓜）尼加拉瓜应向哥斯达黎加支付的赔偿，简称"哥斯达黎加诉尼加拉瓜案赔偿部分"，国际法院，2018 年。

Certain Activities Carried Out by Nicaragua in the Border Area (*Costa Rica v. Nicaragua*) *Compensation Owed by the Republic of Nicaragua to the Republic of Costa Rica*, Judgment, I. C. J. Reports 2018.

3. 尼加拉瓜在边境地区实施的特定活动案（哥斯达黎加诉尼加拉瓜）及哥斯达黎加沿圣胡安河修建道路案（尼加拉瓜诉哥斯达黎加），简称"哥斯达黎加/尼加拉瓜案"，国际法院，2015 年。

Certain Activities Carried Out by Nicaragua in the Border Area (*Costa Rica v. Nicaragua*) and *Construction of a Road in Costa Rica along the San Juan River* (*Nicaragua v. Costa Rica*) Judgment, I. C. J. Reports 2015, p. 665. ('Costa Rica/Nicaragua Case')

4. 印度河基申甘加工程仲裁案（巴基斯坦，印度），简称"印度河仲裁案"，常设仲裁法庭，2013 年。

The Indus Waters Kishenganga Arbitration (Pakistan, India), Partial Award and Final Award (2013), 31 R. I. A. A., pp. 1 – 358. ('The Indus Waters Arbitration'）

5. 艾哈迈杜・萨迪奥・迪亚洛案（几内亚诉刚果民主共和国），简称"迪亚洛案"，国际法院，2012 年。

*Ahmadou Sadio Diallo（Republic of Guinea v. Democratic Republic of the Congo），*Compensation，Judgment，I. C. J. Reports 2012，p. 324.（'Diallo Case'）

6. 关于"赞助个人和实体参加国际海底'区域'活动的国家的责任和义务"的咨询意见，国际海洋法法庭，2011 年。

Responsibilities and Obligations of States Sponsoring Persons and Entities with Respect to Activities in the Area，Advisory Opinion，1 February 2011，ITLOS Reports 2011.

7. 乌拉圭河纸浆厂案（阿根廷诉乌拉圭），国际法院，2010 年。

*Pulp Mills on the River Uruguay（Argentina v. Uruguay），*Judgment，I. C. J. Reports 2010，p. 14.（'Pulp Mills Case'）

8. 中国——影响某些出版物和视听娱乐产品的交易权和分销服务的措施案，简称"中美出版物市场准入案"，WTO 上诉机构，2009 年。

China—Measures Affecting Trading Rights and Distribution Services for Certain Publications and Audiovisual Entertainment Products，WT/DS363/R，WTO Appellate Body Report，2009.（'China—Publications and Audiovisual Products'）

9. 航行及相关权利争端案（哥斯达黎加诉尼加拉瓜），简称"航行权案"，国际法院，2009 年。

Dispute regarding Navigational and Related Rights（Costa Rica v. Nicaragua），Judgment，I. C. J. Reports 2009，p. 213.（'Navigational Rights Case'）

10.《防止及惩治灭绝种族罪公约》的适用案（克罗地亚诉塞尔维亚），国际法院，2008 年。

*Application of the Convention on the Prevention and Punishment of the Crime of Genocide（Croatia v. Serbia），*Preliminary Objections，Judgment，I. C. J. Reports 2008，p. 412.

11. 白礁岛、中岩礁和南礁岛主权案（马来西亚/新加坡），简称"白礁案"，国际法院，2008 年。

Sovereignty over Pedra Branca/Pulau Batu Puteh，Middle Rocks and South

Ledge (*Malaysia/Singapore*), Judgment, I. C. J. Reports 2008, p. 12. ('Middle Rocks and South Ledge Case')

12. 关于比利时王国与荷兰王国之间莱茵铁路的仲裁裁决，简称"莱茵铁路仲裁案"，常设仲裁法庭，2005 年。

Award in the Arbitration regarding the Iron Rhine ('Ijzeren Rijn') Railway between the Kingdom of Belgium and the Kingdom of the Netherlands, decision of 24 May 2005, 27 R. I. A. A., pp. 35 – 125. ('Iron Rhine Arbitration')

13. 阿韦纳和其他墨西哥国民案（墨西哥诉美利坚合众国），简称"阿韦纳案"，国际法院，2004 年。

Avena and Other Mexican Nationals (Mexico v. United States of America), Judgment, I. C. J. Reports 2004, p. 12. ('Avena Case')

14. 关于荷兰和法国之间为适用 1976 年 12 月 3 日《保护莱茵河免受氯化物污染公约》的 1991 年 9 月 25 日《附加议定书》而进行的账目审计案（荷兰/法国），简称"莱茵河账目审计仲裁案"，常设仲裁法庭，2004 年。

Case concerning the audit of accounts between the Netherlands and France in application of the Protocol of 25 September 1991 Additional to the Convention for the Protection of the Rhine from Pollution by Chlorides of 3 December 1976 (The Netherlands/France), Award (2004), 25 R. I. A. A., pp. 267 – 344. ('The Rhine Chlorides Arbitration concerning the Auditing of Accounts')

15. 厄立特里亚—埃塞俄比亚划界仲裁案，厄立特里亚—埃塞俄比亚边界委员会，2002 年。

Delimitation of the Border between Eritrea and Ethiopia, Award of 13 April 2002, 25 R. I. A. A., pp. 83 – 195.

16. 喀麦隆和尼日利亚陆地和海洋边界案（喀麦隆诉尼日利亚，赤道几内亚参加诉讼），国际法院，2002 年。

Land and Maritime Boundary between Cameroon and Nigeria (Cameroon v. Nigeria; Equatorial Guinea intervening), Judgment, I. C. J. Reports 2002, p. 303.

17. 拉格朗案（德国诉美国），国际法院，2001 年。

LaGrand (Germany v. United States of America), Judgment, I. C. J. Reports 2001, p. 466.

18. 厄立特里亚—也门红海划界案第一阶段裁决，简称"厄立特里亚诉也门案"，国际仲裁法庭，1998 年。

Award of the Arbitral Tribunal in the first stage of the proceedings between Eritrea and Yemen（Territorial Sovereignty and Scope of the Dispute），decision of 9 October 1998, 22 R. I. A. A. , pp. 209 – 332. ('Eritrea v. Yemen Case')

19. 卡西基利岛/塞杜杜岛案（博茨瓦纳/纳米比亚），国际法院，1999 年。

Kasikili/Sedudu Island（Botswana/Namibia），Judgment，I. C. J. Reports 1999, p. 1045.

20. 加布奇科沃—大毛罗什项目案（匈牙利诉斯洛伐克），简称"多瑙河案"，国际法院，1997 年。

Gabčíkovo-Nagymaros Project（Hungary v. Slovakia），Judgment，I. C. J. Reports 1997, p. 7.

21. 在武装冲突中威胁或使用核武器合法性咨询案，简称"核武器合法性咨询案"，国际法院，1996 年。

Legality of the Threat or Use of Nuclear Weapons in Armed Conflict，Advisory Opinion，I. C. J. Reports 1996, p. 226.

22. 石油平台案（伊朗诉美国），国际法院，1996 年。

Oil Platforms（Islamic Republic of Iran v. United States of America），Preliminary Objections，Judgment，I. C. J. Reports 1996, p. 803.

23. 阿根廷—智利第 62 号界碑到菲茨罗伊山之间边界划界案，简称"阿根廷—智利边界争端案"，临时仲裁法庭，1994 年。

Case concerning a boundary dispute between Argentina and Chile concerning the delimitation of the frontier line between boundary post 62 *and Mount Fitzroy*，Award（1994），22 R. I. A. A. , pp. 3 – 149. ('Boundary Dispute between Argentina and Chile')

24. 领土争端案（阿拉伯利比亚民众国/乍得），国际法院，1994 年。

Case Concerning the Territorial Dispute（Libyan Arab Jamahiriya/Chad），Judgment，I. C. J. Reports, 1994. ('Territorial Dispute Case')

25. 陆地、岛屿和海洋边界争端案（萨尔瓦多/洪都拉斯，尼加拉瓜参加诉讼），国际法院，1992 年。

Land, Island and Maritime Frontier Dispute (El Salvador/Honduras; Nica-
ragua intervening), Judgment, I. C. J. Reports 1992, p. 351.

26. 对尼加拉瓜进行军事和准军事行动案（尼加拉瓜诉美国），国际法
院，1984 年。

Military and Paramilitary Activities in and against Nicaragua (Nicaragua
v. United States of America), Jurisdiction and Admissibility, Judgment, I. C. J.
Reports 1984, p. 392.

27. 爱琴海大陆架划界案（希腊诉土耳其），国际法院，1978 年。

Aegean Sea Continental Shelf (Greece v. Turkey), Judgment, I. C. J. Reports
1978, p. 3. ('Aegean Sea Continental Shelf Case')

28. 核试验案（澳大利亚诉法国），国际法院，1974 年。

Nuclear Tests (Australia v. France), Judgment, I. C. J. Reports 1974, p. 253.

29. 关于"南非不顾安全理事会第 276（1970）号决议继续留在纳米
比亚（西南非洲）对各国产生的法律后果"的咨询意见，简称"纳米比亚
案"，国际法院，1971 年。

Legal Consequences for States of the Continued Presence of South Africa in
Namibia (South West Africa) notwithstanding Security Council Resolution 276
(1970), Advisory Opinion, I. C. J. Reports 1971, p. 16. ('Namibia Case')

30. 北海大陆架案（德意志联邦共和国/荷兰），国际法院，1969 年。

North Sea Continental Shelf (Federal Republic of Germany/Netherlands),
Judgment, I. C. J. Reports 1969, p. 3. ('North Sea Continental Shelf Case')

31. 古特水坝仲裁案（美国，加拿大），美国—加拿大安大略湖索赔仲
裁庭，1968 年。

The Gut Dam Arbitration (United States, Canada), Award of 1968, Inter-
national Legal Materials, Vol. 8, p. 118.

32. 阿根廷—智利边界案，英国女王伊丽莎白二世，1966 年。

Argentine-Chile Frontier Case, Award of Her Majesty Queen Elizabeth II,
(1966), 16 R. I. A. A. pp. 109 – 182.

33. 关于柏威夏寺的案件（柬埔寨诉泰国）（实体裁决），简称"柏威
夏寺案"，国际法院，1962 年。

Case concerning the Temple of Preah Vihear (*Cambodia v. Thailand*), Merits, Judgment of 15 June 1962: I. C. J. Reports 1962, p. 6. ('Temple of Preah Vihear Case')

34. 关于联合国某些经费的咨询意见 (《宪章》第 17 条第 2 款), 国际法院, 1962 年。

Certain Expenses of the United Nations (*Article* 17, *Paragraph* 2, *of the Charter*), Advisory Opinion of 20 July 1962, I. C. J. Reports 1962, p. 151.

35. 关于 1906 年 12 月 23 日西班牙国王做出仲裁裁决的案件 (洪都拉斯诉尼加拉瓜), 国际法院, 1960 年。

Case concerning the Arbitral Award made by the King of Spain on 23 *December* 1906 (*Honduras v. Nicaragua*), Judgment of 18 November 1960: I. C. J. Reports 1960, p. 192.

36. 拉努湖仲裁案 (西班牙, 法国), 临时仲裁法庭, 1957 年。

Lake Lanoux Arbitration (*Spain*, *France*), Award (1957), 7 R. I. A. A., pp. 281 – 317.

37. 在摩洛哥境内美国国民权利案, 国际法院, 1952 年。

Case concerning rights of nationals of the United States of America in Morocco, Judgment of August 27th, 1952: I. C. J. Reports 1952, p. 176.

38. 科孚海峡案 (英国诉阿尔巴尼亚) (实体判决), 国际法院, 1949 年。

Corfu Channel Case Judgment of April 9th, 1949: I. C. J. Reports 1949, p. 4.

39. 特莱尔冶炼厂仲裁案 (美国, 加拿大), 临时仲裁法庭, 1938 年、1941 年。

Trail Smelter Case (*United States*, *Canada*), 16 April 1938 and 11 March 1941, 3 R. I. A. A., pp. 1905 – 1982.

40. 默兹河取水案 (荷兰诉比利时), 简称 "默兹河案", 常设国际法院, 1937 年。

Diversion of Water from the River Meuse Case (*Netherlands v. Belgium*), Judgment, 1937 P. C. I. J. (Ser. A/B), No. 70. ('Meuse Case')

41. 奥德河国际委员会领土管辖权案, 简称 "奥德河案", 常设国际法院, 1929 年。

Case relating to the Territorial Jurisdiction of the International Commission of the River Oder (*United Kingdom* , *Czechoslovak Republic* , *Denmark* , *France* , *Germany* , *Sweden and Poland*) , Judgment, 1929 P. C. I. J. (Ser. A) , No. 23. ('River Oder Case')

42. 霍茹夫工厂案（德国诉波兰）（实体裁决），常设国际法院，1928 年。

Case Concerning the Factory at Chorzów (*Germany v. Poland*) , Judgment, Claim for Indemnity, Merits, Judgment, 1928 P. C. I. J. (Ser. A) , No. 17.

43. 帕尔马斯岛仲裁案（荷兰，美国），常设仲裁法庭，1928 年。

Island of Palmas Case (*Netherlands* , *USA*) , Award (1928) , 2 R. I. A. A. , pp. 829 – 871.

44. 温布尔登案（英国、法国、意大利、日本诉德国），常设国际法院，1923 年。

S. S. "Wimbledon" (UK, France, Italy, Japan v. Germany) , Judgment, 1923 P. C. I. J. (Ser. A) , No. 1 , p. 24. ('Wimbledon Case')

45. 查皮亚诉阿米斯案，简称"彩票案"，美国联邦最高法院，1903 年。

Champion v. Ames , 188 U. S. 321 (1903) . ('lottery case')

46. 法伯尔案（德国，委内瑞拉），德国—委内瑞拉国际混合委员会，1903 年。

Faber Case (*Germany* , *Venezuela*) , Award by German-Venezuelan Commission, Award (1903) , 10 R. I. A. A. , pp. 438 – 467.

47. 安第斯山脉边界案（阿根廷/智利），英王爱德华七世，1902 年。

Cordillera of the Andes Boundary Case (*Argentina/Chile*) , Award by His Majesty King Edward VII (1902) , 9 R. I. A. A. , pp. 37 – 49.

48. 边界争端案（布基纳法索/马里共和国），国际法院，1986。

Frontier Dispute , *Judgment* , I. C. J. Reports 1986 , p. 554. ('Frontier Dispute Case')

49. 关于 1858 年 7 月 15 日哥斯达黎加和尼加拉瓜之间的《边界条约》的有效性的裁决，美国总统格罗弗·克利夫兰，1888 年。

Award in regard to the validity of the Treaty of Limits between Costa Rica and Nicaragua of 15 July 1858 , decision of 22 March 1888, 28 R. I. A. A. , pp. 189 – 236.

图书在版编目（CIP）数据

国际河流争端成案研究 / 孔令杰，张帆编著. -- 北京：社会科学文献出版社，2022.10

（武汉大学边界与海洋问题研究丛书）

ISBN 978 - 7 - 5201 - 9828 - 8

Ⅰ.①国… Ⅱ.①孔… ②张… Ⅲ.①国际河流 - 水资源 - 国际争端 - 研究 Ⅳ.①D815.9②TV213.4

中国版本图书馆 CIP 数据核字（2022）第 037624 号

・武汉大学边界与海洋问题研究丛书・

国际河流争端成案研究

编 著 / 孔令杰 张 帆

出 版 人 / 王利民
组稿编辑 / 高明秀
责任编辑 / 许玉燕
责任印制 / 王京美

出 版 / 社会科学文献出版社・国别区域分社（010）59367078
地址：北京市北三环中路甲 29 号院华龙大厦 邮编：100029
网址：www. ssap. com. cn
发 行 / 社会科学文献出版社（010）59367028
印 装 / 三河市尚艺印装有限公司

规 格 / 开 本：787mm × 1092mm 1/16
印 张：28.25 字 数：440 千字
版 次 / 2022 年 10 月第 1 版 2022 年 10 月第 1 次印刷
书 号 / ISBN 978 - 7 - 5201 - 9828 - 8
定 价 / 168.00 元

读者服务电话：4008918866